Hans-Jörg Müllenmeister

Erlebtes Universum
Tatsachen, Phänomene und Mysterien
Edelsteine und Zukunftsmetalle

Coverbild:

Bildhintergrund: Adlernebel M16 im Sternbild Schlange.
Vordergrund: Das Atomium, Wahrzeichen Brüssels, erbaut zur Weltausstellung "Expo '58". Es stellt eine 165-milliardenfache Vergrösserung der kubisch-raumzentrierten Elementarzelle einer Eisen-Kristallstruktur dar.
Zentralatom: Der vitruvianische Mensch von Leonardo da Vinci.

Originalausgabe 12/2008

© 2008 by J.K.Fischer-Verlag GmbH

J.K.Fischer-Verlag GmbH
Postfach 27 63
D-63563 Gelnhausen
Tel.: 0 60 58 – 91 61 55
Fax: 0 60 58 – 91 61 58

www.j-k-fischer-verlag.de

ISBN   978-3-940845-41-2

Printed in Germany

Umschlaggestaltung von

www.felidae-multimedia.com

Hans-Jörg Müllenmeister

Erlebtes Universum

Tatsachen, Phänomene und Mysterien

Edelsteine und Zukunftsmetalle

Allen Menschen gewidmet, die der
geheimnisvollen Natur mit Ehrfurcht begegnen,
insbesondere meinen ehemaligen Dozenten,
den Professoren
Bruno Franzen und Heinz Joseph Oellers,
die mich lehrten, nachzudenken.

J.K.Fischer-Verlag

Vorwort

Das vorliegende Buch versucht rund um den Menschen das Universum lebendig näherzubringen, und zwar in kleinen abgeschlossenen Monographien: Etwa aus dem Blickwinkel der Astrophysik, Rohstoffkunde, Medizin, Biologie, Gemmologie, Mystik, Geopolitik und dem Finanz(un)wesen. Dazu brauchte es beim Autor ein gerüttelt Maß an Einsichten und Irrtümern in den unterschiedlichen Lebensbereichen. Es gibt eine Unzahl brennender Fragen an die großartige Natur. Ich habe versucht, einzelne Facetten genauer zu beleuchten, so wie ich sie erfahren habe.

Es scheint, daß wir Menschen – je mehr wir uns in Oberflächlichkeit ausbreiten und Raffgier verstricken – uns immer weiter von der Natur und dem Schöpfer entfernen. Geld, vor allem das aus der Luft geschöpfte (Fiat money), wuchs sich aus als scheinbar bestimmende Größe im Leben. Jetzt, da die Finanztempel der Welt im Begriff stehen zusammen zu stürzen, kommt Weltpanik auf. Der Staat – und das sind wir alle – bürgte zuletzt sogar für die kapitalen Fehler der egomanen Finanzgauner. Noch ein letztes Mal darf sich das marode Finanzgetriebe um einen Zahn weiter drehen. Noch einmal rafft vor allem das US-Establishment wertvolle Rohstoffe aus aller Welt plündernd zusammen: Rohöl, wertvolle Metalle, Agrarprodukte und ganze Ozeane werden leer gefischt. Viele Rohstoffe, alles einzigartige Geschenke der Natur, gehen zur Neige. Der erste Kandidat wird das Hightech-Metall Indium sein, damit wäre es vorbei mit schicken Flachbildschirmen. Auch die Qualitäten des menschlichen Zusammenlebens gelten nichts mehr. Vielleicht besinnen wir uns nach dem „reinigendem Gewitter" im menschlichen Bereich eines Besseren.

Indes werden wir vom System Zug um Zug neu konditioniert. Gewisse Kreise der Hochfinanz waren und sind bei jedem Szenario, auch beim Schrecklichsten, immer die Gewinner. Gerade am Gezeitenwechsel eines extremen Wirtschaftszyklus treten menschliche Missetaten gehäuft auf. Die eigentlichen Ursachen werden letztlich verschleiert durch ein mehrfach historisch erprobtes Erklärungsmodell: dem Krieg. Der könnte abermals Modell stehen. Am Ende wird es spannend zu erfahren, was uns in den nächsten Jahren erwartet.

Im Oktober 2008
Hans-Jörg Müllenmeister

Kurze Vita

Dipl.-Ing. Hans-Jörg Müllenmeister, geb. 1941, studierte in Aachen Allgemeine Elektrotechnik. Seit 1966 war er in der Elektrotechnik im Bereich der Technischen Dokumentation und Information tätig.

Seine Leidenschaft: Reisen und die Natur erfahren. Eine Fernostreise brachte den ersten Kontakt mit Edelsteinen. Seit 1978 ist er Diamantengutachter und Edelsteinfachmann, spezialisiert auf das Studium und die Dokumentation der Einschlüsse in Farbedelsteinen.

Hans-Jörg Müllenmeister ist Buchautor mehrerer Edelstein-Fachbücher, seit 2005 Privatier, freier Publizist und Vortragender auf dem Gebiet der Sachwertanlagen, Edelmetalle, Edelsteine und Diamanten.

4

Erlebtes Universum
Tatsachen, Phänomene und Mysterien
Edelsteine und Zukunftsmetalle

6

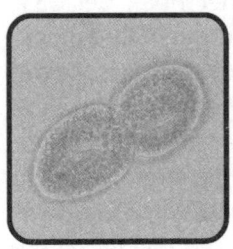

Betrachtungen zur Evolution

Zu Beginn der Evolution

Was war – was ist – was erwartet uns in Zukunft auf dieser Welt? In der letzten Frage verbirgt sich eine Ursehnsucht des spekulativen, ja auch religiösen Menschen. Tasten wir uns zeitgerafft vom Urknall voran bis zum „homo speculans", hin zu jenen mystischen Phänomenen, wofür selbst die moderne Quantenphysik keine Erklärung bereit hält.

Erstmals sah ich mich mit einer Mystik in Südindien als investigativer Journalist konfrontiert, unfähig meine anfängliche Skepsis ebenso keck wie arrogant aufrecht zu erhalten. Diese spannende Selbsterfahrung möchte ich jenen Lesern vermitteln, die offen, forschend und unvoreingenommen an unerklärliche Dinge herangehen. Doch zunächst zur irdischen Vergangenheit „was war".

Die Evolution im Schnelldurchgang

Ein fiktiver kosmischer Kalender verdichtet den Zeitraum vom hypothetischen Urknall bis in unsere Gegenwart auf ein Jahr – für uns spannend und ernüchternd zugleich. Mit dem Urknall vor 13,7 Milliarden Jahren gibt das Universum am 1. Januar sein Debüt. In den ersten Maitagen entsteht die Milchstraße, am 14. September die Erde. Der 15. November ist die Geburtsstunde der ersten Zellen, der 28. Dezember wird zum Todestag der Dinosaurier. Im realen Zeitmaßstab lebten die Dinos 200 bis 65 Millionen Jahre vor unserer Gegenwart. Erst am 31. Dezember tauchen die Hominiden auf, unsere frühesten Vorfahren; etwa um 11 Uhr morgens betreten die ersten

13

Steinzeitmenschen die Weltbühne. Heute ist immer noch der „31. Dezember". Wir sorgen uns um unsere Zukunft und trachten danach, Werte und Wohlstand zu schaffen, und das mit unserer bescheidenen „Lebensrestlaufzeit". Im kosmischen Geschehen sind das bloß Atto-Sekunden (10^{-18} Sekunden). Seit Anbeginn der Menschheit lebten und starben etwa 65 Milliarden Menschen. Mit ihrem Ableben gingen sie ein in die 1,85 Billionen Tonnen Biomasse der Erde, wurden als elementare Bestandteile in andere Lebewesen wieder eingebaut und neu zusammengesetzt. Ungewiß ist, wo „wir" uns später atomar wiederfinden: in der elefantenschweren Zunge eines Blauwals, im Giftcocktail eines Taipans oder im 0,0003 mg schweren Samen einer Orchidee. Ebenso phantastisch ist eine andere Vorstellung: Stellen Sie sich die Abermillionen Gasatome vor, die beim Ausatmen in die Atmosphäre gelangen und sich gleichmäßig über die Erde verteilen. Mit Sicherheit atmen wir auch einige Atome ein, die schon ein Tyrannosaurus Rex vor Jahrmillionen ausatmete.

Das vorläufige Ende: der spekulative Mensch

Betrachten wir die irdische Evolution aus einem anderen Blickwinkel. Milliarden Jahre bevor das irdische Leben einsetzte, verbanden sich drei höchst langweilige Heliumatome zu einem neuen Grundelement, dem Kohlenstoff. Irgendwann schlossen sich einige dieser Atome mit anderen zu Ketten zusammen und bildeten eine reproduzierfähige Substanz, nämlich DNS-Moleküle: Das war die Initialzündung des irdischen Lebens; es entstanden die ersten Lebensformen vor etwa 3,5 Milliarden Jahren. Zunächst verlief der biologische Evolutionsprozeß gemächlich. Die ersten Zellen brauchten 2,5 Milliarden Jahre um sich zu Vielzellern zu entwickeln. Eine weitere Milliarde Jahre dauerte es, bis die Evolution die ersten Säugetiere hervorbrachte. Dann aber beschleunigte sich die Entwicklungsgeschichte. Vom ersten Schritt der frühen Säugetiere bis zu uns vergingen nur noch 100 Millionen Jahre.

Dumme Einzeller überleben die Intelligenzbestie Mensch

Mit dem Auftauchen des Menschen erreichte die Evolution ein kritisches Stadium: Erstmalig gelang der Sprung zur externen Informationsübertragung mit der Entwicklung der menschlichen Schriftsprache. Von da an konnte Information auf einem schnelleren Weg als dem genetischen – durch die DNS – von Generation zu Generation weiter gegeben werden. Während unser enorm anwachsendes Wissen schriftlich weitergereicht wurde, hat sich das Erbgut des Menschen seit 10.000 Jahren kaum geändert oder wurde um nützliche Informationen bereichert. Selbst wenn die meisten Bücher Informationsschrott sind, so ist die Informationsflut durch neue Bücher milliardenfach größer als die Änderungsrate der DNS. Während wir immer informierter und dabei auch fehlinformierter werden, gibt es eine Diskrepanz: In uns stecken noch die Instinkte und Aggressionen der Höhlenmenschen. Vermutlich gab es Naturereignisse, die bei unseren Vorfahren einen Evolutionssprung auslösten: Vor etwa 50 Millionen Jahren prallte Indien mit einer Geschwindigkeit von 20 Zentimeter pro Jahr auf Asien und der Himalaja entstand. Dieser Subkontinent wurde 2.000 Kilometer weiter nach Norden verschoben, gleichzeitig begann die Arktis zu vereisen, und die Erde kühlte sich ab. Um diese Zeit vergrößerte sich das menschliche Gehirn von 0,6 auf 1,2 Liter. Schuf gerade dieser globale Umbruch die Voraussetzung für diese Entwicklung? So fand man 1995 in einem Braunkohletagebau in Schöningen drei Speere, die 400.000 Jahre alt sind. Die Schwerpunkte der zwei Meter langen Speere liegen, wie bei olympischen Speeren, im vorderen Drittel ihrer Länge, ihre Spitzen bestehen aus hartem Wurzelholz. Das zeigt, daß unsere Vorfahren bereits vor 400.000 Jahren praktische Intelligenz besaßen. Schädeluntersuchungen an Neandertalern, genauer an der nach den Knochenfunden rekonstruierten Großhirnrinde, brachten erstaunliche Ergebnisse zu Tage: Der Stirnlappen, der für das vorausschauende Planen verantwortlich ist, war viel größer entwickelt als der des heutigen Menschen.

Wir können kaum darauf hoffen, daß uns die Evolution in absehbarer Zeit mit größerer Intelligenz ausstattet. In naher Zukunft werden wir vielleicht in der Lage sein, unsere DNS zu manipulieren. Damit würde sich die Vielschichtigkeit unserer inneren Datenbank, der DNS, eventuell erhöhen. Den langsamen Prozeß der biologischen Evolution würden wir beschleunigen. Fraglich ist aber, ob eine größere, manipulierte Intelligenz einen langfristigen Überlebenswert garantiert.

Bestimmt wird es immer noch „dumme" Einzeller auf der Erde geben, nachdem sich der intelligente homo sapiens längst ausgelöscht hat.

Phänomenale Pioniere des Lebens: die Cyanobakterien

Im Morgengrauen des irdischen Lebens, vor rund 3,7 Milliarden Jahren, lernten Cyanobakterien – fälschlich auch Blaualgen genannt – das Wasser der Urozeane auf neue Weise zu nutzen: Sie nahmen anorganische Wassermoleküle auf, verbanden sie mit dem gleichfalls anorganischen Kohlendioxid aus der Atmosphäre zu organischen Grundstoffen und gaben Sauerstoff als „Abfallprodukt" an die Umgebung frei. Bei diesem biochemischen Prozeß nutzen die Bakterien die Energie des Sonnenlichts. Erstaunlich, nicht etwa eine Pflanze entdeckte die zweistufige Photosynthese – auf die geniale Idee kam das Cyanobakterium. Seine Sauerstoffabrik absorbiert zunächst das Lichtspektrum durch den Farbstoff des Blattgrüns, dem Chlorophyll, dann wandelt das Bakterium die elektromagnetische Energie in chemische Energie um; diese dient zur Synthese energiereicher organischer Verbindungen. Dabei wird das Abfallprodukt Sauerstoff „entsorgt".

Was für eine revolutionäre chemische Reaktion! Für die Natur bedeutete das einen Quantensprung in der Evolution. Sie wurde zum Erfolgsmodell des Lebens. Bald zeigte die Photosynthese den Königsweg auf, wie die Natur organische Substanz aufbaut: Es entstand daraus das Zuckermolekül Glukose. Dieses Molekül bildet die Basis für die Energiegewinnung und ermöglicht komplexe organische Verbindungen. So wurde aus einem ungemütlichen, nur für einfache Lebensformen geeigneten Planeten in Jahrmillionen der Planet, auf dem wir leben. Auslöser war, wie gesagt, der Sauerstoff, ein Abfall der Photosynthese, unser Lebenselixier.

Die Cyanobakterien dürften auf flachen Stellen der Urozeane schleimige Matten gebildet haben. Auf diesen Schleimfilmen landeten verwehte Staub- und Tonpartikel. Daraus entstanden knollenförmige steinerne Blöcke, die Stromatolithen. So nennt man die biogenen Sedimentgesteine aus dem Präkambrium, dem ersten der Erdzeitalter. Im Laufe der Jahrmillionen nahm die Zahl der Cyanobakterien

16

enorm zu; die Ozeane konnten den von ihnen abgegebenen Sauerstoff nicht mehr binden. Freier Sauerstoff trat ins Wasser und in die Atmosphäre. So oxidierten Eisenmineralien auf den Kontinenten zu rotem Eisenerz. Jene Photosynthese schuf in der Folgezeit fossile Rohstoffe und Energiespeicher wie Kohle, Erdöl und Erdgas. Und in der Stratosphäre wird aus dem so freigesetzten Sauerstoff Ozon gebildet, das einen Großteil der für Lebewesen schädlichen UV-Strahlung absorbiert. Erst dadurch ist Leben an Land möglich. Ohne die Photosynthese wären wir nicht lebensfähig, ja überhaupt nicht entstanden. Nur dieser Prozeß bildet elementaren, molekularen Sauerstoff für unsere Atmung und produziert organische Stoffe als Nährstoffe. Nachträglichen Dank an die „Cyanos"!

Die Photosynthese war der Wegbereiter zu ausgefallenen Lebensformen. Vor rund 2,1 Milliarden Jahre, nachdem die „Cyanos" dem Leben die „Sauerstoffdusche" verpaßten, kam es durch sie abermals zu einer Innovation: ein neuer Zelltyp entstand, zum ersten Mal mit einem Zellkern (Eukaryonte) und weiteren feinen Inhaltsstoffen.

Zuvor erprobte die Natur Jahrmillionen lang unermüdlich die Grundlagen – die Mehrzelligkeit – für höhere Lebewesen zu entwickeln. Alle Anstrengungen verliefen ins Leere. Fast eine Milliarde Jahre hatte das Leben vor sich hin gedämmert und nicht die geringste Neigung zu einer Zunahme der Komplexität gezeigt; dann plötzlich, in einem Zeitraum von nur wenigen Millionen Jahren hatte das Leben alle grundlegenden Körperbaupläne hervorgebracht, die heute noch existieren. Die Zeit beispielloser Neuerung und Experimente mit Körperbauplänen begann. Den entscheidenden Schub dazu gab eines Tages ein abenteuerliches Cyanobakterium, das auszog, um das Innere eines anderen Bakteriums zu erkunden. Die Infiltration war von beidseitigem Erfolg gekrönt. Dies, obschon das Cyanobakterium ein genetischer Fremdsprachler war. Sei's drum, der eingedrungene nützliche Bakteriengast wurde zum sogenannten Chloroplasten, jenen Zellorganellen, die heute noch in jeder Pflanzenzelle das tun, was die Cyanobakterien vor Urzeiten erlernt hatten: die Photosythese. Sie stellten ihre Fähigkeiten in den Dienst der neuen Wirte, die so Nährstoffen für ihre Zelle gewinnen konnten.

17

Damit wurde der Weg vom Einzeller über den mehrzelligen zum vielzelligen Organismus bereitet. Dieser sensationelle Erfolg verbreitete sich unter den Zellen über morphogenetische Felder wie ein Lauffeuer. Über Nacht explodierte die Vielfalt des Lebens. Bald schon gab es ein wurmartiges Geschöpf (Pikaia gracilens), dem der Durchbruch gelang; es besaß eine primitive Wirbelsäule. Damit war dieses Kleinlebewesen der älteste bekannte Vorfahre aller späteren Wirbeltiere, einschließlich unserer selbst. Übrigens, der Ur-Ahne aller vielzelligen Lebewesen ist das mehrzellige Nesseltierchen Trichoplax adhaerens. Fortschrittliche Zellen mit Kern, die sogenannten Eukaryoten, sollten später die sexuelle Fortpflanzung erfinden und aus ihnen sollten sich die großen Reiche der Pflanzen, Tiere und Pilze entwickeln. Aber das ist eine andere, spannende Geschichte.

Durch die Photosynthese werden auf der Welt rund 10^{11} Tonnen Bio-Trockenmasse pro Jahr produziert. Sie treibt alle biochemischen Kreisläufe in allen Ökosystemen der Erde an. Selbst die Lebensgemeinschaften an hydrothermalen Quellen, die anorganische Verbindungen als Energiequelle nutzen, sind auf Sauerstoff angewiesen. Forscher fanden 2006 im Yellowstone-Nationalpark ein Kuriosum von einem Cyanobakterium. Es betreibt einen im Tag-Nacht-Rhythmus wechselnden Stoffwechsel: Tagsüber Photosynthese und nachts Stickstofffixierung und nutzt so elementaren Stickstoff aus der Atmosphäre. Dies ist nach heutigem Wissensstand einmalig.

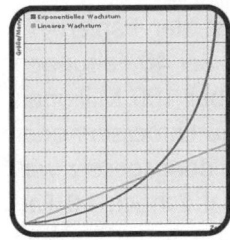

Wachstum über alles

Welche Konsequenzen hat exponentielles Wachstum?

Betrachten Sie das Anwachsen der Weltbevölkerung seit der Steinzeit, also einen Zeitraum von etwa 10.000 Jahren. Mit dem Anwachsen der Menschheit vergrößerte sich auch unser Wissen. Zwar gab es einige „Pestbeulen" in der Wachstumskurve, etwa im Mittelalter, aber seit zweihundert Jahren ist das Bevölkerungswachstum deutlich exponentiell geworden: Jahr für Jahr nimmt die Weltbevölkerung um den gleichen Prozentsatz zu, z. Zt. um 1,9%. Das hört sich kaum dramatisch an, bedeutet aber, daß sich die Weltbevölkerung alle 40 Jahre verdoppelt. Natürlich kann sich das gegenwärtige exponentielle Wachstum nicht so ungebremst fortsetzen, sonst gäbe es auf der Erde in 600 Jahren nur noch Stehplätze für die Menschen und der Energieverbrauch der Erdbevölkerung brächte die Erde zum Glühen. Sie ahnen es: Dem natürlichen Wachstumsprozeß mit Exponential-Charakter sind wir hilflos ausgeliefert. Die Gefahr der Eskalation erkennen wir nicht rechtzeitig. Anfangs ignorieren wir derartige Wachstumsmonster. An einem verblüffenden Beispiel möchte ich Ihnen zeigen wie der Wachstumscharakter einer solchen Exponentialfunktion vom Harmlosen zum Monströsen eskaliert.

Ein verblüffendes Gedankenexperiment: die Papierblattfaltung

Falten Sie in Gedanken ein Blatt Papier von 0,1 mm Stärke 50 mal. Ich sage deswegen „in Gedanken", weil es sich praktisch nur etwa 7x falten läßt. Nach den ersten 10 Faltungen ist die Papierdicke auf 0,1 mm x 1024 = 102,4 mm oder rund 10 cm angewachsen. Ein recht harmloser Beginn! Bereits nach 20 Faltungen erreicht das Papier eine Höhe von rund 100 Meter, nach 30 Faltungen ist der Papierberg rund 100 Kilometer hoch. Jetzt wird es spannend: Bei 40 Faltungen über 100.000 km, schließlich nach 50 Faltungen über 100 Millionen Kilometer. Das entspricht dem 800fachen des Erddurchmessers oder dem Siebenfachen des Sonnendurchmessers. Das Bildungsgesetz was dahinter steckt, heißt ganz einfach: Papierdicke mal 2 hoch 50 Faltungen. Sie sehen, einer Exponentialfunktion sollten wir mit Respekt begegnen.

Die weltweite Geldmengen-Explosion

Ein weitaus gefährlicheres Experiment aus der Finanzwelt mit wahrscheinlich desaströsem Ausgang ist gerade mit Buntpapier im Gange. Es ist kein Faltbeispiel, sondern ein Monstrum, das durch den Zinseszinseffekt in galaktische Höhen getrieben wird. Gemeint sind die aufgestauten Weltschulden. Durch legale Mittel sind sie nicht mehr rückzahlbar. Gerade befinden wir uns auf dem fast senkrechten Anstieg des Funktionsastes, der uns wie eine Naturgewalt zwangsläufig ins Finanzchaos stürzt. Die Ursache für das exponentielle Wachstum bis ins Verderben ist der Zinseszinseffekt. Die Weltschulden-Blase steht vor dem Platzen. Gegen alle Voraussagen, die sich jenseits von 2010 gruppieren, könnte der Zusammenbruch der Finanzsysteme m. E. bereits 2009 stattfinden.

Wachstumsmonstern sind wir als Spekulanten hilflos ausgeliefert

Der exponentiell wirkende Zinseszinseffekt ist in der Tat eine Geißel der Menschheit. Hätten wir ein unendlich langes Leben, würde uns vielleicht die Geißel „Zinseszins" erspart bleiben. Der Mensch als linear denkendes Wesen ist aber in seinem Dasein in Raum und Zeit begrenzt. Dieses Bewußtsein führt fortwährend zu sehnsüchtigen Spekulationen. Damit wir uns Dinge der Zukunft schon jetzt leisten können, zahlen wir einen hohen Tribut: eben den Zins mit Zinseszins. Genau das ist auch der Pferdefuß aller verschuldeten Staaten, die über ihre wirtschaftlichen Verhältnisse auf Pump leben. Wir unterschätzen den Zinseszinseffekt als Wachstumsmonster, weil wir für die ins Gigantische laufende Funktion keinen Sensus entwickelt haben. Der philosophische Leitgedanke Descartes „Cogito ergo sum – Ich denke, also bin ich", verkommt im Rausch der Spekulation zu „Ich spekuliere, also bin ich". Das bewußte Ausspähen eines Risikos nach gewinnbringenden Gelegenheiten besteht seit Anbeginn der Menschheit, ja es gehört geradezu zur Strategie der Überlebenskunst.

Ein Autofahrer kämpft mit der Lichtgeschwindigkeit

Nehmen wir einen Autofahrer, der eine Strecke s von A nach B zurücklegen will. Die erste Hälfte seiner Fahrstrecke s_1 legt er mit der Geschwindigkeit $v_1 = 50$ km/h zurück und er braucht dafür eine Zeit von t_1. Im zweiten Streckenabschnitt s_2 will er seine Geschwindigkeit soweit steigern, daß er im Mittel eine Durchschnittsgeschwindigkeit von $v = 100$ km/h fährt. Dazu braucht er die Zeit t_2. Er fragt nach der Geschwindigkeit v_2, die er fahren muß. Mit einer geschätzten Geschwindigkeit $v_2 = 150$ km/h bleibt er allerdings auf der Strecke, denn es gilt nicht das einfache arithmetische Mittel

$(v_1 + v_2)/2 = (50 + 150)/2 = 100.$

Allgemein gilt: $v = s/t$, nach t aufgelöst $t = s/v$;

dann ist $t_1 = (s/2) / v_1$ und $t_2 = (s/2) / v_2$

In v eingesetzt: $v = s/(t_1 + t_2) = s/(s/2v_1 + s_2/2v_2)$

demnach $v = s/(s/2 \times 50 + s/2 \times 150) = s/(s/100 + s/300) = s/(4s/300)$

$v = 4/300 = 75$ km/h.

Er muß einsehen: Da fehlt es noch weit bis 100 km/h.

Das Verblüffende daran ist, daß der Autofahrer selbst auch dann nicht seine gewünschte Durchschnittsgeschwindigkeit von 100 km/h erreicht, wenn er im zweiten Streckenabschnitt mit Lichtgeschwindigkeit führe. Rechnen Sie ruhig einmal nach. Des Rätsels Lösung: Da er die halbe Strecke mit der halben gewünschten Geschwindigkeit (also 50 km/h) gefahren ist, hat er bereits soviel Zeit verbraucht, als wäre er die ganze Strecke mit Tempo 100 gefahren. Er hat demnach für die erste Streckenhälfte einfach zu viel Zeit vertan und es sich zu leicht mit seiner Mittelwertsbildung gemacht, denn allgemein handelt es sich bei diesem verblüffenden Beispiel nicht um einen arithmetischen Mittelwert, sondern um das sogenannte Harmonische Mittel h = 2/(1/a + 1/b).

Erst wenn b, also im Beispiel die Geschwindigkeit v_2 unendlich groß wäre – Einstein würde sich im Grabe umdrehen – ginge der zweite Term im Nenner gegen Null und es bliebe 2/(1/50) = 100 übrig.

Sie bemerken, nicht nur bei Monsterfunktionen wie der Exponentialfunktion geraten wir ins Schleudern. Selbst einfache Probleme des täglichen Lebens schätzen wir gelegentlich falsch ein. Wir können uns irren. Übrig bleibt oft nur die Spekulation, die schnelle, aber fehlerbehaftete Abschätzung, das Menetekel der Menschheit. So gesehen ist der Mensch eher ein homo speculans, immer behaftet mit dem Makel der spekulativen Fehleinschätzung.

Unglaubliche Informationen der Palmblatt-Bibliotheken

Die angeborene Sehnsucht des homo speculans, seine eigene Zukunft zu erfahren, treibt in der zunehmend unsicheren Welt üppige Blüten. Da sind Weissagungen der Propheten, Gurus, Hellseher und Scharlatane stets willkommen. Bereits heute zu wissen, wie sich Börsenkurse und Rohstoffe entwickeln, wie es mit der eigenen Gesundheit in Zukunft bestellt ist, wie es mit der Partnerschaft weitergeht, all dies sind Fragen, die brennend interessieren. Gewiß, einige zyklische Muster lassen sich aus geschichtlicher Erfahrung ableiten und in die Zukunft extrapolieren. Nichts verrät uns aber exakt unsere Zukunft, verheißt uns unser Schicksal, dem wir womöglich ausgeliefert sind. Um so kritischer war ich, als ich von jenen zwölf Palmblatt-Bibliotheken in Südindien erfuhr, die angeblich das Weltschicksal der Menschheit hüten – eingeritzt in Sanskrit oder Alt-Tamil auf Jahrhunderte alten Blättern der Stechpalme. Selbst das individuelle Schicksal eines Fragenden nach „seinem" Palmblatt ließe sich angeblich dort wiederfinden. Diese Geschichte erschien mir so rätselhaft absurd, daß ich nach Indien aufbrach, um „meinem" Palmblatt nachzuspüren. Nur soviel zur Erläuterung: Der Legende nach gab es im alten Indien vor 7.000 Jahren mythologische Gestalten, die Rishis, die einer prähistorischen Hochkultur angehörten. Ursprünglich stammten sie vermutlich vom versunkenen Mutterkontinent Mu. Ihr Verbleib verliert sich in den Abgründen der Geschichte. Diese Wesen gravierten das Wissen der Akasha-Cronik um das „Weltgeschehen" auf Steintafeln und bestimmte Metallplatten. Von dieser Urbibliothek wurden Informationsfragmente auf zwölf Palmblatt-Bibliotheken ins Alt-Tamil oder Sanskrit übertragen und von Familiengeneration zu Familiengeneration behütet weitergereicht. Eben diese besagten Rishis beherrschten angeblich die Umkehr der Gravitationskraft, denn sie konnten mit ihren Vimanas (Raumschiffen) von der Erde abheben. Davon berichtet das Ramayana-Epos. Nach heutigem Erkenntnisstand der Physik ist das schier unmöglich. Wäre das überhaupt irgendwann denkbar?

Auf dem Weg zu versteckten Palmblatt-Bibliotheken
Einmal fernöstliche Atmosphäre schnuppern, auch das gehört zu einem Palmblattbesuch. Für einen Mitteleuropäer verläuft die Fahrt zu den begehrten Stätten der Palmblatt-Bibliotheken weitaus abenteuerlicher, als es das angepeilte, unscheinbare Ziel selber darstellt: Die Bibliothek in Bangalore versteckt sich, wie auch alle anderen in Südindien, in einem halb verfallenen, unscheinbaren Gebäude.

Der Straßenverkehr der fast schilderfreien 5,3-Millionen-Metropole Bangalore erinnert mich an einen lärmenden, auf Bewegungsänderungen kollektiv abgestimmten Tierschwarm. Jedes Bestreben der einzelnen Verkehrsteilnehmer, in eine Lücke zu schlüpfen, die das Chaos für einen Herzschlag lang freigibt, läuft koordiniert und ohne Hektik ab. Auf deutschen Straßen mit all den Vorschriften wäre so ein gewaltiger Durchsatz an Fahrzeugen der unterschiedlichsten Art undenkbar. Glücklich kann sich derjenige schätzen, der auf dem Weg zur nächsten Ampel die Pole Position ertrotzt. An der Kreuzung wird der Countdown in großen Leuchtziffern durch Herunterzählen der Sekunden auf Null bis zum Ergrünen der Ampel angezeigt. Bereits Sekunden zuvor braust das Konzert der Motoren mächtig auf, umwabert vom blauen Abgasqualm der dreirädrigen, gelben Taxi-Wespen. Trotz des Höllenlärms scheinen die Verkehrsteilnehmer geradezu entspannt, teilweise sogar mit heiteren Minen hinter ihrem Steuer zu sitzen. Vespa-Beifahrerinnen im Damensitz halten zum Telefonieren mit selbstverständlicher Geste ihr Handy an ihr goldberingtes Ohr.

24

Telefonsüchtige Reisende können zu unserer Ortsgebühr eben mal das 8.000 km entfernte Old Germany kontaktieren. Ganz unkompliziert bietet man dazu seine Telefonbox-Dienste in irgendeiner Passage feil. Für ein paar Rupien (50 Rupien gleich etwa 2 Euro) versteht sich, und das in einem nicht einmal zwei Quadratmeter großen „Kommunikationsshop". Nach Beendigen des Auslandsgesprächs druckt ein kleiner Rechner automatisch die Gesprächsgebühr aus. Fertig.

Die Suche nach dem individuellen Palmblatt

Jede Palmblatt-Bibliothek pflegt ihre eigene traditionelle Suchprozedur, um aus Tausenden von Palmblatt-Manuskripten eben das gefragte 3 bis 6 cm breite Palmblatt herauszupicken. Das liegt mit anderen hundert Palmblättern, zu einem Bündeln geschnürt, zwischen zwei schmalen Holzdeckeln. Wieviel von diesen Bündeln in einer Bibliothek wirklich lagern, ist ungewiß.

In der einen Bibliothek genügt die Nennung des Vornamens und des Geburtsdatums, in der anderen führt der Daumenabdruck zu einem langwierigen Frage- und Antwortdialog zwischen Reader und Besucher. Dieser findet erst dann sein Ende, wenn sich auf die im Sprechgesang vorgetragenen Fragen des Readers aus der Vordatei klare Ja-Antworten des Besuchers einstellen, z.B. „Heißt ihr Vater Hans?". Antwort „Ja". „Sind sie Anfang Mai geboren?". „Ja" usw. Erst dann hat die „Vordatei" auf die Spur des richtigen Palmblattes geführt. Völlig orakelhaft ist jene „Palmblatt-Findung", wo neben Nennung des Namens und des Geburtsdatums der Ratsuchende außerdem neun polierte Muscheln über einem Mandala werfen muß. Danach sucht der Reader die zentral liegende Muschel heraus. Ihre Anordnung und Zahl, verbunden mit den beiden anderen Daten, bilden die Information für das Auffinden des individuellen Palmblattes.

Schwierigkeiten bei der Interpretation der Palmblatt-Texte

Gibt es überhaupt für die Jahrtausendealten Palmblatt-Texte in Alt-Tamil oder Sanskrit ein sprachliches Äquivalent in unserer heutigen Begriffswelt? Sicherlich fehlten damals z.B. für unsere modernen technischen Errungenschaften die Wörter. Deshalb fragte ich bei einer der Sitzungen gezielt den Reader. Ruhig antwortete er mit einem Beispiel: „Sehen Sie, wenn ich eben sagte, sie seien Ingenieur, dann ist in ihrem Palmblatt die Rede davon, daß Sie technische Dinge für andere Menschen ins Werk setzen" (téchne bedeutet schon bei den alten Griechen „ins Werk setzen"). Allein diese Transformationsleistung aus dem Stegreif finde ich beachtlich.

Meine volle Hochachtung gilt aber den kalendarischen Umrechnungen. Der Reader ist in der Lage, aus der Palmblatt-Beschreibung genannte astronomische Konstellationen – diese Sternzeit fußt auf Sternpositionen am Himmel – in den für uns gültigen Gregorianischen Kalender umzurechnen. Allein diese astromathematische Kunst ist in Indien ein eigener Wissenschaftszweig. So ist es kaum verwunderlich, daß ein Palmblattleser eine langwierige und umfassende Ausbildung genießt. Mehr noch, dazu zählen auch besondere geheime Einweihungen und gewisse spirituelle Fähigkeiten.

Jeder weiß: eine Kopie ist nicht gleich dem Original. So fragte ich mich, wie hoch die Fehlerquote ist, wenn seit Jahrtausenden von der Urschrift alle drei bis vier Jahrhunderte eine Kopie der Kopie usw. der Palmblätter angefertigt wird. Das ist übrigens deswegen notwendig, weil Palmblätter als organische Substanz irgendwann zerfallen würden. Sollten sich da nicht beim Abschreiben Fehler einschleichen? Dagegen sprechen die akribischen Fähigkeiten und Detailverliebtheit der Tamilen beim Übertragen der nur wenige Millimeter großen Schriftsymbole. Außerdem sind die Texte in einer Art Versmaß angelegt, so daß „Ungereimtheiten" durch Übertragungsfehler sofort ins Auge springen würden. Ich besuchte bewußt mehrere Palmblatt-Bibliotheken, nicht nur um die Authentizität meines Palmblatts im Vergleich zu überprüfen, sondern auch, um eventuelle Unterschiede im Sinngehalt der einzelnen durchaus abweichenden Interpretationen aufzuspüren.

Hintergründiges zur Palmblatt-Lesung
Die Lesung geht auf den weisen Begründer Brighu vor 5.700 Jahren zurück. Der Ratsuchende erfährt das „Drehbuch" seines Lebens, keineswegs aber als fest eintretenden, unausweichlichen Schicksalsweg.

Vielmehr ist daran eine geistige, praktische und psychologische Lebensberatung geknüpft, die alle menschlichen Bemühungen einschließt, um damit das eigene Schicksal zum Positiven zu verändern.

Indessen sind nicht nur individuelle Schicksale, sondern auch Weltereignisse der Menschheitsgeschichte gespeichert, darunter auch Hinweise, wie sich die Zukunft der Menschheit entwickelt. Dieses geheime, brisante Wissen bleibt nur den Palmblatt-Lesern vorbehalten. Sie würde ihre spirituellen Fähigkeiten verlieren, wenn sie dieses Weltwissen unverantwortlich preisgäben. Die Reader verstehen sich nämlich als Medium, als Interpreten der Rishis, z.B. Agastya, der durch sie spricht.

Diese Bibliotheken sind keine Brennpunkte des Touristenrummels, die lediglich die Neugier auf die Zukunft befriedigen. Es sind Stätten der Lebenshilfe, keine Fluchtburgen des Karmas vor der eigenen Verantwortung. Im Westen wird ja Karma als unabwendbares Schicksal begriffen. Karma bedeutet vielmehr in Sanskrit „Handlung", d.h. alles das, was wir mit unseren Gedanken, Gefühlen, Worten und Taten bewirken und damit entsprechende Ergebnisse erzielen, ist gemeint. Keinem Neugierigen wird es gelingen, per Ferndiagnose seinen Lebensweg oder den eines anderen Menschen zu erfahren; der Ratsuchende muß schon physisch bei der Lesung anwesend sein.

Besonderheiten der Lesung in Bangalore
Ohne viel Brimborium erfährt der Besucher zunächst seine astrologischen Daten, falls ausdrücklich gewünscht, bis zu seinem mutmaßlichen Tode. Für einige Klienten dürfte das Wissen um den Todestag einen Schock auslösen, denn bei uns gilt der Tod als Tabu und wird lebenslang verdrängt. Der Reader nennt bestimmte Erfahrungen und Ereignisse sowie Berufe und Tätigkeiten aus früheren Leben, die unbewußt auf die derzeitige Inkarnation einwirken können. So wurde mir u.a. beispielsweise gedeutet, daß ich im Mittelalter in einer südeuropäischen Armee ein bekannter Waffenmeister war. Da würde es naheliegen, so meinte er, daß ich „vorgeprägt" sei und im jetzigen Leben deshalb wohl den Ingenieurberuf ausübe. Daran anknüpfend, kommt der Reader auf charakterliche Eigenschaften zu sprechen. Er nennt offenkundige Fähigkeiten, aber auch brachliegende, verschüt-

tete Talente, die man aus den Vorleben erwarb, doch bis jetzt nicht zu nutzen wußte.

Wichtig ist auch der folgende Part, der sich mit der gesundheitlichen Verfassung, psychisch wie auch physisch, auseinandersetzt. Gezielte prophylaktische Maßnahmen und Vorsichten werden ausgesprochen. Spätestens dann, wenn der Reader auf Partnerschaft und Familie mit der ganzen Bandbreite punktgenau auf Gefühle und Probleme eingeht, beginnt der Ratsuchende nachdenklich zu werden. Nichts überzeugt den Skeptiker mehr, als die Nennung bereits geschehener Dinge und Meilenstein-Daten aus seinem Leben. Ereignisse also, die bisher nur der Fragende als sein Geheimnis gehütet hat. Erst dann ist er innerlich bereit, seinen zukünftigen Lebensplan als Schicksalsweg aufgedeckt zu bekommen und Hinweise auf mögliche Lebensgefahren ernst zu nehmen.

Bei meiner Recherche wurde mir eine bemerkenswerte Geschichte erzählt. Da suchte einst ein Drogenfahnder den Rat des Readers. Dieser warnte ihn auf besondere Weise, denn er gab ihm den dringenden Rat, er möge seine kugelsichere, schwere Weste vor allem zum oder vom Dienst kommend, anziehen. Konsequent befolgte der Beamte diesen Rat. Seine Kollegen belächelten ihn wegen seiner manischen Akribie. Zwei Jahre später nach Dienstschluß. Der Fahnder war gerade im Begriff eine Straßenbahn zu besteigen. Da bemerkte er auf der gegenüberliegenden Straßenseite einen lang gesuchten Drogendealer. Ohne zu zögern rannte er dem Verbrecher hinterher. Blitzschnell drehte sich dieser um und schoß auf den Beamten. Die Kugel blieb in der Schutzweste stecken und hinterließ lediglich ein Hämatom in Herzhöhe. Ungeschützt wäre der Fahnder sicherlich tödlich getroffen worden.

Gewiß, über die Zukunft läßt sich trefflich streiten, weil sie im Prinzip alle Freiheitsgrade zuläßt. Prophezeiungen im Nahbereich lassen sich geduldig auf ihren Wahrheitsgehalt überprüfen. Was halten Sie z.B. davon, wenn Ihnen der Reader so nebenbei mitteilt, daß man sich bald schon wiedersehe. Für mich war diese Aussage Nonsens, denn warum sollte ich eine teure Indienreise ohne triftigen Grund wiederholen? „Das kann unmöglich sein", widersprach ich trotzig. „Es steht aber hier" entgegnete der Reader gelassen, aber bestimmt. Dieser mehrfach gehörte Satz bedeutete immer das Aus für weitere Fragen. Der Reader sollte recht behalten. Meine späteren Palmblatt-Erzählungen beeindruckten einen Freund so sehr, daß er mich einlud, mit ihm gemeinsam noch einmal dem Mysterium weiterer Palmblatt-Bibliotheken nachzuspüren. Bereits ein halbes Jahr später saß ich wie selbstverständlich wieder vor meinem Reader.

„Ihren Lebensmittelpunkt verlagern Sie ins Ausland"

Als ich diese, meine zukunftsweisende Wahlentscheidung vom Reader vernahm, war ich seltsam überrascht. Dazu würde ich mich nur entschließen, wenn sich die wirtschaftliche und soziale Landschaft in Deutschland eintrüben würde. Für diesen worst case gibt es bei mir in der Tat einen Plan. Prinzipiell wäre eine Verlegung des Wohnsitzes ins Ausland auch aus anderen Beweggründen denkbar. Die Antworten des Reader zum Wann und Warum möchte ich hier nicht ausbreiten – seine Hinweise werden vermutlich meine spätere Vita prägen. Diese Erinnerung an meine Zukunft führt mich dazu, noch einmal das kosmologische Rätsel der Zeit näher zu beleuchten. Vergegenwärtigen wir uns: Sämtliche vor Jahrtausenden verfaßten Palmblatt-Prognosen waren Zukunftsbilder – ob sie das heutige Vergangene oder das Zukünftige betreffen. Dazwischen liegt das kreative „Jetzt", das sich von Augenblick zu Augenblick neu erfindet.

Erfahrungen mit der Lesung in Kanchipuram

Während die Palmblattstätte in Bangalore auf mich den Eindruck eines traditionellen Familienunternehmens machte, schien mir Kanchipuram eher eine Art Klosterschule zu sein, dies unter der Leitung des Nadi-Readers Balasubramaniam. Hilfreiche Geister, stets auf der Suche nach dem richtigen Palmblatt, schwirrten überall eilfertig in den Gängen umher. Nach alter Tradition bekommt hier der Ratsuchende an Ort und Stelle nur sein erstes Kapitel aus insgesamt zwölf Kapiteln seines Lebens vorgelesen, eine Art Quintessenz, wie es hieß. Nach meiner Erfahrung hatte Kapitel eins keineswegs zusammenfassenden Charakter. Das Prozedere sieht vor – nach entsprechender Bezahlung, versteht sich – daß die restlichen Kapitel oder eine Auswahl davon, „nachgeschickt" werden. Einige Monate später erhält der Palmblattbesucher tatsächlich ein oder zwei etwa DINA-5 große Heftchen mit handschriftlichen Eintragungen seiner Vita in Tamil. Inhaltsgleich außerdem eine Kassette in Tamil und eine weitere mit der entsprechenden deutschen Übersetzung. Auffällig ist die Redundanz einiger Aussagen. Wer hört nicht gerne mehrfach, daß sein Leben „harmonisch weitergeht" und daß „keine materiellen Sorgen" anstehen. Etwas geschockt erfährt man „fast" genau den Tag, wann seine Seele den Körper verläßt, z.B. mit 82 Jahren zwischen dem 15. September bis zum 15. Oktober, und zwar an einem Mittwochabend. Auffällig: Weder ein selbst erfahrenes Glanzlicht noch ein markantes Datum aus dem bisherigen Leben tragen dazu bei, den Glauben an die Zukunftsprognosen zu stärken. Doch es gibt durchaus wesentliche Prophezeiungen, die mit denen aus Bangalore übereinstimmen. Kanchipuram ist hinsichtlich des Palmblatt-Inhalts keineswegs eine Blaupause.

So geschah's in Kanchipuram

Die Süd-Indienreise bot manch Rätselhaftes. Von einem Ereignis möchte ich berichten. Was ich selbst am Rande meiner Palmblattbesuche erfuhr, ist mysteriös und mir unerklärlich. Wir, eine zusammengewürfelte Reisegruppe von zwölf Palmblattfans, teilten uns auf: sechs Mitreisende besuchten an einem Tag die Palmblattbibliothek, während die anderen der Gruppen die dörfliche Idylle Kanchipurams erkundeten. Das war, wie unser Reiseführer Peter erklärte, Usus und sinnvoll, denn so konnte die Besichtigungsgruppe unabhängig von den zeitaufwendigen Palmblattbesuchen früher ins Strandhotel zurückfahren. Ich gehörte zu den Dorferkundlern.

Im Strandhotel angekommen, genehmigte ich mir ein temperiertes „Local-Bier" aus der Flasche. Eine Gewohnheit, der ich bei all meinen Tropenbesuchen nachging: aus hygienischen Gründen und zur Magenberuhigung. Am Eingang des kleinen Pavillons am Strand unterschrieb ich den Kassenbon für mein geordertes Getränk. Das war so verabredet, denn erst am Ende des Hotelaufenthalts wurden diese Einzelrechnungen der Zettel addiert. Aus unerklärlichen Gründen schrieb ich hinter meinem Namen 9 Uhr 10.

Inzwischen dämmerte es, und der Mond hing wie eine rotwangige Ampel am Sternenhimmel. Ich leerte mein Glas aus und schritt den schmalen Holzsteg zum Meer. Merkwürdig kurzatmig warf der Indische Ozean kleine Wellen an den Strand. Traumverloren blickte ich in den südlichen Himmel. Wie aus einer prall gefüllten Tasche, breitete ich das Tagesgeschehen in Gedanken aus. Trippelnde Schritte näherten sich plötzlich. Es war der kleine Inder, der mich zuvor bedient hatte. „Sir, beten Sie gerade den Mond an?" fragte er fast wispernd vorsichtig. „Aber nein, ich denke nur über den Tag nach", gab ich, etwas in meiner Kontemplation gestört, zur Antwort. „Verzeihen Sie, eine Frage, es ist schon 20 Uhr, gewöhnlich ist da die zweite Gruppe schon zurück zum Super. Wissen Sie, warum die Leute noch nicht da sind?" fragte mich der Miniinder gezielt. Wie in einer Art Trance erwiderte ich: „Nein, der Rest der Gruppe kommt erst um 9 Uhr zehn; schauen Sie auf meinen Kassenzettel, da steht es." Meine Antwort überraschte mich selbst. Offensichtlich suchte der Inder das Gespräch mit mir, und so fragte er weiter, ob ich denn verheiratet sei und Kinder hätte. Jetzt schaute ich forschend direkt in seine Augen. Meine Antwort quoll unvermittelt fast roboterhaft aus mir heraus. „Nein, wir haben keine Kinder, Ihr einziges Kind lebte nur eine kurze Zeit, es starb kurz nach der Geburt"; dabei fuhr ich mit meiner Hand erklärend über meinen Brustkorb und erschrak dabei. „Yes, yes Sir, it was the lung", antwortete er verdutzt. Wir fielen uns für einen schmerzhaften Moment in die Arme und rissen uns erschreckt wieder los. Später setzte ich mich an den langen Tisch im Pavillon, der bereits eingedeckt war. Die fehlenden Gäste unser Gruppe tropften langsam ein. Nach einer Weile trottete auch unser Reiseführer Peter ein. Er nahm am Tischende Platz: es war Punkt 9 Uhr zehn!

Jenseits unseres Vorstellungsvermögens

Die Rechenergebnisse der Quantenphysik übersteigt bei weitem unsere Vorstellungskraft. Allein, daß unser embryonaler Kosmos beim Urknall eine Dichte von 10^{94} Gramm pro Kubikzentimeter (eine Eins mit 94 Nullen) gehabt haben soll und dabei den Raum eines Fast-Nichts ausfüllte, seine Temperatur mindestens 10^{32} Grad Celsius betrug, ist nicht mehr zu begreifen. Die Gesamtmasse unserer Milchstraße wäre auf den Bruchteil der Ausdehnung eines Atomkernteilchens konzentriert.

Ebenso wie diese mathematisch gesicherte Erkenntnis nicht nachvollziehbar ist, aber von der Wissenschaft akzeptiert wird, sind die Vorgänge unbegreiflich, die bei jener orakelhaften Zeremonie zu Ehren von Bhagawan Sri Shuka Maharshis geschehen. Hierbei laden sich, wie durch Geisterhand, die Palmblätter erneut mit der Energie der Rishis auf. Die Texte werden, wie bei einer Festplatte, neu „überschrieben". Man könnte von einer Aktualisierung des uralten Wissensspeichers sprechen. Dieses Phänomen läßt sich durch nichts erklären. Man mag das als Humbug, Trickserei oder als Zauber abtun. Fest steht aber, daß es dafür Zeugen gibt, die ein eigenhändig markiertes, leeres Palmblatt nach der Zeremonie mit der Antwort beschrieben vorfanden, die auf die beabsichtigte, aber noch nicht gestellte Frage an den Palmblatt-Reader einging.

Gravitation und Zeit

Die Gravitationskraft regiert das Universum

Rufen wir uns ins Gedächtnis: Beim hypothetischen Urknall befand sich der Kosmos in einer hochgradigen Ordnung (niedrige Entropie). Vor etwa 13,7 Milliarden Jahren explodierte das Nichts. In Sekundebruchteilen nach dem Urknall entstanden Raum, Zeit, Energie und Materie. Aus einer einzigen Superkraft gingen durch eine Reihe kosmologischer Phasenübergänge vier Elementarkräfte hervor. Seitdem beherrschen sie unser Universum.

- Die stärkste davon ist die Kernkraft, sie hält die Bauteile (Quarks) des Atomkerns zusammen.
- 137mal schwächer ist die elektromagnetische Kraft; sie führt die Elektronen auf ihrer Bahn um den Kern des Atoms.
- Die schwache Kernkraft bewirkt den radioaktiven Zerfall; sie ist zehn Billionen Mal schwächer als die starke Kernkraft.
- Die schwächste der Urkräfte im Universum ist die Gravitationskraft (10^{-36} geringer als die elektromagnetische Kraft); sie hält die Planeten in ihrer Bahn um die Sonne, die Sterne auf ihrer Bahn um das Zentrum der Galaxis.

Genau wie die elektromagnetische Kraft reicht die Gravitation bis an die Grenzen des Universums. Verblüffend ist, daß die Gravitation durch nichts auszuschalten ist, sie wirkt auf alle Formen von Materie und Energien. Stets zieht sie an, stößt niemals ab – im Gegensatz zur elektromagnetischen Kraft. Obschon die Gravitationskraft die schwächste aller Fundamentalkräfte ist, dominiert sie das Universum.

Zwar ist die extrem starke Kernkraft 10^{38} mal stärker als die Gravitationskraft, diese wirkt aber nur über eine Reichweite von 1 Billionstel Millimeter. Das ist der Grund, warum sie für die Welt außerhalb des Atoms keine Rolle spielt. Nebenbei gesagt, ein Atom selbst ist gar nicht so kompakt, denn es besteht zu 99,999 999 999 Prozent aus leerem Raum.

Zurück zur Gravitation. Wie wirkt sie, warum fällt ein Apfel zu Boden? Das können wir nicht erklären. Bis heute ist es den Physikern nicht gelungen, Botenteilchen der Gravitation zu messen. Gelänge dies, wäre das der Schlüssel, um die Wirkungsweise (Wechselwirkung) der Gravitation näher zu ergründen. Ließe sich Gravitationsenergie wie die elektrische Energie speichern, wäre der ideale Antrieb einer Raumfähre gefunden. Normalerweise setzt sich potentielle Gravitationsenergie in Wärme um, wenn eine Raumfähre in die Atmosphäre wieder eintritt. Könnte man diese enorme Energie in einem „Gravitationsakku" speichern, ließe sich damit ein Raumtransporter erneut in die Umlaufbahn bringen. Ein Bruchteil der Energie wäre nur aufzubringen, um die Reibungsverluste auszugleichen. Paradox und phantastisch zugleich: Mit einer Gravitationsbatterie könnten wir dieselbe Kraft, die uns an den Erdboden fesselt, als Antikraft zum Raumtransport nutzen, um von der Erde abzuheben. Offensichtlich berühren derzeit diese Überlegungen die Grenzen der modernen Quantenphysik. In der Tat läuft bei der NASA seit einigen Jahren das geheime Forschungsprojekt „Delta g" mit einer neuen Form von Supraleitern, eine Sinterpulvermischung aus Yttrium, Barium und Kupfer, das sich mit dem quantentheoretischen Effekt des „Aufsaugens" der Schwerkraft befaßt. Dabei handelt es sich um einen Abschirmeffekt, der proportional zur Versuchsmasse ansteigt. Bei diesen Forschungen auf dem Gebiet der Quantengravitation geht es um die Wechselwirkung von unbekannten Gravitationsteilchen. Vielleicht gelingt uns in diesem Jahrhundert die Beherrschung des Antigravitationsantriebs. Diese Sciencefiction-Vision war bei den Rishis Realität. Offensichtlich beherrschten sie die Gravitationskraft. Davon zeugen eine Unzahl von Skulpturen an hinduistischen Tempeln, die diese Wesen in Raumfähren, aus Bullaugen schauend, darstellen.

Das Urgeheimnis der Zeit

Alles fließt – im Strom der Zeit entsteht und vergeht unser Leben. Viele Flußmäander passieren wir im Leben, und wir entscheiden uns für diesen oder jenen Schicksalsweg. Ist die Zeit ein ewiger Strom, der irgendwo begann? Fand die Zeit ihren Anfang in einem singulären Punkt, dem Urknall des Universums? Dann wäre Gott als Müßiggänger oder die wirkende Natur vor dem punktuellen Schöpfungsakt untätig gewesen. Newton's Theorie sah die Zeit vom Raum unabhängig. Seine Zeit fungierte als passive unendlich lange Linie, unabhängig vom Geschehen im Universum; Einstein verknüpfte die drei Dimensionen des Raumes mit der eindimensionalen, realen Zeit zu einer vierdimensionalen Raumzeit.

Bitte, das ist nur ein mathematisches Konstrukt: Vielleicht hatte die Zeit bei den Rishis in Indien eine gewisse Form in einer komplexen Ebene. So konnte die „imaginäre Zeit" mehrdimensional „ablaufen", etwa kugelförmig. Für die Wesen als Betrachter außerhalb dieser „Zeitkugel" gab es weder einen Anfang wie eine Vergangenheit, noch ein Jetzt wie die Gegenwart, noch ein Ende der Zeit in der Zukunft. Wir dagegen sind in unserem Zeithorizont eindimensional orientiert. So ähnlich mag die „Erfahrung" sein, die ein Krabbeltier macht, das fortwährend rund um den Äquator auf einem Globus läuft. Das Getier „erfährt" den Globus linear bis ins scheinbar Unendliche. Wir dagegen als Außenbetrachter wissen um die tierische Täuschung. Schließlich erkennen wir den Globus in seinen drei Raumdimensionen. Zeitbezogen sind wir die Krabbeltiere und die Rishis die abgesetzten Betrachter. Die Ereignisse mußten die Rishis als Kontinuum zwar chronologisch, aber ohne Zeitdiktat erfaßt haben. Chronologisch deshalb, weil die Palmblatt-Schriften gemäß dem Hindu-Glauben auch davon berichten, daß die Seele mit ihren Erfahrungen von einer Körperhülle in die nächste wandert (Reinkarnation).

Die Zeit als Quantum

Das rätselhafte Phänomen Zeit erschöpft sich nicht im Makrokosmos, in dem die Zeit Milliarden von Jahren den Lebensweg der Sterne und Galaxien von ihrer Geburt an bis ihrem Tod begleitet. Im Mikrokosmos leben Elementarteilchen, wie Pionen oder Omega-Teilchen oft nur eine zehnmilliardstel Sekunde. Gewisse exotische Teilchen zerfallen bereits nach 10^{-20} Sekunden. Doch selbst hier stößt die Zeit noch immer nicht an ihre untere Grenze, die physikalisch als Elementarzeit definiert ist.

Als klassische Elementarzeit gilt $9{,}39 \times 10^{-24}$ s (einhunderttrilliardstel Sekunden). Das ist die Zeitspanne, die das Licht braucht, um ein Elektron zu durchqueren. Die Plancksche Fundamentalzeit der Quantenmechanik entspricht $0{,}5391 \times 10^{-43}$ Sekunden.

In der absoluten Tiefe des Mikrokosmos, jenseits des Elektrons, gibt es verrückte Strukturen, sogenannte Superstrings. Hier zeigt die Zeit frappierend neue Charakterzüge: sie läuft nicht gleichförmig ab, vielmehr ist der Zeitlauf u. a. abhängig vom Beobachter. In dieser Fabelwelt vergeht die Zeit „ruckweise" in winzigsten Sprüngen. Die einzelnen Zeitquanten sind nochmals um zwanzig Zehnerpotenzen kleiner, nämlich 10^{-43}, als die Elementarzeit der klassischen Physik. Gemeint ist die Plancksche Fundamentalzeit. Nicht allein die Zeit ist „feinkörnig", auch der Raum und die Energie sind gequantelt. Dieses universelle Quantenprinzip ist eines der vielen Geheimnisse des Quantenkosmos. Die Planck-Zeit ist die absolut unterste Zeitgrenze im Weltgeschehen. So gesehen ist der Zeitpunkt Null des Urknalls eine reine Fiktion, denn zwischen dem Zeitpunkt Null und dem Ende der Planck-Ära, also nach 10^{-43} Sekunden, geschah nichts. Das tiefere Wesen der Zeit entzieht sich einfach unserer Vorstellungskraft. In den Abgründen des Mikrokosmos vergeht also die Zeit ruckartig in nicht weiter teilbaren Portionen; vergleichbar mit dem Vorrücken eines Sekundenzeigers. Die Zeit ist hier keine eindimensional gerichtete Größe wie im Makrokosmos. Möglicherweise ist die Welt der subatomaren Strukturen in einem dreidimensionalen Zeitvolumen eingebettet.

Unsere Erfahrungen mit der Zeit

Unserem Bewußtsein sind „Bibliotheken" von Ereignissen zugänglich nämlich unsere Erinnerungen, die wir Vergangenheit nennen. Aber wir können uns nicht an Ansammlungen von Ereignissen erinnern, die wir „Zukunft" nennen. Was ist also die wahre Natur der abschüssigen, nur in eine Richtung fließenden Zeit? Ist das „Jetzt" unserer Handlungen ein Einzelbild aus einem Film, ein eingefrorenes Standbild, das für einen Augenblick am grellen Lichtstrahl des Projektors vorbeihuscht? Dann entspräche der komplette Film der Gesamtheit der Raumzeit des Universums, und die Rishis wären die externen Betrachter des Geschehens. Es gibt weitere spannende Fragen an die Zeit: Verzerren Materie und Energie die Zeit? Warum kommt die Zeit nach Einsteins Theorie sogar zum Stillstand, wenn sich etwas mit Lichtgeschwindigkeit im Raum bewegt? Aus unseren Alltagserfahrungen können wir das nicht ableiten, denn es bestand für uns kein evolutionärer Druck, Sinnesorgane für relativistische Effekte zu entwickeln.

Ereignisse in der Zeit lassen sich nicht zurückdrehen

Verblüffend, Naturgesetze lassen es zu, daß sich Ereignisse von der Vergangenheit in die Zukunft entfalten, im Prinzip aber auch in umgekehrter Reihenfolge. Haben Sie schon einmal eine in tausend Scherben zerbrechende Vase gesehen, die sich aus eigenen Stücken wieder zusammensetzt; oder Blätter, die chaotisch vom Baum wirbeln und sich wieder in der richtigen Reihenfolge an die leeren Zweige heften? Die Physiker sprechen da von der Zeitsymmetrie. Offensichtlich ist es außerordentlich schwer, eine kaputte Vase wieder selbständig zum Zusammensetzen zu bewegen. Die Wahrscheinlichkeit dafür geht gegen Null. Das Streben der Natur nach „Unordnung" und nach dem Chaos (höhere Entropie) scheint größer zu sein, als den Weg zu wählen, der in die Ordnung führt. So gesehen, folgt ein unordentlicher Mensch dem unwiderstehlichen Naturgesetz der Entropie, das sogar einen Namen hat: der Zweiter Hauptsatz der Thermodynamik. Übrigens, Orte im Weltall mit der größten Unordnung, also der höchster Entropie, sind Schwarze Löcher; sie verschlingen selbst das Licht.

Unendlichkeit

Seit über 2000 Jahren beschäftigt das Unendliche Mathematiker, Philosophen und Mystiker. Stets weckt es Erstaunen und Ehrfurcht, aber auch Angst und Entsetzen. Aber was bedeutet das Unendliche? Ist unendlich gleich unendlich? Oder gibt es verschiedene Unendlichkeiten? Gibt es Absolut-Unendliches?

Erinnerungen und Informationen

Hat die Natur ein Erinnerungsvermögen?

Eine anerkannte kosmologische Hypothese geht davon aus, daß unser punktgroßes Ur-Universum sich nach dem „Big Bang" mit Lichtgeschwindigkeit c ausdehnte. Woher wußte der Kosmos nach seiner Blitzgeburt von dieser Naturkonstanten c, die für alle Zeit den Makrokosmos (Relativitätstheorie) und Mikrokosmos (Quantenmechanik) durchwirkt? War die Lichtgeschwindigkeit als Erinnerung schon in der prä-embryonalen Phase des Kosmos gefangen? Vielleicht pendelt unser Universum ewig hin und her, und zwar über den angenommenen „singulären Nullpunkt" von einer Kontraktions- in die Expansionsphase usw. Es wäre doch kühn anzunehmen, daß Gott als Faulpelz eine Ewigkeit bis zur Geburt des Universums vor 13,7 Mrd. Jahren nichts tat. Offensichtlich hat die Natur einen Faible für „Erinnerungen", Periodizität, Zyklik, Symmetrie, Entropie und sogar für bestimmte Zahlen.

Betrachten wir das „Erinnerungsvermögen" eines kristallinen Wunderwerks der unbelebten Natur. Ein jeder Schneekristall ist einzigartig, gemeinsam aber ist die sechsstrahlige Symmetrie; diese ist durch ein kooperatives Phänomen gesteuert, das den wachsenden Kristall als Ganzes erfaßt. Es scheint, als ob Kristalle ihre Form von selbstorganisierten Atomen aus einer „kollektiven Erinnerung" bezögen. So sind Schneekristalle immer hexagonal strukturiert. Die unterschiedliche Form der Kristallarme einzelner Schneekristalle ist dagegen vom Zufall bestimmt.

38

Ähnliche Organisationsmuster lassen sich auch bei lebendigen Organismen beobachten. Und wie verhält es sich bei unseren abgespeicherten Erinnerungen? Sie hinterlassen im menschlichen Gehirn keine materiellen Spuren, denn niemand konnte sie bisher nachweisen. Während unser Gedächtnis über Jahrzehnte zurückreicht, werden nämlich alle Moleküle unseres Körpers, mit Ausnahme der DNS, innerhalb relativ kurzer Zeit vollkommen ausgetauscht. Selbst ein menschlicher Embryo besitzt Erinnerungen an seine Vorgeschichte, an seine Fischahnen; er durchläuft ein fischähnliches Stadium, in dem er vorübergehend Relikte (Kiemenspalten) seiner Vorzeit ausbildet. Sicherlich gibt es in der Natur bestimmte Felder, die vererbte Muster vom Vorgängermodell formen und verstärken. Ob Erlebnisse und Erfahrungen aus früheren Leben auch bei der Reinkarnation eine Rolle spielen, sei dahingestellt. Jedenfalls wird die kollektive Erinnerung durch Wiederholung immer weiter ausgeprägt. Unbewußt profitiert der Unerfahrene von der kollektiven Erinnerung in einem mentalen Umfeld. Man konnte z.B. nachweisen, daß Anfänger das bereits millionenfach zuvor von anderen erlernte Morsealphabet besser begriffen, als einen neuen Code. Auch daß die eingebürgerte QWERTZ-Anordnung auf der Computertastatur schneller erlernt wird als irgendeine Zufallsverteilung der Buchstaben, z.B. eine ABC-Tastatur.

Informationsträger Wasser

Von kleinen Wundern der unbelebten Natur sprach ich zuvor, weil sich die Atome und Moleküle der Schneekristalle immer hexagonal anordnen. Mehr noch: Wasser hält für uns ein viel größeres Mysterium bereit. Wasser lebt! Unser Lebenselixier ist sogar fähig, Gefühle und Informationen aufzunehmen. Wasser ist ein sensibler Botenstoff. Der Japaner Masaru Emoto untersuchte als erster Wissenschaftler die Mikrostruktur von Eiskristallen. Zuvor prägte er dem Wasser bestimmte Informationen auf. Sein Buch „die Botschaft des Wassers" enthält spektakuläre Mikroaufnahmen von Wasserkristallen der unterschiedlichsten Struktur. Seine Versuche sind spannend und gleichsam mysteriös. Daß sich die Wasserqualität eines Flusses in Richtung seiner Quelle verbessert, dafür liefern Eiskristalle seiner Wasserproben einen eindeutigen Beweis. Ihre strukturelle Ausprägung verfeinert sich zur Quelle hin. Nachweisbar sind merkwürdige Strukturen von Eiskristallen, die man mit Musik beschallte: Ein „Beethoven-Kristall" zeigt klassische Schildpattform, ein „Mozart-Kristall" eine graziöse Form. Gänzlich orakelhaft erscheinen jene Versuche, wo ein beschrifteter Zettel so auf eine wassergefüllte Flasche angebracht war, das die Schrift nach innen zeigte, damit sie vom Wasser gelesen werden konnte. Unglaublich, die „Wortseele" wurde in der Tat vom Wasser erkannt und in eine entsprechende Kristallstruktur transformiert. Böse Wörter wie „Krieg" oder „Dummkopf" ließen Kristalle verstümmeln, ähnlich wie die Heavy-Metal-Musik; schöne Wörter dagegen wie Liebe, Harmonie und Dankbarkeit schufen einen filigranen Kristallaufbau.

Positive Energie aus Shiva-Wasser

Im Banne dieser Versuche, die ich allerdings mit großer Skepsis aufnahm, machte ich in diesem Kontext eine praktische Erfahrung von tiefer Bedeutung. Einer meiner interviewten Palmblattbesucher gestand mir, jahrzehntelang Alkoholprobleme gehabt zu haben. Der Reader empfahl diesem Ratsuchenden jeden Morgen ein Glas Wasser zu trinken, in das er zehn Minuten zuvor eine Shiva-Medaille legen solle. Welch ein Humbug, dachte der Suchtgeplagte, trank aber allmorgendlich brav sein Shiva-Wasser. Schaden würde es ja wohl nichts. Großen Schaden richtete indes die Trinkkur bei seinem Alkoholteufel an, der danach kein zwanghaftes Verlangen mehr bei seinem Extrinker auslöste. Wie und auf welche Weise sich die positive Schwingung des Talismans übertrug, bleibt geheimnisvoll im dunkeln.

Zeitzeugen der Geschichte – Informationsträger Baum

Seit jeher faszinieren mich altehrwürdige Baumriesen auf meinen Reisen um die Welt. Diesen Giganten leibhaftig zu begegnen, sie in Stille zu „umarmen", ihre in sich ruhende Größe aufzunehmen, daraus Kraft und Inspiration zu schöpfen, das ist einfach ergreifend. Für diese Methusalems läuft die Zeit betulicher ab als beim Menschen. Diese Naturdenkmäler reden nicht laut, sie wirken. Sie sind Träger der Mythen, Sagen und Geschichten. Ob es die 1.200 Jahre alte Feme-Eiche im westfälischen Erle ist, oder die Baumgöttin der Maori,

40

eine 18 Meter umfassende Kaurifichte auf Neuseeland, oder das größte Baumheiligtum der Welt, der berühmte Bodhibaum von Anuradhapura auf Sri Lanka. Erwähnt sei der 85 Meter hohe Baumkoloß „General Sherman" in der Sierra Nevada in Kalifornien, ein 1.560 Tonnen schwerer Mammutbaum mit 32 Meter Umfang. Sein Artgenosse, der „Stratosphere Giant" mit 112 Meter, ist das höchste bekannte Lebewesen der Erde. Er thront im Jedediah Smith State Park in Kalifornien. Viele dieser Mächtigen schöpfen ihr Wasser mit ihrem Wurzellabyrinth aus mehr als 100 Metern Tiefe, kommunizieren im Erdreich mit Pilzen, warnen sogar ihre Artgenossen mit Duftstoffen vor Gefahren, etwa vor drohendem Insektenfraß. Vor allem entwickelten diese Riesen mit ihrer 60 cm dicken harzlosen Rinde einen effektiven Brand- und Insektenschutz, der selbst ausgedehnten Waldbränden trotzt. Paradox: gerade ein Waldbrand ist Geburtshelfer der Mammutbäume, denn erst bei etwa 300°C platzen die Zapfen und geben den Samen frei. Diese Riesen holen sich das Wasser direkt vom Himmel. An ihren Nadeln kondensiert der kalifornische Nebel. Auf diese Weise kann der Gigant in einer einzigen Nacht mehr als 5.000 Liter Feuchtigkeit einfangen und zum Wurzelwerk leiten. Diese großartigen Geschöpfe nutzen den Lebensstoff Wasser als schwingenden Informationsträger. Wir sollten von der Natur ehrfürchtig lernen, sie achten und schützen, auch wenn wir erst einen Bruchteil der komplexen Zusammenhänge begriffen haben.

Das Chaos

Über das Chaos oder die Zufälle im Leben

Der Verlauf des Lebens und der des Wetters zeigen Gemeinsamkeiten: Beiden liegen wechselseitige Größen zugrunde, an beide sind Erwartung geknüpft. Viel Geld und Denkarbeit steckt man in langfristige Vorhersagen, um zukünftigen Ereignissen rechtzeitig auf die Spur zu kommen. Doch es bleibt ein Glücksfall, wenn sich die Erwartung mit dem zukünftigen Ereignis deckt.

Wenn wir die Wetterkarte betrachten, ahnen wir nicht, welch hochkomplexe Wettermodelle dahinter stecken. Unsere Erdatmosphäre wird da als Modell in ein Netz von einzelnen kleinen Würfeln aufgeteilt und an den jeweiligen Eckpunkten die Veränderung der meteorologischen Daten untersucht, die das Wetter bestimmen. Mathematisch sind es nichtlineare Differentialgleichungen, die nur numerisch mit hoher Rechnerkapazität zu lösen sind. Genau so könnte man theoretisch den Menschen – das einzelne Börsenindividuum – als kleinstes Masseteilchen der Anleger-Lemmingherde mit seinen emotionalen Stimmungen, sozialen Komponenten und den wirtschaftlichen Fakten herausgreifen und zur perfekten Kursprognose „hochrechnen".

Ist das Chaos berechenbar?

Dabei gibt es ein spannendes Problem: das deterministische Chaos, die Vorbestimmtheit des Geschehens. Es erlaubt keine langfristigen Prognosen, wie sich ein Ablauf weiter gestaltet. Bereits winzige Änderungen der Anfangsbedingungen – der viel zitierte Flügelschlag eines Schmetterlings – können das Naturphänomen Wetter und im übertragenen Sinn das Sozialphänomen Börse so dramatisch beeinflussen, daß alle errechneten Voraussagen fehlschlagen. Noch stochert die moderne Wissenschaft im Nebel der Chaosforschung. Indessen gibt es schon sehr praktische Anwendungen und einige Vorzeige-Experimente.

Die Gleichung $y_{n+1} = a\, y_n\, (1 - y_n)$ beschreibt z.B. die Schwankungen des Bevölkerungswachstums; sie ist vom Rechner iterativ, also wiederholt anzuwenden.

Unheimliche Überraschungen des Chaos sind in dieser anscheinend trivialen Gleichung verborgen. Nur soviel sei gesagt: Auf kleinste Änderung des Anfangswertes y_0 reagiert das System hochsensibel. Da gibt es Bereiche, wo sich kein Trend vorhersagen läßt. Erstaunlich: Der Zufall findet in der Gleichung keinen Platz, denn jede Größe ist bekannt und doch lassen sich keine langfristigen Vorsagen machen, weil es bei geringster Abweichung der Anfangsbedingung zu einer dramatischen Veränderung kommt. Die Natur nutzt kleinste Abweichungen im Aufbau der DNS, um vielfältige Lebensformen zu kreieren.

Fragen an das unergründliche Chaos
Sicherlich könnte eine tiefschürfende Erkundung des Chaos etwa für die Kursprognose eines Aktienwertes eine nützliche Rolle spielen. Je ferner aber die Voraussage, um so chaotischer ist der Anteil. Kernfragen zur praktischen Anwendung sind dabei: Wo ist die Grenze zwischen dem „ordentlichen Bereich" mit sinnvoller Voraussage und dem Chaos? Unter welchen Bedingungen kippen die Festungen der Ordnung ins Chaos mit absurden Vorhersagewerten? Lassen sich Strukturen im Chaos erkennen? Vor allem eins wäre beispielsweise für eine Börsenprognose wichtig: Gibt es im dynamischen Börsengetümmel eine sichere Vorwarnung auf den Beginn eines drohenden Chaos, damit wir unsere Erwartungshaltung rechtzeitig korrigieren können?

Die geordnete und chaotische Welt

Unsere scheinbar geordnete Natur mit abgegrenzten Inseln der Ordnung – hier gelten die bekannten Naturgesetze – entpuppt sich gleichsam auch als eine unsichere chaotische Welt, in der Vorhersagen über die Zukunft nicht möglich sind. Beide Welten berühren sich. Es gibt Grenzgebiete. Die Natur wartet mit komplex erscheinenden Gebilden auf, die Regelmäßigkeiten verbergen, etwa Küstenlinien, Farnblattgestaltung oder Organ-Gefäßstrukturen. Auch Abläufe z.B. an der Börse sind nichtlinear und chaotisch, sie zeigen aber periodische Muster. Das kollektive Verhalten des emotionsgeleiteten Herdentriebs wird man kaum im Grenzgebiet zum Chaos, vor allem in der Nähe von Haussen oder Baissen, erfassen können. Der Markt verhält sich wie die Frage nach der Henne und dem Ei: Wer war zuerst da? Beeinflußte zuerst die Nachricht das Marktgeschehen oder der Markt die Nachricht? Das Ganze ist ein verwobenes Wechselspiel. Psychologische Trends rufen wirtschaftliche Trends hervor und umgekehrt, dies mit gegenseitiger Ansteckungsgefahr.

Vorhersagemodelle „in ruhiger See" mögen recht gut funktionieren. Selbst wenn man diese kombiniert, versagen sie vielfach kläglich im Sog des Chaos. Unsere Hoffnung und Befürchtung, die Zukunft durch einen genialen Rechenalgorithmus mit einer Erwartungstreue von 1:1 in den Griff zu bekommen, führt sich selbst ad absurdum. Stellen Sie sich vor, es gäbe keine Erwartungen mit Fragezeichen mehr, dann würde dies ein recht langweiliges Leben bedeuten. Der weltweite Aktienhandel stürbe, denn es gäbe keine Überraschungen mehr, alles wüßte man ja im voraus. Was uns bleibt? Dies diem docet – aus Erfahrung wird man klug, schlimmstenfalls auch ärmer.

Tragik und Weisheit

Über den Sinn und Wert von Tragik und Weisheit nachzudenken, grenzt ans Philosophische. Die Historie zeigt vielschichtige tragische Schicksale, denn Kriege, Krankheiten und Katastrophen bezeichnet man im Sprachgebrauch als tragisch. Im Gegensatz hierzu begegnet uns in den Tragödien der Antike eine tiefsinnige Einstellung zum Tragischen, etwa bei Euripides im individuellen Seelenkampf der Ephigenie.

Es könnte sein, daß das, was man als tragisch empfindet, der jeweilige Zeitgeist dogmatisch festlegt. Damit würde der Moralbegriff stetig verformt im Wechsel der Zeit (Schülerszene im Faust „denn eben wo Begriffe fehlen, da stellt ein Wort zur rechten Zeit sich ein" oder Faust im Gespräch mit Wagner „*Das Pergament* (das Althergebrachte), *ist das der heilige Bronnen, woraus ein Trank den Durst auf ewig stillt"*?

Tragische Vorkommnisse belehren uns nicht über das Wesen des Tragischen. Indessen erkennt man die Wirkung der tragischen Konfliktsituation auf die Gefühls- und Geistessphäre, denn das Gemüt wird traurig gestimmt. Ein waches mitschwingendes Ich gehört zum Aufnehmen der tragischen Information. Die Tragödie wird erst im „Ich" bewußt.

Ein unbeseeltes materielles Universum wäre von rein untragischem Naturell. Das Tragische schlechthin kann in einer unreflektierten, wertfreien statischen Welt nicht existieren. Erst in einer Welt der Werte und Wertgegensätze, wo die Pole „edel – gemein" aufeinanderstoßen, kommt es zu tragischen Erscheinungen. Darum ist „tragisch" nicht selbst ein Wert, sondern vielmehr wertgebunden an das tragische Geschehen. Das Phänomen des Tragischen wird also erst durch einen Wertträger bewirkt. Erst das tragische Gegeneinander von Wertträgern, das turbulente Aufeinanderprallen von Gegensätzen, schafft die Voraussetzung für einen tragischen Akt.

Ist das Chaotische der Ursprung des Tragischen? Dann wäre in der Entstehung der Welt der Urquell der Tragödie zu finden: Elemente fanden und überwanden sich, sie zogen einander an und stießen sich ab, um zuletzt zu einem harmonisch Ganzen aufzugehen. Das harmonische Moment ist aber gerade das, was aus logischer Konsequenz kein Attribut der Tragödie ist. Verfolgt man diesen Gedanken weiter, dann stößt man auf ein Etwas, das bisher nicht in Erscheinung trat. Es ist etwas, das Harmonie und Ordnung aus dem Chaos stiftet.

Ob Schöpfer, Gott, Weltgeist oder wie man es nennen mag, dieses „Ungeschaute" muß von ordnender Kraft beseelt sein, einer Kraft zudem im konstruktiven Sinne. Indes: Eine Kraft kann selbst im positiven Sinne vernichtend auf einen Wert einwirken, damit das Tragische in Erscheinung tritt. Die aufgestellte These, in der Entstehung der Welt sei die Urtragödie zu vermuten, ist so nicht haltbar, weil das Chaos als „Wertträger" keine Rangordnung besitzt. Somit läßt sich das als tragisch definieren, wo es zu einem Widerstreit zwischen Trägern positiver Werte kommt, und zwar so, daß die vernichtenden Kräfte selbst von Trägern positiver Werte ausgehen. Echte Tragik schließt die Möglichkeit einer Lenkung in Richtung des Abwendens der Katastrophe aus; die Ohnmacht, das nicht-anders-können, das schicksalhafte Verstricken im Netz des Unabwendbaren, das alles verleiht dem Tragischen seinen düsteren Wesenszug.

Oft ist das schicksalhafte Schuldigwerden, also die Schuldfrage der Kern der Tragödie. Das Maß der Schuld ist nie durch eine Norm oder durch ein Kollektivgesetz festgelegt. Im menschlichen Bereich, also überall dort, wo der „freie Akt" der Entscheidung als notwendig vorausgesetzt werden kann, wird im Verlauf der tragischen Ereignisse das Unheil bewußt wahrgenommen. Dem Übel, das den Untergang heraufbeschwört, wird ein verzweifelter Kampf angesagt. Mit allen Kräften, ja mit allen zu Gebote stehenden Mitteln, wird die hereinbrechende Katastrophe bekämpft, gleichwohl in der bösen Vorahnung, daß der Zusammenbruch und restlose Untergang nicht mehr aufzuhalten ist. Was aber ist der Kulminationspunkt der Tragödie? Ist es der Friede, die Ausgeglichenheit, der notwendig erzwungene Verzicht und die Fügung ins Unvermeidbare? Gerät am Ende die Tragödie in die Sackgasse der Resignation?

Aristoteles findet in der Resignation die „Goldene Mitte". Er prägt den Begriff der Katharsis (Reinigung) und interpretiert ihn als die Läuterung von Leidenschaft und als eine Entschlackung der Seele von allem Sinnlichen, und zwar durch „Erregung von Mitleid und Furcht".

Ist Resignation Weisheit schlechthin, ist also Weisheit gleich Resignation? In der Tat haftet einer Resignation etwas Verschlossenes, Niedergedrücktes, versonnen Erwartungsloses, traurig Schlafendes, eher eine Mußausgewogenheit an. Weisheit dagegen ist „Resignation" von höherer Ordnung. Sie mag besonnen, erwartungsvoll, geweckt und ausgewogen sein. Niemals aber kristallisiert sie aus der Schmelze eines Gewaltaktes.

Fast scheint es undenkbar: die reine Weisheit im menschlichen Bereich. Ein Mensch kann durch die endlose Kausalkette seiner Erfahrung und durch seine erlebten Konfliktsituationen dem Grenzwert Weisheit beliebig nahe kommen, jedoch wird er den Grenzwert nie selbst erreichen. Ein fortwährendes Orientieren, Abwägen und Korrigieren weist dem denkenden Wesen den Kurs im Strom der Weisheit. Weisheitsdrang ist also etwas Fließendes, etwas was auf Weiterentwicklung sinnt. Somit läßt sich in allen „Weisheitsstufen" etwas spezifisch Paradoxes ausmachen: Oasen der Ruhe und Besonnenheit und endlose Wüsten des noch-nicht-erfahren-habens. Aristoteles „Goldene Mitte" als Weisheitskriterium ist entwicklungsunfähig; sie verzichtet auf Vitalität und Weitblick. Aus der gekrönten Mittelmäßigkeit werden keine neue Ideen und Fakten geboren. Nur Extreme, Leidenschaften, Konflikte, Irrlichter im menschlichen Bereich wirken schöpferisch und öffnen letztlich den Blick für das Weise. So wird im Sinne des Epikur Weisheit gerade als die Antithese zur Tragischen Trauer empfunden. Hier sind Freude und Heiterkeit die Grundfesten der Weisheit (Schiller: Heiter ist die Kunst und ernst das Leben). Resignation wirkt also nicht schöpferisch, sondern vielmehr erschöpfend. Nur die ständige Erfahrung, auch diejenige, die aus der Kühle der tragischen Trauer geschöpft wird, ist der Treibriemen zur Weisheit, nicht aber Weisheit selbst.

Der Zufall

Glückliche Zufälle in unserem Leben

Ehe wir uns nüchtern dem Zufall mathematisch nähern, wollen wir uns dem Glück, dem Fürsten des Zufalls, philosophisch begegnen. Seit jenen schicksalhaften Tagen, als der Affe lernte, aufrecht zu gehen, er menschliche Züge und Regungen annahm, seitdem hadert der Mensch mit einem Zwiespalt in seiner Seele. Da gibt es scheue Augenblicke, die vom Hauch der Sehnsucht erfüllt sind. Launisch geht das Glück auf Zehenspitzen unter die Menge, berührt flüchtig die eine oder andere schwingende Seele, zerrinnt in den Händen des Auserwählten. Glück ist wandlungsfähig, in tausend Gestalten und Gesichtern zugegen, empfängt uns gnädig wie ein Fürst für einen süßen Augenblick, verschwindet schemenhaft am Seelenhorizont, taucht im Wohle des anderen wieder auf, verwöhnt uns mit knusprigen Liebesgaben. Ist aber Glück haltbar, formbar, vermehrbar, gibt es reines Glück? Gelegentlich haben wir unser Glück unter unseren Händen wie ein Bildhauer oder ein Schmied, der den Rohstoff zu einer Gestalt bilden will. Die Fähigkeit, das Glück zu formen, ist uns angeboren, sie will aber gelernt und ausgeübt sein. Glück verweilt dort, wo es herzlich aufgenommen wird. Einen Dauergast namens „Glück" gibt es nicht. Das wäre langweilig himmlisch. Des Glückes fratzenhafte Chimäre, das „Unglück" wird ebenso wenig dauerhaft existieren.

Berechenbare Zufälle

Das durch unsere Erfahrung gesicherte Denken ist irritiert, wenn es sich dem Phänomen des Zufalls zuwendet. Sind wir nicht selbst biologische Zufallsprodukte? Zwei Evolutionsmotoren bestimmten unsere stammesgeschichtliche Entwicklung: Die Mutation, die zufällig neue Lebensformen hervorbrachte und eine ordnende „Instanz", die aus der gebotenen Formenvielfalt die „umweltfesteste" Variante auswählte.

Bei unseren Spekulationen sprechen wir gelegentlich vom glücklichen Zufall. Der französische Mathematiker Pascal war wohl der erste, der durch einen bestimmten Algorithmus die Chancen beim Glücksspiel zu verbessern suchte. Das war die erste Stunde der Wahrscheinlichkeitstheorie. Ausgerechnet dieser Spieltheorie bedient sich die moderne Quantenphysik, um verwickelte Zusammenhänge zu beschreiben. Wann und warum wird der Zufall kalkulierbar? Erstaunlicherweise vermag gerade die Wahrscheinlichkeitstheorie den Ausgang eines Gesamtvorgangs mit unheimlicher Präzision vorherzusagen, und zwar dann, wenn dieser aus einer großen Anzahl von Einzelvorgängen besteht. Das sprunghafte und unvorhersehbare Einzelereignis selbst läßt sich für sich allein nicht beschreiben. Ist das nicht paradox: Eine große Anzahl von Ungewißheiten wird statistisch zur gesicherten Gewißheit. So ist es ungewiß, welches Teilchen einer radioaktiven Substanz wann zerfällt, indessen folgt der gesamte Zerfallsprozeß einem exakt vorhersagbaren Exponentialgesetz. Den blauen Dunst, den uns der blinde Zufall vormacht – etwa der Qualm einer Zigarette – läßt sich dagegen in seinem Wölkchenmuster nicht vorausberechnen, selbst wenn alle Ereignisparameter wie Ort, Luftkonvektion usw. bekannt wären. Der Zickzackkurs eines einzelnen Moleküls in einem Gas ist nicht meßbar, wohl aber, welcher Druck bei bestimmter Temperatur am wahrscheinlichsten ist. Nach dem faustischen Wort *„Du glaubst zu schieben, und wirst selbst geschoben"* bewegt sich das Individuum in der Menge fort.

Eine starke Idee kennt keinen Zufall

Erstmals in meinem Leben ließ mich ein kleines, aber mysteriöses Ereignis nicht mehr an den blinden Zufall glauben. Und das kam so:

Als Produktverantwortlicher in einem Elektrokonzern sollte ich zur Hannover-Messe hierarchisch aufgebaute Geräte in Szene setzen. Die Bildstory dazu fand ich in einem Villenviertel in München. Tage zuvor hatte ich ein Nobelhaus mit einem schmucken Treppenaufgang ausfindig gemacht. Beseelt von der Idee, fuhr ich mit dem Fototeam der Firma sonntags zu unserem Aufnahmeort. Wir setzen Gerät für Gerät auf die weißen Marmorstufen des schmiedeeisernen Treppenaufgangs Stufe für Stufe in Szene. Große, schwarze Klebebuchstaben gehörten auch zu unseren Requisiten. Auf der Stirnseite der mit den Geräten besetzten Stufen sollte damit ein kurzer Werbetext aufgebracht werden. In dieser Zeit konnte man noch nicht Industriefotos durch Computer „bildbearbeiten". Das Foto mußte also perfekt mit Schriftsatz sein, um auch teure Retuschierarbeiten zu vermeiden. Ein gehöriger Schreck fuhr uns in die Glieder, als wir bei der Buchstabenmontage bemerkten, daß ein Buchstabe, nämlich ein „s" fehlte. Woher nehmen? Es war Sonntag, und außerhalb der Geschäftszeiten ließ sich dieser verflixte Buchstabe nicht herbei zaubern. Ratlos sahen wir uns an. Als Bildautor steckte ich in der Bredouille. Ein erneuter Fototermin hätte unnütz Geld gekostet. Etwas verzweifelt, aber innere Ruhe verspürend, forderte ich den Beleuchter auf, mit mir in die Tiefgarage des Hauses zu gehen. „Was soll denn das?", fragte er verständnislos. „Ich weiß es auch nicht, aber hier könnte eine Lösung liegen" meinte ich lakonisch. Mit forschendem Blick durchmusterten wir die Garage bis zum Ausgang. Und siehe da, mit den gleichen Klebebuchstaben (Schriftart, Größe und Farbe) wie sie unser Werbetext enthielt, stand das Wort „Ausgang": Es enthielt das „S" unserer Begierde. Schnell war der Buchstabe abgeklebt und als letztes Puzzlestück in den Text eingefügt. War das nun „blinder Zufall", oder war die Idee so stark, daß alles auf Vollendung drängte? Die Wahrscheinlichkeit, daß so ein Ereignis auftritt, ist doch extrem gering.

Die „zufällige" Tropenapotheke

Unsere Expeditionsgruppe war inzwischen im königlichen Chitwan Nationalpark in Südnepal eingetroffen. Ehe wir zur Elefanten-Safari aufbrachen, tafelten wir inmitten des Dschungels in der Tiger-Top-Loge. Die Einheimischen boten uns Europäern alles, was das Herz

50

begehrte. Ein Mitreisender, der durch seine Fülle und Überheblichkeit unangenehm auffiel, führte sich auf wie Graf Koks von der Gasanstalt. Angewidert verließ ich die Loge. Auf einem Dschungel-Trampelpfad, wolle ich mir für einen Augenblick Ruhe vor der „Zivilisation" verschaffen. Im mitgeführten Rucksack hatte ich schnell noch meine perfekte Reiseapotheke verstaut. Nachträglich wunderte ich mich zwar, diese große Blechkiste in den Rucksack gestopft zu haben. Schaden kann's ja nicht, dachte ich.

Nach einer Weile hatte ich Mühe, dem Pfad zu folgen. Lianen und großblättrige Pflanzen versperrten mir zunehmend den Weg. Aufgeschreckt huschte etwas an mir vorbei, ohne daß es aber vor mir die Flucht ergriff. Es folgte sogar meiner Kletterpartie über dem Wurzelwerk. Irgendwie hatte ich das irre Gefühl, das der schemenhafte Geist ein Rehkitz war, das mir etwas zeigen wollte. Jemand, der schon einmal im Dschungel umherirrte, weiß, daß es nicht ebenerdig, sondern Auf und Ab zugeht. Schnell verliert man da die Orientierung. Ein mulmiges, einsames Gefühl drängte mich umzukehren, zumal das dichte Grün das Tierchen verschluckt hatte. In der nahen, kleinen Lichtung schälte sich eine halb verfallene Bambushütte aus dem Dickicht. Davor kauerte eine zierliche, ausgezehrte Frau mit einem winzigen Baby an ihrer Brust. Unschlüssig trat ich sehr vorsichtig näher. Wir begrüßten uns freundlich mit spärlichen Gesten. Es blieb bei den Gesten. Sie waren aber so präzise wie ein Dialog. Etwa Schreckliches war geschehen. Die Frau deutet mir, daß vor drei Wochen die Mutter des Kindes gestorben sei und sie statt ihrer den Winzling säugte. Beim näheren Hinsehen bemerkte ich schlimme eitrige Wunden am geschundenen Körper des Säuglings, die heftig von Fliegen attackiert wurden. Eilig grub ich meine Tropenapotheke aus und versorgte die Wunden mit einer antibiotischen Salbe, die ich auch der Amme hinterließ. Gedankenschwer verließ ich diesen heiligen Ort des Dschungels. Einige Kilometer entfernt feierte man in der Loge ausgelassen und satt – die „eingeschleppte" Zivilisation hatte mich wieder.

Schutzengel oder nur Zufall

In der Nachkriegszeit lag meine Heimatstadt Aachen in Schutt und Asche. Es gab kaum Verkehr, dafür aber ein Kinderparadies an Trümmerfeldern. Für uns Kinder waren diese Spieloasen wesentlich aufregender als die heutigen „abgezirkelten" Spielplätze. Wie so oft war ich mit meinem Schulfreund Mecki auf der Pirsch nach Trümmerfeldern. Mecki war ein Pfundskerl. Ich mochte ihn. Er war in der Schule ein intelligenter Bursche, draufgängerisch, verspielt und vor allem ebenso faul wie ich. Sein Markenzeichen war sein Bürstenhaarschnitt und seine kurze Lederhose, die innen wie außen so manche Schmutzattacke durchgemacht hatte. Sein Hosenboden war beneidenswert trümmerresistent. Wir hatten schon eine besonders heikle Hausruine im Visier, die neben geschmolzenem Blei auch Kupferdrähte versprach. Die Fundstücke wollten wir Stöpsel beim Altwarenhändler um die Ecke verkaufen, unser nützliches Hobby neben dem Spiel. Möglich, daß damals schon als Kind mein Faible für Rohstoffe geweckt wurde. Schon hörten wir aus dem nahen Trümmergrundstück zwei unserer Spielgefährten nach uns rufen, als Mecki plötzlich wie angewurzelt dastand und gepreßt ausrief „Bleib doch mal stehen". Verdutzt sah ich, wie sein Gesicht sich zu einem Chinesengesicht verkniff, das gerade in eine Zitrone biß. Darauf rüttelte und zupfte Mecki an seiner Krachledernen. Mit sichtbarem Erfolg, denn eine körpereigene beachtliche Bockwurst plumpste aus den Weiten seines Hosenbodens auf die Straße. Ausgelassen schüttelten wir uns vor Lachen. Jäh erstarb es! Unter ohrenbetäubendem Lärm stürzte plötzlich die Ruinenwand in sich zusammen, die wir nach Blei absuchen wollten. Minutenlang dauerte es, ehe sich der Trümmerstaub verzogen hatte. Dann wurde es sehr still. Unsere Kameraden, die uns eben noch heran winkten, waren unter einer Lawine von Steinen verschüttet. Unter Anteilnahme der ganzen Schule wurden sie Tage später begraben. Zum ersten Mal in meinem Leben begriff ich den Tod und das Wort „verschüttet". Ein Schutzengel hatte uns beide für einen rettenden Augenblick zurückgehalten. War das der viel zitierte glückliche Zufall?

Wirbel um den Zufall

Henry war konsequent. Er, der Schweizer Banker, war nach Santo Domingo in die Dominikanische Republik ausgewandert. Hier hatte er Familie, hier machte er sein Hobby zum Beruf. Er war sein eigener Museumsdirektor in Sachen Bernstein. Die Dominikanische Republik ist ja die zweitgrößte Fundstätte der Welt für Bernsteine. Noch war es nicht soweit. Sein Museum war im Entstehen. In einer ehemaligen heruntergekommenen Fabrik schufteten geschickte Bernsteinschleifer für ihn. Das Gebäude bot ihm zwei unschätzbare Vorteile gegen Ganoven: außen hatte es ein Stahlrollo und innen einen überdimensionalen Geldschrank, den er für seine täglich wachsenden Bernsteinschätze nutzte. Hin und wieder kamen einheimische Miner oder Broker und verkauften ihm Rohbernstein, die er günstig aus dem Verkehr zog. Henry hatte einen Raum vom Schutt befreit. Hier sollte ich seine Inklusen-Bernsteine (das sind Bernsteine mit pflanzlichen und tierischen Einschlüssen aus der Vorzeit) mikroskopieren. Ebenso wie er, war auch ich vernarrt in Inklusensteine. Eigens war ich mit meinem Mikroskop von Europa „eingeflogen". Mein Arbeitsdomizil war ein wahres Rattenloch, das auch für Schaben anziehend war. Ohne Ankündigung fiel des öfteren die Netzspannung aus. Das aktuelle Mikrofoto war dann unbrauchbar. Im Schweiße meines Angesichts durchmusterte ich tagelang Hunderte Steine seiner exquisiten Bernsteinsammlung. Eines Tages schöpften wir gemeinsam Luft auf seinem Fabrikhof. Wir gerieten ins Schwärmen bei dem Gedanken, endlich wieder auf einen krönenden Fund zu stoßen. Henry hütete bereits einen besonderen Bernsteinschatz: einen Kugelfinger-Gecko und ein Eidechsenköpfchen. Dazu muß man wissen, daß Wirbeltiere oder Rudimente von ihnen das Non plus Ultra in der Sammlerzunft sind, für die man, wegen der extremen Seltenheit, bereit ist, fünfstellige Summen zu zahlen. In einer Ecke des Hofs stand eine Holzkiste mit lauter wertlosen Abfallstückchen aus Bernstein. Darauf aalte sich in der prallen Mittagssonne behaglich ein kleiner Leguan. Henry war gut aufgelegt und so lüftete er sein Betriebsgeheimnis: „Ich muß Dir mal zeigen, wie man einen Bernstein perfekt poliert". Sprach's, und schritt auf den Bernsteinabfall zu. Aufgeschreckt floh der Leguan aus dem Bernsteinhaufen und suchte watschelnd das Weite. Henry ergriff genau das Bernsteinstück, auf dem der Leguan gelegen hatte. Er schliff ein Fenster an – jetzt kam sein Trick – und polierte die Fläche mit Zahnpaste auf einer weichen Zahnbürste.

> Fachsprachlich ist ein „Fenster" die erste angelegte glatte Schleiffläche, die es ermöglicht, relativ ungehindert ohne störende Reflexe ins Steininnere zu blicken.

Mehr aus angestammter Gewohnheit schauten wir mit der 10fach Diamantlupe ins Steininnere und trauten unseren Augen nicht. Wir jubelten, als ob wir den Stein der Weisen in Händen hielten. Das Mitbringsel aus grauer Vorzeit enthielt als Rudiment einen Wirbelsäulenabschnitt eines Leguans. Was für ein Zufall: der Leguan hatte sich auf den Gebeinen seines Urahnen ein Sonnenbad gegönnt – dies nach mehr als 20 Millionen Jahren. Bleibt zu erwähnen, daß dieses Abfallstückchen für einen vierstelligen Betrag den Besitzer wechselte.

Forscher, Zufall und Erfindungen
Gefragt nach seinem produktiven Erfindertalent, sagte Edison einmal „10% Inspiration, 90% Transpiration". Man mag hinzufügen: gelegentlich ist auch der Zufall im Spiel. So manch gigantischer Flop in der Forschung führte zu Entdeckungen und Produkten, die aus unserem heutigen Leben ungern wegzudenken sind. Nehmen Sie die potenzsteigernde Wirkung von Viagra der Firma Pfizer Pharma, eine echte Zufallsentdeckung. Eigentlich sollte das Mittel gegen Bluthochdruck und Herzkrankheiten wirken. In der Erprobungsphase fiel den Forschern auf, daß die Testpersonen die Pillen nur unwillig zurückgaben. Das hatte einen handfesten Grund. Die türkisfarbene Pille entfaltet ihre ungeahnt aufrichtende Wirkung da, wo sich zuvor Ermattung klein machte.

Fester und beständiger wollte auch Charles Goodyear den Kautschuk machen, die Ausgangsbasis für Gummi. Bekanntschaft mit diesem elastischen Stoff hatte bereits Christoph Columbus gemacht. Er sah, wie die Eingeborenen aus einem „elastischen Harz" Kügelchen formten und damit spielten. „Cahuchu, Träne des Baumes" nannten die Indianer den Stoff, aus dem diese Bälle bestanden. In Europa dauerte es bis Mitte des 18ten Jahrhundert, ehe nach vielen fehlgeschlagenen Experimenten der Zufall beim Eisenwarenhändler Goodyear an die Türe klopfte. Was konnte den Kautschuk dazu bringen bei Hitze seine Form zu behalten?

An einem Septembertag 1839 in New Haven/USA laborierte Charles Goodyear zum wiederholten Mal mit einem Gemisch aus Kautschuk und Schwefel. Das Gemenge entglitt ihm und fiel auf eine heiße Herdplatte. Bestialischer Gestank und Qualm entwickelten sich. Zum Erstaunen von Goodyear verbrannte der Knubbel nicht, sondern verband sich zu einer elastischen Masse. Der Klumpen wurde haltbar und blieb flexibel, weil der Schwefel die langkettigen Moleküle in einer parallelen Ordnung hielt. Mit dieser Zufallsentdeckung „Gummi" legte Goodyear den Grundstein zu einem Weltunternehmen. Ohne sich der weltweiten zukunftsträchtigen Bedeutung bewußt zu sein, ließ er sich die „Metallisation" patentieren. Erst später nannte der Engländer W. Brockdon den Vorgang Vulkanisieren, nach dem römischen Feuergott Vulcanus. Es lag nahe, daß der Gummiexperte Goodyear 1855 auch das erste Gummikondom herstellte, damals noch knapp zwei Millimeter dick und mit einer hemmenden Längsnaht. Goodyear mußte später aus Armut seine Weltpatente verkaufen. Einsam und verlassen starb er hochverschuldet 1860.

Sein Leibarzt hätte dem todgeweihten herzkranken Alfred Nobel gerne regelmäßig kleine Dosen seiner eigenen epochalen Erfindung eingeflößt – zur Lebensverlängerung. Schon damals wußte man, daß Nitroglyzerin die Herzkranzgefäße erweitert. Aber Nobel lehnte entschieden ab. Lange Zeit plagte sich der Schwede bei seinen Forschungen mit einem Additiv für das hochbrisante Nitroglyzerin herum. Einige Male flog die Fabrik, „vereinzelt" auf einem verankerten Schiff in die Luft. Einer seiner Brüder starb durch eine verheerende Explosion. Der gesuchte Zusatzstoff sollte endlich das Nitroglyzerin stabilisieren und es gegen Erschütterungen beim Transport unempfindlich machen. Da kam 1866 der Zufall auf Rädern, und zwar beim Transport von Nitroglycerin: Durch ein undicht gewordenes Transportfaß tropfte reines Nitroglycerin aus. Normal ein Todesurteil, hätte die mit Kieselgur ausgepolsterte Ladefläche des Transportwagens die brisante Flüssigkeit nicht aufgesogen. Der entstandene, ungefährliche Brei erregte Nobels volle Aufmerksamkeit. Das brisante Nitroglycerin war gezähmt! Nobel gelang es, einen handzahmen Sprengstoff zu optimieren. Der enthielt 75% des brisanten Nitroglyzerins als explosive Komponente, 24,5% poröses Kieselgur als Trägermaterial und 0,5% Soda als chemischen Stabilisator. Das Ganze nannte er später in seiner Patentschrift Dynamit.

Was den Kriegslüsternen ihr Dynamit, war den selbsternannten „Kriegsvermeidern" ihre Atombombe. Doch da gab es 1943 in Los Alamos/New Mexico bei der Bombenherstellung ein Riesenproblem. Die für die Kernspaltung nötigen Uranverbindungen waren so korrosiv, daß sie alle bekannten Materialien schnell zerstörten. Kein geeignetes Behältermaterial war zu finden. Die Atombombenbauer baten die Chemiekonzerne um Hilfe, und die kam vom Chemiemulti DuPont. Hier erinnerte man sich: Da hatte man doch mal an einem eigenartigen Pulver geforscht ... und bald sorgte eine Teflonschicht für wirksamen Schutz der Behälter. Doch der Reihe nach, verfolgen wir die spannende Geschichte des Wunderkunststoffs Poly-Tetrafluor-Ethylen (PTFE), des Teflons zurück.

Alles begann mit einem merkwürdigen Zufall. 1938 wurde der ehrgeizige Chemiker Roy Plunkett des Chemieriesen DuPont darauf angesetzt, ein Kältemittel für den Urtyp des Kühlschranks, den Fritigier, zu entwickeln. Viel versprach das Gas Tetra-Fluor-Ethylen (TFE). Im Gegensatz zu den Konkurrenzprodukten sollte das Kühlmittel ungiftig und nicht brennbar sein. Hatte man dem strebsamen Dr. Plunkett einen verspäteten Aprilscherz geliefert? Am Morgen des 6. Aprils war nämlich eine der kleinen Stahlflaschen leer, in der er zuvor das flüssige Gas bei -80°C aufbewahrte. Statt wie sonst üblich auf Trockeneis gelagert, stand eine Flasche leer auf seinem Labortisch, aber sie wog noch genauso viel wie zuvor. Von Neugier getrieben, sägte Plunkett die Gasflasche auf. Sie war weiß ausgekleidet, und es rieselten ein paar weiße Krümel heraus. Offensichtlich hatten sich die einzelnen Moleküle des flüssigen Gases miteinander zu langen Ketten verbunden, waren polymerisiert: Der feste Kunststoff PTFE war entstanden, den man später Teflon nannte. Jahrelang schien es keinen techni-

schen Nutzen für dieses kostspielige und „sture" Material zu geben –
das verunglückte Kühlmittel aus Fluor-Polymer ging ja keine Verbindung mit anderen Stoffen ein, selbst Königswasser konnte ihm nichts
anhaben. So verschwand das Wissen um diesen eigenartigen Flop im
Firmenarchiv.

Räumen wir mit der Legende auf, daß Teflon ein Produkt der Raum-
fahrt sei, die erst 1957 begann. Zwar wurde die Wundersubstanz bei
Raumfahrtmissionen großzügig eingesetzt, keineswegs aber eigens
dafür entwickelt. Nach dem Krieg, im Jahre 1948, produzierte Du-
Pont kommerziell die Substanz unter dem Kunstnamen „Teflon".
Beschichtungen, Dichtungen und Isoliermaterial waren das Haupt-
einsatzgebiet. Anekdotenhaft wird berichtet, daß der pensionierte
Pariser DuPont-Chemiker Marc Gregoire sich der Nutzen bringenden
Anwendung des Teflons annahm. Die Idee dazu kam seiner Frau
Chalotte, denn ihre klebenden Pfannen boten immer ärgerlichen
Anlaß, nicht nur wenn Gregoire zu spät nach Hause kam. Dieser stieg
ins Pfannen-Gewerbe ein und fabrizierte millionenfach Pfannen und
Töpfe mit Antihaft-Beschichtung. Die wurden 1954 unter dem Na-
men „Tefal" verkauft – zunächst nur in Europa, vier Jahre bevor
Sputnik 1 um die Erdumlaufbahn piepste.

Und heute kennen wir Teflon-Bekleidungsprodukte aus einer geheimnisvollen porigen Membran aus Gore-Tex: Die hauchdünne Te-
flon-Folie ist einerseits wasserdicht, läßt aber Wasserdampf durch die
Mikroporen ungehindert passieren. Seine unangreifbaren Eigenschaften machen Gore-Tex ideal für Implantate, Herzklappen und
Künstliche Gelenke, aber auch Inlays für Bauchschlagadern sind in
der Chirurgie im Ersatz.

Eher das Gegenteil von einem Antihaftstoff wie Teflon suchte man
bei Beiersdorf gegen Ende des 19ten Jahrhunderts, nämlich ein haut-
verträgliches Wundpflaster. Es sollte zwar kleben, sich dennoch leicht
ablösen. Bei der mißglückten Suche nach der eierlegenden Woll-
milchsau stieß der Apotheker Dr. Oscar Troplowitz statt dessen auf
einen Unglückswurm von einem Klebestreifen, der sogar die Wund-
haut mit runter riß.

Aus der Not machte Troplowitz eine Tugend und führte das Produkt unter dem Namen „Citoplast" als erstes technisches Klebeband auf dem deutschen Markt ein – zum Flicken beschädigter Fahrradschläuche. Erst dem jungen, umtriebigen Hugo Kirchberg von Beiersdorf gelang 1934 die Vermarktung des Kautschuk-Klebefilms. Unter seinem Slogan „zum Kleben, Flicken, Basteln" wurde der „Tesa-Klebefilm" ein Verkaufsschlager. Seit 1934 veränderte man ständig den Tesa-Film, wie er später hieß.

1998 entdeckten Wissenschaftler, daß sich Tesafilm als effizientes Medium zum Speichern großer Datenmengen auf kleinstem Raum eignet – wie eine CD-ROM. Diese Tesa Holospot-Technologie generiert digitale Miniatur-Hologramme; sie schützt Markenartikel vor Fälschung und sichert Originalprodukte gegen Diebstahl auf ihrem Weg durch die Lieferkette. Auf einer handelsüblichen Tesa-Rolle lassen sich theoretisch Daten von 10 GByte speichern.

Eher schlampig speicherte Alexander Flemming seine Krankheitserreger in Petrischalen. Als er 1928 in Urlaub ging, vergaß er doch die Schalen kühl zu stellen. Während seiner Auszeit flog der Zufall durchs Labor. Es war der Schimmelpilz „Penicillium notatu", der seine gezüchteten, krankmachenden Bakterien in der Schale abtötete. Eine wahrhaft lebensrettende Zufallsentdeckung zu jener Zeit. Aber wie ließ sich aus dem Schimmelpilz eine Arznei machen? Als man 1944 entdeckte, daß Penicillin nur in der Blutbahn bakterientötend wirkte, stellte sich ein weiteres Problem: man mußte den Pilz in großen Mengen züchten. Der Zufall begleitete Flemmings Laborassistentin zum Wochenmarkt. Sie fand im Abfall eine Melone, die übersät war mit besagtem Schimmelpilz. Durch diesen Glücksfund ließ sich endlich die Arznei in größeren Mengen herstellen.

Nun gibt es auch viele Erfindungen und Entdeckungen, die in Morpheus Armen reiften. Kennen Sie George Westinghouse? Er erträumte sich nach langem Brüten über Plänen die Druckluftbremse. Noch bekannter ist der Wachtraum des Chemikers Kekulé, der ihm die lange vergeblich gesuchte Formel in Form des Benzolrings als Traumbild vor Augen führte. Offensichtlich kann die schöpferische Kraft im Traum weiter wirken. So wurde Elias Howe im Traum von einem nackten Eingeborenen verfolgt, der einen Speer schwang mit einem Loch in der Nähe der Spitze. Nach dem Erwachen kam Hower auf die Idee mit der Nähnadel. Und Charles Vernon Boys fertigte nach seinem Traum eine patentreife Zeichnung seines Heizwertzählers für Gase. Chester Carlson, der Erfinder der Xerox-Kopiermaschine, war überzeugter Esoteriker mit Traumbekenntnis. Als er wieder einmal spät nachts in seinem Labor arbeitete, hörte er eine innere Stimme, die ihn über das Prinzip belehrte, Kohlenstaub auf eine geladene, belichtete Trommel aufzusprühen und als Kopie auf Papier zu drucken.

Eingangs hörten wir, daß die Zufallspille Viagra das Sexleben des Mannes stabilisiert. Das „Orgasmatron" eines gewissen Dr. Stuart Melov aus USA kümmert sich um weibliche Defizite. Das implantierte Orgasmusgerät liefert auf Knopfdruck einen Lusthöhepunkt. Eigentlich wollte der Mediziner nur die Schmerzsignale der Patientin ändern. Die Elektrode gelangte zufällig statt unter die Wirbelsäule ins Rückenmark: Die Beine der stöhnenden Patientin Mary Clegg flogen lustvoll in die Höhe. Das glückverheißende, inzwischen bewährte Produkt wurde zum Patent angemeldet. Fragen Sie mich nicht nach dem Hersteller.

Das Universum

Lauter Fragen ans göttliche Universum

Geht es Ihnen auch so? Je mehr wir uns mit der faszinierenden Mikro- und Makrowelt befassen, um so mehr lernen wir die Großartigkeit der Natur schätzen. Wir fragen nach dem Urgeheimnis: wer schuf, erhält und lenkt die Schöpfung? Sind Schöpfung und Schöpfer identisch? Hat sich das, was die Religionen Gott nennen, hat sich eben dieser Gott alles einmal ausgedacht und geschaffen und sich dann für immer zurück gezogen? Man könnte ja in der Ursachenkette zurückgehen, um zu einer ersten Ursache zu kommen. Ja, da gab es einen Anfang wie den Urknall, den Beginn unseres Universums. Was aber tat dann Gott zuvor? War er vor 13,7 Milliarden Jahre ein Müßiggänger? Es ist wohl zu naiv gedacht, wenn wir uns einen personifizierten Gott vorstellen mit menschlichen Qualitäten.

Gottes Werke sind der Kosmos und die Natur. In diesem Sinne neige ich zum Pantheismus. Zur Natur gehört auch der menschliche Geist mit seiner Fähigkeit, die Wahrheit zu erkennen. Trotz genauen Beobachtens der Natur gab es bisher keine schlüssige Antwort auf die Frage nach der Existenz Gottes. Mit jedem Schritt, den die Forscher tiefer ins Weltall blickten, in den Atomkern vordrangen oder die einzelnen Bausteine der Zelle enträtselten, stießen sie immer nur auf physikalische Meßgrößen und chemische Prozesse. Dem Forschenden hat sich Gott nie selbst gezeigt. Die Naturwissenschaften liefern nur Aussagen über etwas innerhalb der Welt. Wäre Gott ein Teil der Welt, wäre er nicht wirklich Gott.

In der Quantenphysik rechnet man mit Wahrscheinlichkeiten, da atomare Prozesse Zufallscharakter haben. Bestimmt braucht ein Überwesen weder zu würfeln noch zu pokern, denn es kennt bereits jeden Ausgang eines in Gang gesetzten noch so komplexen, chaotischen Naturprozesses. Das führt auf die banale Frage: Operiert so der Schöpfer, denn für ihn wäre es ja unendlich langweilig, jeden Prozeßausgang im voraus zu kennen. In einer gewissen Bandbreite wird die Schöpfung schon den Zufall zulassen und überraschende Zyklen- und Prozeßausgänge dulden. Die Schöpfung ist eben unendlich kreativ. Vielleicht läßt sie sich auch gerne selbst überraschen.

Die heutige Astrophysik belegt, daß die physikalischen Naturkonstanten in unserem Kosmos aufeinander abgestimmt sind. Das Leben, so wie wir es kennen, wird dadurch überhaupt erst möglich. Ist das der ausgeklügelte Plan eines Schöpfungsgottes? Bei geringfügiger Abweichung gäbe es nämlich kein Leben. Diese Feinabstimmung existiert zwar in dem für uns beobachtbaren Universum, ist aber kein Zufall. Dies erklärt sich daraus, daß wir nur feinabgestimmte Universen beobachten können, denn nur dort können wir existieren. Ein vorgegebener Sinn oder ein vorgegebenes Ziel des Universums ist hier zur Erklärung nicht notwendig. Neben dem unseren gibt es womöglich sehr viele oder gar unendlich viele Paralleluniversen. Jedes einzelne Universum hat andere physikalische Eigenschaften und unsere Welt in einem Multiversum ist rein „zufällig" auf Leben geprägt. Ein Leben in einem Universum, das nicht auf Kohlenstoff, sondern auf Silizium basierte, wäre aber ebenso denkbar.

Unser Sein ist durch Raum und Zeit begrenzt. Hierin sind wir zeitlebens gefangen. Eine über alle Maßen wirkende Schöpfermacht ist aber grenzenlos, zeitlos und nicht materiell. Für sie hat der Raum unendlich viele Dimensionen, die göttliche Zeit ist keine gerichtete Größe – sie hat weder einen Anfang noch ein Ende, denn sie existiert nicht – es herrscht pure Unendlichkeit. Selbst die von der modernen Physik heilig gesprochene Lichtgeschwindigkeit ist für die Schöpferallmacht ohne Relevanz. Für sie, die Unbegrenzte, gibt es keinen Dualismus zwischen Materie und Energie unter Einbeziehung der Lichtgeschwindigkeit; $E = mc^2$ adieu!

Was bleibt uns da noch, wenn wir mit unserer Vorstellung und mit unseren Erfahrungen nicht ins Bild rücken können? – Das Bild einer allzeit wirkenden Allmacht! Was können wir uns überhaupt vorstellen? Wäre es die überragende Form einer Urenergie, aus der alles hervor gegangen ist? Aber selbst diese müßte ja erst geschaffen werden, von einem Schöpfer. Und jetzt drehen wir uns im Kreis. Provokant wäre die Frage, ob es denn so etwas wie eine Schöpferfamilie gibt: Vater, Mutter, Sohn und Co. Ich bin mir nicht sicher, ob ein Allmachtgebilde von so einem menschlichen Zuschnitt die unendliche Natur überhaupt erschaffen könnte. Der Ursprung aller Dinge kann meines Erachtens nur EIN geistiges Urenergiefeld sein. Derivate haben darin keinen Platz.

Gott können wir nur als eine Art konformes Abbild der Natur erkennen, so, als ob er ein riesiges Netz über die gesamte Schöpfung geworfen hätte, das alles zusammenhält. Jedes Zupfen an einer Netzmasche teilt sich integral ohne Zeitverlust dem gesamten Maschenwerk nebst Inhalt von einem zum anderen „Ende" des Universums mit. Das wirklich Spannende daran: Wir haben Anteil an der Schöpfung, in unserer kleinen Welt sind wir eingeladen, mit zu gestalten. Stellen wir uns vor, daß wir in einer großen Welt-Simultanschachpartie mitspielen. Der Weltenmeister kommt nicht als Gegner zu jedem an den Spieltisch und setzt weise seinen Gegenzug. Er kommt als wohlwollender Berater. Er gibt uns Zeit bis zum nächsten Zug. Manchmal dürfen wir ihn sogar herbei rufen. Die Religionen nennen das dann Gebet. Der Weltenmeister berät uns zu unserem Besten, auch wenn wir es oft nicht einsehen. Wir können ja nur einige Lebenszüge egozentrisch voraus denken. Der Schöpfer überblickt nicht nur unser Umfeld, sondern das ganze Spielfeld, das Integral des Kosmos. Das meinte ich vorhin mit dem integralen Zupfen am Netz.

Mit sehr unterschiedlichen Zügen können wir unseren Lebensweg fortsetzen und sogar neue Wege beschreiten. Oft genug erscheinen diese als Umwege, die uns in die Sackgasse führen. Oft sind es unerwartet neue Impulse. Oft wissen wir nicht mehr ein noch aus. An dieser Stelle darf ich eine eigene Erfahrung andeuten, ohne daß Sie mich für komplett irrsinnig halten: Wir schließen die Augen, um uns von der Welt abzuschotten. Dann aber öffnen wir bewußt das innere Auge. Probieren Sie es mal. Beobachten Sie sich „von innen". Sie werden Sterne tanzen sehen, helle Punkte auf pechschwarzem Grund wandern wirr umher – dies um so stärker, je mehr wir in Unfrieden mit uns sind. Erst wenn wir zu einer größeren Harmonie und Einsicht gefunden haben, sind wir dem Schöpfer näher: Das tanzende Geflimmer verschmilzt zu einem hellen, erlösenden Schein.

Im göttlichen Universum herrscht keine Vorzugsrichtung, alles ist miteinander aufs engste verknüpft. Vielleicht läßt der Schöpfer morphogenetische Felder auf allen Ebenen als Kommunikation zu. Damit können wir zwar unsere kleine Welt erkunden und begreiflich machen, indessen werden wir dem Kern der Schöpfung – Gott selbst – nie näher kommen. Unser Geist reicht nur, um uns selbst zu erkennen. Alles andere wäre ein von Menschen gemachtes Konstrukt – so wie alle Religionen.

Was tat der Schöpfer vor dem Urknall?
Eine provokante Frage. Untersuchen wir zunächst die oft zitierte Feinabstimmung unseres Universums, um vielleicht den göttlichen Funken aufzuspüren. Die Astrophysiker können berechnen, daß bei einer geringfügigen Abweichung der kosmologischen Parameter unser heutiges Universum einschließlich unserer Wenigkeit nicht existieren würden. Denn: Hätte sich das frühe Universum nur um ein wenig langsamer ausgedehnt, wäre es zusammengefallen. Wenn es sich aber um eine Winzigkeit schneller ausgedehnt hätte, wäre es schnell auseinander geflogen; nur schwache, kalte Gase hätten sich gebildet. Wäre die Stärke des elektromagnetischen Feldes zum Gravitationsfeld geringer ausgefallen, hätte das die Existenz heißer und stabiler Sterne wie unsere Sonne verhindert. Und wäre die Masse des Neutrons und des Protons nicht genau die 1836-fache Masse des Elektrons, könnten keine chemischen Reaktionen ablaufen.

Damit das Universum so existiert wie es ist, muß sich in den Sternen Wasserstoff ständig in einem genau festgelegten Verhältnis in Helium verwandeln. Gerade so, daß sich 0,07% seiner Masse in Energie umsetzt. Wäre dieser Wert nur geringfügig niedriger, etwa 0,06%, könnte keine Verschmelzung mehr stattfinden. Dann würde ein langweiliges Universum nur noch aus Wasserstoff und nichts anderem bestehen. Ein geringfügig höherer Wert, und die Fusion würde so heftig ablaufen, daß der Wasserstoff schon längst verbraucht wäre. Welch eine kosmische Gratwanderung der Möglichkeiten! Betrachten Sie die grandiose Partitur aller Universen als göttliche Symphonien des Weltenkomponisten. Als Konzertmeister dirigiert er unter unendlich vielen Orchestern – Universen – auch das unsere, und zwar feinfühlig gerade mit der Bandbreite an Dynamik, daß sich Leben entwickeln konnte. Wir Erdenmenschen spielen darin nicht etwa die erst Geige, sondern sitzen ganz hinten, so wie wir auch nur im äußeren Bereich unserer Galaxie als astronomische Mikroben hausen.

Die heutige Astrophysik hat sich auf das Standard-Urknallmodell eingeschossen. Dieser „Urknall" ist, wie wir später postulieren, weder ur-anfänglich, noch hat es da vor 13,7 Milliarden Jahre „geknallt". In einer Leere entsteht kein Schall, denn der braucht ein Medium worin er sich ausbreitet. Doch seien wir nicht spitzfindig. Was genau im singulären Punkt Null geschah, weiß keiner, man wüßte es aber liebend gern. Als das Universum begann, sich von „Null" (Planck-Ära) auszudehnen, füllt sich damit keine größere Leere. Es existiert nur immer der Raum, der sich während des Vorgangs gerade erschuf. In einem einzigen blendenden Stoß nimmt das Universum himmlische Dimensionen an und wird zu einem unvorstellbar großen Raum.

Heute können wir bis 10^{-43} s zurückblicken, aber eben nicht bis Null Sekunden vor dem „Start". Das Universum verdoppelte sich alle 10^{-34} s. Die ganze Episode dauerte nicht länger als etwa 10^{-30} s. Nach 10^{-34} s entstand die Schwerkraft. Nach einem weiteren „Zeitquant" gesellten sich der Elektromagnetismus sowie die starke und schwache Kernkraft hinzu. Noch einen Augenblick später bildeten sich die Elementarteilchen: der Feinstoff der Materie. Aus dem Nichts gab es plötzlich Schwärme von Protonen, Neutronen, Elektronen und Photonen. Danach war bereits 98% aller Materie entstanden, die das All bevölkert.

Die Astrophysiker sind sich einig, daß die Substanz des Universums nur zu 5% aus gewöhnlicher Materie besteht, also aus Galaxien,

Sterne, Planeten und interstellarem Staub. Was ist mit dem unsichtbaren Rest, den man als Dunkle Materie oder/und als Dunkle Energie bezeichnet? Wir wissen nur eins von diesem mysteriösen Dunkel: es sendet ins All kein Licht als „Botschaft", verfügt aber über eine spürbare Anziehungskraft. Offensichtlich ist auch hier die Gravitationskraft am Werke. Das läßt sich nämlich berechnen. Möglich, daß diese sogar um ein Vielfaches höher ist, als in unserem sichtbaren Universum. Die Konsequenz wäre: die Gravitationskonstante wäre in diesem Dunkel-Universum eine andere.

Zwar wissen wir, daß der Urknall eine explosive Instabilität im Urraum des Universums war – und das in einem brodelnden Meer virtueller Energien. Vielleicht ist aber unser Universum nicht durch zufällige Fluktuation des Quantenvakuums entstanden. Ging unser Universum aus einem Ur-Universum hervor, das seinerseits durch bereits vorher existierende Universen „informiert" war? Ich könnte mir auch ein periodisch pulsierendes Universum vorstellen. Warum sollte die unendliche Schöpfung zum ersten Mal vor rund 13,7 Milliarden Jahren plötzlich aktiv werden?

Betrachten Sie einmal Naturvorgänge. Die Natur hat ein Faible für Harmonie und Periodizität, und das gilt im Großen wie im Kleinen. Denken Sie z.B. an den Wasserkreislauf oder an die Jahreszeiten. Warum sollte das Universum im singulären Punkt nicht gerade eine Art Nulldurchgang (Urknall) mit seiner unendlichen Periodizität durchmachen? Ich bin sicher, der Schöpfer läßt keine Langweiligkeit zu. Vielfalt ist Leben. Jeder natürliche Zyklus – und das mag auch für einen mit unendlicher Zeitachse gelten – birgt überraschende Abweichungen, die zu Neuem und Kreativem führen. Gott ist kein Wiederholungstäter. Seine periodische Schöpfung, die ich unterstelle, ist weder eine sklavische Funktion, die exakt in die Fußstapfen der Vorgängerin tritt, noch ein ausuferndes Chaos. Möglich, ja sogar wahrscheinlich hat die Allmacht ein ewiges Informationsnetz geschaffen, das alle Erfahrungen der Vorgänger-Universen miteinander verknüpft und in einem kosmischen Umfeld weiterreicht. Das möchte ich als kosmisches Erbe bezeichnen.

Schöpfen wir Informationen aus einem kosmischen Feld?

Wie können wir uns ein Energiefeld im Vakuum vorstellen, in dem kosmische Ereignisse als Informationen abgespeichert sind wie in einem dreidimensionalen Bild als Hologramm? Im Vakuum ist das Feld ungestört. Materie versetzt das Feld in einen angeregten Zustand. Es kommt zu überlagernden Störungsfronten von Wellen – zu sogenannten Interferenzmustern. Die Informationen stecken verschlüsselt in den Vakuum-Hologrammen. Das hört sich ziemlich abgehoben an.

Wählen wir deshalb ein „irdisches" Bild, um uns das klar zu machen. Als Übertragungsmedium nehmen wir statt des Vakuums das Wasser und betrachten darin einen Fischschwarm. Jeder Fisch ist einem wellenförmigen Druck ausgesetzt: er wird durch seine Schwarmkollegen „geformt", also in-formiert. Der einzelne Fisch erzeugt seinerseits durch seine Schwimmbewegungen auch ein Muster, das sich als Wellenfront den anderen aufdrückt (moduliert), sie also gleichfalls informiert. In einem Punkt hinkt unsere Metapher: Das wellenbildende Medium im Quantenvakuum, das alle Dinge in Raum und Zeit einbettet, ist vollkommen reibungsfrei, vergleichbar mit flüssigem Helium am absoluten Nullpunkt (Bose-Einstein-Kondensat). Die verschlüsselten Informationen bleiben also im kosmischen Feld bewahrt und sind „ungedämpft". Sie lassen sich jederzeit gleichzeitig an allen Punkten des Universums auslesen. Es kommt zur wechselseitigen Information, ja zur Wechselwirkung im gesamten Kosmos.

Wäre das nicht eine schier unglaublich geniale Möglichkeit wie alle Dinge der Welt miteinander in Wechselwirkung treten könnten – eingebettet in Raum und Zeit? Nicht nur längst untergegangene Universen hätten ihre Informationen in die Wiege des neu gebildeten Universums (Urknall) gelegt. Der Schöpfer wäre nicht unendlich weise, wenn er dieses kosmologische Konzept nicht auch der gesamten Biosphäre eingepflanzt hätte: neben den Materieteilchen auch den kleinsten Lebenseinheiten wie den Zellen, Kleinlebewesen bis hin zu uns Menschen. Dabei ist nicht alles in gleicher Weise und Stärke „codiert". Bestimmt haben ähnliche, also isomorphe Dinge einen engeren Verbundenheitsgrad. Klar, denn wenn Sie beispielsweise in einem

Lexikon einen bestimmten Begriff suchen, interessiert Sie in erster Linie diese Begriffserklärung und nicht abertausend andere auf abertausend anderen Seiten. Und was interessieren uns die artfremden Belange beispielsweise einer Amöbe?

Haben die Generationen vor uns ihre eigenen Spuren im Informationsmeer des Kosmos hinterlassen? Verknüpfen wir Erinnerungen an Menschen – ja auch an uns selbst (Inkarnation) – die weit vor unserer Zeit lebten? Fallen wir nicht gelegentlich in den Steinzeitmodus, wenn unsere Ur-Emotionen (Instinkte) uns übermannen? Auch die höchst spannende Frage, wie sich unsere Körperzellen untereinander verständigen, ist im Grunde nicht erklärbar, gäbe es da nicht jenes kosmische Feld der unergründlichen Natur. Unser von einer Schöpferallmacht gesteuerter Kosmos entwickelt sich weiter. Ein schönes Bild findet sich in Faust. Da spricht der Geist:

„So schaff ich am sausenden Webstuhl der Zeit, und wirke der Gottheit lebendiges Kleid."

Wer oder was ist der Schöpfer?
Niemand weiß es. Genau das verführt zu Spekulationen und das seit Anbeginn der Menschheit. Eine hinterhältige Frage wäre: Verschanzt sich Gott hinter dem Urknall – dem Beginn unseres Universums seit 13,7 Milliarden Jahren? Die Physiker haben das expandierende Universum zurück gerechnet, bis auf die sogenannte Planck-Zeit, eine Winzigkeit größer als Null Sekunden. Weiter kommen sie mathematisch nicht heran. An diesem singulären Punkt, dem Urknall, expandierte das nahezu punktförmige Ur-Universum mit Überlichtgeschwindigkeit. Erst dann entstanden Materieteilchen aller Art. Zuvor regierte das materiefreie Nichts. Es gab kein einziges Atom. Nur pure, unvorstellbar titanische Energie auf kleinstem Raum.

Nach Sekundenbruchteilen entstanden die elementaren Energien, die, so mutmaßen die Physiker, aus einer allmächtigen unbekannten Mutterenergie entstanden sind. Hier könnte man schon fragen, ob diese Urenergie der Schöpfer selbst ist. Kein Mensch weiß diese Energie annähernd zu beschreiben. Niemand kennt sie. Schauen Sie nur: die kleinen und großen Kernkräfte, die aus ihr hervor gingen, wirken nicht einmal über das Atom hinaus. Genauer gesagt: Der Einflußbereich der starken Wechselwirkung umfaßt nur 0,00001 des Durchmessers eines Atoms. Die dritte, die elektromagnetische Kraft ist daran gemessen, schwach; erst recht die vierte, die superschwache Gravitationskraft, die aber ihre „Wurzeln" der Anziehung bis in unendliche Weiten ausstreckt; sie nimmt mit dem Quadrat der Entfernung von der Masse ab. Sicherlich vereinte die Urenergie all die extremen Eigenschaften dieser Naturkräfte, also ihre Wirkung bis ins Unendliche und dies mit einer geballten ungeheuren Kraft. Mit diesem Konstrukt könnte man sich schon einen Gott „basteln". Die Frage nach dem Schöpfer läßt sich ad infinitum weiterführen, denn wer schuf dann die Urenergie?

Die Suche nach der Urform aller Energien ist physikalisch gleichbedeutend mit der Suche nach der sogenannten Weltformel. Und jetzt wird es langsam spannend: Repräsentiert jene Urenergie den Schöpfer höchst persönlich oder ist das Universum sein erster Schöpfungsakt überhaupt, den er ins Werk setzte? Daß der Schöpfer die Urenergie aus dem Nichts erschaffen hat, ist schon einzusehen, aber kaum der Zeitpunkt der Geburt unseres Universums. Das göttliche Attribut der Unendlichkeit hat keinen Nullbeginn. Wenn es einen Schöpfer gibt, so wirkt er zeitlos, also ewig – für ihn gibt es keinen Anfang und kein Ende, also auch keinen gerichteten Zeitpfeil, der von der Vergangenheit in die Zukunft weist.

Aber warum sollte der unendlich Wirkende bis zum Zeitpunkt „Null" nach menschlichem Verständnis seine Hände in den Schoß gelegt und nichts bewirkt haben? Das ist ebenso absurd wie die Annahme, daß sich dieses göttliche Etwas ein Universum ausknobelt und sich dann zurückzieht. Können Sie sich beispielsweise einen Uhrmacher vorstellen, der ein einziges Mal seine Uhren aufzieht und sie dann für immer im Stich läßt? Nein, Gott ist auch kein Akrobat der Himmelsmechanik, der wie ein Jongleur auf Bambusstangen lauter Teller in Rotation hält und hektisch nachdreht, wenn der eine oder andere Wackelkandidat droht abzustürzen.

Der Schöpfer hat nicht nur unzählige Universen geschaffen. Nach heutigen, mageren Erkenntnissen existieren 140 Millionen Galaxien mit all ihren Sonnensystemen. Wir reden hier nur von 5% des Universums, das uns physikalisch zugänglich ist. Also nur ein Zipfel des gewaltigen Universums ist uns überhaupt bekannt. Hier kann man sich Lebensräume vorstellen, die nicht auf Kohlenstoffbasis beruhen, sondern etwa auf Silizium oder Schwefel. Der überwiegende Rest des Universums an Dunkler Materie, nämlich 95%, bleibt uns verschlossen. Es ist sogar denkbar, daß diese Welten aus völlig anderen Elementen bestehen, als sie in unserem Universum vorkommen. Diese gigantischen Dunkelwelten funktionieren nach ganz anderen, völlig im Ungewissen liegenden physikalischen Gesetzen und Naturkonstanten. Auch hier thront und wirkt Gott. In einer Weise, die wir nie begreifen können. Es ist doch kaum vorstellbar, daß die Schöpfung in diesen mächtigen Dunkelwelten nicht auch das großartige Abenteuer Leben entfacht hat: ein für uns unsichtbares Leben der Dunkel-Kreaturen. Vielleicht sind diese Geschöpfe ausgestattet mit einer ganz anderen Art der Hochintelligenz, Lebenserwartung und Gottesvorstellung, natürlich auch mit anderen Sinneswahrnehmungen.

Hat der Schöpfer zu Beginn den Himmelskörpern einen Bewegungsimpuls ein für alle Mal mitgegeben? Die Bewegung der Planeten ist das eine, das daraus Entwachsene und Höherstehende das andere. Es ist das Leben – homöopathisch verteilt in allen Galaxien, auch in unsrer Muttergalaxie, der Milchstraße. Auch auf unsrer Erde, eingepflanzt seit über vier Milliarden Jahren. Das ist das eigentliche Salz in der Ursuppe der Schöpfung. Und hier wird es abermals spannend, denn Lebewesen sind nicht nur Materieansammlungen in wohlgeordneter Form. Leben entsteht und vergeht offensichtlich nach einem geheimnisvollen Schöpfungsplan.

Kein Chemiker kann mit all den genau bekannten Inhaltsstoffen eines Grashalms je dieses einfache Grün synthetisieren und es zum Leben erwecken. Offenbar gibt der Schöpfer jedem Lebewesen seine Schöpfung mit und begleitet es Zeit seines Lebens und darüber hinaus. Wir können annehmen, daß unser „ausgedachter" Schöpfer masselos ist, eine unendliche unbekannte Energie „verkörpert", die allgegenwärtig außerhalb der Zeit über unendliche Weiten des Universums permanent wirkt. Der Weltengestalter und -erhalter kann für uns gewiß nicht bloß ein unfaßbares Energiebündel sein. Und sei es noch so mächtig, ihm würde noch etwas Entscheidendes fehlen, nämlich die göttliche Kreativität. Getrost können wir annehmen, daß der „Alte" so etwas wie eine Über-Seele hat, die uns Menschen wohl gesonnen ist.

Gibt es für uns ein Drüben?

In allen Menschen steckt die eingeborene Ursehnsucht, daß es nach dem Tode weiter gehen möge – schöner, harmonischer als je zuvor und natürlich sorgenfrei. Diese Ursehnsucht stillen alle Welt-religionen; sie versprechen das vollkommene Himmelreich auf ihre Weise, gleich wie sie das „Drüben" auch nennen. Mehr noch: einige Religionsstifter garantieren bei guter Führung auf Erden das unendli-che Leben oder eine oder gar mehrere Ehrenrunden – Reinkarnatio-nen – auf Erden. Alles unter dem Motto: Du, Mensch, corrigée la fortune. Das sind unschlagbare, zugkräftige Werbeknüller der Reli-gionen, denen wir uns kaum entziehen können oder auch nur wol-len.

Nachdem wir unsere vergängliche, körperliche Hülle abgestreift ha-ben, scheint sich diese um die Seele erleichtert zu haben. Es gab in der Tat schon „Messungen", die diese Gewichtsdifferenz vor und direkt nach dem Tod von etwa einem Pfund angeblich nachgewiesen haben. Ein Pfund Seele? Wenn irgend etwas von uns hinüber wan-dert, kann es womöglich nur etwas Immaterielles sein. Dieses geistig-se(e)lige Etwas repräsentiert die Summe all unserer Lebenserfahrun-gen und Gefühle unseres Ichs – das ganze Buch unserer Vita.

Als naturwissenschaftlich Denkender fragen Sie sich sicher voller Neugierde: Wohin geht konkret die Seelenreise? Gibt es einen defi-nierten Ort im Nirgendwo des Universums, in dem wir unsere Seele wiederfinden? Nicht nur wir, auch die übrigen Myriaden Lebewesen, wie alle instinkt-beseelten Tiere und auch Pflanzen, die je auf diesem Planeten gelebt haben und noch leben werden. Vielleicht ist dieser himmlische „Sammelpunkt" eine weitere, allerdings höhere göttliche Ebene. Rücken wir damit der Schöpferallmacht näher? Warum nicht – eine winzige Distanz näher zur Unendlichkeit, verbunden mit einer Katharsis der Seele, die uns zu Höherstehendem befähigen könnte.

In dieser spirituellen, hierarchiefreien Ebene verliert alles materielle Streben seinen Sinn. Die Ichbezogenheit wird ad absurdum geführt. Wenn hier etwas herrscht, ist es der Frieden und die absolute Harmonie. Vorstellbar wäre auch eine absolut wertfreie Ebene, die sämtliche Informationen des Kosmos aufnimmt – auch die unsrige. Eine bewertende Ebene wäre schwer vorstellbar, denn nur in einer Welt, wo es auch Unfrieden oder gar Krieg gibt, kennt man als Kontrastprogramm den Frieden. Nur Gutes ist ohne Böses für uns nicht logisch vorstellbar. Offensichtlich durchleben wir die kommende spirituelle Welt und erinnern uns dabei an die hinter uns gelassene materielle Welt.

Auch unser Bezugssystem von Raum und Zeit sucht man in dieser „höheren unendlichen Welt" vergebens. Möglich, daß hier Informationen ohne Zeitverlust und über unendliche Weiten ausgetauscht werden. Möglich, daß wir mit unserem Tod nur den Schlußpunkt setzen zu all unseren Erfahrungen, die im unermeßlich großen Informationsmeer des Kosmos einfließt wie ein Rinnsal. Unsere Lebensspur, unser Informationsbeitrag, repräsentiert perfekt unser gesamtes Leben, und zwar ohne irgendwelche Vergeßlichkeiten (Informationsverlust), die wir einem Gedächtnis zubilligen. Eine ebenso spannende Frage ist der Verbundenheitsgrad zu unserer verlassenen körperlichen Welt. Was interessiert uns noch unser ehemaliges Wirken auf Erden? Vielleicht bringen wir auch unsere Lebenserfahrung in die neue Ebene ein, tauschen mit anderen Geistwesen Erfahrungen aus und entwickeln uns hier spirituell weiter.

Es wäre durchaus vorstellbar, daß es auf Millionen von Lichtjahren entfernten Planeten ähnliche Lebewesen gibt so wie wir – mit denselben Ängsten, Hoffnungen und Sehnsüchten nach dem Phasendurchgang des Todes. Die Allwissenheit der Schöpfung erspart uns das Zusammentreffen. Nicht auszudenken, wenn diese Fernwesen ebenso dogmatischen Anspruch erheben auf eine allein selig machende Religion. Nehmen wir einmal an, daß es uns im Drüben unendlich gut ergeht, hätten wir dann je das Bedürfnis wieder in die Niederungen unserer irdischen Welt zurück zu kehren? Wir würden das offensichtlich eher als Strafe, zumindest als Prüfung empfinden.

Macht dann der Schöpfer mit uns Experimente mit anderen Parametern, in dem er uns eine neue Chance gibt?

Soll doch ein ehemaliger Massenmörder im Jenseits endlich seine verdiente Strafe bekommen, so tobt unser Empfinden für Gerechtigkeit. Wo soll die Vergeltung aber herkommen, in einer harmonischen Welt? Klar, daß deswegen von Menschen gemachte Religionen eine Gegenebene kreieren, um dort Gerechtigkeit walten zu lassen. Diese Ebene hat dann satanische Züge. Wenn es überhaupt eine Schöpferkraft gibt, der wir alles, vor allem unser Leben verdanken, dann kann sie integral ruhig alles zulassen und bewirken, sicherlich ohne eine antigöttliche zerstörerische Gegenkraft. Mephisto sagt schon zu Faust:

> *„Ich bin der Geist, der stets verneint,*
> *Und das mit Recht; denn alles was entsteht,*
> *Ist wert, das es zugrunde geht...“*

Gut, wir finden uns nach unserem Tod bestenfalls in einer Ebene voller Harmonie wieder, aber was können wir dort bewirken, welche Aufgaben und Ziele erwarten uns? Treffen wir uns im Drüben alle als spirituell geschnürte Informationspakete wieder? Es ist doch wohl kaum denkbar, daß wir uns einzig dem Müßiggang hingeben und Gott ständig lobpreisen. Auf Dauer brächte das gähnende Langeweile in unserem neuen Universum. Leben, gleich in welcher Form, bedeutet Entwicklung, Neuland erkunden und ein ständiges Umformen. So gesehen kann die Wirkungsebene nach unserem Tod nur die Transitstation des göttlichen Zyklus sein, die vielleicht alle Dinge der Schöpfung durchmachen. Im Drüben – im Wartesaal der „göttlichen“ Drehscheibe – brechen die Reisenden zu neuen Ufern ins Universum auf. Möglicherweise eingepflanzt als Informationsidee in einer auserwählten Erbsubstanz – bereit für eine Wiedergeburt. Dahinter steckt der eigentlich göttliche Akt. Indessen, das Wie und Warum, bleibt allein das Geheimnis des „Alten“.

Das unendlich kleine Universum
Den schillernden Begriff des Unendlichen erfanden die Mathematiker. Die Physiker müssen sich mit dem Phänomen des Unendlichen,

des Grenzenlosen herumplagen, während wir z.B. im Sprachgebrauch lax von unendlicher Geduld reden. Das unendlich Kleine, etwa ein Kernteilchen wie auch das unendlich Große, wie unser Universum, müßten mathematisch durch einen Grenzprozeß definiert sein. Ein punktförmiges Teilchen ohne Ausdehnung widerspricht aber der Quantentheorie, es führt zur unsinnigen Unendlichkeit. Offensichtlich hält auch der Mikrokosmos in der Realität ein „fast" unendlich kleines Geheimnis unter Verschluß. Wir werden es wohl nie aufdecken.

Sind Strings die wahren Urbausteine der Materie?

Haben Sie schon etwas von diesen Mini-Unika der Materie gehört? Als Nicht-Teilchenexperte fragt man sich, was man von dem aufgetischten Teilchenzoo wie den up-Quarks, Myon-Neutrinos, Tauonen, Bosonen, Fermionen und all den Konstrukten halten soll. Alle Mitbringsel der Teilchenphysik versuchen, die Feinstruktur der Materie zu beschreiben. Inzwischen ist man weit jenseits des grobschlächtigen Atoms angelangt. Man glaubt, die russischen Matroschka-Puppen der Teilchen bis ans Mark entkernt zu haben: Vom Atom über seine Bestandteile den Protonen, Neutronen und Elektronen, die sich ihrerseits aus weiteren Teilchen, etwa den Quarks zusammensetzen. Und dann endlich drang man ein ins theoretische Gebäude ihrer ultrakleinen Bestandteile: den unheimlichen Geisterteilchen, die man als Strings bezeichnet.

Diese Bausteine sind einige hundert Milliarden Milliarden Mal kleiner als ein einzelner Atomkern. Das ist etwa so, als ob Sie einen Wolkenkratzer (Atom) mit einem Sandkorn (String) vergleichen, das in einer Betonsäule des Monuments gebunden ist. Nun, das Bestreben nach dem Allerkleinsten hat natürlich einen handfesten praktischen Hintergrund. Makro- und Mikrowelt lassen sich nämlich nicht konfliktfrei miteinander behandeln. Masseschwere Dinge können mit der Allgemeinen Relativitätstheorie beschrieben werden, kleine Dinge mit der Quantenmechanik. Was soll's, dann eben einzeln, werden Sie sagen.

Nun gibt es aber Zwittergebilde, die typische Eigenschaften aus beiden Welten haben. Denken Sie an Schwarze Löcher; sie sind extrem schwer, erzeugen ein beträchtliches Gravitationsfeld, sind aber relativ klein. In unserem Frühuniversum war – unvorstellbar – die ultragigantische Masse des Universums in einem Fastpunkt vereint. In diesen Fällen versagen beide Theorien, vor allem schlägt die Gravitationskraft ständig ein mathematisches Schnippchen. Sie, die schwächste aller Elementarkräfte, stand bisher immer der Vereinigung beider Theorien im Wege. Der Traum von der sogenannten Weltformel entwickelte sich zu einem Alptraum der Teilchenphysiker.

Das Standardmodell beschreibt zwar unser Universum einige Sekundenbruchteile „nach Null" recht gut, erklärt aber nicht seine Struktur. Anscheinend ist es unmöglich, die Allgemeine Relativitätstheorie quantenmechanisch zu formulieren. Lästig mogelt sich immer wieder die Unendlichkeit hinein. Diesen mathematischen Konfliktstoff beseitigt anscheinend die Superstringtheorie. Die Urbausteine der Materie sind gedachte vibrierende Energiefäden, die keine Dicke, sondern nur Länge besitzt. Genauer gesagt, sie sind eindimensional und schwingen in elf Dimensionen. Versuchen Sie nicht erst sich das vorzustellen, denn wir kennen ja nur drei Raumdimensionen, dazu die Zeit als Dimension, mehr nicht.

Kommen wir also zum Eingemachten, den Strings selbst. Es gibt verschiedene Stringtheorien: mit offenen und geschlossenen Strings. Alle fordern sie vom Universum mehr als die drei bekannten Raumdimensionen. Warum sehen wir nicht die zusätzlichen? Nun, diese Dimensionen sind eng zusammen gerollt, kompaktifiziert, wie die Theoretiker sagen. Offensichtlich gehört in der Schöpfung dieses Origami zum Programm. Denken Sie z.B. an die kunstvoll gefalteten DNS-Strukturen. Das sind biologische Grundbausteine, die ihrerseits wieder aus verschiedenen Basen und diese wieder aus Molekülen und Atomen bestehen. Warum soll bei den elementaren Bausteinen der Materie, die wir uns ausgedacht haben, Schluß sein? Soll die Schöpfung da anfangen, wo wir mit unserem Verstand am Ende sind? Gottes Pläne reichen eben auf einer Skala von minus bis plus unendlich.

Immerhin sind Strings unvorstellbare Winzigkeiten. In ihrer Welt wird der Raum zu einer brodelnden, siedenden Hexenküche turbulenter Fluktuation, ähnlich wie die Sonnenoberfläche mit ihren Protuberanzen. Hier schnurrt die Raumzeit auf Größenordnungen kleiner 10^{-33} Zentimeter zusammen. Dann verschwindet die Unverträglichkeit zwischen Relativitätstheorie und Quantenmechanik. Wenn wir in die Größenordnung des Strings kommen (Planck-Länge) und zur Planck-Zeit (die Zeit, die das Licht braucht, um die Länge eines Strings zurückzulegen) und versuchen, Raum und Zeit noch weiter zu zerlegen, würden wir scheitern. Der Begriff „kleiner" verliert seine Bedeutung, sobald wir zur Größe der kleinsten Bausteine des Kosmos kommen. Eine fiktive Spinne in der Stringwelt könnte nur von einem zum anderen Faden laufen. Ein Zwischen-den-Fäden gäbe es nicht. Auch die Zeit – die Spinne – würde „geruckelt" ablaufen: von einem Zeitquant zum nächsten.

Die Super-Stringtheorie sagt nicht nur die Existenz von masselosen Teilchen mit „Spin eins" voraus (Eichbosonen), sondern auch Elementarteilchen mit „Spin zwei" ohne Masse. Aus schwingenden Strings entstehen also nicht nur Materieteilchen, sondern auch Botenteilchen – sogar das lange vermutete Botenteilchen für die Gravitation. Endlich! Mit den zusätzlichen Dimensionen baut die moderne Physik aus Quanten- und Gravitationsgesetz ein neues Gebäude. Das Erforschen der Strings ist für uns Laien sonderbar, verrückt und ein spannendes Abenteuer zugleich: es enthüllt sich eine mysteriöse mathematische Struktur durch einen Prozeß, der eher einer Entdeckung gleicht. Der moderne Physik-Kolumbus suchte Indien und fand Amerika im Teilchenzoo. Es bleibt zu hoffen, daß man irgendwann in Zukunft die Stringtheorie experimentell bestätigen kann, so wie einst die Relativitätstheorie von Albert Einstein.

Zufällige Verhältnisse des Universums
Sind das alles nur glücklichen Zufälle? Betrachten wir verschiedenen Konstanten des Universums. Das Verhältnis von elektromagnetischer Kraft zu Schwerkraft liegt z.B. bei ungefähr 10^{40}. Die beobachtete Größe des Universums zur Größe des Elementarteilchens liegt ebenfalls bei ungefähr 10^{40}. Und wie sieht es im Mikrokosmos aus? Beruht das Verhältnis von Elementarteilchen zur Planck-Länge auch auf einen Zufall? Das Größenverhältnis beträgt 10^{20}.

Bevorzugt das Universum die Zahl 3?

Wir finden auffällig oft eine Aufteilung in drei Untergruppen. Betrachten wir eine Auswahl an Beispielen für diese These:

- Die Elemente im Universum bestehen aus stabilen, natürlich radioaktiven und künstlichen Elementen.

So bewirkt ein unbekanntes Naturgesetz, daß
- der Magnetismus sich aufteilt in Para-, Dia- und Ferromagnetismus.
- alle stabilen chemischen Elemente bei Normaltemperatur im festen, flüssigen oder gasförmigen Aggregatzustand sind.
- die Riesenkette von DNS-Molekülen aus den drei chemischen Bausteinen Phosphorsäure, Zucker und Basen besteht.
- auf unserem Planet drei Gemeinschaften leben: Pflanzen, Tiere und Menschen.
- die Pflanzen Zucker, Eiweiß und Fette bereitstellen.

Auch im Mikrokosmos herrscht Triplizität,
- im Atomaren: Protonen, Neutronen und Elektronen.
- im subatomaren Bereich drei Familien von Leptonen, Quarks und Gluonen, die den Aufbau der Kernmaterie bestimmen. Letztere sind die „Klebeteilchen" des Atoms, der eigentlich unteilbaren Urbausteine der Materie.

Und da gäbe es noch ein weiteres Rätsel um unser Lebenselement Wasser zu lösen, ehe wir uns aufmachen, fremde Planeten heimzusuchen. Genauer betrachtet ist nämlich
- Wasser ein untrennbares Stoffgemisch aus den Bestandteilen H_3O^+, H_2O und H_1O^-.

Warum all diese geheimnisvollen Dreifachheiten bestehen, konnte niemand bis heute klären. Werden diese und unzählige andere Phänomene je zu klären sein?

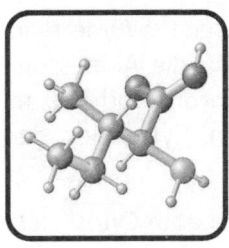

Aus der Welt der Atome und Körperzellen

Wunderwerke der Natur: unsere Körperzellen

Alle Hochachtung vor dem Wunder „Körperzelle!" Um das einzuse-hen, brauchen wir nicht erst tief in die Zellbiologie eindringen. Die lebende typische Zelle ist ein komplexes Gebilde von rund einem Nanogramm oder 0,000.000.001 Gramm. Es gibt extreme Größen-unterschiede bei den Zellen. So ist das Volumen einer menschlichen Eizelle 85.000-mal größer als das einer Samenzelle. Der Jupiter hat im Vergleich zur Erde nur ein 1200-fach größeres Volumen.

Jemand hat einmal für die primitive Hefezelle einen bildlichen Ver-gleich gebracht, der die Großartigkeit allein dieses Gebildes veran-schaulicht: Um eine Hefezelle zu bauen, müßte man etwa die gleiche Zahl von Einzelteilen, die ein Jumbo Jet enthält, auf winzige Abmes-sungen verkleinern und in eine Kugel mit einem Durchmesser von nur 5 Mikrometer packen, also 0,000.005 Meter. Anschließend müß-te man die vollbepackte Kugel auch noch dazu bringen, daß sie sich selbsttätig fortpflanzt.

Weitaus komplexer als eine Hefezelle ist eine Körperzelle aufgebaut; sie bietet genügend Raum für Abermillionen Moleküle. Jede Zelle trägt eine vollständige „Blaupause" des Bauplans für den gesamten Körper in sich – deshalb weiß sie nicht nur, welche Aufgabe sie selbst zu erfüllen hat, sondern kennt auch alle anderen Körperfunktionen.

Die Zelle wurde schon mit vielerlei Baukonstruktionen verglichen: angefangen von einer chemischen Raffinerie (Physiker James Trefil) bis zu einer riesigen, brodelnden Metropole (Biochemiker Guy

77

Braun). Der Wissenschaftsjournalist Bill Bryson schreibt: Würde man eine Zelle so weit vergrößern, daß Atome ungefähr die Abmessungen einer Erbse haben, wäre die Zelle eine Kugel von rund 800 m Durchmesser, die durch ein Gerüst von Tragbalken, Cytoskelett genannt, in Form gehalten wird.

Stellen Sie sich aber das aus Proteinen (Actin) aufgebaute Cytoskelett (griech. kytos – Zelle) nicht als steife Struktur vor, vielmehr als ein außerordentlich flexibles Fadengeflecht. Es besteht wie Bambus aus Hohlzylindern mit einem Durchmesser von 25 nm oder 0,000.000.025 Meter. Einige Skelettelemente übernehmen die mechanische Stabilität der äußeren Form und die aktive Bewegung, andere die sensorischen Funktionen wie die Informationsübertragung zwischen den Zellen, wieder andere den Transport innerhalb der Zelle.

Bill Bryson schreibt weiter: Im Innern würden Abermillionen von Gegenständen – manche so groß wie ein Basketball, andere mit dem Ausmaß von Autos – hin und her flitzen wie Gewehrkugeln. Wir könnten nirgendwo stehen, ohne daß wir in jeder Sekunde aus allen Richtungen Tausende von Stößen und Stichen erhielten. Auch für ihre Bewohner ist die Zelle ein gefährlicher Ort. Jeder DNS-Strang wird durchschnittlich alle 8,4s, also 10.000-mal am Tag angegriffen oder geschädigt. Chemische Substanzen und andere Objekte, prallen mit ihnen zusammen oder durchtrennen sie einfach. Jede derartige Verletzung muß schnellstens wieder repariert werden, damit die Zelle nicht zu Grunde geht.

Stellen Sie sich aber das Zellinnere nicht vor als ein gefüllter Sack mit chaotisch umherwirbelnden, wirren Proteinen. Da gibt es regelrechte Containerunternehmen: Kaulquappenartige Motorproteine – Containerwagen, die sich selbst organisieren und auf eine Art biologischem Schienennetz verkehren. Mit ihrer „Kopfregion", Fachleute nennen das die Motordomäne, lagern sie sich an die zellulären Gleise (Filamente) an. Die Motordomäne legt die Richtung der Bewegung fest und die Gleisart; ähnlich wie Züge mit einer bestimmten Spurbreite. Die Fracht, und damit die biologische Aufgabe der einzelnen Motoren, wird durch den Schwanz des Motorproteins bestimmt. Dieser lange Doppelwendel dockt an eine entsprechende Last, wie Zellor-ganellen, Kugelgebilde (Vesikel) oder andere Zellbestandteile. Und ab geht die Biopost, schrittweise transportiert und verschoben entlang auf den zellinternen Gleisen (Mikrotubuli). Dies alles zielgerichtet mit einem Gleisabstand von 17 Nanometern ohne irgendwo anzuecken. Als „Benzin" für den Kopfmotor dient ein Energie speicherndes Molekül, das Adenosintriphosphat oder kurz ATP. Die Motordomäne bindet daran und baut es zu ADP (Adenosindiphosphat) um; dabei wird eine Phosphatgruppe abgespalten: chemische Energie setzt sich in mechanische Energie um.

Besonders agil sind Proteine. Sie rotieren, pulsieren und stoßen milliardenfach in der Sekunde zusammen. Enzyme, auch sie sind Proteine, eilen überall herum und führen in der Sekunde bis zu 100-mal ihre Aufgaben aus. Eifrig bauen sie Moleküle auf und ab, trennen von diesem ein Stück ab, fügen an jenem ein Stück an. Andere überwachen vorüber kommende Proteinmoleküle und markieren solche, die irreparabel beschädigt und fehlerhaft sind, mit einer chemischen Substanz. Die so Gezeichneten sind dem Untergang geweiht und enden im Proteasom. Das ist eine Struktur, die ihre Bausteine auseinander nimmt und damit neue Proteine aufbaut. Guy Brown sagte im „The Energy of Life": In uns arbeiten mindestens 200.000 verschiedenartige Proteine, aber was sie im Einzelnen tun, wissen wir nur bei 2% davon.

Würden wir uns submikroskopisch verkleinert in eine Zelle einbringen, könnten wir uns wie in einem schwerelosen Raumschiff bewegen, denn die Schwerkraft hätte im Größenmaßstab der Zelle keinerlei Bedeutung. Wir wären überrascht, daß überall elektrische Energie flösse: Spannungen in der Größenordnung von Millivolt wandern über Nanometer hinweg. In unserer realen Welt würde dies aber Blitzimpulsen von Millionen Volt pro Meter entsprechen.

Der Sauerstoff fließt in die Mitochondrien. Das sind winzige Energiekraftwerke, von denen eine typische Zelle rund 100 und mehr enthält. Hier sei daran erinnert, daß Mitochondrien zu Beginn der Zell-Evolution ursprünglich „eingefangene" Bakterien waren, die heute in unseren Zellen als Stammgäste hausen. Diese besitzen nach wie vor ihre eigenen genetischen Anweisungen, teilen sich nach ihrem eigenen Zellplan und sprechen ihre eigene Sprache. Das ist derselbe Mechanismus der endogenen Symbiose, der Cyanobakterien zu Chloroplasten werden ließ.

In der Kathedrale der Zelle, im Zellkern, liegen die Chromosomen – kompakte, kompliziert gebaute Bündel, 23 von unserer Mutter und, um den Proporz zu wahren, 23 von unserem Vater. Über 99,999% unserer Körperzellen tragen das gleiche Gengepäck mit sich. In jeder Zelle sind rund 2 Meter DNS-Stränge kunstvoll hinein gefaltet wie ein Origamipapier. Jon Gribbin hat berechnet, daß in jedem Menschen dicht gebündelt insgesamt bis zu 20 Millionen Kilometer DNS liegen. Das ist die 52-fache Erde-Mond-Entfernung. Kurios ist, daß das völlig leblose reaktionsträgeste Molekül, die DNS nämlich, der Schlüssel zum Leben ist. 97% unserer DNS besteht aber aus Informationsschrott, nämlich aus sogenannten nichtcodierten DNS-Abschnitten. Und damit wir uns nicht zuviel einbilden: mehr als 60% unserer Gene gleichen denen von Taufliegen.

Die äußere Zellhülle, eine 1 bis 5 µm dicke Membrane, ist keine gummiähnliche Haut, vielmehr besteht sie aus Lipiden, fettartigen Substanzen, die etwa die Konsistenz von leichtem Maschinenöl haben, um Sherwin B. Nuland zu zitieren. Im Kleinen verhalten sich Substanzen eben anders. Im Reich des Mikrokosmos benimmt sich Wasser wie ein zähflüssiges Gel und Lipide sind so fest wie Metalle.

In der molekularen Welt spielen sich die Vorgänge unheimlich hektisch ab. Könnten wird die Wechselwirkungen verlangsamen und makrokosmisch wahrnehmen, würden wir in der Zelle Millionen schnell bewegte Objekte sehen: Lysosomen, Endosomen, Ribosomen, Mitochondrien, Liganden, Peroxisomen und auch Proteine jeder Form und Größe. Sie entziehen Nährstoffen die Energie, setzen Zellstrukturen zusammen, beseitigen Abfallstoffe, wehren Eindringlinge ab, senden und empfangen Nachrichten, reparieren Schäden. Jede typische Zelle enthält 20.000 verschiedene Proteine; davon bestehen etwa 2.000 jeweils aus mindestens 50.000 Molekülen.

Ein Beispiel: in der Natur ist Stickoxid ein wirksames Gift. Dieses „Gift" produzieren unsere Zellen zu einem nützlichen Zweck. Es steuert die Durchblutung und den Energiegehalt der Zellen, greift Krebszellen und Krankheitserreger an, reguliert die Geruchsempfindung und leistet sogar bei der Erektion des Penis' Aufbauarbeit. Außerdem ist das der Grund, warum der bekannte Sprengstoff Nitroglycerin die Angina pectoris lindert. Dabei wird Nitroglycerin als Arznei im Blut zu Stickoxid umgesetzt. Das entspannt die Muskulatur in den Gefäßwänden, so daß das Blut besser fließen kann.

Die meisten Zellen sind rund einen Monat im Einsatz. Leberzellen können allerdings mehrere Jahre überleben, die Bestandteile in ihrem Innern werden alle paar Tage erneuert. Gehirnzellen leben so lange wie der ganze Mensch. Rund 100 Milliarden davon bekommen wir bei der Geburt mit, und im Laufe des Lebens bleibt es dabei. Man schätzt, daß in jeder Stunde in unserem Leben 500 Gehirnzellen verloren gehen. Da heißt es beizeiten seinen Grips zu nutzen. Bei Kopfstößen, wie beim Boxen, vergrößert sich die Intelligenz mindernde Ausfallquote erheblich. Allerdings erneuern sich die Bestandteile der Gehirnzellen ständig, so daß genau wie bei den Leberzellen keine Komponente älter als etwa einen Monat ist.

Wird eine Zelle nicht mehr gebraucht, stirbt sie, und das in Würde. Sie baut alle Streben und Stützen ab, die sie zusammenhalten, und löst ihre Bestandteile in aller Stille auf – ein Vorgang den man als programmierten Zelltod oder Apoptose bezeichnet. Jeden Tag opfern sich Milliarden Zellen zum Nutzen des Gesamtorganismus und Milliarden beseitigen den Abfall. Das eigentliche Wunder der kleinsten Lebenseinheit besteht aber in ihrer Reproduzierbarkeit, in ihrer Teilung (Mitose): aus einer Mutterzelle entstehen zwei Tochterzellen. Diese geheimnisvoll gesteuerte Aktion ist das tiefere Geheimnis des Lebens: das kopierte Erbgut (Genom) wird in zwei identische Hälften getrennt. Dabei ist die DNS eine wahre Meisterin der Verdopplung. In kurzer Zeit kann sie eine Kopie ihrer selbst herstellen. Aber kein Atom oder Molekül brachte je etwas Lebendiges hervor. Erst wenn die vielfältigen Substanzen im geschützten Raum einer Zelle interagieren, können sie sich am atemberaubenden Tanz des Lebens beteiligen.

Eine Hommage an die menschliche Körperzelle! Wir sollten mit unseren kleinsten Körpereinheiten nicht so frevelhaft umgehen und unsere Lebensgewohnheiten darauf einstellen. Grandios, mit welcher Perfektion die Zellen funktionieren. Das führt mich zu einer bitteren Frage: Wieso teilte sich das reibungslose Raffinement der Zellfunktionen und das intelligente, harmonische Zusammenwirken mit anderen Zellen nicht auch dem Großen mit, also dem „Zelleneigentümer" Mensch.

Körperzellen und Zeitreise eines Kohlenstoffatoms

Da gibt es ein körpereigenes Gebilde. Davon hat die Natur ein paar Billionen Atome wohlwollend zusammengefügt. Es ist eine hochspezialisierte, besondere Anordnung – sie wurde so noch nie zuvor erprobt und sie existiert in dieser Form das erste Mal. Während der nächsten vielen Jahre werden diese winzigen Teilchen rege an den Milliarden komplexer Aufgaben mitwirken, die notwendig sind, damit wir unversehrt bleiben und unser Leben meistern. Eigentlich wissen die Atome nicht einmal, daß es uns gibt. Sie sind ja geistlose Teilchen. Dennoch gehorchen sie für die Zeit unseres Daseins einem einzigen, übergeordneten Schöpfungsimpuls: Sie sorgen dafür, daß wir bleiben. Diese Winzlinge sind launisch und ihr Engagement ist von kurzer Dauer. Dieses eingespielte Ensemble nennen wir Leben. Jenseits dieser bescheidenen Zeit machen uns die Atome mal den Garaus. In aller Stille fallen sie auseinander, gehen ihren Weg und werden etwas anderes. Seltsam, die Atome, die sich so harmonisch zusammen taten um uns zu bilden, gehören letztlich zu den gewöhnlichen chemischen Elementen: Kohlenstoff, Wasserstoff, Sauerstoff und Stickstoff, ein wenig Calcium, ein Schuß Schwefel und eine kleine Priese anderer Elemente. Das Besondere daran: diese Atome haben uns gerade gebildet – ein Wunder des Lebens. Noch erstaunlicher: In uns stecken gewiß einige Atome eines Steinzeitmenschen, eines Goethe, eines Leibniz und eines Aristoteles. In der Summe sind wir, was wir eben sind: Zeitgenossen, die auch der Natur mit Achtung begegnen.

Man könnte fragen, was aus den Atomen eines vergangenen Steinzeitmenschen geworden ist. Wohin ging ihre Reise? Betrachten wir nur eins der vielen. Die unendlich lange Odyssee eines einzigen Kohlenstoffatoms lassen wir gerade da beginnen, wo ein Säbelzahntiger einen gerade gerissenen Steinzeitmenschen verschlingt. Ein winziges Atom war Mitglied eines Verbandes, einer ganzen Kohlenstoffkette innerhalb eines Körperorgans des Ärmsten. Der Winzling tritt wieder zutage, als der Säbelzahntiger seine Hinterlassenschaft im Schatten des Urwalds an einem Wasserloch verscharrt. Wochen vergehen. Eines Morgens erwärmt die Sonne den duftenden Waldboden. Das lockt hochsensible Duftriecher von weither an. Hunderte Falter saugen lüstern die Mineralien auf, die der Waldboden gespeichert hat. Auch unser betrachtetes Kohlenstoffatom verschwindet im Saugrüssel des Falters. Es wird da eingebaut, wo der schwirrende Edelstein gerade noch an seinem flexiblen Gerüst baut. Hier sieht sich das Atom umringt von Wasserstoff- und Sauerstoffatomen. Erst viel später erkennt die Chemie dieses Biopolymer als die häufigste organische Verbindung der Erde, als Cellulose. In einer Art Eimerkette wird das Kohlenstoffatom von einem Lebewesen zum nächsten weiter getragen, in unzähligen Formen und Varianten über Jahrtausende hinweg. Im Lebensstrom flutet der Winzling hin und her. Nichts hat sich bei ihm verändert oder verbraucht, es ist zu Millionen Kombinationen bereit, die das Leben für ihn ersinnt. Immer wieder taucht es als wesentlicher Baustein in Aminosäuren auf, die ihrerseits Proteine bilden. Vorübergehend findet es sich im winzigen Samen einer Orchidee, dann im tödlichen Gift eines Inlandtaipans, Jahrtausende später eingelagert im mächtigen Kiefer eines Pottwals, dann wieder als einfache Kohlenstoffverbindung mit Sauerstoff. Es tanzt in der Luft über Länder und Kontinente hinweg, wird inhaliert von vielen Lebewesen – zum Schluß von Dir oder mir. Nie nutzt sich das Atom ab oder verbraucht sich. Dem Kohlenstoffatom steht ein gigantisches Universum offen. Seine spannende Zeitreise setzt es soeben erst in unserem Atem fort: Als ein Teil eines Kohlendioxid-Moleküls, das vielleicht vor 232 Jahren Goethe mit seinem letzten Atemzug ausstieß ...ein bißchen Goethe, ein bißchen Bonaparte... steckt vielleicht in jedem von uns, wenn auch nur vorübergehend!

Wundersame Quantenwelt: ultrakalte Gase

Den bärtigen Nobelpreisträger Kamerlingh Onnes kann man getrost als das Väterchen Frost der Kryotechnik (Kältetechnik) bezeichnen. Er arbeitete an der Verflüssigung von Gasen im Bereich der tiefen Temperaturen. Zuerst verflüssigte er Sauerstoff, dann Stickstoff und 1908 schließlich als erster flüssiges Helium. Onnes entdeckte dabei die Supraleitung. Und noch einem anderen Quantenphänomen kam er 1911 auf die Spur: flüssiges Helium bewegt sich infolge seiner Nicht-viskosität (keine innere Reibung) entgegen der Erdanziehung als dünner Film an Gefäßwänden langsam aufwärts (Onnes-Effekt).

In der Kryotechnik wird flüssiger Stickstoff als Kältemedium eingesetzt; dieser entzieht dem Kühlgut seine Verdampfungswärme. Stickstoff dient auch der Lagerung biologischer und medizinischer Proben. Im Versuchsstadium ist z. Zt. die „Stickstoff-Bestattung", als grüne Alternative zur Leichenverbrennung. Die Leiche wird in ein Bad aus flüssigem Stickstoff von -196°C gelegt: sie erstarrt dabei zu einem brüchigen Glaskörper. Durch Schallwellen zerfällt sie zu einer Art Pulver. In einer Vakuumkammer wird das Wasser entzogen. Das entwässerte Leichenkonzentrat kann dann in einem biologisch abbaubaren Minisarg beigesetzt werden.

Ein in der Technik beliebtes Flüssiggas ist Helium. Es kommt als Gas in geringen Mengen mit 5 ml (3,2 Fingerhüte voll) auf 100 Liter Luft vor, aber auch in Erdgas und Erdöl mit 0,4 bis 9%. Auf der Erde bildet sich das Isotop He-4 bei dem Alphateilchenzerfall verschiedener radioaktiver Elemente wie Uran oder Radium. Verflüssigtes Helium dient als Kühlmedium zum Erreichen von Tieftemperaturen um etwa 1 bis 4 Kelvin. Das Isotop He-3 erlaubt den Einsatz als Kühlmittel bis etwa 0,001K. Hauptanwendungsgebiet sind supraleitende Magnete, damit die Supraleiter vom Typ I unter der sogenannten Sprungtemperatur bleiben. Praktische Anwendungen umfassen die Kernspintomographie in der Medizintechnik sowie die Magnetresonanzspektroskopie in der Forschung. Neben der Tieftemperaturtechnik findet Helium in Tiefseeatemgeräten seinen Einsatz; beim Sprechen kommt es zu einer Micky-Maus-Stimme infolge der dreimal höheren Schallgeschwindigkeit des Heliums zur Luft. Gasförmiges Helium dient zudem als Füllgas für Ballons und Luftschiffe sowie als Schutzgas beim Schweißen. Auch beim Herstellungsprozeß von Silizium-Wafern ist Helium beteiligt.

Ein höchst spannendes Teilgebiet der Grundlagenforschung ist die Tieftemperaturtechnik; hier taucht als Begriff das sogenannte Bose-Einstein-Kondensat auf. Was steckt dahinter? Mit diesem ultrakalten „Fluidum" gelingt es, Quanten-Eigenschaften wie die Suprafluidität (Flüssigkeiten ohne innere Reibung) oder die Supraleitung (Leitungen ohne elektrischen Widerstand) tiefer zu erforschen. In der Tat gibt es künstlich erzeugte Orte auf unserer Welt, die sogar kälter sind als die Temperatur im Weltall von 3 Kelvin. Hier herrscht die absolute Temperatur – fast, denn die theoretisch tiefste Temperatur beträgt minus 273,15°C oder 0 Kelvin. Diesem absoluten Kältepunkt hat sich die moderne Tieftemperaturphysik bis auf ein Einmilliardenstel Kelvin genähert. Ohne Hintergrundwissen erscheint uns der Abstieg ins Tieftemperaturtal zur Erkundung der Quantenwelt etwas absonderlich. Aber erst bei dieser extremen Temperatur treten die seltsamen Quanteneigenschaften der Materie deutlich zutage; das ist der ungewöhnlichste Aggregatzustand der Materie. Doch zuvor: was ist eigentlich Temperatur? Sie besagt, mit welcher Geschwindigkeit, mit welcher kinetischen Energie sich Atome und Moleküle bewegen. Bei der unteren absoluten Grenze erstarrt die Materie zur Bewegungslosigkeit, während es offensichtlich nach oben hin keine definierte Temperaturgrenze gibt.

Gibt es auch eine absolute Obergrenze der Temperatur? Ist die Höchstgrenze da erreicht, bei der die Sonne den thermonuklearen Fusionsreaktor betreibt? Das wären 15 Millionen Grad. Hierbei ist die Materie völlig ionisiert. Bisher können wir keine Obergrenze definieren. Wenn die Materie nicht aus Partikeln, sondern aus subatomaren vibrierenden Fäden, den Strings, besteht, könnte es zum sogenannten Quark-Gluon-Plasma der Materie kommen. Oder liegt die Höchstgrenze bei der sogenannten Planck-Temperatur von 10^{32} Kelvin? Das ist die Verschmelzungstemperatur von Raum und Zeit, die 10^{-43} Sekunden nach der Geburt des Universums herrschte. Man weiß keine Höchstgrenze.

Damit ein Bose-Einstein-Kondensat entstehen kann, bedarf es zunächst eines Ultrahoch-Vakuums. Wenn wir im Alltag von einem luftleeren Raum sprechen, ist das keineswegs ein völlig leerer Raum. Die eingeschlossenen, verbliebenen Gasteilchen üben durch ihre Stöße eine kleine Kraft auf die Unterlage aus. In einem Ultrahoch-Vakuum mit 0,000.000.001 Pascal befinden sich immerhin noch 250 Tausend Milliarden Teilchen in einem Kubikmeter. Der Luftdruck von 1 bar oder 100.000 Pascal ist dagegen um 10 Milliarden mal höher. Zunächst stellt das Vakuumgefäß, in dem sich etwa Rubidium-Atome tummeln, eine Art Isolation zur Außenwelt dar. Die Rubidium-Atome fliegen im Gefäß frei umher, begrenzt durch die Geometrie der Vakuumzelle. Zu diesem Zeitpunkt sind es noch sehr viele Atome. Von einer Kühlung ist noch keine Rede.

Bei der Laserkühlung sollen die Atome gekühlt, also in ihrer Geschwindigkeit stark vermindert werden. Dazu stellen wir uns ein einzelnes dieser Rubidium-Atome in der Vakuumzelle als ein fahrendes Auto vor und den darauf gerichteten Laserstrahl als eine Tennisballkanone, die gegen die Fahrtrichtung des fliegenden Atoms Millionen Tennisbälle, also Photonen schleudert. Die Summe der Einzelimpulse der Photonen bewirkt einen Abbremsungseffekt: das einzelne Atom vermindert durch den gezielten Photonen-Zusammenstoß seine Geschwindigkeit – es wird langsamer, d.h. kälter. Nun kann man es so einrichten, daß es Tennisbälle von allen Seiten mit einer bestimmten Energie hagelt. Damit erreicht man, daß das Auto – das Atom – fast zum Stehen kommt, denn aus allen Richtungen kommt eine bestimmte Kraft, die einer möglichen Bewegung entgegenwirkt.

Da gibt es aber eine Eigenwilligkeit des Atoms: wählerisch nimmt es nur bestimmte Energiewerte auf. Außerdem ist nicht nur ein Atom – ein Auto – im Raum unterwegs, sondern Milliarden, die sich chaotisch im Vakuum bewegen. Es ist klar, das viele Atome in die falsche Richtung fliegen, sich also nicht direkt auf den Laserstrahl zu bewegen. Hier nutzt man beim Laserlicht den Doppler-Effekt, der wirkt wie eine scheinbare Frequenzänderung einer bewegten Schallquelle. Dieser Effekt gilt auch für ein Atom, das auf einen Laser zufliegt: Man stellt den Laser so ein, daß er Photonen mit niedrigerer Energie aussendet, als es der Energie entspräche, die vom Atom geschluckt wird. Fliegt das Atom auf das Photon zu, meint es genau die richtige Energie zu sehen und verschluckt dieses. Macht man das koordiniert aus vielen Richtungen, genauer mit sechs Laserstrahlen, so lassen sich alle Atome, egal wohin sie in der Vakuumzelle fliegen, abbremsen und somit kühlen. Mit diesem Trick lassen sich die Rubidium-Atome auf etwa 0,000.004 Kelvin kühlen. Die mittlere Geschwindigkeit der Atome ist da nur noch wenige Zentimeter pro Sekunde; sie ist jetzt gering genug, um sie in einer magnetisch-optischen Falle zu fangen und sie in einer Wolke im Zentrum der Vakuumzelle durch Magnetkräfte zu konzentrieren.

Durch kontinuierliches Entfernen der energiereichsten Atome aus der Magnetfalle wird die mittlere kinetische Energie der restlichen Atome und somit die Temperatur (20 Nano-Kelvin) der Atomwolke weiter gesenkt. Genau diese Atomwolke heißt dann Bose-Einstein-Kondensat. Sie erlaubt den Physikern einen direkten Blick in die verhexte Quantenwelt. Hier gibt es eine bestimmte Wahrscheinlichkeit für jedes Atom innerhalb des Kondensats sich an einem bestimmten Punkt aufzuhalten. Der Clou dabei: der Teilchenzustand ist durch eine einzige Wellenfunktion makrokosmischen Ausmaßes zu beschreiben. Hierbei gibt es ein merkwürdiges Phänomen: Man kann nicht beides, den Ort und den Geschwindigkeitsimpuls eines Atoms beliebig genau bestimmen. Diese Eigenheit der Quantenwelt ist als Heisenbergsche Unschärferelation bekannt.

Atome mit extrem niedrigen Temperaturen sind als Wellen und nicht als Teilchen zu betrachten. Man kann ihren Aufenthaltsort nicht genau bestimmen, da ihr Bewegungsimpuls sehr gering ist, sie also sehr langsam sind. Wissen wir aber nicht, wo sich das Atom zu einem bestimmten Zeitpunkt aufhält, dann ist das wie mit den Gewinnchancen beim Lotto; da läßt sich auch nicht sagen, ob man die richtige Zahlenkombination erwischt hat. Vielmehr gibt es nur eine bestimmte Wahrscheinlichkeit, daß man gewinnt. Das Atom an einem Ort x anzutreffen ist wie ein Gewinn, den man nur mit einer bestimmten Wahrscheinlichkeit erhält. Dadurch entsteht der Wellencharakter des Atoms: es gibt Plätze, an denen sich das Atom öfter aufhält als an anderen, aber man weiß nie wann. Diese Orte entsprechen dann Wellenbergen, denn so ein Berg steht wegen seiner Höhe für die größere Wahrscheinlichkeit, das Atom dort anzutreffen. Genau das Gegenteil ist es bei einem Wellental. Dieses steht dafür, daß das Atom hier ganz selten anzutreffen ist. Man muß sich also das Atom nicht punktförmig, sondern ungleichmäßig verteilt im Raum vorstellen.

Das Bose-Einstein-Kondensat wirkt wie ein Superatom. Die einzelnen Atome, genauer gesagt, die Bosonen, haben sich zu einer großen Gemeinschaft vereint, in der ihre Individualität verloren geht. Ein völlig neuer Zustand von Materie entsteht. Aus dem normal herrschenden Chaos aus kreuz und quer herumtorkelnden Atomen wird eine Ordnung, in der sie alle im gleichen Takt tanzen. So hat auch das Superatom Wellencharakter; sein Ort und seine Geschwindigkeit können zu einem bestimmten Zeitpunkt nicht angegeben werden. Es zeichnet sich dadurch aus, daß alle einzelnen Atomwellen exakt gleichphasig mit allen anderen schwingen: Die ultrakalten Atome marschieren wie eine Marschkolonne im Gleichschritt. Eine einzige Welle erstreckt sich über das gesamte Kondensat und wird mit bloßem Auge beobachtbar: Die mikroskopische Quantenmechanik stellt sich jetzt makroskopisch dar.

Und das ist die Zukunft: Aus dem Kondensat läßt sich der Atomlaser entwickeln, ein Laser, der statt Lichtwellen zusammenhängende, man sagt kohärente Materiewellen aussendet. Das gelingt durch ein kontrolliertes Auskoppeln eines Teils der Materiewellen aus dem Kondensat. Mit ihm wäre es denkbar, genaueste Fallbeschleunigung durch die Gravitation exakter zu vermessen. Das wäre für die Geophysiker zur Erkundung neuer Rohstofflagerstätten von großem Nutzen. Man hofft damit auch genauere Atomuhren zu entwickeln. Auch im Gebiet der Nanotechnologie sind Fortschritte zu erwarten, ebenso wie beim Aufbringen winziger Oberflächenstrukturen (Nano-Lithografie) bei Werkstoffen.

Warum wählt das Universum linksdrehende Aminosäuren als Lebensbausteine?

Grundsätzlich können linksdrehende und rechtsdrehende Amino-säuremoleküle in der Welt gleichermaßen existieren. Diese Eigen-schaft beschreibt die Fähigkeit solcher Moleküle, in einer Lösung die Schwingungsebene von polarisiertem (nur in dieser einen Richtung schwingendem) Licht entsprechend zu verdrehen. Beide isomere (von ihrer Zusammensetzung identischen) Formen gleichen sich in ihrer Molekülstruktur spiegelbildlich.

> Erstmals wies L. Pasteur die Linksdrehung von Weinstein-Kristallen nach. Das sind die Salze der Weinsäure. Im Gegensatz dazu ist syn-thetischer Weinstein rechtsorientiert.

Diese Links-/Rechts-Gebilde sind chemisch gesehen völlig gleich. Man könnte annehmen, daß sie deshalb gleichmäßig verteilt in der Natur auftreten. Rätselhaft ist aber die Erkenntnis, daß in allen tierischen und pflanzlichen Proteinen ausschließlich die linksdrehende Konfigu-ration vorkommt, selbst bei Pilzen und Viren. Ebenso könnte die Erde mit Organismen bevölkert sein, die aus rechtsdrehenden Aminosäu-ren bestehen. Ein „spiegelverkehrter" Mann würde bei sich z.B. beo-bachten, daß er nicht mit der rechten Hand, sondern jetzt mit der linken Hand schriebe. Seine körperlichen Funktionen liefen wie zuvor ab. Würde er aber, und das ist die Crux, gewöhnliche Nahrung zu sich nehmen, könnte er sie nicht verdauen, und nur mit einer ebenso „spiegelverkehrten" Frau könnte er Nachkommen zeugen.

Was ist der Grund, warum sich gerade die Links-Variante in Lebens-bausteinen durchsetzten konnte? Dazu gibt es eine einleuchtende Hypothese von einem australischen Wissenschaftler. Er mutmaßt, daß sich tief im Kosmos, etwa im Orion-Nebel, erstmals in der Wiege des Lebens Aminosäuren bildeten. Die Auslese besorgte die UV-Strahlung; sie ließ die Rechtsgebilde zerfallen. Dadurch wurden Linksgebilde begünstigt und diese wurden dann von Kometen auf-genommen und im All verteilt. Viele dieser kosmischen Bomben stürzten auf unseren Planeten. Pathetisch könnte man sagen: Die Ingredienzien des Lebens wurden im Chaos einer kosmischen Staub-wolke geboren. Bomben aus dem All impften die ursprünglich sterile Urerde mit linksdrehenden Lebenskeimen.

Kleine Begegnungen mit der Natur

Verzeih mir kleine Kröte

Als Heranwachsender bereiteten mir Haselnußstöcke, die ich mit einem Fahrtenmesser zu einem Speer anspitzte, großes Vergnügen. So glaubte ich, der Welt der Indianer ein entscheidendes Stück näher gekommen zu sein. Der sonntägliche Ausflug mit den Eltern führte an einen murmelnden Eifelbach, dessen Auen zum Picknick einluden. Im angrenzenden Wald erprobte ich meine Treffsicherheit mit dem geschnitzten Wurfgeschoß auf alles, was sich bewegte. Nach etlichen Fehlversuchen bohrte sich die Speerspitze mitten in den Leib einer Erdkröte, die friedlich des Waldweges kroch. Durch den Speer tödlich durchbohrt und am Boden gepfählt, drehte sich das arme Tier für eine kurze Weile um die eigene Achse, ehe es in der Bewegung erstarrte. Statt aber Jagdglück zu verspüren, überfiel mich ein starkes Gefühl der Trauer. Durch mein jugendliches Spiel hatte ich die quicklebendige Kröte zu einem leblosen Etwas gemacht. Voller Scham begrub ich meine Schandtat und bedeckte das Amphibium mit Laub.

Zwei Tage später untersuchte ich das mitgebrachte abgeschöpfte Bachwasser mit meinem einfachen Schülermikroskop. Welch ein Mikrokosmos tat sich mir auf! Ein ergreifendes Erlebnis. Geißel- und Pantoffeltierchen strudelten im trüben Wasser munter um die Wette. Zum ersten Mal begriff ich, daß selbst in einem Schluck Wasser tausendfältiges Leben steckt. Das einfache Mikroskop hatte mir eine neue Welt eröffnet. So ein lebendiges Schlüsselerlebnis wünsche ich heute jedem Schüler im Unterricht, statt eines trockenen Schulstoffs jenseits des Lebens.

Der laufende Punkt

Eines Tages war ich bei einem alten Freund der Familie, einem honorigen Professor, eingeladen. Die Tagesschwüle zog einige lästige Fliegen in die gute Stube. Klatsch, die erste hatte ich triumphierend erschlagen. Der alte Herr überhörte geflissentlich mein todbringendes Klatschen, öffnete statt dessen weit das Fenster und „begleitete" die verbliebenen Quälgeister, wie er sagt, in die Freiheit. Kurz und ernst kam sein Kommentar „selbst Fliegen sind Lebewesen". Was für ein Gewese der um die Fliegen macht, dachte ich. Aber irgendwie hatte ich insgeheim Hochachtung vor seiner noblen Handlung. Tage später bemerkte ich in meinem Zimmer einen schwarzen, beweglichen Punkt. Nicht größer als 0,7 mm war er. Die Neugierde hinderte mich daran, ihn zu zerquetschen. Unter der Lupe erkannte ich darin eine Spinne. Es war eine Mühsal, das quirlige Etwas unverletzt unter dem Mikroskop zu betrachten. Das war ein déjà-vu-Erlebnis, das in mir ein nachklingendes Echo hinterließ. Erst viele Jahre später konnte ich das winzige Naturwunder richtig bewerten, es handelte sich vermutlich um ein Spinnentier namens Mysmena Jobi. Ist es nicht beschämend: der Mensch ist nicht in der Lage, ein solches Mikrogeschöpf nachzubilden. Nicht einmal den hydrologischen Steuerapparat der acht beweglichen Beine, die vom Spinnenwinzling durch Hämolymphe, dem blauen Spinnenblut, angetrieben wird. Nirgendwo in der Fachliteratur sah ich eine Aussage zum Gewicht des Spinnen-Leichtgewichts, das ich auf den Bruchteil eines Milligramms schätze.

Der Wassertiger

Wir waren mit dem Expeditionsschlauchboot unterwegs in Südnepal. Gegen Abend rasteten wir auf einer Sandbank. Unser Expeditionsleiter zeigte uns eine frische Tigerspur, die zum nahen Fluß führte. Mit einem etwas mulmigen Gefühl schlugen wir die Zweimannzelte auf. Gegen Mitternacht, längst war das Lagerfeuer erloschen, zogen wir uns in unsere winzige Behausung zurück. Inzwischen war es bitterkalt geworden. Eine beängstigende Stille breitete sich aus. Am regelmäßigen Atemzug erkannte ich, daß meine Frau neben mir eingeschlafen war. Plötzlich vernahm ich ein leises, tappendes Geräusch. Es schien sich direkt unserem Zelt zu nähern. Oh Gott, das ist der Tiger, schoß, es mir wild durch den Kopf. Vor Schreck war ich wie versteinert. Endlos kroch die Zeit dahin. Dann entschloß ich mich zu einem gewagten Ablenkungsmanöver. Ich robbte zum Zelteingang. Bangen Blicks sah ich angespannt in die sternklare Nacht. Und da: entlang der Zeltabspannung wanderten Tautropfen und fielen tapsend auf Zeltplane und Boden. Die Tropfen hatten mir den Tiger vorgelogen.

Erinnerungen an mein Inselparadies

Wie ein Toter hatte ich geschlafen. Ich trat ins Freie und erfreute mich am jungen Morgen. Verweint, vom Tau der Nacht bedeckt, reckten sich die ersten Gräser. Schlaftrunken taumelten Schmetterlinge durch die klare Luft. Fiebernd, den Tag wohl zu nützen, raffte ich mein Gepäck zusammen und eilte dem Meer entgegen.

Als in die Hafenbucht erreichte, hämmerte mir das Herz wie toll gegen die Rippen. Außer Atem bestieg ich das tanzende Fährschiff. Die vor Sonnenglut und Salzwind gegerbte Fratze des Kapitäns grinste mir abenteuerlich entgegen. Ankerwinden rasselten, Taue knirschten, rostige Ketten erbebte unter dem anlaufenden Schiffsdiesel. Endlich schnaubte der stählerne Bootsrumpf der Wasserwüste entgegen. Das Glucksen des Kielwassers schwoll an zu einem tosenden Brausen. Schrillpfeifend begleitete uns ein nervöser Schwarm Möwen. Langsam zerfloß die Ufernaht. Hinter dem gewölbten Seerücken verschwand allmählich das Land. Chamäleonhaft wechselte die See ihr rauschendes Kleid: Aus der Tiefe leuchtete es bald indigoblau, bald wieder smaragdgrün herauf.

Das Meer schien stiller zu atmen. Nur ein verhaltenes Kichern nistete auf wabernden Wellen. Inselland kam in Sicht. Beim Herannahen formten die Klippen immer klarer ihre bizarre Schönheit. Zinnoberrote Häuser klebten wie verlassene Schwalbennester an den Abhängen des Ufergürtels. Das sanfte Grün schattiger Pinienwälder spiegelte sich wellenatmend wider. Plärrend mischte sich der Gesang der Zikaden unter das Gurgeln des Meeres.

Wir fuhren in die Hafenbucht. Verwunschen, vergeistert, verträumt lag die stille Bucht wie ein Vorposten zum Inselparadies. Das Fährschiff legte an. Ich sprang von Bord. Hastigen Schritts folgte ich dem Auf und Ab des Uferfelsens. Endlich. Ich hielt inne: Welch ein feierlicher Augenblick! Felsversteinerte Orgelpfeifen, veredelt vom quarzreichen Geäder, türmten sich zu einem Naturdom empor. Im tausendfältigen Widerhall wuchs der Brandungsruf zu einem brausenden Orgelton. Betört von diesem Schauspiel der Elemente, ließ ich mich im Felsentheater nieder.

Aus dem tobenden Meer löste sich eine Welle. Geschmeidig wie ein Raubtier schlich sie heran und überfiel das schroffe Gestade. Mich packte ein gieriger Rausch etwas Gewagtes, Verwegenes, Übermütiges zu unternehmen. Die schweißgebadeten Kleider vom Leibe reißend, tauchte ich ein in die schäumende Wasserwüste. Gischtendes Wassergebirge stürzte über mir zusammen. Eine türkisblaue Pracht umschloß mich. Tempelsäulen, von der Patina der See legiert, wuchsen aus der Tiefe. Ein vielflossiger Fischschwarm flüchtete in ein schützendes Grottenreich. Erdrückende Stille umklammerte mich. Je tiefer ich in das kalte Element eindrang, um so unerbittlicher geriet ich in seinen grabkühlen Würgegriff. Halberdrosselt floh ich hinauf ins feuchtverklärte Blau des warmen Tages. Abermals zog es mich ins brodelnde Element. Wieder suchte ich nach einem neuen, mutigen Abenteuer in geheimnisvoller Tiefe. Schließlich warf mich eine kraftvolle Woge ans rettende Land.

Erschöpft lege ich mich ins warme Sonnenlicht. Langsam, die Haut sanft brennend von der einsickernden Sonne und das murmelnde Surren der Müdigkeit genießend, schlief ich ein. Eine kühle Abendbrise ließ mich erwachen. Ich blickte auf ein friedvolles Meer. Ein später Sonnenbach goß goldenes Licht über den wogenden Tiegel. Paradiesisch zerfloß der Tag im fahlen Dämmerlicht.

Der rote Bote aus der Tiefe
Im Weltall gibt es heiße Sternkerne, die sich zu sogenannten Weißen Zwergen entwickelten. Kürzlich fanden Astronomen heraus, daß sich hier unvorstellbar große Mengen an kleinen Diamantkristallen aufhalten. Nun, unser Planet Erde ist auch mit Diamanten gesegnet. Gele-

gentlich fördert man herrliche Kohlenstoffgebilde zutage. Lassen wir uns für einen Moment verzaubern und hören uns die Lebensgeschichte eines hochseltenen roten Diamantenkristalls an:

Jäh wurde ich dem glutheißen Schoß der Mutter Erde entrissen. Lang ist meine abenteuerliche Lebensgeschichte, fast so alt wie der Planet, der mich gebar. Der Kosmos schrieb drei Milliarden Jahre vor der Zeitrechnung der christlichen Menschheit. In jener Epoche fanden und fügten sich elementare Kohlenstoffatome zu wohlgeordneten Kristallen. Ein kleiner Teil der belebten Welt auf dem Erdball nannte sie später Diamanten. Einer der Kristalle bin ich. Strengste Disziplin ist unsere Art. Irgendwie haben wir nämlich ein kollektives Bewußtsein, wie wir unsere Atome anordnen. Symmetrie und Ordnung sind uns angeboren. Man fragt uns nicht nach dem Wie. Ihr Menschlein werdet den Geist des Schöpfungsplans eh nie ergründen. Als wir uns Schicht für Schicht zusammenfanden, entdeckten gerade die ersten irdischen Pflanzensiedler die Photosynthese. Indessen schmorten wir tief im Leib der Erde. Es herrschte Höllenglut. Der Druck war gigantisch. Das Gewicht eines Mammuts auf einem Stecknadelkopf wäre dagegen eine sanfte Streicheleinheit. Die Geburtsurkunde des Infernos tragen wir Diamanten wie ein Muttermal in uns. Mich hat die Natur damit bedacht, zeitlebens Olivin-Gäste in mein festgefügtes Kristallgitter aufzunehmen. Glaubt ja nicht, daß mir die Rolle als Gastgeber gefiel. Meine Mineralgäste mußten sich mir schon anpassen. Kein Wunder, daß sie dabei mein Erscheinungsbild annahmen. Wie von Geisterhand gepackt, geriet ich aus mehr als 100 km Erdtiefe auf ein glutflüssiges Transportband aus Kimberlit. Mit diesem Mineral trat ich vor etwa 200 Millionen Jahren die weite Reise aus dem Höllenschlund nach oben an. Viele meiner Diamant-Geschwister begleiteten meine Reise. Im Geburtskanal, der Pipe eines riesigen Vulkanschlotes, blieben wir stecken. Noch ehe wir das Licht der Welt erblickten, verfielen wir in einen langen, tiefen Schlaf.

Irgendwann erwachte ich. Wassermoleküle einsickernden Regens brachten mir die Kunde von der nahen Erdoberfläche. Plötzlich bebte die Erde wie vor Urzeiten. Das Dröhnen gefräßiger Bagger erschütterte selbst das letzte Atom meiner kristallinen Behausung. Wieder erfaßte mich ein Transportband, diesmal war es fettgetränkt. Wehrlos klebte ich wie eine Fliege an der Leimrute. Eine schwarze, dreckverschmierte Menschenhand packte mich unsanft und warf mich mit vielen meiner Artgenossen in eine hölzerne Kiste. Gewiß, alle hatten wir die gleiche sagenhafte Härte, alle eine ähnliche Lebensgeschichte. Wir konnten stolz sein, den nagenden Kräften der Elemente getrotzt zu haben. Doch ich war die Adelige unter meinesgleichen. Mein natürliches, pinkfarbenes Aussehen ließ alle vor Neid erblassen. Es dauerte nicht lange, da ergriff Frau Kristallweiß das Wort für alle: „Sagen Sie mal, Frau Gräfin Kristallrot, wie kommen Sie zu dieser unverschämt seltenen Farbe?" Ehrlich gesagt, eine Weile mußte ich nachdenken und mein Kristallgitter Atom für Atom abfragen. Unter Myriaden von Kohlenstoffatomen fanden sich schließlich ganz vereinzelt blinde Passagiere. Alle Achtung, diese atomaren Fremdlinge hatten es dank ihrer ähnlichen Größe geschafft, unbemerkt einige Plätze im Kristallgitter zu besetzen. Nicht das ich sie tadeln möchte, im Gegenteil: gerade diese köstliche Durchmischung an den Fensterplätzen meines Kristallhauses machte mich so attraktiv: Dem Betrachter erscheine ich dadurch purpurrot, vielleicht liegt die Farbursache aber auch an meinen inneren Verspannungen. Vor 300 Millionen Jahre brachte ein mächtiger Streß mein Gefüge durcheinander. Trotz dieses außergewöhnlichen Stigmas hätte ich gerne eine Weile mit meinen hartleibigen, blassen Vettern der edlen Zunft Anekdoten aus der Jugend ausgetauscht, denn was hatten wir nicht alles im Dunkeln der Zeit erlebt.

Alleingelassen mit meiner ganzen Pracht und Herrlichkeit, sperrten sie mich in das Verlies einer stählernen Dose. Monate vergingen. Für mich war das ein Zeit-Nichts, ich, dem Symbol der Ewigkeit. Wie dauert mich die Menschheit, die mein funkelndes Licht nur für einen Augenaufschlag von einigen kurzweiligen Millionen Jahre erblicken und genießen darf.

Hin und wieder drangen urtümliche Laute in mein Behältnis. Von Zeit zu Zeit stand ich im Mittelpunkt einer Unterhaltung in bestem Känguruh-Englisch. Ich war der Sensationsfund in der jungen Argyle-Mine (erschlossen seit 1986) im nordwestlichen Australien. Da ich keiner Vergänglichkeit unterliege, also auch kein Zeitgefühl kenne, weiß ich nicht, wie lange ich alleine verbrachte, bis ich mit gleichfarbener Verwandtschaft zusammentraf.

Eines schönen Tages gab es für mich und meiner Crew aus der Unterwelt ein herbes Erwachen: Man rückte mir mit einer Schleifscheibe zu Leibe. Unzählige Atome wurden mir grob aus dem Körper gerissen. Unter dem Gekreische der Scheibe verbrannten meine Bausteine zuhauf. Einige gingen eine lockere Beziehung mit Sauerstoffatomen (CO_2) ein, andere wieder zerfielen unter der Reibungshitze wachsweich zu Graphit (C-Modifikation). Natürlich blieben meine kubisch angelegten Elementarzellen erhalten. Allerdings verpaßten die Menschen mir äußerlich einen hervorragenden Schliff mit 57 Facetten, den sie Brillantschliff nennen. Ich muß sagen, seitdem fühle ich mich wie neugeboren, wohlproportioniert und bestens gekleidet. Mit meinem ruhigen Leben ist es aber vorbei. Langsam fühle ich mich als Kosmopolit. Ich reise von Australien nach Europa, von Europa nach Amerika, von den Staaten wieder nach Europa. Und warum diese Hektik? Da stellen die Menschen immer wieder die merkwürdige Frage nach meiner Farbechtheit. Herrschaften, ich bin ein Fancy Coloured Diamond. Mein edles Geschlecht kennt man doch. Aber nein, sie mußten mich im Gemmological Institute of America auf Herz und Nieren prüfen. Der spektrometrische Test im Speziallicht hat uns Atome ganz hübsch in Schwingungen versetzt; jedenfalls unsere Resonanz war groß. Nun steht es unter der Prüfnummer amtlich fest: Ich gehöre offiziell zur Elite der naturfarbenen Diamanten. Einige Zeit geschah nichts mit mir. Ich döste im Dunkeln eines Tresors und harrte der Dinge, die da kommen. Und sie kamen: Ein bärtiger Schlüssel schob sich raschelnd ins Schloß. Die schwere Panzertüre öffnete sich. Ich geriet mit anderen Diamanten, allerdings des blassen Adels, in eine Aufsehen erregende Versteigerung nach Genf. „Gnädige Frau Gräfin von Kristallrot, was hat man mit uns vor, Sie sind doch die Erfahrene von uns"? Die Antwort zerschellte unter dem Hammerschlag des Auktionators – „drei Millionen zum Ersten, zum Zweiten und... zum Dritten"!

Finessen und Strategien der Natur

Der Grenzübertritt von toter zur lebender Materie
Wie der geniale Baumeister des Lebens das erreicht, bleibt ein mystisches Phänomen. Das eherne Prinzip der selbstordnenden Vereinigung kleinster Materieteilchen ist das Geheimnis der Natur, denn hier beginnt das Leben. Eine Zelle ist nicht bloß eine Ansammlung von Materieteilchen. Alle Erklärungsversuche sind spekulativ. Diese Ur-Bauidee ist schon in den Ribosomen verankert, den molekularen Zellfabriken. Sie können alles herstellen, auch sich selbst. Dabei wird der Bauplan der Natur (DNS-Molekül) milliardenfach abgelesen, kopiert und in eine bestimmte Abfolge der Aminosäuren übersetzt. Diese wirken wiederum auf Proteinstrukturen ein.

Eine These geht davon aus, daß sich die Bausteine des Lebens auf der Oberfläche von Kristallen selbst organisierend entwickeln. Das führt mich als Elektrotechniker auf die ketzerische Frage, ob das hohe Ordnungsprinzip der Kristalle wie in einem gekoppelten Resonanzkreis ordnend auf die ungeordnete „Ursuppe" des Lebens einwirkte.

Dazu gibt es einen spektakulären Versuch von Prof. W. M. Heckl. Er benetzte eine Kristalloberfläche mit einer wässrigen Lösung von DNS-Molekülen. Diese Moleküle ordneten sich spontan. Auf der entstehenden zweidimensionalen DNS-Schicht konnten sich dann Aminosäuren „einregeln": Das Wechselspiel des Lebens zwischen Aminosäuren und DNS nimmt damit seinen Anfang.

Der erste Bioniker der Menschheit

Das Universalgenie Leonardo da Vinci (1452 – 1529) war der erste Mensch, der Naturvorbilder in menschliche Technik übersetzte. Auf seinem „Reißbrett" schuf er Fallschirme, Hubschrauber und andere Flugmaschinen. Leonardo war seiner Renaissance-Welt weit voraus. Längst wären wir heute wesentlich fortgeschrittener, hätten wir seine Grundideen konsequent weiter verfolgt. Die Menschen im ausgehenden Mittelalter verfielen statt dessen in einen dogmatischen Schlummer, schlugen sich lieber wegen der Religion die Köpfe ein, anstatt die Wunder der Schöpfung zu erkunden. Erst jetzt lernen wir allmählich, die großen Innovationsgeheimnisse der Schöpfung zu dechiffrieren und die Schatzkammer der Natur als Inspirationsquell zu nutzen. Nach wie vor sind wir von unserer Selbstüberschätzung geblendet und ignorieren die Kreativität der Natur. Dabei bietet der Lehrmeister Natur ein Füllhorn an phantastischen Anregungen.

Minimalist im Material- und Energieaufwand

Zugegeben, gemessen an den Milliarden Jahren experimenteller Forschung, Entwicklung und Qualitätssicherung der Natur, nimmt sich unsere Technik mehr als dürftig aus. Natürliche geschlossene Stoffkreisläufe sind auf Wiederverwertung eingerichtet. Die Natur ist selbstorganisiert und vermag Bestandteile zu erneuern und auszutauschen. Sie nutzt ein Minimum an Biomasse und Energie, um damit ein Maximum an Zuverlässigkeit und Stabilität zu erreichen.

Ehe wir einige Glanzlichter der Schöpfung betrachten, sollten wir bedenken, daß die evolutionären Strategien weder Lärm noch Abgase oder Müll, weder Energie- noch Rohstoffkrisen verursachen. Die Natur kommt mit genial wenigen Grundbaustoffen aus; sie stellt harte Strukturen wie Eierschalen, Tierpanzer, Perlmutt und Zähne bei normalen Umwelttemperaturen her, recyclebar und mit minimalem Einsatz an Energie. Damit die biologischen Energie- und Stoffkreisläufe bei so niedrigen Temperaturen ablaufen, setzt die Natur Metallkatalysatoren ein wie Kupfer, Eisen und Mangan. Unsere Herstellung von technischen Produkten strotzt dagegen vor giftigen Abgasen und hohem Energieeinsatz. So werden viele wichtige Industriemetalle erst bei über 1.000°C erschmolzen und weiterverarbeitet, ehe daraus ein Gebrauchsgegenstand entsteht. Man bedenke: An der Herstellung von 80% unserer Gebrauchsgüter ist das Edelmetall Platin als Katalysator beteiligt. Und warum im menschlichen Organismus gerade Gold als Spurenelement auftritt, weiß niemand zu begründen.

Pfiffige Patentlösungen der Natur

Wespe. Wir glauben, daß die Chinesen die Ersten waren, die aus Holz Papier herstellten. In Wirklichkeit gilt das „Patentrecht" den Wespen, die bereits seit Jahrmillionen durch einen Kauprozeß Zellulose in Papier verwandeln, das formbare Leichtbaumaterial für ihre Behausung.

Ameise. Samenbänke sind keine Errungenschaften menschlicher Reproduktionsfreudigkeit. Ameisenweibchen sammeln den Samen in ihrer Samentasche und können ihn dort für zwanzig Jahre speichern. Dies alles bei Umwelttemperatur. Die Erfindung der Spermienbank gebührt also den Ameisen.

Kaptölpel. Glauben Sie gar nicht, daß wir Patentansprüche hätten auf energiearme Meerwasser-Entsalzungsanlagen. Diese Anlage funktioniert bei Kaptölpeln sogar bei Körpertemperatur. Drüsenartige Röhrenbündel auf dem Schnabel absorbieren das Salz. Der Vogel scheidet konzentrierte Salzlösung aus, zurück bleibt das Süßwasser im Körper.

Krähen auf Neukaledonien kamen vor 100 Jahren aus Neuseeland. In ihrer neuen Heimat benutzen sie Palmblätter als Werkzeuge. In morschen Baumstämmen ärgern sie damit die Maden solange, bis diese sich in das Stielende des zugeschnittenen Werkzeugs aus einer hinein manövrierten Schraubenpalme verbeißen. Diese Krähen schneiden sich Stöcke mit kleinen Angelhaken zurecht. Das Besteck besteht aus Blattstreifen mit Widerhaken oder es ist ein mehrstufiges Werkzeug, das sich stufenweise zur Spitze verjüngt. Eine Astgabel dient dabei als Amboß oder auch als Nußknacker.

Man stellte fest, daß Krähen sogar so etwas wie ein Ich-Bewußtsein haben, das übrigens bei Kindern mit 1,5 Jahren einsetzt. Es gibt Rabenvögel, und dazu zählen Elstern, die ihr mit einem farbigen Punkt angereichertes Gefieder im Spiegel erkennen und es gezielt entfernen.

Stachellose Biene. Höchst raffiniert ist ihr Einsatz von Wachskleber. Werden stachellose Bienen angegriffen, verkleben sie kurzerhand ihre Angreifer mit Wachs, das sie zuvor durch Körperbewegung verflüssigen. Wie es die Bienen allerdings schaffen, nicht selbst in ihre eigene Klebefalle zu tappen, ist bisher ein ungelöstes Rätsel.

Bienen fanden in der Hexagonalform ihrer Bienenwaben die effektivste Form, so wenig wie möglich an Wachsmaterial einzusetzen. Bienen lassen sich gegen Terroranschläge einsetzen, denn sie können Sprengstoffpartikel riechen. Zum Riechen strecken sie die Zunge raus, sie sind die „Soldaten" von Morgen. Die Ausbildungskosten bei Bienen sind wesentlich geringer als bei Hunden, denn ihnen genügt eine geringe Menge Zucker als Belohnung. Sie können sich Gerüche einprägen und sind ausgezeichnete Indikatoren für Umweltverschmutzung, hervorragende Biodetektoren für Luftqualität und Radioaktivität und Anzeiger industrieller Bleivergiftung.

Bienen sind fliegende Apotheken. Ihr antiseptischer Honig dient der Wundbehandlung. Die darin enthaltenen Enzyme desinfizieren die Wunde und bieten ausreichend Feuchtigkeit. Frische Propolis aus Bienenstöcken wirkt gegen Prostata und Erschöpfungszustände. Es enthält die fünffache Menge an Protein eines gleich schweren Steaks.

Hornisse. Mit einem Hightech-Produkt im globalen Testlabor warten orientalische Hornissen auf. Sie vermögen aus Sonnenlicht elektrische Energie zu gewinnen und sogar zu speichern, und zwar mit organischen Halbleiterkristallen, die wie Solarzellen funktionieren. Den körpereigenen Solarstrom nutzen die Insekten als Energiespeicher, um damit Wärme für den Bewegungsapparat zu produzieren.

Glashaus-Schnecke. Glauben wir, die Wärmestrahlen des Sonnenlichts würden nur in Treibhäusern eingefangen, so hat die Natur diesen Trick längst elegant vorweg genommen. Die Glashaus-Schnecke lebt in über 3.000 Meter Höhe. Welche Kältestrategie verfolgt sie? Wer, wie die Schnecke im durchscheinenden Glashaus sitzt, wirft nicht mit Steinen, sondern sammelt Wärme wie in einem Wintergarten.

Glühwürmchen. Einige Indianerstämme Südamerikas tragen lebende Laternen als dekorativen Haarschmuck. Das sind Glühwürmchen-Weibchen – eigentlich sind es ja Käfer – die mit Blinkzeichen oder Dauerlicht den Auserwählten zur Paarung bitten. Dieser Effekt kommt durch eine chemische Reaktion in den Leuchtorganen zustande: der Leuchtstoff Luziferin oxidiert mit dem Luftsauerstoff, dabei wird Licht ausgesandt. Ein anderes Beispiel: Durch sein körpereigenes Irrlicht lockt der Seeteufel in der Tiefsee kleinere Beutefische in sein gefräßiges Maul. Diese biochemischen Lichtfabriken (Chemolumineszenz) setzen 99% der Energie in Lichtenergie um. Ein phantastischer Wirkungsgrad. Davon kann eine von Menschenhand hergestellte Glühlampe nur träumen. Sie wirkt eher wie ein Heizofen, denn über 70% gehen nutzlos in Wärme verloren.

Schnellkäfer. Die Leistung hochmoderner Katapulte auf Flugzeugträgern, mit denen Jets in drei Sekunden auf Startgeschwindigkeit gebracht werden, wären für den Schnellkäfer (Familie Elateridae) geradezu lächerlich. Während Elateridae sich aus gefährlicher Rückenlage mit einem hörbaren Klicken 30 cm hochkatapultiert, erreicht er das 400-fache (400 g) der Erdbeschleunigung. Eine unglaublich effektive Fluchtstrategie, um möglichen Feinden zu entkommen. Die Schleuderbewegung des schlanken Käfers kommt durch eine plötzliche Bewegung des Gelenks zwischen dem ersten und zweiten Thoraxsegment zustande. Nur mit Druckanzügen sind Jetpiloten gerade mal dem 8-fachen der Erdbeschleunigung gewachsen, bei 14 g droht dem Menschen sogar der Tod.

Gecko. Mit einer Glanzleistung im Tierreich wartet der Gecko auf, der ja kopfüber an Decken entlang laufen kann. Lange Zeit erklärte man die Haftfähigkeit der Gecko-Füßchen auf ihren Untergrund durch eine Art Saugwirkung oder durch elektrostatische Kräfte. Erst die Auflösung des Rasterelektronenmikroskops lüftete das Geheimnis der Natur: Die Fußunterseite zeigt eine gewellte Reihe von Lamellen. Diese bestehen aus feinen Haftborsten (Seta), es sind etwa 5000 pro Quadratmillimeter. Jede dieser Haftborste verzweigt sich zur Spitze hin in feinste Löffelchen (Spatulae), deren Durchmesser im Nanobereich liegen (ein Nanometer gleich 10^{-9} Meter oder 0,000.000.001 m). Wegen der extrem geringen Abmessungen kommt es zwischen der Haftstruktur des Geckofußes und dem Untergrund zu einer molekularen Wechselwirkung. Durch die Vielzahl der Kontaktpunkte der Löffelchen dominiert die Kraft, die zwischen den Molekülen wirkt, die sogenannte Van-der-Waals-Kraft. Bleibt zu erwähnen, daß der Gecko seine lange Zunge als Scheibenwischer für die Augenreinigung einsetzt.

Muscheln. Verschiedene Muschelarten und Seepocken haben im Laufe ihrer Evolution einen Unterwasserklebstoff entwickelt, der als Dreikomponentenkleber wirkt. Damit halten sie sich am Seeboden bombenfest. Die Haftfähigkeit trotzt jeder Unterwasserströmung und jedem Wellengang.

Lotuspflanze. Der Erfindungsreichtum der Schöpfung ist zweckgerichtet. Während einerseits die extreme Haftfähigkeit dominiert, schützen sich andererseits manche Pflanzen genau mit der gegenteiligen Strategie gegen externe Besiedelung. Die Oberfläche ihrer Blätter sind reine Rutschpartien für unerwünschte Siedler wie Pilzsporen, Algen, Bakterien und Schmutzpartikel. Sie alle werden mit dem abrollenden Regentropfen einfach weg geschwemmt. Dieser inzwischen bekannte Lotuseffekt findet sich auch bei Gräsern, Kohlgewächsen, Kapuzinerkresse und beim Frauenmantel. Regentropfen zerlaufen nicht auf derartigen Wachsoberflächen, sie bilden eine Kugelform. Diese Unbenetzbarkeit heißt Superhydrophobie.

Leichtbauweisen der Natur

Mit genialem Einfallsreichtum gestaltet und optimiert die Natur im Tier- und Pflanzenreich ihre Bauwerke auf ein Höchstmaß an Stabilität bei minimalem Einsatz von Biomaterialien.

Dinosaurier. Offensichtlich fanden die größten Erdbewohner vor Jahrmillionen optimale Freßbedingungen: Die Dinosaurier wuchsen ins Gigantische. Man fragt sich aber, wie diese Urzeitriesen ihre meterlangen, zentnerschweren Hälse überhaupt in annähernd waagerechter Haltung ohne Stütze tragen konnten. Das wäre statisch auf Dauer unmöglich. Die Natur hielt dazu aus ihrer Trickkiste womöglich ein Element bereit, das die einzelnen Halswirbel abstütze und extrem leicht war. Meines Erachtens muß es sich dabei um eine Art Luftkissen gehandelt haben, das an jedem Wirbel fixiert war und als „muskulöse Luftblase" Halt verlieh.

Elefant. Vor einer ähnlichen Ingenieuraufgabe stand die Natur einige Jahrmillionen später, als sie den schweren Schädel des Elefanten entwarf und optimierte. Wer je in den Savannen Afrikas einen sonnengebleichten, skelettierten Elefantenschädel sah, dem ist bestimmt die starke Durchlöcherung aufgefallen. Nur an den Stellen, wo wichtige Organe des Tiers sitzen, gibt es eine Knochensubstanz. Der größte Teil des Volumens besteht aus luftgefüllten Löchern.

Bambus. Jeder hohlzylindrische Grashalm mit zwischen geschalteten Knoten ist ein Wunderwerk der Biegesteifigkeit. Grandiose Leichtbauwerke sind bestimmte Bambushalme, die zudem die Schnellwachsenden im Pflanzenreich sind, erreichen ein Längenwachstum von bis zu einem Meter pro Tag. Dabei konzentrieren sich die lebenden Zylinder mit eingezogener Zwischenwand auf periphere Materialanordnung.

Origami der Natur in Perfektion. Ein Strukturprinzip des universellen Leichtbaus ist die Falttechnik. Sogar die eng gefaltete Erbstruktur findet in Form der Doppelhelix ihre ureigenste Anwendung. Falten finden sich überall dort, wo sich Leben entfaltet, wo sich etwa ein Schmetterling aus enger „Puppenstube" befreit, wo sich eine Blütenknospe oder etwa ein Palmblatt fächerartig entwirkt, wo Platz geschaffen werden soll für Bewegung, wo Versteifungen am Körper unterstützen und festigen. Falten können sogar sehr eindrucksvoll den Körper bei Drohgebärde aufplustern. Davon macht die Kragenechse in Australien lebhaften Gebrauch, dank der lederartigen Falten, ohne daß ihr dabei der Kragen platzt.

Ohrwurm. Falten sind multifunktionale Konstruktionselemente der Natur. So verstauen Ohrwürmer ihre feinen membranösen Hinterflügel kunstvoll unter ihre Vorderflügel platzsparend als Faltpaket. Vor dem Flug entfalten sich die Hinterflügel ähnlich wie ein zusammengelegter Fallschirm.

Perfektionierte Naturverpackungen

Kokosnuß. Während die Kapstachelbeere (Physalis peruviana) ihre Frucht durch einen papierähnlichen Lampion umgibt, um sie vor Freßfeinden zu schützen, erfüllt die ausgeklügelte Muliverpackung der Kokosnuß gleich mehrere strategische Ziele. In vielen Test- und Versuchsreihen fand die Evolution für die unterschiedlichen Anforderungen das Verpackungsoptimum. Das geschah in einem Annäherungsprozeß. Das schwammige, fasrige Verpackungsmaterial ist bruchfest – die Nuß kann einen Fall aus über 10 m locker überstehen. Die Verpackung ermöglicht ausreichenden Gasaustausch, bildet aber eine Schranke für Bakterien, schützt das Fruchtfleisch vor Verderben und vor Sonneneinstrahlung und ist schwimmfähig – selbst nach langem Schwimmen in hoher See bleibt die Nuß keimfähig.

Straußenei. Als eine herausragende Spitzenleistung der Natur bietet diese Embryoverpackung dem heranwachsenden Leben einen perfekten Schutz. Die bruchfeste, atmungsaktive Schutzhülle „Eischale" verhindert, daß sich der Inhalt überhitzt: der Infrarotanteil des Sonnenlichts wird reflektiert. Die Schutzhülle verhindert zudem das Eindringen von Mikroorganismen.

Mumienschreine der Urzeit, Schatztruhen der Jetztzeit. Bernstein-Amulette schmückten schon unsere Urahnen aus der Steinzeit. Dem fossilen Harz maß man als Kultgegenstand eine magische Bedeutung zu. Als Zeitkapsel versiegelte der Bernstein vereinzelt auch Organismen vergangener Erdepochen. Diese wertvollen und seltenen Objekte sind heute begehrt, gesucht und hoch dotiert.

Im Altertum versprach sich Hippokrates vom „Gold der Ostsee" heilende Wirkung. Präkolumbianischer Bernstein, indianisch „apoconalli", fand man in den Pyramidengräbern in Mexiko. Kolumbus führte Baltische Bernsteinperlen als Gastgeschenk mit auf eine karibische Insel, die er Hispaniola nannte. Bei seiner zweiten Reise wurde ihm klar, daß er Eulen nach Athen trug, denn für die Ureinwohner, die Taíno-Indianer, war Bernstein nichts neues, längst bearbeiteten sie ihren heimatlichen – heutigen – Dominikanischen Bernstein (ambar). Im alten Rom ließ der Bernsteinfan Kaiser Nero Geräte der Gladiatorenkämpfe reich mit Bernstein verzieren. Im Mittelalter schmückte Bernstein sakrale Gegenstände wie Rosenkranz, Kruzifix und Altartäfelchen; aber auch profane Dinge wie Etuis, Schnupftabakdosen und Schalen. Nicht zuletzt sei an das legendäre Bernsteinzimmer erinnert, das 1713 Zar Peter I. zum Geschenk gemacht wurde. Einige Bernsteinutensilien von hohem Wert wie Kabinett-Schränkchen, Kästchen und Ketten; in feinster Verarbeitung überdauerten die Jahrhunderte.

Wie alt ist Bernstein? Er ist ein Stoff mit der chemischen Formel $C_{10}H_{16}O$, der allein zum Reifen je nach Fundstätte, 23 Millionen (Karibik) bis 125 Millionen Jahre (Libanon) brauchte. Aus dem frischen Harz der Kiefer (Pinus succinifera) über das Zwischenstadium Kopal (Alter deutlich unter 1 Million Jahre), reifte in 55 Millionen Jahre der begehrte Bernstein des Baltikums. Neben diesen klassischen Vorkommen aus dem Ostseeraum gibt es wirtschaftlich bedeutende Bernsteinfunde aus der Dominikanischen Republik; diese sind dem Baltischen Succinit qualitativ an Transparenz und „Innenleben", an sogenannten Inklusen, überlegen.

Inklusenbernsteine bewahren Lebensszenen der Vorzeit Auf rare, museale Prunkstücke möchte ich die Aufmerksamkeit des Lesers nicht lenken, vielmehr auf eine einzigartige Eigenschaft des Bernsteins, der ihn zu einem begehrten Wertobjekt erhebt: Bernstein ist als bester natürlicher Biokonservator ein bedeutender Informationsträger unserer Erdgeschichte. Im Gegensatz zu flachgedrückten, sedimentären Fossilablagerungen im Schiefer, der nur abgestorbenes

Leben bewahrt, kann fossiles Harz Rudimente der Fauna und Flora als „eingefrorene" dreidimensionale Lebensbilder beherbergen. Von diesen faszinierenden – den Inklusenbernsteinen – sei hier die Rede, vor allem von sogenannten Aktionsbernsteinen, die eine hohe Wertschätzung genießen. Die größte Wertkonzentration eines Inklusensteins, der mir je unterkam, war ein Inklusenstein mit einem abgerissen Eidechsenköpfchen, nicht größer als ein Stück Würfelzucker; dieser Stein kostete etwa 20 mal soviel wie Gold gleichen Volumens (oder das 400-fache seines Gewichts).

Kaliningrad ist kein Bernsteinmekka. In meiner Praxis konnte ich beobachten, daß die Preise für Inklusenbernstein erheblich mit dem Angebot schwanken, das in Rußland durch die Bernstein-Mafia gesteuert wird. Dazu ein paar Fakten zu „normalem" Bernstein: Das russische Kombinat aus Kaliningrad (Königsberg) schöpft mit Braunkohlebaggern aus der blauen Erde etwa 4 kg Rohbernstein pro Tonne. Nur 13% wandert in die Schmuckindustrie. Der Rest, der Technischer Bernstein, wird zu Ölen, Lacken und Säure verarbeitet. Über 80% der Schmuckbernsteine wird in Autoklaven bei 220°C temperaturbehandelt, um ihnen die Trübung durch Lufteinschlüsse zu nehmen – sie zu klären. Eine weitere Aufbesserung des Naturprodukts Bernstein ist das „Blitzen". Durch einen Temperaturschock entstehen im Steininnern rosettenartige Spiegelflächen, die echte Inklusen (Einschlüsse) vortäuschen sollen. Der inzwischen angestiegene Kilopreis für Bernsteinperlen in Kaliningrad liegt z. Zt. bei 60 US-D und ist damit 4mal so teuer wie Rohbernstein. Für eine Bernsteinkette zahlt man 40 Rubel; das sind 1,25 Euro. Ein größeres Bernsteinstück erreicht einen Preis von 1.000 US-D je Kilogramm. Während in Kaliningrad 400 Tonnen auf Halde liegen, fördert man seit 150 Jahren Hunderte Tonnen pro Jahr. 6.600 Tonnen sollen noch auf Abbau warten. Zur Zeit kommen kaum noch Inklusensteine in den Handel, weder aus dem Baltikum noch aus der Dominikanischen Republik. Übrigens Inklusenbernstein würde durch Wärmebehandlung Schaden erleiden. Soweit die augenblickliche Lage, die aber nur das Umfeld des Fürsten unter den Bernsteinen, den „Aktionsbernstein", schildert.

Was macht Inklusenbernsteine so wertvoll? Unter Zehntausenden von Bernsteinen befindet sich nur vereinzelt ein Stück mit einem perfekten, seltenen Fossileinschluß, etwa ein Skorpion. Dafür zahlt man vierstellige Summen. So ein harzversiegeltes Schaufenster ins Erdmittelalter muß verschiedene Kriterien erfüllen, um wirklich als perfekt zu gelten. Der umgebene Bernstein sollte klar sein und eine polierte Oberfläche haben, das Fossil sollte gut sichtbar plaziert und möglichst komplett erhalten sein. Ausschlaggebend für den Preis ist allerdings die Seltenheit des Einschlusses. Wirbeltiere wie Geckos, Leguane oder Frösche sind von hohem paläontologischem Wert und erzielen wegen ihrer Seltenheit astronomische Preise in der Szene. Bis jetzt sind meines Wissens insgesamt nur fünf Frösche im Bernstein gefunden worden, und zwar nur im Dominikanischen Bernstein; einige „Echtfrösche" sind einfach geschickt gefälscht.

Wertvolle Glücksfunde unter Bernsteinabfall. Über Jahre hinweg erhielt ich perfekte und preiswerte Inklusensteine nicht etwa aus dem Baltikum, sondern aus der Dominikanischen Republik. Dagegen verbarg sich im Baltischen Bernstein unter Tausenden von Tonnen bisher kein einziges Wirbeltier als Inkluse. Wenn man keinen direkten „Draht" zum Fundort hat, kann man auf Mineralienbörsen interessantes Material sichten und sogar fündig werden. Jemand mit paläontologisch geschultem Auge, bewaffnet mit einer 10fach-Diamantenlupe, macht gar nicht so selten ein Schnäppchen, da unkundige Bernsteinverkäufer ihre „Objekte" nicht genügend kennen. So wurde mir in den 80er Jahren einmal eine Spinne für wenig Geld angeboten, ein Meisterwerk einer Bernsteinkonservierung. In der Tat handelte es sich um die „Schwester" der Spinnentiere, eine seltene Geißelspinne mit dornenbespicktem Fangkorb und dem namengebenden, geißelförmig verlängertem Beinpaar: Das erste komplett erhaltene Exemplar (Holotypus), seiner Art von hohem wissenschaftlichem Wert. Ein Händler in der Dominikanischen Republik erzählte mir einmal, daß er Abfallstücke von Bernsteinen für ein paar Dollar aufgekauft hätte. Nach dem Schleifen entpuppte sich einer dieser Steine als sensationell kostbarer Fund, denn der Wirbelsäulenabschnitt eines Leguans kam zum Vorschein. Raritäten sind Skorpione oder Kugelfinger-Geckos, die vom klebrigen Harztod vor mehr als 20

Millionen Jahre überrollt wurden. Selbst kunstvolle Naturbauwerke wie das spindelförmige Gehäuse einer Turmschnecke, die zerborstene Eischale eines Leguans oder die Daunenfeder eines Tropenvogels hält die gläserne Schatztruhe versiegelt. Viel seltener als man vermutet, überliefert uns der Bernstein Relikte der Flora, obschon diese Organismen am Waldboden vor dem Harz nicht „weglaufen" konnten. Raritäten sind Laubflechten, Moose, Schlauchpilze, Staubblätter und Samenkörner.

Faszinierende Momentaufnahmen aus dem Tertiär. Für besonders seltene Inklusensteine gibt es immer einen Markt. Kenner begnügen sich nicht allein mit dem Besitz der Fossilienschreine. So erschließt sich beim Mikroskopieren von Inklusen die unnachahmliche Faszination und Ästhetik längst verschollener Naturbilder. Je mehr man sich mit dieser spannenden Materie beschäftigt, um so mehr gerät man in den Bann dieses Natursteins, speicherte er doch gelegentlich wahre Dschungeldramen. Man nennt diese Stücke Aktionsbernsteine. Diese zeigen z.B. spannende Kampfszenen zwischen einer Jagdspinne und einer Zikade oder eine Gottesanbeterin, die gerade ein Insekt als ihre Henkersmahlzeit im Visier hat und dabei selbst vom klebrigen Harztod überrascht wird. Selbst Lebensgewohnheiten der Fauna aus dem Alttertiär blieben uns als Momentaufnahme in der Zeitkapsel Bernstein erhalten: ein winziger Pseudoskorpion, der sich als anhaftender blinder Passagier von einer Biene durch die Lüfte tragen ließ; eine Grabwespe, die gerade ihr Ei in eine fette Raupe als Wegzehrung für ihr Nachkommen ablegte, der Eikokon einer Spinne oder die eigebärende Zuckmücke als Reflex vor dem nahen Klebetod. Sogar Massenfänge von Insekten von mehr als Hundert Tieren oder verschiedene Tiergruppen als Grabgemeinschaft (Thanatozönose) wurden im dominikanischen Bernstein gesichtet. Riesenstücke von über 10 kg sind auch bekannt geworden, sogar blauer Bernstein.

Vorsicht bei Artefakten von Inklusenbernstein. Eine Reihe Fälschungsmöglichkeiten gibt es für Bernsteininklusen. Man legt z.B. ein rezentes – ein heute lebendes – getrocknetes Insekt in eine Kunststoffmasse mit Schwebeteilchen ein. Diese Schwebeteilchen konnte ich seinerzeit als geschwärzte Papierschnitzel entlarven; sie sollten natürliche Einschlüsse vortäuschen. Meist verrät einem geübten Laien schon das „frische Auge" des Insekts die Fälschung. Außerdem, eine heiße Nadel auf den „Bernstein" gedrückt, verursacht einen unangenehmen Geruch nach Chemie. Bernstein würde aromatisch riechen.

Bei der „hochstehenden" russischen Fälscherkunst wird der Bernstein entlang einer Schlaube eröffnet und soweit erweitert, daß ein eingeklebtes rezentes Tier gerade im geschaffenen Hohlraum Platz findet. Eine Schlaube ist übrigens eine natürliche Wachstumsebene zwischen zwei aufeinanderfolgenden Harzschüben. Selbst „frühreifer" Bernstein, der Kopal, wird von Fälschern entsprechend aufbereitet. Im Autoklaven erhält er Bernsteinhärte, einschließlich der zuvor hinein praktizierten Insekten, um Inklusenbernstein vorzutäuschen. Bei einem aus Madagaskar stammenden behandelten Kopal mit geflügelten Termiten als Inkluse entdeckte ich unter dem Mikroskop, oh, Wunder, ein menschliches schwarzes Kraushaar. Was für ein „Sensationsfund": Gab es denn vor 20 Millionen Jahre auf unserem Planeten schon Afrikaner?

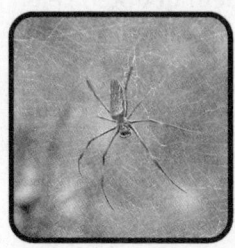

Multitalente der Natur

Tausendsassa Radnetzspinne. Aus einem Meer unendlicher Vielfalt und einem brodelndem Innovationsreichtum schöpft die Natur ihre Ideen. Sie stattet Lebewesen mit höchst komplexen Fertigungsapparaten aus. Eines davon ist gewiß die Radnetzspinne, eine Großmeisterin in Sachen Seidenfadenproduktion. Dagegen nimmt sich die Seidenraupe in der Herstellung ihres Monoseidenfaden bescheiden aus.

Tief im Abdomen der Radnetzspinne liegen die Produktionsstätten. Das sind Spinndrüsen die auf bewegliche Spinnwarzen münden. Jeder der bis zu acht Drüsentypen produziert eine bestimmte Seide. Betrachten wir zunächst den Wegfaden. Dieser kann situativ als Abseilfaden, Sicherheitsfaden oder gar als Flugapparat (Altweiberfäden) dienen. Ein zähflüssiges Sekret verklebt die Fäden miteinander und heftet sie am Untergrund fest. Als flinke Fesselkünstler verpackt die Spinne ihre Beute mit Fesselfäden zu handlichen Lunchpaketen. Sie umhüllt ihre Eier mit Kokonfäden. Bei der Herstellung von Klebefäden bilden zwei verschiedene Drüsen ein Team. Eine Drüse erzeugt den Grundfaden, die andere appliziert darauf tröpfchenweise eine Klebesubstanz. Der entstandene Klebefaden bekommt ein perlschnurartiges Aussehen. Besondere Fangfäden entstehen aus zwei Wegfäden, die das vierte Spinnen-Laufbein zu einer kammartigen Struktur aufbürstet. Das ergibt eine Fangwolle mit großer Oberfläche und Dehnfähigkeit, an der Beutetiere durch Adhäsionskräfte kleben bleiben. Durch das Verbinden von mehren Fadensorten entstehen

112

Spinngewebe, die neueste Errungenschaft in der stammesgeschichtlichen Entwicklung der Spinne, denn die Urspinnen kannten nur ein reines Wohngewebe.

Genauer betrachtet, besteht ein Einzelfaden aus Bündeln feinster Mikrofäden die in einer Proteinmatrix eingebettet sind. Die Mikrogebilde bestehen wiederum aus „gefalteten" Proteinkristallen. Ändern sich während der Netzproduktion Wind und Wetter, kann die Spinne die Qualität (Durchmesser, Länge, Zusammensetzung der Aminosäurekristalle der Seide) anpassen. Die Zugfestigkeit des Seidenfadens braucht einen Vergleich mit Stahl nicht zu scheuen, ganz im Gegenteil. Die aufgehängte etwa 1/1000stel Millimeter dicke Spinnseide würde theoretisch erst bei einer Länge von 80 km unter ihrem Eigengewicht zerreißen, Stahl dagegen schon bei 16 km. Die kinetische Energie eines Insekts, das aus vollem Flug durch das Netz abgefangen wird, ist vergleichbar mit dem Aufprall eines Jets, der in den Halteseilen eines Flugzeugträgers landet. Übrigens, besonders feine Fäden sind Fangfäden mit einer Stärke von 0,000.015 mm.

Aufmerksame Naturbeobachter haben sich sicherlich einmal die Frage gestellt, warum sie überhaupt einen Spinnfaden wahrnehmen, der nur wenige Tausendstel Millimeter dick ist. (normalerweise erkennen wir nur Lichtspalten bis 6/1000stel Millimeter, bei Haarlineal und Haarwinkel als Meßinstrumente in der Feinmechanik). Das Erkennen verdanken wir einem optischen Phänomen: der Lichtstreuung. Der Faden erscheint – wie durch eine Lupe betrachtet – in seiner Stärke sichtbar vergrößert. Wie ist das zu erklären?

Trifft ein Lichtstrahl schräg auf einen Spinnfaden, dann wird dieser Strahl entlang der Mantellinie des entstehenden Streukegels rund um den Spinnfaden gestreut. Der Spinnfaden stellt physikalisch gesehen einen extrem dünnen Zylinder dar, dessen Dicke in der Größenordnung der Wellenlänge des Lichtes liegt. Das Licht wird also nicht – wie an einer spiegelnden Fläche – ausschließlich in der Einfallsebene reflektiert. Die Spitze dieses Kegelmantels „entspringt" dem Spinnfaden (Rotationsachse) an der Stelle, an der das Licht auftrifft. Aus einem einzigen Strahl entstehen unendlich viele neue Strahlen, die das Licht in der Fortpflanzungsrichtung kegelförmig „erweitern". Was wir also als Spinnfaden wahrnehmen, ist das Streulicht rund um den Spinnfaden. Je nach Position des Betrachters trifft immer einer der unendlich vielen Streukegel das betrachtende Auge. Die aufleuchtende Stelle des Spinnfadens wandert mit der Betrachterposition mit. Andererseits können wir auch ohne direktes Sonnenlicht den Spinnfaden dadurch wahrnehmen, daß anhaftende Teilchen wie Staub und Tau den Spinnfaden sichtbar erscheinen lassen.

Die Spinnseide ist ein interessanter Hightech-Werkstoff. Daraus ließen sich Körperimplantate fertigen, wie etwa Sehnen, die keine abstoßende Reaktion auslösen. Was in einer Spinndrüse wirklich passiert, können wir technisch noch nicht nachahmen.

Universalwerkzeug Insektenbein. Das Leben hat in unzähligen Formen sämtliche Nischen des Planeten besiedelt und für die unterschiedlichsten Aufgaben Körperteile kreativ umgestaltet. Betrachten wir bloß ein Insektenbein. Es kann zugleich Beutegreifer, Grabschaufel, Kiefer, Saugrüssel, Musikinstrument (Grille), Ruder (Wasserkäfer), Teil eines Begattungsorgans (Spinne), Legeröhre und natürlich Laufbein sein.

Vogelfeder. Ihre ureigene Aufgabe als Körperschutz und Flugbauteil wird in der Vogelwelt durch sensationelle Anwendung ergänzt. Bei einigen Wüstenvögeln verhält sich das Bauchgefieder wie ein Schwamm, der größere Mengen Wasser aufsaugen kann. Mit diesem Wasserdepot fliegen Wüstenvögel lange Strecken von der Wasserstelle zu ihren Jungen inmitten der Wüste. Da mag das zur Schau stellen des Prachtgefieders des männlichen Paradiesvogels wenig pragmatisch sein, dient es doch „nur" der Brautwerbung.

Die Natur strebt nach idealen Proportionen. Wie ein roter Faden zieht sich die Proportion des Goldenen Schnitts durch alle organischen Wachstumsmuster. Besonders häufig sind Muster, die von Spiralen gebildet werden. Wir entdecken das dreidimensionale Spiralmuster in der Doppelhelix-Struktur der genetischen Erbsubstanz DNS, aber auch spiralig gewachsene Schneckenschalen und Blumenranken, ja selbst in den Sternhaufen ferner Galaxien herrscht die Spiralform. Die Anordnung von Blütenblättern nach dem goldenen Schnitt ist der Inbegriff der Ästhetik.

Verblüffendes aus dem Tierreich

Durch ausgefallene Fähigkeiten verbessern manche Tiere deutlich ihre Chancen zum Überleben. So können sie konkurrenzloser eine ökologische Nische erobern und besetzen.

Schaben, resistent und schnell. Den ganzen Erfahrungsschatz aus 350 Millionen Jahre ihrer Existenz tragen Kakerlaken in ihrem Gen-Code. Alle Gefahren, Epidemien und Krisen ihrer Vorfahren sind in dieser Datenbibliothek gespeichert. Insofern ist diese genverschlüsselte Chronik das älteste Immunsystem überhaupt. Daraus ziehen die Forscher Rückschlüsse auf die Erdgeschichte. Aus der extremen Widerstandskraft der Schabe gegen elektromagnetische Strahlung – sie vertragen die 50-fache höhere Dosis an Gamma-Strahlung als der Mensch – schließen die Forscher, daß es vor mehreren Hunderttausend Jahren eine Strahlenkatastrophe gegeben hat. Selbst aus der größten biologischen Vernichtung aller Zeiten auf unserem Planeten, die fast alle Pflanzen und zwei Drittel aller Insekten hinweg raffte, ging die Schabe gestärkt hervor. Die extrem wendigen Sechsbeiner können das 160-fache ihrer Körperlänge in einer Sekunde zurück legen und dabei bis zu 25 mal die Richtung wechseln. Diese vermehrungswütigen Insekten-Clochards haben inzwischen zu Millionen das Pentagon unterwandert. Jährlich gibt die Weltmacht USA eine Milliarde Dollar aus, um die Eindringlinge zu vergiften und auszurotten. Vergebens, in der militärischen Herzkammer der Weltmacht bleiben die Schaben Sieger.

Chamäleon. Es wartet mit außergewöhnlichen Talenten auf. Ein Beispiel: seine Zungenfertigkeit. Mit unglaublicher Beschleunigung, nämlich mit dem 10-fachen der Erdbeschleunigung, schleudert das Chamäleon seine Zunge treffsicher dem Beutetier entgegen. Dabei erreicht das Katapultorgan eine Spitzengeschwindigkeit von 350 km/h. Würden wir unseren Lecker so heraus schleudern, käme es zu einem Zungenbrecher, der Zungenmuskel würde zerreißen. Das Chamäleon hat aber spezielle Proteinfasern im Maul; sie absorbieren die Schleuderenergie.

Wüstenameisen sind wahre Orientierungskünstler. Sie messen die gelaufene Strecke und merken sich diese, zählen ihre Schritte, um ihr Nest punktgenau wieder zu finden.

Die blinde Hornmilbe hält das 1.200fache des eigenen Körpergewichts. Archesozetes longisetosus wiegt nur 0,0001 Gramm und ernährt sich im Boden von verfallenen Organismen. Der Kraftprotz hat starke 0,05 mm lange Grabklauen. Die Klammermuskel entfacht eine Kraft von 1.170 Kilo Newton auf einem Quadratmeter, und übertrifft damit die Scherenmuskeln mancher Krebse.

Pistolenkrebs. Er kann mit seinen Knallscheren einen scharfen Wasserstrahl „abfeuern", der mit einer Lautstärke von 200 Dezibel selbst den Lärm eines Düsenjets um 50 Dezibel übertrifft. Der Wasserstrahl ist so rasant, daß sich Wasserpartikel in der Nähe auf sage und schreibe 5.000°C erhitzen. Die Folge: es bilden sich Wasserdampfblasen, die mit ungeheurer Wucht platzen. Die dadurch ausgelösten Schallwellen sind tödlich, ja sie stören sogar massiv die Sonargeräte von U-Booten.

Gesunde Langusten meiden kranke Artgenossen. Mit der angestammten Geselligkeit ist es vorbei, wenn eine karibische Languste sich mit einem Virus infiziert hat. Noch ehe das erkrankte Krustentier ein Krankheitssymptom zeigt, nehmen die Artgenossen die Infektion über chemische Signale wahr und meiden ihre einstige Gefährtin wie der Teufel das Weihwasser. Durch dieses Verhalten wird die Ansteckung wirkungsvoll gestoppt, die Infektionsrate hält sich in Grenzen.

Hummer haben zehn Beinpaare und sind blaublütig. Ihre Reibezähne haben sie in den Magen verlegt. Eigenwillig: Sie haben Sex nur beim Häuten des Weibchens und sind kannibalisch veranlagt.

Muscheln. Bestimmte Mollusken trotzen dem Sturm und Braus der Brandung, ohne daß sie vom Meeresboden weggerissen werden. Die Klebkraft des Muschelklebers ist dreimal stärker als alle bisherigen medizinischen Kleber.

Die Würfelqualle: elegante, aber hochgiftige Schönheit
Hier haben wir es mit dem giftigsten Geschöpf der Welt zu tun, es treibt mit extremer Beschleunigung die Giftinjektion in sein Opfer.

Wer je einmal schwimmend im Großen Barriere Riff einer Würfelqualle (Chironex Fleckeri) im Flachwasser begegnete, ist oder war von der Eleganz der Meduse fasziniert. Allerdings, beim Berühren ihrer Tentakel verkürzen sich die Zeit des Bewunderns und mit ihr das Leben auf nur wenige Minuten. Das tödliche Nesselgift führt rasch zu Atemstillstand und Herzversagen. Die Seewespe, so wird sie auch genannt, kann den Weltmeister im Schwimmen locker abhängen mit ihrer Rückstoßtechnik. Sie legt bis zu 24 km pro Tag zurück und bringt es kurzzeitig auf eine Geschwindigkeit von beachtlichen 9 km pro Stunde, vor allem aber kann sie abrupt ihre Schwimmrichtung ändern. Das befähigt sie, die Fluchtversuche ihrer Beute wie Garnelen und kleinere Fische zu vereiteln und sie dann in wenigen Sekunden zu lähmen.

Die Würfelqualle hat eine komplexe Sehfähigkeit. Die 24 kolbenförmigen Sinnesorgane, sogenannte Rhopalien, bestehen aus acht echten Augen mit Zehntelmillimeter großen Linsen, Netzhaut und Glaskörper, außerdem 16 einfachere Pigmentgruben. Die Linsenaugen können fokussieren. Ob sie Farbe erkennen können, liegt noch im Dunklen. Merkwürdig, die Augen sind nach innen gerichtet. Vermutlich beäugt die Meduse die Beute, bevor sie die Nahrung in den Magen weiterleitet; die Augen essen eben mit. Sie verarbeiten die Nervensignale ihrer Linsenaugen direkt in dem Nervenareal, das die Schwimmbewegungen steuert, dazu braucht die Meduse also keine Zentrale wie das Gehirn.

An der wasserreichen, viereckigen Schwimmglocke hängen in vier Gruppen jeweils 15 Tentakel; sie können bis zu drei Meter ausgefahren werden. Diese sind bewehrt mit zahllosen Nesselzellen (Nematocyten), deren feine Fäden bei mechanischer Reizung aktiviert werden, in die Haut des Opfers eindringen und ihr extrem starkes Gift explosionsartig entladen. Sagenhaft: Die Nesselkapseln treiben mit dem 40.000-fachen der Erdbeschleunigung winzige Stilette durch die Haut ihres Opfers, d.h. es erscheint eine pfeilspitzeähnliche Struktur, die in die Haut eindringt und das Gift injiziert. Dann entladen sich die Nesselkapseln mit dem 150fachen des Atmosphärendrucks. Die Gesamttentakellänge kann mehr als 150 m sein und insgesamt 200 Millionen Nesselzellen enthalten. Genug Gift, um an die 250 Menschen ins „thermodynamische Gleichgewicht" zu versetzen. Nesselkapseln hinterlassen auf der Haut des Opfers ein großflächiges Brandmal mit einem Strickleitermuster. Jährlich fallen weltweit der Würfelqualle – dem Satansbraten einer Schönheit – 10-mal mehr Menschen zum Opfer als durch Haie.

Neu ist die Erkenntnis, daß die gläsernen Giftschönheiten zwei Generationen ausbilden: die festsitzenden Polypen und die Medusen, die von den Polypen abgeschnürt werden und freischwimmend leben. Forscher fanden heraus, daß sich die winzigen Polypen in den Brackwassergebieten größerer Flußmündungen entwickeln. Im Frühsommer wandelt sich der gesamte Polyp in eine einzelne Würfelqualle um und schwimmt ins Meer hinaus.

Der Giftcocktail der Würfelqualle besteht neben hochmolekularen Peptiden auch aus den Neurotransmittern Histamin, Serotonin und den Gewebshormonen, den Prostaglandinen. Einer dieser Giftkomponenten ist ein Polypeptid mit bis zu 49 Aminosäuren, das durch zwei bis drei intramolekulare Disulfid-Brücken stabilisiert wird – das ist eine Bindung zwischen Schwefelatomen zweier Cysteine, die in der Aminosäureseitenkette eines Proteins vorkommt. Polypeptid wirkt ähnlich wie das Pfeilgift Curare und lähmt die Muskeln durch anhaltende Depolarisation der Kontaktstellen (Synapsen) zwischen Nerven- und „angeschlossenen" Zellen. Andere Gifte sind höhermolekulare Peptide, deren Struktur noch nicht aufgeklärt ist und zellauflösende und auf den Herzmuskel wirkend negative Effekte haben. Es bleibt zu hoffen, daß aus diesem stärksten Gift der Natur eines Tages ein Medikament gegen Krebs entwickelt wird.

Schwämme sind stammesgeschichtlich 800 Millionen Jahre alt, sie praktizieren statt der Photosynthese in lichtloser Tiefsee die Chemo-Synthese. Als Meister der toxischen Abwehr haben sie ein äußerst starkes Immunsystem. Erstaunlich: die 100.000 Schwamm-Gene sind sehr nahe verwandt mit den menschlichen 30.000 Genen. Die Redundanzen in den Genbauplänen sind wahre Fundgruben für Gentechniker. Kein technischer Prozeß ist in der Lage, bei Umwelttemperatur aus einer organischen Substanz einen anorganischen Stoff zu erzeugen. Die Natur kann das: organische Moleküle bauen anorganische Moleküle bei Umwelttemperaturen auf. Der Gießkannen-Schwamm besitzt ein Skelett aus Biosilikat. Das könnte als Ersatz für Knochensubstanz dienen.

Kostbare Geschenke aus dem Pflanzenreich

Die Natur ist das beste Pharmalabor auf der Welt. Ich bin mir sicher, daß die Natur in den verbliebenen Urwäldern, den grünen Weltlungen, noch manch geheimnisvolle Pflanzenarznei unter Verschluß hält – verborgen im Blätter- und Wurzelwerk. Auch die Tiefen der Weltmeere hüten unzählige pharmakologische Patentrezepte der Natur. Viele dieser Wunderdrogen harren der Entdeckung und warten darauf entschlüsselt zu werden. Selbst in unserer unmittelbaren Umgebung bis hin zu den entfernten Wüstengebieten und Gebirgsregionen wachsen, blühen und gedeihen pflanzliche Arzneischätze, die es im wahrsten Sinne „in sich haben". Wir sollten sie umsichtig heben und versuchen, ihre komplexe Rezeptur verstehen. Von einem Apotheker, der Jahrmillionen fein aufeinander abgestimmt, virtuos mit Ingredienzien umging, sollten wir lernen und diesen Inspirationsquell dankbar nutzen.

Brennessel. Dieses als Unkraut gescholtene Nesselgewächs ist eine wahre Naturapotheke. Mehr noch: Lange bevor die Medizintechnik die Injektionsnadel erfand, mit der man Flüssigkeiten fein dosiert verabreicht, entwickelte die Brennessel ihre Nesselhaare. Das sind ausgetüftelte Pflanzenkanülen mit Sollbruchstellen. Sie sind als Zellulosebasis mit dem unteren Teil des Pflanzengewebes elastisch verbunden. Hier befinden sich auch die „Tanks" für das ätzende Nesselgift. Jedes Brennhaar ist eine farblose durchsichtige Zelle mit einer langen Spitze und aufsitzendem seitlichen Köpfchen. Die Brennhaarkanüle ist durch Einlagen von Kalk versteift, also recht starr. Zwischen Haarspitze und Köpfchenansatz sind statt Kalk Silikate eingelagert, die gezielt Brüchigkeit verleihen. Berühren wir ein Brennhaar, wird die elastische Basis wie ein Blasebalg zusammengedrückt: Das Nesselgift treibt in die Kanüle. Die abgebrochene Spitze trifft dann wie eine Injektionsnadel unsere Haut.

Die Brennessel hat noch einen anderen technischen Trick in ihrem Repertoire: die „explodierenden" Staubbeutel. Ähnlich wie beim Springkraut sind die gebogenen Staubfäden gespannt wie eine Blattfeder. Treffen zur Blütezeit Sonnenstrahlen auf die geöffneten Blütenblätter, schnellen die „Federn" hoch, Staubbeutel und Blütenpollen werden heraus geschleudert und die Pollen vom Wind auf die weiblichen Naben getragen.

Die Naturapotheke Brennessel enthält 30% hochqualitatives Reineiweiß. Besondere Wirkstoffe sind viele Vitamine, Hormone, Mineralstoffe und Spurenelemente. Bedeutsam sind ihre Amine Histamin und Acetylcholin. Als Neurotransmitter bewirkt Acetylcholin die Signalübertragung von den Nervenzellen auf die Muskelfasern; es verbessert sich auch die Gedächtnisleistung. Ihre Glukokinine sind in der Lage, den Blutzucker bei Diabetikern zu senken. Nachweislich hilft die Brennessel bei gutartiger Vergrößerung der Prostata (Prostatahyperplasie) und bei entzündlichen Gelenkerkrankungen.

Die Cranberry zählt zu den Heidelbeeren. Schon die Indianer schätzten sie wegen ihrer Heilkraft und ihres hohen Nährwertes. Die Seefahrer des Mittelalters nahmen sie an Bord, um sich vor der Mangelerkrankung Skorbut zu schützen. Die knackige, rote Beere ist gesund und strotzt vor wichtigen Wirkstoffen. In ihr stecken neben wertvollen sekundären Pflanzenstoffen Eisen, Kalium, Calcium, Vitamin A und viel Vitamin C. Unter Wissenschaftlern ist man sich einig, daß diese Moosbeere vor Blasenentzündung, Pilzerkrankungen und Harnwegsinfektionen schützt. Der Inhaltsstoff Tannin verhindert, daß sich Escherichia-Coli-Bakterien im Harntrakt einnisten können. Sogar das Bakterium Heliobacter pylori, das eine Entzündung in der Magenschleimhaut auslöst, läßt sich mit dem Saft der Cranberry bekämpfen. Dieses Multitalent von einer Beere beugt Magengeschwüren vor, regt das Immunsystem an und verzögert durch ihre antioxydative Wirkung den Alterungsprozeß. Mundwasser aus Cranberry verhindert Zahnfleischentzündungen und das Entstehen von Plaque auf dem Zahnschmelz, sie beugt damit der Karries vor.

Aloe Vera ist ein Naturgeschenk aus der Wüste. Dem wunderbaren Liliengewächs konnte man bisher über 160 Inhaltsstoffe zuordnen. Schon Nofretete und Cleopatra schätzen den nährenden Saft der Aloe Vera zur Haut- und Schönheitspflege. Auf einem seiner Eroberungsfeldzüge ließ Alexander der Große seine entzündete Pfeilwunde erfolgreich mit Aloe-Vera-Öl behandeln. Kolumbus bezeichnete die Wunderpflanze als „Heiler im Blumentopf". Sie durfte während seiner Schiffsreisen als Notpflanze nicht fehlen. Die Mayas verliehen der königlichen Pflanze das Prädikat „Quell der Jugend".

Die Wüstenpflanze, genauer die Art Aloe Vera barbadensis miller, enthält im reichen Maße Polysacccharid Acemannan. Das ist ein langkettiges Zuckermolekül. Es sorgt für ausreichende Gelenkschmiere und stärkt die Immunabwehr des ganzen Organismus gegen Parasiten, Viren und Bakterien, vor allem im Darm. 80% der Immunabwehr liegt nämlich im Darm!

Tip: Halten Sie immer Aloe Vera-Saft oder sein Gel in Ihrem Kühlschrank bereit. Aus eigener Erfahrung weiß ich, daß es ein wahres Wundermittel gegen Hautverbrennungen und Insektenstiche ist.

Sabalpflanze. Diese Sägepalme ist beheimatet in Nord-Amerika, auf den Bahamas und auf Kuba. Sie ist ein bis zu 6 m hoher immergrüner Strauch. Sabalprodukte stammen aus den reifen Früchten der Serenoa repens. Chemische Hauptbestandteile: Phytosterole und Fettsäuren.

Behandlung gegen gutartige Prostatahyperplasie (BPH), Mittel gegen Entzündung und gegen Hodenathropie, schleimlösend. Verringert den Harndrang, verbessert den Urinfluß. Schützt vor Prostatakrebs.

Aktiver Bestandteil der Sabalfrucht ist Beta-Sitosterol. 100 Gramm Sabalfrüchte enthalten 30 mg Beta-Sitosterol. Das steckt auch in

Kürbiskernöl und Brennessel. Beta-Sitosterol fördert den gesunden Cholesterin- und Triglyzeridspiegel, wirkt gegen Diabetes, Geschwüre, Arteriosklerose, schützt die Magenauskleidung, verbessert die Blutwerte, verhütet Bluthochdruck und stützt das Immunsystem.

Ergänzend: eine Zinkeinnahme. Die Prostata enthält 10mal mehr Zink als jeder anderer Teil des Körpers. Prostatakrebs-Patienten haben einen zu niedrigen Zinkspiegel. Fischöl ist gut für die Prostatagesundheit und enthält Omega3-Fettsäuren. Auch Soja-Isoflavone (Genistein, Daidzein) und Grüntee sind gut.

Roter Ginseng. Ginseng ist das chinesische Wort für Mannwurzel. Bekanntester Ginseng ist der Panax Ginseng, der bereits vor 5.000 Jahren in China medizinisch angewendet wurde. Ginseng ist nach sechs Jahren ausgewachsen. Dann ist die pharmakologische Wirkung am größten.

Pharmakologisch: Roter Ginseng enthält eine Vielzahl von aktiven Bestandteilen wie Saponine, essentielle Öle, Phytosterole, Aminosäuren, Peptide und Vitamine und 42 Mineralien. Wirkungen: Antitumor, Antivirus, Strahlenschutz, Antioxidans, erhöht die Leistungsfähigkeit des Nervensystems. Gute Wirkung auf den Cholesterin- und Lipidstoffwechsel. Erhöht die Bewegung im Magendarmtrakt. Hat bedeutende Wirkung auf die Regeneration der Leber.

Indikation: ½ bis 2 Gramm morgens eine Stunde vor dem Frühstück.

Vorteile: Verzögert die Degeneration der Zellen. Verlangsamt den Alterungsprozeß, fördert die Produktion von roten Blutkörperchen, senkt Blutzucker, stimuliert die Verdauung im Darm, verbessert die Nervenübertragung, erhöht die physische Ausdauer, stärkt das Immunsystem, senkt das LDL-Cholesterin während sich das HDL-Cholesterin erhöht, hemmt das Wachstum von Krebszellen.

Die meisten organischen Entgifter enthalten Germanium, so auch Panax Ginseng (4000 ppm, 0,4 Gramm bezogen auf 100 Gramm). Übrigens enthalten bestimmte Arten von Pilzen (800 bis 2000 ppm) und Knoblauch (650 ppm) auch Germanium.

Weihrauch. Schon ein ägyptischer Papyrus beschreibt eine Salbe aus Honig und Weihrauch. Hippokrates (460 bis 377 v. Chr.) verwandte dieses Harz zur Wundheilung. Die Weihrauch-Handelsstraße zog sich über 3.500 Kilometer vom Indischen Ozean bis zum Mittelmeer. Der große verzweigte Baum aus der Familie der Balsambaumgewächse (Burseraceae) gedeiht in den trockenen Bergregionen Nordost-Indiens. Der jährliche Ertrag pro Baum ist etwa 1 kg Harz. Die Boss-wellia-Säure ist die wirksame Substanz des Weihrauchs. Studie an der Uni Mannheim zeigten eine gute Wirksamkeit gegen die Darmerkrankungen Colitis ulcerosa, Morbus Crohn oder Divertikulitis. Weihrauch hilft angeblich auch gegen Rheuma, Schuppenflechte, Neurodermitis, Hirntumoren und Multipler Sklerose.

Spirulina, das blaugrüne Naturwunder. Flamingos der afrikanischen Salzseen (Tschad- und Turkanasee) ernähren sich von blaugrünen Algen; diese verdanken ihren Gattungsnamen Spirulina ihrer spiralig gedrillten Struktur. Das Mysterium der Spiralform hat die Natur im Makro- wie auch Mikrokosmos angelegt: von den größten Galaxien bis zu den kleinsten Einheiten auf zellularer Ebene, den RNS/DNS-Sequenzen. Von den mehr als 300.000 Algenarten ist die blaugrüne Alge Spirulina platensis die ursprünglichste. Diesen ersten Lebensformen vor etwa dreieinhalb Milliarden Jahren auf unserer Erde verdanken wir unsere Sauerstoffatmosphäre. Die Algen beherrschten als erste Lebewesen die Photosynthese, den Prozeß der unmittelbaren Nahrungsenergieproduktion. In diesem Zusammenhang spielt das „grüne Blut", das Chlorophyll, eine maßgebende Rolle, das zu einem Prozent in der Alge steckt.

Chemisch betrachtet, unterscheidet sich Chlorophyll vom Blutfarbstoff Hämoglobin nur durch ein einziges Molekül. Während Chlorophyll durch ein Magnesiummolekül grün gefärbt wird, bestimmt ein Eisenmolekül die Rotfärbung des Blutfarbstoffs.

Die positive Wirkung von Spirulina gegenüber Anämie könnte in der Ähnlichkeit mit dem Hämoglobin begründet sein. Interessant ist auch der relativ geringe Wasserverbrauch von nur 189 Liter, den die Alge benötigt, um ein Pfund Nahrungseiweiß zu erzeugen. Zu einem Pfund Eiweiß aus Rinderfleisch bedarf es dagegen 53.596 Liter Wasser.

Spirulina enthält schützende Karotinoide (Pro-Vitamin A) und Beta-Karotin, und zwar 25 mal mehr als rohe Karotten, außerdem Mineralien und Spurenelement einschließlich Zink, Mangan, Kupfer, ferner die Aminosäure Methonin. Des weiteren Selen und den wirksamsten Fänger freier Radikale überhaupt: Vitamin E, und zwar dreimal mehr als in rohen Weizensprossen. Die Aminosäuren Lysin und Prolin helfen gegen Verstopfung der Arterien. Spirulina ist die reichste pflanzliche Quelle an Vitamin B_{12}, es enthält 2,5 mal mehr Vitamin B_{12} als die gehaltvollste tierische B_{12}-Quelle, die Rinderleber.

Wichtig ist das bioverfügbare Chlorophyll, dem besten Sauerstoffträger der Natur, vor allem für den Darm und die Leber. Die roten Blutzellen werden mit Sauerstoff angereichert. Die Aufnahme von Eisen wird um 60% erhöht. Spirulina enthält 58mal mehr Eisen als roher Spinat und 27mal mehr als rohe Leber. Auch Gamma-Linolensäure wird bereit gestellt: 3mal potenter als Nachtkerzenöl. Um das Säureniveau im Körper zu normalisieren, können wir unserem Organismus alkalisierende Mineralien zuführen. Bestens geeignet ist dazu Spirulina mit ihrem typischen stark alkalischen pH-Wert von 9 bis 11.

Das Wachstum von Krebszellen wird unterdrückt. Spirulina wirkt gegen Asthma, Allergien, Herpes simplex, Influenza A, Mumps, Masern. Nützlich ist der Anstieg der Darmflora (Lactobazillen, Bifidus).

Spirulina entgiftet den Körper von Schlacken und Toxinen, stärkt den Kreislauf, lindert Verstopfung, verbessert die Leistungskraft.

Wichtiger Hinweis: Spirulina nicht mit Zitrusfrüchten oder Vitamin C einnehmen, da Vitamin C das wertvolle, der Assimilation dienende Chlorophyll zerstört.

Papaya enthält eine Vielzahl von Bioaktivsubstanzen, die den gesamten Organismus regenerieren können. Diese Bioaktivstoffe sind immunstimulierend und haben eine antioxydante Wirkung gegenüber sogenannten freien Radikalen. Sie greifen insbesondere die Gehirnzellen an, genauer gesagt die Membranen dieser Zellen und deren Erbgut (DNS). Auch in anderen Körperzellen verursachen freie Radikale degenerative Schäden: die Zellen altern schneller. Papaya wirkt gegen Bluthochdruck, Rheuma, Schmerzen, Müdigkeit, Diabetes, Alterskrankheiten.

Eleutheroccus gehört zu den Efeugewächsen – so wie der Ginseng. Die Pflanze, die auch Ewigkeitswurzel genannt wird, wächst im östlichen Sibirien, im Norden von Khabarovsk. Dieser Dornenstrauch enthält Aminosäuren, die Vitamine B, C, E, A usw., Mineralsalze wie Kalium, Magnesium, Kalium, Phosphor, Eisen, Kupfer, Spurenelemente, organische Säuren, Glucide, Fette, ätherische Öle, Enzyme, östrogenhaltige Substanzen, Sterole (Flavonoide mit antiradikaler Wirkung).

Die revitalisierenden Substanzen sind 1000mal stärker als bei den anderen Ginseng-Arten. Eleutheroccus wirkt bei: Vorzeitige Alterung des Organismus, Depression, Erschöpfung, Schlafstörung, Durchblutungsstörung, Gedächtnisschwund, Bluthochdruck, Haarausfall, Leberträgheit, chronischer Verstopfung, erhöhtem Cholesterinspiegel, Verdauungsstörung, schlechtem Allgemeinzustand, Nachlassen der sexuellen Spannkraft, Rheuma und sonstigen Schmerzen, regeneriert verbrauchten Knorpel.

Karde. Aus der Wurzel des Kardengewächses läßt sich mit Alkohol eine Tinktur gewinnen. Nach dreiwöchiger Einnahmen kommt es zur Linderung; die Bakterien der Borreliose sind dann abgetötet.

Erprobte Naturrezepte

Gegen Heuschnupfen: Augentrost, Holunderblüten (kauen beim Niesen), Pfefferminze zum Geschmack, Brennessel, Kamille, alles zu gleichen Teilen mischen.

Gegen Magenverstimmung, Durchfall, Bauchschmerzen, Erkältung: Ingwer-Wurzeln.

Gegen „Montezumas Rache". Dagegen hilft ein tibetisches Rezept: sieben Pfefferkörner ganz runter schlucken.

Wundbehandlung: Weißkohlblätter auf die Wunde legen. Wirkt schmerzlindernd und antiseptisch.

Gegen lästiges, vorübergehendes Ohrensauen habe ich von einem alten Tibeter seine „Ohrentrommel" mitgebracht. Dazu den Zeigefinger fest ins „lärmende" Ohr drücken. Dicht am Ohr haltend, mit dem Daumen gegen den Mittelfingernagel einige Male schnippsen. Das Geräusch hört alsbald auf.

Verblüffendes aus anderen Naturreichen

Flechten – Doppelwesen aus Pilzen und Algen

Das Bauprinzip der Flechte lag Jahrhunderte im dunkeln und konnte nicht entschlüsselt werden, denn die Flechte ist kein einheitlicher Organismus. Der Pilz (90%) umhüllt mit einem dichten Geflecht eine große Anzahl von ein- oder mehrzelligen Algen (10%). Der Pilz scheidet Säure aus, welche die Gesteinsoberfläche auflöst und Mineralstoffe freisetzt. Diese werden dann von der Alge zu so vielen Nährstoffen umgesetzt, daß sie für beide Partner ausreichen. Viele Leistungen der Flechte als morphologisch und physiologisch neues Lebewesen sind außergewöhnlich. Dazu gehören die extreme Kälteresistenz und die Fähigkeit, die Photosynthese auch weit unter dem Gefrierpunkt aufrecht zu erhalten. Ein in vielen Flechtenarten vorkommender Stoff, die Usninsäure, erwies sich als wirksames Antibiotika gegen Bakterien und Pilzinfektionen.

Schleimpilze: Verwandlungskünstler auf Wanderschaft

Irritierend heißen sie so, weil sie weder echte Pilze, Tiere, noch Pflanzen sind. Diese etwa Tausend verschiedenen Sondermodelle der Evolution bildeten seit 700 Millionen Jahren einen eigenen Zweig im Stammbaum des Lebens. Einzeller oder Mehrzeller? Schwer zu entscheiden. Warum? Die Zellkerne der Gigantenzelle, das Plasmodium, wie Wissenschaftler den schleimigen Organismus nennen, verdoppeln sich im 8-Stunden-Rythmus; die Zellen selbst teilen sich aber nicht. So wächst ein vielkerniges ungegliedert-bewegliches Gebilde heran; es besteht letztlich aus nur einer einzigen Riesenzelle, die Millionen von Zellkernen enthält. Ein einzigartiger, genialer Lebensentwurf!

Schleimpilze mit dem appetitlicheren, wissenschaftlichen Namen Myxomyceten kriechen wabernd über den Boden und machen Jagd auf friedliebende Waldbewohner. Für sein vielfältiges Erscheinungsbild fanden unsere Vorfahren mystische Wortbildungen. Denken Sie z.B. an die Wolfsmilch für den Blutmilchpilz (Lycogala epidendrum) oder die Hexenbutter für die Gelbe Lohblüte (Fuligo septica). Diese Begriffe beschreiben trefflich den Habitus dieser Schleimpilze.

Die gefräßigen bizarren Monster sind immer auf der Suche nach ihrer Leibspeise: Bakterienkolonien und Einzeller; selbst vor Fruchtkörpern echter Pilze machen sie nicht halt, überwuchern und verdauen sie vollständig innerhalb weniger Stunden. Wenn so ein fließendes und tastendes Gebilde auf Freßwanderschaft ist, scheint es zu pulsieren, aber nur, weil es nach jedem Vorstoß einen kleinen Rückzieher macht wie ein Chamäleon. Der Schleimer schiebt sich wie eine Raupe ein Stück vorwärts – mit einem Tempo von rund einem Zentimeter pro Stunde; dagegen sind Nacktschnecken mit 30 m/h wahre Sprinter. Wie von Geisterhand formen sich Adern, um die Nährstoffe im ganzen Körper zu verteilen. Diese pulsierenden Strukturen des Plasmodiums sind mit der menschlichen Darmbewegung vergleichbar. Sie ziehen sich im Minutentakt zusammen, entspannen sich wieder und pumpen auf diese Weise Zellplasma hin und her. Bis heute weiß niemand, was diese Röhren entstehen und wieder verschwinden läßt.

Aber wie bewegen sich die kleinen Freßmonster fort? Nun, sie können innerhalb weniger Minuten aus dem Zellinneren längliche dünne Zellfortsätze bei Bedarf ausstülpen und wieder ins Zellinnere zurückziehen. Die Steuerung dieser aktiv beweglichen Scheinfüßchen (Pseudopodien) wird durch Temperatur, Ionenkonzentration, Änderung des pH-Wertes, aber auch durch chemische Reize beeinflußt.

Und Schleimpilze sind Verwandlungskünstler. Treffen zwei Kolonien zusammen, fließen sie ineinander und ziehen als größeres Lebewesen weiter. Erschnüffelt ein Plasmodium mit seinen chemischen Rezeptoren etwas Freßbares, etwa einen leckeren Speisepilz, dauert die Plasmaströmung in diese Richtung etwas länger als in eine andere. Vor allem brauchen Schleimpilze Feuchtigkeit. Sobald es regnet, quellen sie aus Ritzen und Löchern und ziehen los auf Futtersuche. Nur bei Trockenheit wird alles anders. Dann müssen sie schleunigst zurück in den feuchten Untergrund.

Zum Sex bilden sie Stiele aus mit darauf sitzenden zierlichen Fortpflanzungskörperchen. Das sind pflanzenähnliche Schönheiten von leuchtender Farbenpracht. Die bis zum Rand gefüllten Fruchtkörper speichern das Erbmaterial millionenfach in Sporen. Ein filigranes Mikrogespinst aus verdrillten Fäden übernimmt den Auswurf. Das sind perfekte Schleudern. Dagegen sind die Samenschleudern des Indischen Springkrauts grobschlächtige Steinzeitwerkzeuge. Die Minischleudern der Fruchtkörper katapultieren die Sporen, paketweise mit Erbmaterial verpackt, in den Wind, widerstandsfähig für eine lange Flugreise. Die Luftpost ist ein Ultraleichtgewicht. Sie wiegt Bruchteile eines Millionstel Gramms. Nur noch kleinste 0,3 Mikrogramm schwere Samen einiger Orchideen können da mithalten. Beim Vertrieb der Sporen setzen einige Schleimpilze auf die „Muskelkraft" von Insektenbeinchen: Die Sporen werden verschlungen und verschleppt. Wieder andere Schleimer nutzen die Spülkraft des Regens und lassen ihre Sporen einfach wegschwemmen.

Jetzt kennen Sie die wandelnde Freßmaschine ohne Maul und Beine. Diese schleimige Vielfraßwalze überwuchert und überwindet sogar Hindernisse, die sich ihr in den Weg stellen. Beim Fressen wird das Beutegut vom ausfließenden Plasma umschlossen und einverleibt (Phagozytose). Wird es trocken oder fehlt die Nahrung, reagieren die vielkernigen Gigantenzellen unterschiedlich: Manche verhärten zu hornartigen sogenannten Sklerotien, die über Jahre hinweg überdauern können. Andere verkleinern sich zu mikroskopischen Partikeln (Microzysten) und erwachen erst dann aus ihrem Dornröschenschlaf, wenn bessere Zeiten angebrochen sind.

Und so beginnt ein neuer faszinierender Lebenszyklus: Eines Tages hört die Gigantenzelle auf zu fressen. Sie kriecht an eine helle und trockene Stelle und verwandelt sich aufs Neue: Unzählige Fortpflanzungskörperchen bilden sich aus, in denen 0,005 bis 0,020 Millimeter große Sporen heranreifen, und zwar mit einem einfachen Chromosomensatz. Dabei wird jeder der vielen Millionen Zellkerne des Plasmodiums zu einer Spore. Je nach Art können die Fortpflanzungskörper sehr unterschiedlich aussehen. Die Wissenschaftler nennen die Sporen Myxoflagellaten. Diese bewegen sich in feuchter Umgebung durch Geißelschlag fort. Ist es aber trocken, bilden sich in den Sporen sogenannte Myxamöben; sie haben keine Geißeln und bewegen sich wie andere Einzeller durch ihre Plasmaströmung fort. Wie von Zauberhand können sich je nach Wasserangebot, diese Gebilde in die jeweilige andere Form umwandeln – entsprechend der gerade günstigeren Fortbewegungsform.

Wußten Sie übrigens, daß einige Schleimpilze regelrechte Metallsammler sind? Das fanden die Wissenschaftler kürzlich heraus. Manche Schleimpilzarten können extreme Mengen an Metallen aufnehmen. Besonders eifrig ist Fuligo septica. Bei ihm stellte man fest, daß er mit Vorliebe Zink anreichert, ein Gehalt von 3,6 Gramm pro kg Trockenmasse. Aber nicht nur das. Auch bis 15,19 Gramm pro kg Barium; 2,1 Gramm Strontium und 4,57 Gramm Mangan. Lycogala epidendrum hat dagegen eine eigenwillige Affinität zu Zinn. Man fand davon bis 30 mg pro kg in der Trockenmasse.

An Gebäuden, besonders an Fachwerkbauten, ist der Schleimpilz ein besonderer Helfer des Sachverständigen für Holzschutz. Er gibt ihm versteckte Informationen über das Innere der Fachwerkbalken. Der sichtbare Schleimpilz etwa auf Farbanstrichen ist dann ein Indikator und verläßlicher Jagdgehilfe des Sachverständigen, der auf der Suche nach unsichtbaren, holzzerstörenden Pilzen ist.

Kürzlich haben Forscher einen besonderen Zelltyp bei den Schleimpilzen entdeckt: Eine Art Wächterzelle, die darauf spezialisiert ist, Giftstoffe und Bakterien unschädlich zu machen. Aus dieser einfachsten Form eines Immunsystems könnte sich die angeborene Immunabwehr der Tiere entwickelt haben, schreiben die Wissenschaftler im Fachjournal „Science".

Plasmodien im Jungstadium sind lichtscheue Kriechgesellen. Sie leben im Inneren abgestorbener Bäume und zeigen eine bemerkenswerte Eigenschaft, denn sie bewegen sich in Richtung niedrigerer Beleuchtungsstärke (negative Phototaxis). Genau diese Fähigkeit der Schleimpilze erregte das Interesse der Forscher. Sie suchten nämlich nach einem simplen Kontrollmechanismus für autonome Roboter. Die Forscher ließen einen der gelben Organismen in Form eines sechszackigen Sterns auf einem Chip wachsen und koppelten diese Einheit an ihren sechsbeinigen Roboter. Dann bestrahlten sie den Schleimpilz an unterschiedlichen Stellen mit Licht. Der Schleimling reagierte mit entsprechenden Ausweichmanövern. Diese entstehenden Bewegungen wurden vom Chip registriert und auf den Roboter übertragen, so daß dieser genau wie der Pilz vor dem Licht flüchtete.

Ein japanischer Forscher wollte die Freß-Intelligenz seines Schleimpilzes Physarum Polycephalum testen. Für seinen Prüfling dachte er sich ein Labyrinth aus. An dessen Ein- und Ausgängen legte er Haferflocken, eine Leckerei für den Schleimer. Das Labyrinth bestand aus vier verschiedenen Wegen. Würde der Schützling den kürzesten Weg zum Leckerchen finden? Stück für Stück brachte er Schleimpilze ins Labyrinth. Diese Schleimpilz-Portionen vereinigten sich und besetzten den ganzen Irrgarten. Das Plasmodium fand auf dem kürzesten Weg die Futterdepots und machte sich in regelrechten Freßwellen über die Haferflocken her. Dabei hält der Schleimpilz die Verbindung zwischen den beiden Futterquellen aufrecht über kräftige Adern, die das Labyrinth durchziehen. Manche Wege jedoch scheint er zu meiden. Aus Sackgassen zum Beispiel ziehen sich die Adern zurück, hinterlassen nichts als ihre Spuren. Umwege werden geräumt. Und nach einigen Stunden gibt es nur noch eine „Hauptschlagader", einen Verbindungsstrang zwischen Ein- und Ausgang – ohne Zweifel der kürzeste Weg. Der Schleimer wählte den um 22% kürzeren Weg und keinen der anderen drei zur Wahl stehenden. Intelligenztest bestanden.

Während wir danach trachten, den Mars in zwei Jahrzehnten „zu erobern" – erst später wird das aber gelingen – sollten wir erst einmal unsere „primitiven" Mitgeschöpfe in Augenschein nehmen, um ihre Qualitäten und Lebensstrategien zu ergründen.

Der größte Organismus ist ein Pilz

Seit Urzeiten verändern Pilze das Gesicht der Erde, sie ziehen ihre Fäden (Hyphen) im tiefen Erdreich, und hier liegt auch ihr Geheimnis verborgen: die symbiotische Partnerschaft mit den Baumwurzeln (Mykorrhiza). Wie eine Art Wärmetauscher umspinnt das Pilzgeflecht, das Myzel, die Baumwurzeln. Dabei geben die „Blattfabriken" das aus der Photosynthese gewonnene Chlorophyll weiter; Endprodukte sind Zuckermoleküle, die über die Leiterbahnen des Baums an die Wurzeln führen. Hier kommt es zu einem regen Stoffaustausch mit dem Pilzgeflecht, das im Austausch gegen den Zucker wertvolle Mineralstoffe an die Baumwurzeln liefert. Diese vernetzte Unterwelt entsorgt und pflegt den Wald, baut Zellulose ab, hält den Kreislauf des Lebens in Schwung und macht den Weg frei für neues Wachstum.

Biologen konnten im National Forest of Oregon einen Jahrtausende alten zusammenhängenden Organismus genetisch nachweisen, der sich über eine Fläche von etwa neun Quadratkilometern ausdehnt. Das Hyphenwurzelwerk dieses Riesenorganismus eines Pilzes, genauer ein Hallimasch, wiegt an die 600 Tonnen und ist damit viermal so schwer wie ein Blauwal.

Birkenporling, der heilende Pilz

Weitgehend unbekannt ist das Geheimnis um die heilende Wirkung der Inhaltsstoffe dieses Pilzes. So soll ein Sud aus seinem Fruchtfleisch nicht nur entzündungshemmend wirken, sondern ein wirksames Naturmittel gegen verschiedene Krebserkrankungen sein. Früher wurde der Birkenporling als Nadelkissen, zur Papierherstellung und auch im Arzneibereich (Magen-Darmerkrankungen) genutzt. Auch Ötzi, der Mann aus dem Eis, trug einen Birkenporling bei sich, vermutlich als Bestandteil seiner Reiseapotheke.

Gesundheit und Ernährung

Blut ist ein ganz besonderer Saft sagte Mephisto in Faust

Warum entstanden mehrere Blutgruppen?

Jeder Blutgruppentyp birgt die genetische Botschaft der Ernährungs- und Verhaltensweisen unserer Vorfahren. Die Blutgruppe ist wie der Fingerabdruck ein Merkmal der Persönlichkeit, sie beeinflußt den Organismus auf zellularer Ebene. Unser heutiges bluttypisches Immun- und Verdauungssystem wurde geprägt vom Verzehr bestimmter Nahrungsmittel unserer Urahnen. Die wichtige Erkenntnis daraus: Es gibt eine biochemische Individualität, einen direkten Zusammenhang zwischen optimaler Ernährung und dem jeweiligen Bluttyp.

Blutgruppe 0. Diese älteste „Urblut-Suppe" floß in den Adern der umherstreifenden Jäger und Sammler, der Cromagon-Menschen, vor etwa 40.000 Jahren. Sie ernährten sich im Wesentlichen von erlegtem Wild. Ihre Hauptenergiequelle war also tierisches Eiweiß. Diese Blutgruppe der Fleischesser ist heute zu etwa 40% in der Bevölkerung vertreten. Biologisches Vermächtnis: Widerstandsfähiges Immunsystem, starker Behauptungswille.

Blutgruppe A (43 bis 45% der Bevölkerung). Die Vegetarier tauchten erstmals in der Jungsteinzeit vor 25.000 bis 15.000 Jahren auf. Die Menschen in Asien waren seßhaft geworden und hatten gelernt, Getreide anzubauen und Vieh zu züchten. Diese neue vegetarisch

134

ausgerichtete Ernährungsweise wirkte sich auf das Immunsystem und den Verdauungstrakt aus. Durch die dichtere Besiedelung mußten zudem die Frühbauern besonders widerstandsfähig gegen Infektionen sein. Über Jahrtausende verlor der Verdauungsapparat mehr und mehr die Hauptfähigkeit, fleischliche Nahrung aufzuschließen. Biologisches Vermächtnis: Pflanzliche Kost wird gut vertragen. Ausgeprägter Gemeinschaftssinn.

Blutgruppe B (etwa 10% der Bevölkerung). Die Fast-Allesesser mit Blutgruppe B entstanden zwischen 15.000 und 10.000 vor unserer Zeitrechnung. Das waren Nomaden in Südostasien und in den Steppen Eurasiens. Bei diesen Kulturen spielten fermentierte Milch- und Agrarprodukte eine große Rolle. Biologisches Vermächtnis dieser Urahnen: Gemischte Anpassung an pflanzliche und tierische Kost.

Blutgruppe AB ist den modernen Mischköstlern zu eigen. Nur weniger als 5% der Bevölkerung besitzen diesen modernen Bluttyp, der sich erst vor 1.000 bis 1.500 Jahren herausbildete. Er entstand, als sich Volksstämme mit den Blutgruppen A und B vermischten. Biologisches Vermächtnis: Die heutigen AB-Typen werden seltener von Autoimmunkrankheiten und Allergien geplagt, sie sind aber anfälliger für bestimmte Krebserkrankungen. Der Verdauungstrakt dieser modernen Mischköstler ist recht empfindlich.

Das Mirakel der optimalen Ernährungspyramide

Wie man seine Ernährung durch welche Nahrungsmittel optimal aufteilen sollte, wird uns seit Jahren in Form einer Pyramide vor Augen geführt. Dabei bilden Getreideprodukte die Basis der Pyramide. Dahinter stecken handfeste Interessen der Nahrungsmittelindustrie. Diese Lobby wirkt so mächtig auf die Gesundheitspolitik ein, daß dabei die wissenschaftlichen Erkenntnisse auf der Strecke bleiben. Der Musterschüler Deutschland übernimmt und propagiert die US-Ernährungspyramide kritiklos zum Wohle der Bevölkerung.

Vergessen Sie sämtliche einseitigen Diäten, die Medien einzig mit dem Heißhunger nach Auflagensteigerung anpreisen. Erinnern wir uns statt dessen an unsere Evolution: Über mehr als 500.000 Jahre lang ernährten sich unsere Vorfahren rein von dem, was ihnen die Natur bot. Erst in den letzten Jahrzehnten dominiert die industriell erzeugte Kost. Das ist etwa ein Zeitverhältnis von 1 zu 10.000, in dem unser Verdauungsapparat keine Zeit fand, sich umzustellen. Noch hat sich die Natur nicht genetisch auf die „Chipblutgruppe" C, Rhesusfaktor Kellogs eingestellt.

Tips zum Idealgewicht: Ernähren Sie sich so, wie Ihre Blutgruppe es genetisch angelegt hat. Dazu gehört auch die tägliche Bewegung bis zum Schwitzen und zwei Liter stilles Mineralwasser; still deswegen, weil Sprudelwasser durch den Kohlensäuregehalt saurer ist.

Unsere Blutgruppe ist unser biologischer Ernährungskompaß

Dazu müssen Sie herausfinden, welches Nahrungsmittel für Ihren Körper unverträglich ist. Bestimmte Eiweißverbindungen, sogenannte Lektine in den Nahrungsmitteln können nämlich zur Zellenver-klumpung, zur Agglutination, führen. Diese Superklebstoffe ver-tragen sich nicht mit bestimmten Blutgruppen. Was dem einen Blut-typ nützt, kann einem anderen schaden. Folgen eines gestörten Stoffwechsels sind Fettdepots, Wassereinlagerungen, entzündliche Darmschleimhaut usw. Prototyp der Unverträglichkeit ist Milch, die ein Bluttyp A-Mensch schlecht verträgt. Einem Bluttyp B wäre zu raten, keine Weizenprodukte zu essen, weil diese Kleberweiß (Glu-ten) enthalten und den Dünndarm stark reizen. Durch richtige Ernäh-rung können Sie selbst dafür sorgen, daß Sie ein verbessertes Im-munsystem schaffen. Nehmen Sie weniger lektinhaltige Nahrungs-mittel zu sich, die mit Ihrem Blutgruppen-Antigen reagieren. Damit steigern Sie Ihre Chancen, einer ganzen Reihe von Krankheiten und Behinderungen zu entgehen.

Mein Tip: Der Indikan-Test. Ein Harn-Teststreifen zeigt die Unverträg-lichkeit eines der Nahrungsmittel an, nämlich den Grad der Darm-fäulnis. Bei unvollständigem Stoffwechsel der Eiweißkörper bilden sich Gifte, die Indole: Je nach Giftstoffgehalt färbt sich der Teststrei-fen hell- bis dunkelblau.

Bluttypen und spezifische Ernährung

Für Bluttyp 0: Schlankmacher sind Fleisch, vor allem Leber, Geflügel, Seefisch (Quelle für Vitamin K, Omega3-Fettsäure), Brokkoli. Viel grünes Blattgemüse wie Grünkohl, Lauch, Paprikaschoten, Petersilie, Spinat. Vorteilhaft sind Feigen und Pflaumen.

Dickmacher: Weizen (erhöht Insulinspiegel), Linsen, Rosenkohl.

Für Bluttyp A: Fleisch eher meiden, es raubt dem Bluttyp A die Energie, auch Milch meiden, es macht ihn fett.

Schlankmacher: Ananas, Gemüse, Sojabohnen, Fisch und Krustentiere.

Erdnüsse mit dem feinen rotbraunen Häutchen essen. Darin stecken nützliche Lektine, die eine krebsvorbeugende Wirkung haben. Wichtiger Eiweißlieferanten sind Bohnen und Hülsenfrüchte. Vermeiden sollten Sie Tomaten und Weißkohl. Besonders Knoblauch stärkt die körpereigene Abwehr.

Für Bluttyp B: Das robuste Verdauungssystem verträgt Fleisch (kein Hühnerfleisch, da schädliche Lektine), Milchprodukte und pflanzliche Kost. Eine ausgewogene Kost ist optimal.

Dickmacher: Erdnüsse, Linsen, Weizen, Mais. Schlankmacher: Eier, Magermilchprodukte, Fleisch, Gemüse. Vermeiden Sie Zimt und Tomatenketchup.

Für Bluttyp AB: Das Verdauungssystem verträgt ausgewogene Mischkost. Das Immunsystem dieser Robustlinge ist sehr anpassungsfähig. Es empfehlen sich: Fleisch, Fisch, Milchprodukte, Hülsenfrüchte, Getreide, Obst und Gemüse.

Übrigens: Hunde besitzen sogar mehr als 12 Blutgruppen, dabei ist es belanglos, welche Blutgruppe der Spenderhund im Falle einer Bluttransfusion hat, Hauptsache er ist gesund.

Stoffe, die unsere Lebensqualität beeinträchtigen

Fluorid. Dieses Salz schädigt eher unser Immunsystem. Eine Untersuchung dazu stimmt bedenklich. In den US-Städten New York und San Francisco setzt man dem Trinkwasser Fluorid zu. Signifikant gibt es hier viermal soviel Fälle von AIDS, als zu diesem Zeitpunkt in den Städten Los Angeles und Houston, deren Trinkwasser noch nicht fluoridiert waren. Gott Lob, bei uns in Deutschland ist das Leitungswasser noch fluoridfrei und wird statt dessen mit Ozon entkeimt. Bedenken Sie: Durch den Verkauf des Aluminium-Abfallprodukts Fluorid an die örtlichen Wasserwerke macht die US-Pharma-Industrie hohe Gewinne.

Glutamat. Dieser Geschmacksverstärker findet sich zunehmend in Fertiggerichten, aber auch in Essen der chinesischen Küche. Man spricht vom China-Restaurant-Syndrom, wenn man diese Lokalitäten mit Migräne, Herzrasen und Muskelkrämpfe verläßt. Glutamat wirkt wie ein Nervengift. Forscher fanden heraus, daß der Stoff ein Risikofaktor für Alzheimer und Multiple Sklerose ist.

Homocystein. Diese Aminosäure schädigt die Wände der Blutgefäße. Ab einer Konzentration von 0,65 bis 1,8 mg pro Liter Blut zeigt sich eine gefäßschädigende Wirkung. Sie kann zu Arteriosklerose und Herz-Kreislauf-Erkrankungen führen. Dabei entstehen Schrunden und Narben, in denen sich Plaque festsetzt. Zwar bekämpfen die Vitamine B_6, B_{12} und Folsäure das Homocystein, doch ab etwa 40 Jahren erzeugt der Körper nicht mehr ausreichend von diesen Stoffen.

Alkohol ist ein Zell- und Nervengift. Längere Einnahme führt zu Gedächtnislücken und zu verbalen Ausdrucksschwierigkeiten. Bei ständiger Alkoholeinnahme kommt es zu demenzähnlichen Symptomen. Alkohol hebt den Fettspiegel und entzieht dem Körper Mineralstoffe.

Natrium ist für die Zellen lebensnotwendig, aber mehr als 3.300 mg Natrium im Blut schädigt auf Dauer Herz und Gefäße. Der damit verbundene Bluthochdruck leiert die Arterien aus.

Zucker liefert zwar Energie, aber keine Vitalstoffe. Kurzkettige Zuckermoleküle des Traubenzuckers gehen rasch ins Blut über: Der Insulinspiegel steigt enorm, um darauf in kurzer Zeit wieder auf sein Ausgangsniveau zu fallen. Je mehr Zucker, gleich welche Zuckerart Sie essen, um so mehr verschleißt Ihr Organismus. Die Wahrscheinlichkeit, daß Sie an Diabetes erkranken werden, erhöht sich, außerdem steigt der Säurewert im Blut. 34 kg Zucker überschütten jährlich den Stoffwechsel eines Deutschen. Damit wird die Bauchspeicheldrüse, die Insulin produziert, ständig bis an die Leistungsgrenze gefordert.

Verblüffend: eine 100-jährige Buche mit ihren 600.000 Blättern produziert an einem sonnigen Tag durch Fotosynthese 12 kg Zucker.

Quecksilber. Dieses Schwermetall läßt sich im Gehirn von Alzheimer-Patienten nachweisen. Nach ihrem Ableben fand man bei ihnen eine vierfach höhere Quecksilberkonzentration als im Gehirn von Menschen, die an anderen Erkrankungen starben.

Nahrung, die unser Leben schützt und verlängert

Erkunden wir vorab mit Respekt vor der Natur die kleinsten hochkomplexen Bausteine unseres Körpers. Eine einzelne Zelle verhält sich intelligenter als der Gesamtorganismus Mensch. Selbst eine einzige Hefezelle birgt 17.000 Proteine, die hochentwickelt miteinander kommunizieren. In einer menschlichen Zelle gibt es neben Proteinen auch Botenstoffe. Botenmoleküle sind dafür verantwortlich, daß Nahrung wie in einer Großstatt herangeschafft und entsorgt wird. Die Zellen sind nur dann gesund, wenn sie genügend Nährstoffe haben. Dann funktionieren sie reibungslos und erneuern sich ständig. Jede unserer insgesamt 60 Billionen Körperzellen ist eine faszinierende biochemische Mikrofabrik. Hier verborgen sind die genetische DNS-Software-Bibliothek, etwa 1.800 kleine Energiezentralen (Mitochondrien), eine Produktionsstätte für Eiweißersatzteile (Golgi-Apparat und Ribosomen); eine Importsammelstelle (Endosomen); spezialisierte Müllverbrennungsanlagen (die Lysosomen); eine Transportdrehscheibe, die Nährstoffe mit Kränen von außen und Müll von innen abtransportiert (Membran/Zellwände); über 10.000 Stoffwechselbeschleuniger (vitaminabhängige Enzyme) u. v. m. So einem biologischen Wunderwerk können wir nur mit Hochachtung begegnen, vor allem wenn man bedenkt: das Ganze baut die Zelle nur mit 45 Nährstoffen auf; 14 davon sind Vitamine, der Rest sind Mineralien, Spurenelemente, Aminosäuren und zwei essentielle Fettsäuren.

In jeder Sekunde laufen in unserem Körper 10^{30} biochemische Operation in den Zellen ab. Täglich sterben 600 Milliarden Zellen ab und werden wieder neu gebildet. In einer Woche entsteht z.B. eine neue Darmschleimhaut. Denken wir einmal über die lebenswichtigen Vitalstoffe nach, die unser Wohlbefinden beeinflussen. Diese finden ihren Weg durch die Zellmembran der kleinsten Einheiten unserer Körpers. Faszinierend, denn auf der Zellwand entscheiden gewisse Pförtner, also Rezeptoren, welche Substanz ins Zellinnere darf und welche nicht.

Vitalstoffe braucht unser Körper, um funktionsfähig zu bleiben. Es sind Vitamine, Mineralstoffe, Wasser und essentielle Amino- und Fettsäuren. Ballaststoffe und bioaktive Substanzen komplettieren das Vitalpaket.

Auf einen Nenner gebracht: vielseitig und bunt sollten wir uns ernähren. Täglich sollte mehrmals Obst und Gemüse auf dem Speiseplan stehen, dazu zwei Liter stilles Mineralwasser. Die Vitamine A, C, E, Beta-Carotin und das Spurenelement Selen zählen zu den Antioxidantien. Sie entschärfen die freien Radikale, indem sie ihnen Elektronen „zum Fraß" anbieten, ohne selbst zum freien, aggressiven Radikal zu werden. Am effektivsten sind Antioxidantien im Team, vor allem Vitamin C, das wasserlöslich ist, im Verein mit Vitamin E, das sich nur in Fett löst.

Im Normalfall besteht ein Sauerstoffmolekül aus zwei Sauerstoffatomen. Zerbricht diese Verbindung, suchen beide Partner – die Sauerstoff-Radikale – neue Verbindungspartner, z.B. ein Eiweißmolekül. Sie entreißen ihm einen Teil, brechen die Struktur auseinander. Eine zertrümmerte chemische Verbindung bleibt zurück. Ist dieser Teil z.B. eine Zellwand, entsteht eine veränderte, kranke Zelle, die schlimmstenfalls nicht abstirbt, sondern sich weiter teilt. Teilen sich viele entartete Zellen, entsteht im Extremfall Krebs.

Es ist erstaunlich wie stark in den letzten Jahrzehnten die Vitamine durch denaturalisierte, gezüchtete Nahrungsmittel zurückgegangen sind. So enthielten noch vor 15 Jahren 100 g Apfel einen Vitamin C-Anteil von 5 mg, heute nur noch 1 mg; 100 g Banane 330 µg Vitamin B_6, heute sind es magere 22 µg; 100 g Fenchel 4,7 mg Beta-Carotin, heute nur 1mg.

Vitamin E ist König der Antioxidantien. Es ist einer der wichtigsten Radikalfänger. Vitamin E sollte sowohl alpha-Tocopherole – extrahiert aus Sojaöldestillat, Weizenkeim- und Sonnenblumenöl, als auch Tocotrienole – extrahiert aus Getreidekörnern, vor allem aus dem Palmöl enthalten.

Vitamin E verringert den Zelltod von Nervenzellen des Hippocampus, jener Region im Gehirn, die für den Aufbau des Langzeitgedächtnisses zuständig ist. Tocotrienol als Antioxidant ist 40 bis 60mal wirksamer als Tocopherol. Tocotrienol kann Arteriosklerose und den Cholesterinspiegel im Blut verringern sowie fettabhängige Risikofaktoren umkehren.

Das fettlösliche Zellschutz-Vitamin E
- hilft gegen die Alterung der Haut und UV-Schäden,
- vermeidet die Verstopfung der Arterien,
- senkt den Cholesterinspiegel,
- schützt gegen Arteriosklerose und Gefäßkrankheiten,
- schützt vor viralen und bakteriellen Infektionen,
- verhindert die altersbedingte Zerstörung der Augennetzhaut-Macula, dem Punkt des schärfsten Sehens,
- reduziert das Herzinfarktrisiko um 77%,
- senkt das Risiko um 32% gegen Prostatakrebs,
- schützt das Gehirn vor Alzheimer,
- verringert die Wirkung der Parkinsonschen Krankheit,
- hilft Zellen zu blockieren, die an der Förderung von Krebs beteiligt sind (Leberkrebs, Brustkrebs),
- verzögert den Ausbruch von Diabetes, Typ 2,
- lindert Autoimmunkrankheiten wie Arthritis,
- reduziert drastisch das Risiko für Lungenkrebs, Brustkrebs, Gehirnkrebs und Darmkrebs sowie Hauttumoren,
- verlangsamt den gesamten Alterungsprozeß,
- verbessert die Sauerstoffversorgung der Zellen.

Die meisten Nahrungsmittel von Vitamin E sind reich an Ölen. Sie enthalten daher viele Kalorien. Chlor, ein Bestandteil des Leitungswassers, verringert die Absorption von Vitamin E.

Das wasserlösliche Immun-Vitamin C arbeitet im Zellinneren und stärkt das Abwehrsystem. Vitamin C ist ein Radikalenfänger. Vitamin C regt die Cortisolproduktion der Nebenniere an. Cortisol seinerseits macht die energetischen Substanzen Glukose und Fettsäure mobil.

Vitamin B-Komplex. Diese wasserlöslichen Vitamine sind Vorstufen (Coenzyme), die Stoffwechselreaktionen unterstützen. Hauptsächlich wirken sie beim Energie- und Baustoffwechsel der Zellen mit. Sie spielen eine wichtige Rolle bei der Hormonproduktion und Energiegewinnung, aber auch bei verschiedenen Funktionen des Nervensystems. Folgende Lebensmittel sind reich an Vitaminen des B-Komplexes: Milch und Milchprodukte, Schweineleber, Walnüsse, Vollkornreis, Bohnen.

Das fettlösliche Augen-Vitamin A hilft bei der Produktion wichtiger Hormone und schützt Augen und Schleimhäute. Am Besten ist es, sich mit der chemischen Vorstufe, dem Beta-Carotin, zu versorgen, z.B. durch Möhren, Petersilie, Spinat, erhitze Tomaten (hoher Lykopingehalt). Damit stellt der Körper genau soviel Vitamin A her, wie er benötigt.

Wichtige Mineralstoffe und Spurenelemente

Mineralstoffe wie Calcium und Magnesium stärken nicht nur das Skelett, sondern sorgen auch dafür, daß unsere Nerven richtig funktionieren. Andere in Spuren vorkommenden Mineralstoffe aktivieren Enzyme und übernehmen den Sauerstofftransport im Blut.

Diese Mineralstoffe und Spurenelemente kommen in unserem Körper zumeist nur in Milligramm-Mengen vor. In höheren Dosierungen wirken diese segensreichen Substanzen oft genug als Gifte!

Eisen ist für gesunde rote Blutkörperchen und für ein robustes Immunsystem wichtig. Das Element dient der Produktion von Hämoglobin und der Sauerstoffsättigung der roten Blutzelle und ist lebensnotwendig für die Bildung vieler Enzyme. Wir haben etwa vier bis fünf Gramm organisches Eisen in unserem Blut, die größte Menge an einem Mineral überhaupt.

Fluor ist unverzichtbar für gesunde Zähne und Knochen. Fluor macht das Bindegewebe elastisch, kräftigt die Muskeln und sorgt für schönes Haar und gesunde Haut.

Germanium erhöht die Sauerstoffzufuhr in unserem Körper: Die Sauerstoffzufuhr zu den Zellen im Körper ist elementar. Germanium kann verabreicht werden bei Mattigkeit, Entkräftung und auch bei Leukämie. Organisches Germanium steckt in Pilzen (bis 2.000 ppm) und in Panax ginseng (4.000 ppm).

Chrom beeinflußt den Blutzuckerspiegel. Es sorgt dafür, daß Insulin aus dem Blut abgebaut und dadurch Fett aus den Fettzellen mobilisiert werden kann. Eine Studie belegt, daß vor allem Zuckerkranke einen niedrigen Chromspiegel im Blut haben. Eine Nahrungsergänzung mit Chrom verstärkt den sogenannten Glukose-Toleranz-Faktor, also die Insulin-Wirkung. Chrom ist daher für die Diabetes-Behandlung bedeutend. Außerdem unterstützt es den Glukosetransport durch die Zellmembran zum Zellkern.

Chrom-Mangel verursacht häufig Müdigkeit. Chromquellen sind Brokkoli, Nüsse, Käse, Pflaumen, Bierhefe, Vollkornprodukte.

Calcium, der Knochenkitt, spielt im Elektrolythaushalt des Körpers eine Rolle. Vitamin C steuert den Calciumstoffwechsel. Bei Verschiebung des Elektrolythaushalts kann es zu Herzschmerzen, Herzjagen, Unruhe, Reizbarkeit und nächtlichen Wadenkrämpfen kommen. Calcium ist außerdem wichtig für die Knochenbildung.

Kalium läßt das Herz ruhiger schlagen und reguliert zusammen mit Natrium den Wasserhaushalt. Kalium schwemmt Wasser aus den Zellen – Natrium bindet Wasser (1 Gramm Salz bindet 1 Liter Wasser). Kalium und Natrium halten den osmotischen Druck und die Spannkraft der gesamten Muskulatur und Gefäße aufrecht. Daß die Banane besonders reich an Kalium sei, ist ein weit verbreiteter Irrtum.

Kupfer unterstützt die Zellatmung, dient der Bildung des roten Blutfarbstoffes als Biokatalysator und ist Bestandteil eines atmungsspezifischen Enzymsystems. Der Körper benötigt Kupfer, um Eisen aus dem Darm aufzunehmen und gespeichertes Eisen zu verwerten.

Magnesium, das Anti-Streßmineral, aktiviert fast alle Enzyme, Muskel- und Nervenzellen. Es bindet die Neurotransmitter. Magnesium ist unverzichtbar für den Transport von Sauerstoff und Hormonen und ist wichtig für den Knochenaufbau. Magnesium-Mangel führt zu Müdigkeit, Gereiztheit und Muskelkrämpfen. Magnesium-Quellen sind grünes Gemüse, Avocados, Nüsse und Hülsenfrüchte.

Tip: Bei Muskelkrämpfen hilft Magnesium.

Mangan besorgt die Knorpelbildung, die Entgiftung und Abwehrkraft. Es hat Anteil an der Blutbildung und Blutgerinnung, im Verein mit dem Vitamin K. Der Mineralstoff unterstützt die körpereigenen Abwehrkräfte. Für Diabetiker ist Mangan als Regulator des Zuckerstoffwechsels wichtig.

Phosphor verlangt der Aufbau von Knochen und Zähne. Als einer der vielen Bausteine der Zelle und Nukleinsäure (RNS/DNS) ist er Träger genetischer Informationen.

Selen stabilisiert das Immunsystem und schützt die Zellfunktionen. Es entgiftet den Körper, vor allem leitet Selen Quecksilber aus dem Körper. Wer ausreichend Selen im Blut hat, bei dem haben Eindringlinge wie Viren und Bakterien kaum eine Chance. Wichtiger Selen-Lieferant ist Seefisch.

Zink. Über 60 verschiedene Eiweißstoffe benötigen Zink, deshalb ist es nicht verwunderlich, daß der Mensch etwa 2 bis 4 Gramm dieses Minerals in seinem Körper trägt. Zink wirkt in unserem Körper als lebenswichtiger Unterstützer von mehr als 300 Enzymen. Zink hat große Bedeutung für Stoffwechsel, Atmung, Wachstum, Sexualität, Immunabwehr und Zellteilung. Zink ist bedeutend für die Thymushormone und für die Ausbildung von T-Lymphozyten. Zink hilft beim Knochenaufbau, beim Säubern des Blutes von Kohlendioxid und hat Wirkungen auf den Geruchs- und Geschmackssinn. Personen mit Zinkarmut haben einen verminderten Geschmacksinn und beschweren sich, daß alles „nach Pappe" schmeckt. Weiße Flecken auf den Fingernägeln können auf einen Zinkmangel hindeuten.

Symptome bei Zinkmangel: verminderte Resistenz gegenüber Infektionen, Hauterkrankungen, Depressionen. Zink ist in Linsen, Camembert, Seefisch, Fleisch und Getreide enthalten. Partner und zugleich Gegenspieler des Zinks ist Kupfer. Sind beide Spurenelemente im Gleichgewicht, dann verstärken sie gegenseitig ihre positive Wirkung.

Jod, lebensnotwendig, aber nur in Spuren
Der Mythos, eine Jodprophylaxe würde eine Kropfbildung verhindern, ist ein weit verbreiteter Trugschluß in der Bevölkerung. Viele Lebensmittel sind von Natur aus reich an Jod, z.B. Seefisch, Zwiebeln und Milch. Die übertriebene Jodprophylaxe etwa in Speisesalz ist erschreckend in Deutschland, zumal Jod zu den krebserregenden

Stoffen zählt. Kaum ein Lebensmittel bleibt vor der Zwangsjodierung verschont. Allein der Jodgehalt in Hühnereiern vervierzigfachte sich in den letzten zehn Jahren – durch Fütterung – von 4,6 auf 64 Milligramm Jod. Durch Überjodierung haben z.B. zugenommen: Jodakne, Hyperaktivität, das Restless-legs-Syndrom (Zappelbeine), Lichtallergie und Herzinsuffizienz. Ein Überangebot an Jod kann schwere gesundheitliche Schäden auslösen und hat einen gravierenden Einfluß auf den Fettstoffwechsel. Die Folge: Unterfunktion der Schilddrüse, die zur Fettleibigkeit führt. Merkwürdig ist auch, daß Japan, als das Land mit den höchsten natürlichen Jodvorkommen der Erde, die höchste Rate hat an erblicher Lichtüberempfindlichkeit.

Wußten Sie, daß der prominenteste Jodkranke Adolf Hitler war? Sein Leibarzt Morell verabreichte ihm regelmäßig Jodpräparate zur Infektionsabwehr und behandelte damit seine Arteriosklerose; unwissend machte er ihn zu einem körperlichen und seelischen Wrack. Hitlers Krankheitssymptome lesen sich wie die klassische Aufzählung von Jodschäden durch Jodvergiftung (s. Lehrbuch für Toxikologie von Louis Lewin). Ein berühmter Jod-Allergiker unserer Tage ist der brasilianische Fußballstar Pelé.

Körpereigene Enzyme

Biotin / Vitamin H ist an einer Vielzahl von zentralen Stoffwechselvorgängen beteiligt, z.B. Kohlenhydrat-, Aminosäure- und Fettsäurestoffwechsel.

Coenzym Q_{10}, auch als L-Carnitin oder Vitamin Bt bekannt, ist als Stoff in zehn verschiedenen Varianten in Pflanzen, Tieren und Menschen verbreitet und gilt als Motor der Lebensenergie, die von der Leber bereitgestellt wird. Es hat einen ähnlichen Aufbau wie das Vitamin E. Im Gegensatz zu anderen Enzymen werden Co-Enzyme verbraucht und müssen daher ständig erneuert werden. Im menschlichen Körper übernimmt Q_{10} die Umwandlung der Energie, die in den Nahrungsmitteln steckt, z.B. im Fett, in die körpereigene Energie. Dieser Umwandlungsprozeß findet in bestimmten Bestandteilen der Körperzellen statt, den sog. Mitochondrien.

Mitochondrien, griechisch Fadenwürmer, sind von einer Doppelmembran im Zellplasma umgeben. Sie sind unentbehrlich für den Stoffwechsel der Zelle und produzieren 95% der Zellenergie.

Q_{10} aktiviert andere Körperenzyme, ohne die diese Energiegewinnung nicht in Gang kommt. Als Antioxidans hilft Q10 bei dem natürlichen Prozeß der Beseitigung von Stoffwechsel-Abfallprodukten. Es sichert die optimale Sauerstoffversorgung des Herzens und stärkt gleichzeitig die Abwehrkräfte.

L-Carnitin transportiert die mit der Nahrung aufgenommenen Fettsäuren in die „Kraftwerke" der Zellen, den Mitochondrien. Das Fett
wird „verbrannt" und dabei in Energie umgewandelt. L-Carnitin unterstützt also die natürliche körpereigene Fettverbrennung und damit
auch den körpereigenen Fettabbau. Insbesondere Herz, Muskeln,
Leber und unsere Abwehrzellen benötigen für ihre Arbeit sehr viel L-
Carnitin. Stutenmilch und Lammfleisch enthalten besonders viel L-
Carnitin. Q_{10}-Quellen sind Nüsse, Öl und Sardinen.

Eiweiße
Bausteine der Eiweiße (Proteine) sind die Aminosäuren. In einem
Eiweißmolekül reihen sich Hunderte von Aminosäuren in einer langen, verknäulten Kette aneinander. Will der Körper an die Aminosäuren, muß er die Eiweißkette aufspalten. Der Magensaft erledigt das
Gröbste, er entwirrt das Knäuel. Der Dünndarm besorgt die Feinar-
beit, er zerlegt die einzelnen Glieder der Kette.

Tip: Bei schweren Verbrennungen kann Eiweißzufuhr (10 bis 15 rohe
Eier durch Magensonde) lebensrettend sein.

Glutaminsäure sorgt als Botenstoff für die Weiterleitung von Ner-
vensignalen von der einen Gehirnzelle zur anderen, außerdem für die
Ernährung der Nerven- und Körperzellen.

Fette und Wässer

Als kompakter „Energiespeicher" ist Fett die geniale Notreserve der Natur für magere Zeiten. Tierische und pflanzliche Fette unterscheiden sich nicht voneinander. Was leistet Fett? Es hilft die Zellmembranen aufzubauen, ist die Ausgangssubstanz für Hormone und Botenstoffe, transportiert die fettlöslichen Vitamine A, D, E und K und ist Geschmacksträger im Essen. Zuviel Körperfett belastet Gefäße und Gelenke, erhöht den Cholesterinspiegel, begünstigt Bluthochdruck, Diabetes mellitus und vor allem Herz-Kreislauf-Erkrankungen.

Ein wirksames Hausrezept gegen verengte Blutgefäße
Trinken Sie täglich ein kleines Gläschen aus folgendem Auszug: 30 geschälte Knoblauchzehen, 5 kleingeschnittene, ungeschälte, ungespritzte Zitronen zusammen im Mixer zerkleinern und mit einem Liter Wasser zum Kochen bringen, jedoch nur einmal aufwallen lassen, absehen und in eine Flasche füllen. Kalt aufbewahren.

Welche unterschiedlichen Fettarten gibt es?
Fette und Öle sind aus Fettsäuren aufgebaut. Diese bestehen aus kettenartig aneinander gereihten Kohlenstoffatomen. Ihre freien Verbindungen sind mit Wasserstoffatomen belegt. Bei gesättigten Fettsäuren sind alle verfügbaren Bindungen an den Kohlenstoffatomen mit Wasserstoffatomen besetzt. Sie sind sehr stabil. Gesättigte Fettsäuren kommen vor in Fleisch, Speck, Eiern, Milchprodukten, aber auch in Kakao und Kokosfett.

Einfach ungesättigte Fettsäuren besitzen eine Doppelbindung zwischen zwei Kohlenstoffatomen und haben dadurch zwei Wasserstoffatome weniger. Die häufigste einfach ungesättigte Fettsäure ist die Ölsäure, Hauptbestandteil des Olivenöls. Auch in Avocado, Erdnüssen und Geflügel finden sich einfach ungesättigte Fettsäuren. Wirkung: Sie verringern das Herzinfarktrisiko.

Mehrfach ungesättigte Fettsäuren besitzen zwei oder mehr Doppelbindungen. Hierzu gehören auch die sogenannten Essentiellen Fettsäuren. Im Gegensatz zu den gesättigten Fettsäuren kann der Körper diese nicht eigenständig herstellen. Er braucht sie aber für wichtige Strukturaufgaben in den Zellen. Omega3-Fettsäure zählt zu den sogenannten mehrfach ungesättigten Fettsäuren. Sie muß mit der Nahrung zugeführt werden. Durch ihre Funktionsvielfalt ist Omega3-Fettsäure unentbehrlich für den Organismus.

Omega3-Fettsäure-Quellen: Seefische aus Kaltwasserzonen wie Makrele, Hering, Kabeljau, Heilbutt und Schalentiere. Pflanzliche Quellen: Pflanzenöle, Nüsse und Samen. Wirkung: Mehrfach ungesättigte Fettsäuren senken den Cholesterinspiegel, wirken entzündungshemmend erweitern Arterien, normalisieren den Blutdruck und schützen vor Herzinfarkt. Mehrfach ungesättigte Fettsäuren sollte man nicht zu stark erhitzen. Entscheidend ist das richtige Verhältnis von Omega3- zu Omega6-Fettsäuren. Mit fleischreicher Kost nehmen wir Omega6- etwa 50 mal häufiger auf als Omega3-Fettsäure. Ausgewogener wäre ein Verhältnis von 5:1 durch Fischgerichte. Extrem hohen Gehalt an ungesättigten Fettsäuren (bezogen auf 100 Gramm) haben Lachs mit 740 mg an Omega6 und 3.390 mg an Omega3 sowie Schweineschmalz mit 8.600 mg und 1.000 mg.

Tests zum Fettstoffwechsel. Die sogenannte Keton-Kontrolle läßt sich selbst durch Teststreifen kontrollieren. Diese gibt es in der Apotheke als Ketur-Test®.

Das Auftreten von Ketose, nämlich von Azeton im Harn, ist auf verstärkten Fettabbau zurückzuführen. Sie tritt pathologisch bei Diabetischer Ketoazidose auf, aber auch bei Diäten zur Gewichtsreduktion.

Bei gesunden Menschen liegt die Konzentration von Ketonen im Harn unterhalb der Nachweisgrenze (Acetessigsäuregehalt 5 mg/dl Blut). Der Teststreifen ist farblos. Mit zunehmender Konzentration von Acetessigsäure im Harn färbt sich der Teststreifen von hellblau bis violett (mehr als 100 mg/dl).

Der Mythos vom Schreckgespenst Cholesterin

Cholesterin ist kein krankmachendes Gift, sondern ein wertvoller Baustein im Körper. Unser Körper erzeugt etwa viermal soviel Cholesterin, als wir mit der Nahrung aufnehmen. Erst das Lügengespinst rund um das Cholesterin gefährdet die Volksgesundheit, deshalb gönnen Sie mir ein paar Richtigstellungen. Lassen Sie sich nicht vom ausgestreuten Mythos der Cholesterin-Mafia (Pharma- und Margarine-Industrie) in die Irre führen, die behauptet, Cholesterin sei schädlich. Bedenken Sie: die Pharmaindustrie verdient Milliarden mit dem gepflegten Mythos. Die meisten der hoch dotierten Studien, manipulierten Statistiken und unqualifizierten Veröffentlichungen halten einer wissenschaftlichen Überprüfung nicht stand. Es läßt sich keine Korrelation zwischen hohem Cholesterinwert und Arteriosklerose sowie Herzinfarkt nachweisen. Im Gegenteil: eine medikamentöse Senkung des Cholesterinspiegels geht u. U. einher mit geistigem und körperlichem Leistungsabfall, Absinken der Glucose durch Kaliummangel, tödliche Herzkreislaufstörungen und vermehrter Krebsentwicklung.

Keine Panik also, essen Sie weiterhin mit Genuß Ihre „Cholesterin-Bombe", Ihr Frühstücksei. Weltweit liegt der Meßwert im Durchschnitt bei 200 mg/dl; bei 20% der Bevölkerung sogar bei 300 mg/dl bis 350 mg/dl. Lassen Sie sich nicht mit einem Cholesterinspiegel von bis zu 250 mg/dl als Dauerpatient behandeln, sonst wären mit Ihnen über 80% der Weltbevölkerung auch cholesterinkrank und behandlungsbedürftig. Welch ein Schlaraffenland wäre das für die Pharmaindustrie, wenn fast die ganze Weltbevölkerung lebenslang teure Cholesterinsenker einnehmen müßte!

HDL heißt High Density Lipoprotein, also Lipoproteine mit hoher Dichte, LDL das Lipoprotein mit niedriger Dichte.

Die irrwitzig dümmliche Aussage: Es gibt gutes HDL-Cholesterin und vor allem schlechtes LDL-Colesterin. HDL und LDL sind aber selbst keine Cholesterine, sondern Proteine; diese Mini-U-Boote im Blut machen die Fettkörper oder Lipide erst transportfähig im Blut. Unterschiedliche Cholesterine gibt es also nicht, sondern zwei aus Eiweiß bestehende Transportkörper des Cholesterins.

Genauer gesagt, das HDL-Lipoprotein nimmt das Cholesterin im Körper auf und führt es der Leber zu; sie verarbeitet es zu 80% zu Gallensäure und 20% zu freiem Cholesterin. Dagegen nimmt das LDL-Lipoprotein 80% des Cholesterins von der Leber auf, der Rest stammt aus der Nahrung. Das als schlecht gescholtene LDL-Cholesterin steuert wesentliche Stoffwechselvorgänge, aktiviert Glukose und bildet den Grundstoff für Steroidhormone und für Vitamine, z.B. Vitamin D3. Die Lebenssubstanz Cholesterin reguliert und stabilisiert die Körperzellen; sie ist auch die Grundsubstanz der Sexualhormone. Brauchen die Zellen zusätzliches Cholesterin, rufen sie die LDL-U-Boote herbei, die ihnen dann Cholesterin ins Zellinnere liefern.

Ein weiterer Mythos: „böse" Cholesterinablagerungen an den Gefäßen führen zu Arteriosklerose, also zu Gefäßverschlüssen. Das ist eine Mär, die Pathologen nicht bestätigen können. Arteriosklerotische kalkähnliche Plaques sind praktisch frei (unter 1%) von Cholesterin.

Weitere Fakten: Das Verhältnis LDL- zu HDL-Komplex im Blut beträgt 3:1. Studien zeigten, daß sich beim Abnehmen und durch sportliche Betätigung das HDL/LDL-Verhältnis etwa um 10% verbessert; das LDL sinkt, das HDL nimmt zu. Der Cholesterinspiegel unterliegt starken Schwankungen und kann bei Belastung sogar mal über 400 mg/dl ansteigen. Bis zu einem bestimmten Alter ist ebenfalls ein signifikanter Anstieg zu messen. Vor allem erhöht emotionaler Streß den Cholesterinwert. Krebspatienten haben oft einen niedrigen Cholesterinwert. Die Nahrung beeinflußt kaum den Cholesterinspiegel, selbst eine Diät vermag kaum den Cholesterinwert zu senken. Fettsucht (Adipositas) entsteht meist durch übermäßige Zufuhr von Kohlehydraten, die in Fett umgewandelt und als Fettdepots eingelagert werden. Neueste Untersuchungen enthüllen, daß ein sehr niedriger Cholesterinwert (Krebsgefahr, Hirnblutungsrisiko) ebenso ein Alarmsignal ist wie ein sehr hoher (koronare Herzkrankheit).

> Jede anhaltende Senkung des Cholesterinspiegels führt zur Unterversorgung der Zellen; es kommt zu Funktionsstörungen der Zellen mit krebsartigen Entartungen.

Die Safari bei den Massai in Kenia brachte Erstaunliches

Das mobile Labor von Prof. Mann in Kenia brachte in den 60er Jahren überraschende Ergebnisse. Wer auf diesem Planeten wäre geeigneter, die eingetrichterte Fett- und Cholesterin-Hypothese besser zu bestätigen, als das Hirtenvolk im Hochland von Kenia. Die Ernährungsweise der Massai, aber auch die der Samburu ist in der Tat extrem: sie ernähren sich ausschließlich von Milch, Fleisch und Blut. Gemüse ist für sie nur als Viehfutter geeignet. So trinkt ein Samburu täglich zwischen 3 bis 10 Liter Milch und ißt bis zu 2 kg Fleisch. Ein Massai verdrückt bis zu 5 kg Fleisch. Damit nehmen diese Völker weitaus mehr tierisches Fett zu sich als die meisten Menschen in der „zivilisierten Welt". Man beachte: Aus 10 Liter nicht entrahmter Milch läßt sich 1 Pfund Butter herstellen. Ginge es nach der Fett- und Cholesterin-Theorie, müßten sich diese Halbnomadenvölker längst durch koronare Herzkrankheiten ausgerottet haben. Zudem brachte die Studie eine faustdicke Überraschung zutage: Die Cholesterinwerte der gertenschlanken, laufaktiven Massai gehören zu den niedrigsten, die überhaupt weltweit gemessen wurden. Das war ein Schlag ins Gesicht der Cholesterin-Mafiosis.

Folgenden Regelmechanismus müssen wir verstehen: Unser Körper drosselt die Cholesterinproduktion, wenn wir ihm über die Nahrung viel Cholesterin oder tierische Fette anbieten, essen wir zu wenig davon, steigt die Eigenproduktion automatisch an. Jahrelang trichterte man uns ein, daß mit sinkendem Cholesterinwert koronare Herzkrankheiten auch zurück gehen. Die Framingham-Studie belegt aber, daß das Risiko steigt, wenn der Blutcholesterinwert fällt. Außerdem bedeutet Cholesterin für Frauen kaum ein Risiko. Eine Ausnahme bildet die „Familiäre Hypercholesterinämie" (350 bis 1.000 mg/dl).

Menschen mit dieser genetisch bedingten Erkrankung haben ein erhöhtes Risiko, früher an Herzinfarkt zu sterben. Das ist ein Defekt des Zell-Pförtners, d.h. der LDL-Rezeptor der Zellen kann aus dem Blutstrom nur sehr wenige Cholesterin-Moleküle an die Hand nehmen und ins Zellinnere geleiten.

Unglaublich, aber wahr: Robben und Seelöwen können genau wie wir Arteriosklerose entwickeln. Ihre fischreiche Ernährung, die sie ja reichlich mit den angeblich schützenden mehrfach ungesättigten Fettsäuren versorgt, nützt ihnen wenig. Welch eine Dramaturgie: bei vierbeinigen Raubtieren konnte man keine Arteriosklerose entdecken, wohl aber bei ihren vegetarisch lebenden Beutetieren.

Ein Schlag ins Kontor für die Vertreter der Fett- und Cholesterin-Hypothese ist auch die Tatsache, daß Muttermilch reich mit dem allseits verteufelten Cholesterin gesegnet ist. Cholesterin ist wichtig für den Aufbau der Nervenzellen und des Gehirns, das bis zu 20% aus diesem Stoff besteht. Die intelligenzsteigernde Wirkung von Muttermilch wiesen englische Kinderärzte nach. Fertigmilch enthält dagegen weniger Cholesterin als die Muttermilch.

Die Säure-Basen-Balance

Ein Säure-Base-Körperhaushalt, der im Gleichgewicht liegt, schafft die Voraussetzung für ein langes Leben. Eine Übersäuerung des Organismus führt z.B. dazu, daß sich freie Radikale bilden, lebensnotwendige Darmbakterien absterben, sowie Vitamine und Mineralstoffe der Nahrungsmittel nicht genügend verarbeitet werden. Eine Übersäuerung kann den Herzmuskel ermüden lassen, Herzrhythmusstörungen und Verdauungsprobleme auslösen. Eine wichtige Meßgröße in diesem Zusammenhang ist der pH-Wert. Ein weit verbreiteter Irrtum ist damit verbunden: der Chemiker Lavoisier sah im 18ten Jahrhundert das Element Sauerstoff als den Träger der Säure an. In Wirklichkeit transportiert aber der Wasserstoff Säuren.

pH heißt potentia hydrogenii, also Wasserstoffionenkonzentration. Der pH-Wert gibt über Verdünnungsgrad der freien Wasserstoff-Ionen Auskunft. Die logarithmisch aufgebaute Skala reicht von 0, stark sauer bis 14, stark basisch; neutral wäre 7. Der effektive Neutralpunkt, der sogenannte pK-Wert 6,1 des Blutes, liegt bei pH = 7,4. Ein pH-Wert von 6,0 z.B. ist 10mal saurer als ein pH-Wert von 7,0. Zum Vergleich: der Magensaft hat einen pH-Wert von 1,2 bis 3,0.

Bei einem Urin-pH-Wert von 5,0 (100mal saurer als 7,0) ist der Mensch schwerkrank; bei 4,5 tritt der Tod ein. Der ideale pH-Wert im Urin ist keine Konstante über der Zeit, vielmehr variiert der Wert über den Tag zwischen 6,2 bis 7,4. Kritisch wird es, wenn der Urin nach Ammoniak riecht (pH = 7 bis 8).

Selbsttest der Säure-Basen-Balance mit Indikatorpapier, genauer z.B. mit dem Check Nowo Balance® Klinik Bruneck.

Krebszellen lieben ein saures Milieu. In einem basischen Umfeld können sich Krebszellen schlecht oder gar nicht entwickeln. Ein übersäuerter Organismus läßt sich durch Natron, Natriumbicarbonat oder ionisiertes Calcium (s. weiter unten) wieder ins Gleichgewicht bringen. Auch die Ananas ist fähig, einer Übersäuerung vorzubeugen und gleichzeitig Proteine zu verdauen. Ihre Enzyme, u. a. Bromelin, sind nicht nur nahrhaft, sondern auch heilsam. Sie ist die einzige Frucht, die Nierenfunktionen normalisieren kann. Übrigens führt ein verstärkter Abbau von Körperfett zu einer zusätzlichen Säureflut, weil aus dem Fettgewebe die gespeicherten Säuren freigesetzt werden.

Konsequenzen für unsere Ernährung
Unser Organismus funktioniert optimal im neutralen oder basischen Bereich. Ausnahmen: der Säureschutzmantel der Haut und das Salzsäuremillieu im Magen. Ein krankhafter Säure-Basen-Haushalt ist Ursache vieler Leiden. Durch den Säuregehalt des Bindegewebes kann es entzündlichen rheumatischen Reaktionen kommen. Viele Lebensmittel führen dem Körper Säuren zu. Darunter fällt tierisches Eiweiß wie Fleisch und Quark. Daneben gibt es Säureerzeuger, die im Stoffwechsel Säure entstehen lassen. Dazu gehören Zucker, Mehlprodukte, Bohnenkaffee und Alkohol. Basenbildend sind Obst, Gemüse, Joghurt. Neutral verhalten sich Öle, Walnüsse, Butter und Leitungswasser.

156

Mein bester Rat zur Neutralisierung Ihres Säure-Basen-Haushalts: Trinken Sie täglich Wasser, das mit ionisiertem Calcium angereichert ist. Bioverfügbar ist ionisiertes Calcium, das in fossilem Korallenpulver aus Japan/Okinawa steckt. Diesen Zusatz (Coral-Care®) gibt es rezeptfrei in der Apotheke. Ihren Kaffee können Sie neutralisieren, wenn Sie ihn mit Schlagrahm (pH = 6,5) trinken.

Übrigens, der seinerzeit mit über 120 Jahre älteste Mensch der Welt, Herr Shigechiyo Izumi aus Okinawa, trank sein Leben lang Mineralwasser, das ursprünglich als Regenwasser durch die fossilen Korallenberge der Insel Okinawa gesickert war.

Wasser – die mysteriöseste Substanz unseres Planeten

Täglich steigen im hydrologischen Kreislauf 900 Kubikkilometer Wasser von der Erdoberfläche in den Himmel, um wieder auf den blauen Planeten nieder zu regnen. Kein Stoff auf der Erde verhält sich so paradox wie der Treibstoff des Lebens: Wenn Wasser in den festen Zustand übergeht und gefriert, dehnt es sich aus, während andere Stoffe ihr Volumen verringern. Bei Plus 4°C hat es seine größte Dichte. Deswegen gefriert Wasser in Seen und Flüssen stets von der Oberfläche her. Völlig reines Wasser gefröre erst bei Minus 38°C. Eigentlich müßte der Siedepunkt des Wassers bei tiefen Minusgraden liegen. Besonders gute Fließeigenschaften und Bindungsfähigkeit erreicht Wasser bei 37°C. Das ist auch unsere Körpertemperatur. Wasser erschöpft sich nicht in der Darstellung seiner chemischen Formel H_2O. Zwei positiv geladene Wasserstoffatome und ein negativ geladenes Sauerstoffatom bilden, homöopolar gebunden, ein Wassermolekül. So gesehen ist Wasser ein Flüssigkristall, denn diese Wassermoleküle bilden Brücken in ständig wechselnden Verbindungen, sogenannte Cluster. Ein Cluster besteht aus etwa 700 Wassermolekülen. Zerstörte Wassercluster versetzen das Wasser in einen Zustand niedriger Ordnung. Das Wasser büßt seine biologische Qualität ein.

Das eigentliche Mysterium des Wassers auf feinstofflicher Ebene ist noch gar nicht wissenschaftlich enträtselt. Wasser vermag nämlich Frequenzmuster anderer Stoffe als Information aufzunehmen, zu speichern und weiterzugeben. Es scheint, daß Wasser eine Art Gedächtnis hat, sowohl für gute wie auch für schlechte Informationen, etwa für eingeschleuste Schadstoffe, selbst nach einer chemischen Reinigung.

Unser Organismus besteht zu 70% aus Wasser, einige Algen speichern sogar bis zu 95% Wasser. Als Treibstoff des Lebens gebührt dem Wasser alle Ehre, denn es läßt Zellen miteinander kommunizieren und hält ihren osmotischen Druck aufrecht, transportiert Nähr- und Schlackenstoffe im Körper, wirkt als Lösungs- Reinigungs- und Füllstoff, reguliert den Elektrolythaushalt und die Körpertemperatur. Nicht zuletzt dient das nasse Element als Informationsspeicher und beeinflußt alle Funktionen im körperlichen, geistigen und seelischen Bereich.

„Müdes" Wasser wiederbeleben

In natürlichen Gewässern fließt Wasser stets mäanderförmig. Durch die sich ständig ändernde Bewegungsrichtung bewahren und beleben die Wassermoleküle ihre natürliche Struktur. Dagegen wird Leitungswasser gezwungen, sich nur in eine Richtung zu bewegen, und das unter hohem Druck. Im „Korsett" der Leitungsrohre kann sich das Wasser nicht neu strukturieren, zudem preßt der Druck die Clusterstrukturen zu größeren „Klumpen" zusammen.

Es gibt eine Reihe physikalischer Bewegungsverfahren, etwa die Levitation, um Wasser zu beleben. Die dadurch bewirkte Verfeinerung der Wassercluster vergrößert sein Aufnahmevermögen, löscht die Schadstoff-Frequenzen und verringert die Oberflächenspannung. Damit lassen sich aber die Schadstoffe selbst nicht entfernen. Machen Sie einen interessanten Versuch zur Wasserverwirbelung, der nebenbei auch lehrt, wie man am schnellsten eine Flüssigkeit aus einer Flasche bekommt.

Füllen Sie Leitungswasser in eine bauchige Flasche. Stellen Sie die Flasche auf den Kopf und versetzen Sie diese in zwei, drei schnelle kreisende Bewegungen. Fangen Sie das ausströmende Wasser auf, damit Sie den Versuch mehrmals wiederholen können. Beim Herausstürzen des Wassers entsteht ein spiralförmiger Strudel. Nach wie-

158

derholter Prozedur können Sie selbst versuchen den Unterschied zwischen dem normalen Leitungswasser und dem verwirbelten, entspannten Wasser herausschmecken.

Zwei Irrtümer zum Wasser vagabundieren immer noch in den Köpfen herum:

Vielfach wird behauptet, daß destilliertes Wasser schädlich sei, ein Liter davon getrunken, wäre sogar tödlich. Das ist Unfug, denn Schmelzwasser oder Tau ist von Natur aus destilliertes Wasser. Derartiges Wasser enthält keine Fremdstoffe und Mineralien, es hat sogar entschlackende Wirkung.

Die sogenannte Wasserhärte hat mit dem pH-Wert direkt nichts zu tun. Kalk bestimmt den Härtegrad des Wassers, ausgedrückt in Grad deutscher Härte °dH. Der wird im Wesentlichen durch die Mineralien Calcium und Magnesium verursacht. Hartes Wasser mit 15 bis 21 °dH, also Härtebereich III, verbraucht mehr Waschmittel, weil der Kalkgehalt die Wirkung des Waschmittels zum Teil neutralisiert. Weiches Wasser zwischen 0 bis 7°dH, entspricht dem Härtebereich I.

Eine im Jahr 2000 durchgeführte Analyse von 19 bekannten deutschen Mineralwassermarken erbrachte das erschreckende Ergebnis, daß fast alle Mineralwässer radioaktives Radium-226 in hohen Dosen enthielten. Das Trinken radioaktiver Wässer wird u. a. mit einer Zunahme von Leukämie bei Kindern in Verbindung gebracht. Übrigens gibt es in der Trinkwasserverordnung keine Grenzwerte für Radioaktivität im Trink- und Mineralwasser. Das gleiche gilt für Medikamentenrückstände und hormonähnlichen Stoffen. Einige Gewässer sind inzwischen mit Östrogenen, Beta-Blockern, Zytostatika, Antibiotika und Rheumamitteln belastet. Bedenklich hoch in der Trinkwasserverordnung ist der Grenzwert für Aluminium angesetzt. In 100 Litern sind 20 mg zulässig. Man weiß inzwischen, daß geringste Dosen Aluminium das Gehirn schädigen.

Absolut chemisch reines Wasser ist gegenüber Strom ein Nichtleiter. Quellwässer verleihen durch ihren hohen Mineralgehalt dem Wasser eine Leitfähigkeit von über 600 Mikrosiemens, 6×10^{-4} S.

Lichtwässer von heiliger Stätte

Erstmals stellte die Mailänder Biologin Ciccolo 1984 fest, daß sich im Wasser aus Lourdes Bakterien und Mikroorganismen völlig anders verhalten als sonst: sie werden inaktiv. Dieses „heilige" Quellwasser schwingt auf allen sieben typischen Grundfrequenzen des Lichtes (2,5; 5; 10; 20; 40, 80; und 160) Hz und es hat, nicht wie üblich, einen Linksspin, sondern einen Rechtsspin. Erstaunlich: Bei Lourdeswasser beträgt der Winkel der Wassermoleküle zwischen dem Sauerstoffatom und den beiden Wasserstoffatomen genau 108° (Goldener Schnitt), während die Struktur der normalen Wassermoleküle im 104°-Winkel angeordnet ist. Lichtwasser wirkt auf die Frequenzen lebenden Gewebes ein, allerdings auf einer höheren Schwingungsebene. Später wurden weitere wundersame Lichtwässer mit dieser unerklärlichen spirituellen Form von Energie untersucht. Lichtwässer sind reproduzierbar wie ein homöopathisches Mittel. Gibt man neun Tropfen davon in einen Liter normales Wasser, so überträgt sich die Information auf die gesamte Wassermenge. Diese Potenzierungsprozedur läßt sich beliebig wiederholen. Bei vielen Skeptikern löst der Wirkungsglaube gegenüber der Homöopathie oder den Lichtwässern nur ein müdes Schmunzeln aus, indessen zeigt die Therapieerfahrung mit den Lichtwässern Erstaunliches. Bei Menschen könnte man einen gläubigen Placebo-Effekt unterstellen, das ist bei Pflanzen ausgeschlossen. Führen Sie selbst ein eindrucksvolles Experiment mit Orchideen durch. Wässern Sie eine Orchidee mit normalem Wasser und eine zweite mit Lichtwasser – falls Sie es sich besorgen können. Bald zeigt sich, daß die Lichtwasser-Orchidee signifikant mehr Blüten austreibt. Studien ergaben, daß Lichtwässer auf den Allgemeinzustand von Krebspatienten einen guten Einfluß haben, sie helfen dem Organismus sich zu harmonisieren, den Krebs heilen können sie allerdings nicht.

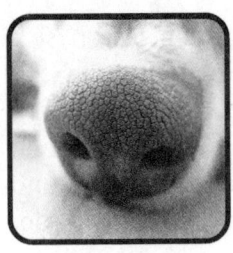

Helfer aus dem Tierreich

Maden, die geniale Mikrochirurgen

Maden der Schmeißfliegengattungen Lucilia und Calliphora rangieren sicherlich auf der Ekelskala an vorderster Front. Und doch sind jene Maden bei kompliziert infizierten Wunden Helfer in allerhöchster Not, und zwar dann, wenn kein Medikament mehr wirkt. Maden beseitigen Krankenhauskeime wie multiresistente Staphylokokken, die gegen alle Antibiotika unempfindlich sind. Diese Fliegenlarven fressen einfach die Bakterien auf. Dabei gehen sie mit ihren sensiblen Freßwerkzeugen gezielter vor als ein geschickter Mikrochirurg, denn sie unterscheiden beim Fressen gesundes (das sie nicht antasten) von schwärendem oder nekrotischem Gewebe.

Erinnern wir uns: Bereits im amerikanischen Bürgerkrieg 1861 bis 1865 beließen Militärärzte aus Erfahrung Maden bewußt in den Wunden. Auch in den Weltkriegen zeigte sich, daß besonders beim Austreten von inneren Organen nach Bauchschüssen diejenigen Soldaten im Feld überlebten, deren Wunden von Schmeißfliegenlarven befallen waren. 1996 fand ein Kongreß zum Thema Wundbehandlung statt. Maden als Wundreiniger rückten erneut ins Blickfeld der Ärzte. Das Vorurteil, Maden seien schmutzig, weil sie von faulem Gewebe leben, mußte revidiert werden. Sie nützen dem Kranken weitaus mehr als das sie ihm schaden, denn sie reinigen mit ihren Ausscheidungen die Wunde. Besonders Wunden an Raucher- und Diabetesbeinen, anhaltende Oberschenkelknochen-Entzündungen und entzündliche Bauchwunden lassen sich durch Maden erfolgreich therapieren. Heute züchtet man zur Wundbehandlung die Tiere speziell in keimfreien Labors und näht die Larven in Säckchen ein, den sogenannten Biobags. Die Maden können gerade noch ihren Kopf zum Fressen durchstecken und die keimtötende Substanz abgeben, aber nicht beliebig in der Wunde herumkriechen.

> Ansprechpartner zur Madentherapie: Die Unfallchirurgie des Krankenhauses Bietigheim bei Stuttgart, aber auch jede größere Apotheke kann weiterhelfen.

Hunde haben einen Riecher für Krebs

Zählen auch Sie zu den Menschen mit einem guten Geruchssinn? Dann ist es Ihnen bestimmt nicht entgangen, daß bestimmte Menschen eine merkwürdige krankhafte Ausdünstung haben, z.B. riechen Zuckerkranke nach Azeton. Hunde haben eine 10.000fach empfindlichere Nase als wir Menschen, da sie über zehnmal mehr Riechzellen verfügen. Als Drogenfahnder können Hunde selbst in Folie eingeschweißte Rauschgifte orten.

Immerhin können wir Menschen 10.000 verschiedene Gerüche auseinander halten. Ganz unten in der Skala mit dem schlechtesten Geruch liegt die Buttersäure, die wie Kot riecht. Kurios: Menschliche Spermen werden durch Maiglöckchenduft zur Eizelle geführt.

Es gibt treue Gefährten, die Herrchen und Frauchen vor Unterzuckerung warnen, Laut geben, wenn der Blutzucker abstürzt und eine Ohnmacht droht. Offensichtlich erkennen die Vierbeiner den veränderten Körpergeruch und die krankhafte Duftmarke. Wenig bekannt ist, daß Hunde mit ihren 200 Millionen Riechzellen auch ein Näschen für Krebs haben. Richtig abgerichtet, nehmen sie bösartige Lungentumore wahr, erschnüffeln Blasenkarzinome in Urinproben und wittern Lungen- und Brustkrebs im Atem. Dabei nehmen Hundenasen die von Krebszellen abgegebenen Substanzen wahr, die mit dem Atem, dem Schweiß oder Harn ausgeschieden werden. Die Schnüffelqualität der Hundenase kann so extrem sein, daß eine bösartige Geschwulst „gemeldet" wird, bevor sie auf dem Röntgenbild zu sehen ist. Das Problem in der Praxis: die Forscher halten den Schnüffeltest nicht für 100%tig sicher. Ihr Fernziel ist es, die Geruchsstoffe chemisch zu bestimmen und entsprechende „elektronische Hundenasen" entwickeln.

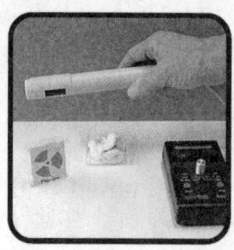

Phänomenale Strahlung „edler" Materie

Vorab: Zum Wahrnehmen von radioaktiver Strahlung hat der Mensch in seiner stammesgeschichtlichen Entwicklung keine warnenden Rezeptoren mitbekommen. Diese Aufgabe muß ein Meßinstrument übernehmen. Erstmals entdeckte 1896 der französische Physiker Becquerel, daß Uranerz unsichtbare Strahlen aussendet, die durch lichtdichte Verpackung hindurch einen Film schwärzen. Damals war das eine unheimliche Beobachtung. Im einzelnen werden unter Radioaktivität zusammengefaßt: Alpha-, Beta- und Gammastrahlen.

Alpha-Strahlen sind relativ schwere Heliumkerne. Bereits nach wenigen Zentimetern „Luftweg" sind sie absorbiert. Beim Einatmen von Alpha-Teilchen können die empfindlichen Lungenbläschen geschädigt werden.

Beta-Strahlen sind Elektronenstrahlen hoher Geschwindigkeit, nämlich 30 bis 99% der Lichtgeschwindigkeit. Sie lassen sich bereits durch ein Aluminiumblech abschirmen.

Gamma-Strahlen (Röntgen- oder Höhenstrahlung) sind elektromagnetische Strahlen sehr kurzer Wellenlänge; sie durchdringen Körpergewebe und werden erst von dicken Bleischichten aufgehalten.

In den 80er Jahren beschäftigte ich mich in der Gemmologie (Edelsteinkunde) mit radioaktiven Edelsteinen. Dazu baute ich mir einen Geiger-Müller-Zähler als handliches Gerät, mit dem ich Radioaktivität nachweisen konnte. In der Tat gibt es radioaktive Sammlersteine wie gewisse Zirkone, Uranmineralien und auch einen Edelstein, der erst

1953 in Sri Lanka von D. Ekanyake entdeckt wurde. Ihm zu Ehren heißt er Ekanit.

Plötzlich war die ganze Pension radioaktiv

Jenen Ekanit hatte ich 1986 gerade bei einem Edelsteinhändler in Idar-Oberstein, dem Edelsteinherzen Deutschlands, als leidenschaftlicher Sammler erworben. Mein mitgebrachtes, frisch gebasteltes Gerät zeigte mir brav eine hohe Impulsrate (Beta-Strahlung) an, als ich den Stein auf das Zählrohr legte. Ebenso strahlend vor Begeisterung legte ich den Stein genüßlich in den Schrank meines Pensionszimmers und begann zu lesen. Draußen regnete es inzwischen in Strömen. Nach einiger Zeit trieb mir mein Spieltrieb das Gerätchen ohne Testobjekt gedankenverloren in die Hand. Statt der relativ geringen Impulsrate, die durch die Höhenstrahlung als sogenannter Nulleffekt immer vorhanden ist, lief plötzlich mein Zähler wie verrückt. Hatte ich den strahlenden Ekanit doch nicht weggeräumt, machte ich beim Gerätebau einen Fehler? Wie ein Spürhund näherte ich mich mit dem Gerät dem vermeintlichen Aufbewahrungsort des Ekanit. Die Impulsrate blieb unverändert hoch. Dieses Phänomen konnte ich nicht erklären. Doch bald kam ich auf die Idee, den Geiger-Müller-Zähler außerhalb der Pension zu aktivieren und legte ihn ins Gras. Jetzt war ich meiner sicher: Der niederfallende Regen war die Ursache, er war hochradioaktiv. Sehr beunruhigt berichtete ich einigen Pensionsgästen von meiner Messung. Einige Stunden später erfuhren wir dann in den Nachrichten von der Tschernobyl-Katastrophe.

Diese Episode lehrte mich eins: Nur sehr ungläubig akzeptiert man verblüffende Ereignisse (Meßergebnisse), die man zum ersten Mal erlebt.

Bald schon war mir mein Geiger-Müller-Zähler ein ständiger nützlicher Reisebegleiter. Nicht nur als prophylaktische Maßnahme, etwa in den strahlungsgefährdeten ehemaligen Sowjetstaaten oder bei der Pilzsuche nach Tschernobyl, sondern auch als Höhenmesser im Flugzeug. Da die Höhenstrahlung etwa proportional zur Flughöhe ansteigt, läßt sich die angezeigte Impulsrate in Höhenmeter eichen. Die Durchsage des Piloten aus dem Cockpit „Wir haben inzwischen die

Flughöhe von 10.000 Meter erreicht" bestätigt so das Gerät – oder auch nicht – mit einer ungewöhnlichen Höhenmeßmethode.

Die Wette mit dem strahlenden Sieger
Inzwischen hatte ich mich ausgiebig mit der Radioaktivität von Edelsteinen befaßt. Ich hatte herausgefunden, daß der Ekanit eine auffällig selektive Strahlungseigenschaft (etwa 3% Urangehalt) besaß, die für ihn diagnostisch war: Seine Beta-Strahlung zeigte eine konstante Impulsrate, während die Gamma-Strahlung von Probe zu Probe variierte. Dieses Wissen rettete mich in Sri Lanka beim Kauf vor einer Fälschung aus Glas, denn Glas ist bei gleicher Lichtbrechung nicht von einem Ekanit zu unterscheiden, weil es auch amorph ist, also ein „Kristallbrei".

Der grünliche Ekanit, ein Calcium-Thoriumsilikat, hatte vor 560 Millionen Jahren ursprünglich ein tetragonales Kristallgefüge. Durch den ständigen Beschuß von eingelagerten radioaktiven Thorium- und Uranpartikel wurde er amorph und damit optisch isotrop.

In Idar-Oberstein machte ich mit einem dort ansässigen singhalesischen Händler eine Wette, und die ging so: Ich sollte aus einer großen Anzahl (Partie) von grünlichen und braunen Steinen den einzigen, begehrten Ekanit heraus fischen, ohne ihn überhaupt zu sehen. Wenn ich das herausfand, wollte er mir den relativ teuren Stein schenken. Bei Mißerfolg allerdings, sollte ich das Doppelte dafür zahlen. Ich willigte ein und bekam eine Binde vor die Augen gebunden. Genüßlich holte ich meinen Geiger-Müller-Zähler hervor und der gewitzte Händler übergab mir nacheinander die Teststeine unter denen sich zur Erschwernis auch radioaktive sogenannte Tiefzirkone befanden. Da die Impulsrate nicht nur optisch, sondern auch akustisch angezeigt wurde, konnte ich nur das typisch schnelle Klicken der einfallenden Beta-Impulse hören. Genau das zeigte sich prompt bei dem Stein, der sich als Ekanit herausstellte. Trotz seiner verlorenen Wette war der Edelsteinhändler so begeistert, daß er einen Geiger-Müller-Zähler bei mir in Auftrag gab.

Phänomenaler historischer Farbdiamant

1743 erwarb August der Starke von Sachsen auf der Leipziger Messe einen birnenförmigen, apfelgrünen Diamanten von über 41 Karat für umgerechnet 150.000 Dollar. Der einzigartige Stein entstammte einer indischen Sekundärmine. Heute ist diese Gabe der Natur in der Schatzkammer des historischen Museums in Dresden als der „grüne Dresdener" zu bewundern. Erst viel später gelang es, seine phänomenale Naturfarbe zu deuten, die einer äußerst seltenen Konstellation im Erdreich zugeschrieben wird: Der Rohkristall lagerte unter radioaktiven Mineralien oder wurde von radioaktiven Grundgewässern im Erdreich umspült. Jahrmillionen wirkten diese strahlenden Nachbarn auf den Rohdiamanten ein; sein kristallines Gefüge erlitt durch den Strahlenbeschuß „Löcher". Nach außen hin nahm dadurch der Diamant die hochbegehrte grüne Phantasiefarbe an.

Einer ganz anderen Farbursache verdankt der Hope-Diamant seine Blaufärbung, wie überhaupt der 44,5karätige tiefblaue Hope eine einzigartige Laune der Natur darstellt. Hier ist es das Spurenelement Bor im Kristall, das einige Plätze im Diamantengitter besetzte und die Blaufärbung bewirkte. Der Hope wartet noch mit einem weiteren Kuriosum auf. Als ungewöhnliche Varietät zeigt er eine besondere Phosphoreszenz: Nach dem Bestrahlen mit UV-Licht (450 nm), leuchtet der Hope als Typ IIb-Diamant wie rotglühende Kohle (700 nm) nach. Ein wahrhaft mysteriöses Schauspiel. Dieses Naturphänomen des legendären Prunkstücks ist im Smithsonian Institut in Washington zu bewundern.

Allgemein stellt man sich die Lumineszenz-Erscheinungen so vor: Elektronen, angeregt durch die Energie einer kurzwelligen Strahlung, werden auf einen höheren Orbit im Atom angehoben. Fallen die Elektronen wieder auf ihre alte Bahn zurück, geben sie eine langwelligere Strahlung im sichtbaren Bereich ab. Man sagt, der Stein luminesziert.

Phänomenale Emission der Biophotonen

Kommen wir gleich zur Kernfrage: Was steuert die komplexen Prozesse in unseren Zellen – chemische Reaktionen, die millionenfach in einer Sekunde ablaufen. Und wer gleicht permanent den Verlust vollständig aus, wenn sich rund 10 Millionen Körperzellen pro Sekunde verabschieden? So etwas kann nicht im wimmelnden Chaos der Zellenmoleküle „chemisch" geschehen, denn die Zellen führen auch Moleküle, die sich nicht durch chemische Bindungskräfte vereinen lassen. Jeder chemische Botenstoff wäre zu träge, um dem gesamten Zellverband diesen Zellverlust direkt zu melden und einen entsprechenden Reparaturauftrag an den ganzen Organismus weiter zu geben. Diese Aufgabe übernimmt ein schnelles Kommunikationsnetz. Eine geheime, ordnende Kraft in unseren Zellen: Kohärentes Licht aus Lichtteilchen, die ein zusammenhängendes, elektromagnetisches Feld bilden. Man spricht da von einem morphogenetischen Feld. Offensichtlich verständigen sich die Zellen innerhalb des Organismus untereinander über bestimmte Lichtteilchen, den Biophotonen. Wie Zellen untereinander kommunizieren, konnte bisher nicht schlüssig erklärt werden. Folgen wir einmal der These von den Biophotonen.

Speichert die Zelle Photonen, werden gewisse Bereiche angeregt. Die Anziehungskräfte zwischen den Molekülen innerhalb der DNS verstärken sich, dadurch zieht sich die DNS zusammen; bei Photonenmangel fallen die Bezirke wieder in ihren Grundzustand zurück. Dann lassen die Anziehungskräfte nach, die DNS dehnt sich aus und Licht wird abgestrahlt. Unser Erbmolekül wirkt demnach wie ein Lichtspeicher mit der Funktion einer rhythmischen Lichtpumpe. Die DNS enthält nicht nur den genetischen Bauplan, sondern ist auch Sitz eines ausgeklügelten Informationssystems.

Die hohe Erneuerungsrate der Zellen beim Menschen kann also nur ablaufen durch eine Informationsübertragung mit Lichtgeschwindigkeit. Zellen nehmen dabei nicht allein Lichtenergie (Photonen) auf, sondern gleichzeitig die darin enthaltene Information und Ordnung. Dies spielt eine wesentliche Rolle, wie sich Zellen entwickeln und organisieren. Heraus kommt eben kein ungeordneter Zellhaufen auf zwei Beinen.

Träger und Speicher der Biophotonenemission ist die DNS, die Desoxyribonukleinsäure. Als Bestandteil der Zelle enthält sie Erbinformationen, also Chromosomen des biologischen Systems. Das sind rund zehn Milliarden Moleküle, die spiralförmig ineinander verwickelt sind – alles biologische Informationen, die ein Wesen zu dem machen, was es eben ist. Sobald die Ordnung auf der DNS-Ebene gestört ist, wenn also Informationen nicht mehr zu speichern sind und nicht in der richtigen Weise weitergeben werden, ist das Allgemeinempfinden gestört und es entstehen Krankheiten bis hin zum Krebs. So jedenfalls die Hypothese der Außenseiter-Forscher.

Eine menschliche Zelle von 0,000.000.001 oder 10^{-9} Kubikzentimetern enthält ein zwei Meter langes DNS-Molekül mit 10^{10} Basenpaaren. Aufgereiht auf einem Faden, ergäbe das eine Strecke von 10^{13} Metern – das ist etwa der Durchmesser unseres Planetensystems. Diese extrem hohe Informationsdichte führt zu einem Phänomen, das die Physik Bosekondensation nennt. Photonen werden dabei regelrecht kondensiert und wie in einem Eisschrank eingefroren. Das sorgt für die elementare Stabilität, die es einem lebendigen System erlaubt, sich selbsttätig zu organisieren und dabei Ordnung anzuhäufen.

Mit hochempfindlichen Photomultimetern konnte man nachweisen, daß alles was lebt, im wahrsten Sinne des Wortes „Lebenslicht" enthält und ausstrahlt, d.h. jeder lebende Organismus ist von einer Art Lichtaura umgeben, nicht nur wir Menschen, sondern auch Tiere und Pflanzen, solange ein Funke Leben darin steckt. Die Emission ist äußerst gering, nämlich etwa 1.000 Photonen pro Quadratzentimeter und Sekunde, vergleichbar mit dem Schein eines Kerzenlichts aus 20 km Entfernung. Das Spektrum dieser kohärenten Strahlung umfaßt den Wellenbereich zwischen 200 und 800 nm mit kontinuierlicher Verteilung. Diese Biophotonenstrahlung ist aber nicht zu verwechseln mit der wesentlich stärkeren Biolumineszenz von Leuchtkäfern.

Prof. Popp, einer der führenden Wissenschaftler auf dem Gebiet, stellte fest, daß z.B. Eier von Freilandhühnern eine höhere Leuchtkraft zeigen als die von Hennen aus der Legebatterie. Es sei aber nicht nur die Lichtmenge, „sondern auch die Kohärenz des Lichts, die die Qualität eines Lebensmittels bestimmt". An mehr als 200 Lebensmitteln hat Popp mittlerweile getestet, daß das Leuchten nachläßt, wenn Pflanzen verrotten oder verdaut werden. Die Lichtmessung liefere Aussagen, wo die herkömmliche chemische Analyse versagt. Die Kohärenz (Ordnung, Bündelung, Strahlung) des Sonnenlichtes wiederum scheint unmittelbar zusammen zu hängen mit der Ordnung in biologischen Zellen.

Experimente zeigten sogar, daß unser Bewußtsein nicht lokal in bestimmten materiellen Gehirnstrukturen gespeichert ist, sondern in Form von kohärenten Biophotonenfeldern. Wahrscheinlich können sogar alle Felder des Organismus Gedächtnisfunktionen wahrnehmen. Das ist nur möglich, wenn unsere Erinnerungen holografisch gespeichert sind, also als Komposition von kohärenten Welleninterferenzen.

Ein Hologramm (griech. holos für ganz, vollständig; gramma für Nachricht, Zeichen) entsteht technisch durch kohärentes Laserlicht; es hinterläßt seine „Spuren" im Wellenmuster des gesamten holografischen Bildträgers. Wird ein Hologramm zerteilt, kommt bei der Rekonstruktion noch immer das ganze Bild zustande.

Neueste Experimente beweisen, daß kohärente Photonen nicht nur Zellverbände organisieren und regulieren. Die Biophotonenemission bestimmt maßgebend Wachstum, Morphogenese, biologische Rhythmik, Metamorphose, Differenzierung des Gewebes, aber auch die Kommunikation und die soziale Gestaltung bei Individuen und Populationen.

Das Phänomen: kolloides Silber
Silber, in Form von kolloidem Silber (im Folgenden kurz koAg genannt), rückt in jüngster Zeit erneut ins Blickfeld der Hygieneforschung und medizinischen Praxis, nachdem Antibiotika unerwünschte Nebenwirkungen zeigen.

Kolloide sind Molekülaggregate, also Riesenmoleküle mit Tausend bis einer Million Atome, die untereinander durch chemische Bindungen verknüpft sind. Diese submikroskopischen Kolloidpartikel sind etwa acht Nanometer groß.

170

KoAg wirkt wie ein Breitspektrum-Antibiotikum. Es tötet in wenigen Minuten nicht nur gefährliche Bakterien ab, sondern auch Viren und Pilze. Das ist bemerkenswert und phänomenal zugleich, denn kein Antibiotikum vermag Viren abzutöten! KoAg kann allen pathologischen Mikroorganismen, die bereits gegen Antibiotika resistent sind, den Garaus machen. Offensichtlich dringen die Silberionen in das Bakterium ein und blockieren dort ein Enzym, das für den Stoffwechsel des Bakteriums verantwortlich ist. Niemand kann aber bisher erklären, warum koAg auf Krankheitserreger tödlich wirkt, indessen „brave" Bakterien ungeschädigt läßt. Darüber hinaus wirkt koAg im menschlichen Körper wie ein freies Radikal; es bindet überschüssige Elektronen. Ohne das essentielle Spurenelement Silber im menschlichen Körper kommt es zu Fehlfunktionen unseres Immunsystems. Beispielsweise enthalten unsere Muskeln 0,009 bis 0,28 ppm (1 part per million entspricht 10^{-6}) physiologisches Silber, unser Blut führt geringere Mengen, etwa 0,003 ppm.

Einige Anwendungsbeispiele: KoAg kann täglich in Dosen von ein bis zwei Eßlöffeln als Dispersion mit 20 bis 50 ppm bei allen entzündlichen und eitrigen Prozessen im Mundbereich, der Atemwege und des Verdauungstraktes eingenommen werden. Auch bei allen infektiösen Hauterkrankungen und Verbrennungen, Sonnenbrand und Strahlungsschäden hilft koAg; ferner bei Pilzbefall der Haut und des Verdauungstrakts. KoAg kann die Entgiftung unterstützen und helfen, Schwermetalle aus dem Körper zu leiten, z.B. metallisches Quecksilber.

Durch Zerkleinern der Materie, der Silberung, ist die Gesamtoberfläche der kolloidalen Partikel (Silber-Ionen) extrem vergrößert und so in kleinen Mengen hochwirksam. Die kolloide Silberdispersion entsteht durch einen gepulsten Gleichstrom, der durch dampfdestilliertes Wasser fließt. Die Gleichspannung wird dabei an zwei Silberelektroden geführt, die im dampfdestilliertem Wasser eingetaucht sind.

KoAg können Sie selber herstellen; dazu bietet der Fachhandel geeignete Geräte. Gute Reproduzierbarkeit der ppm-Konzentration besteht bei dem standardisierten Gerät Ionic Pulser Standard S nach DIN EN ISO 11885. Destilliertes Wasser aus dem Baumarkt ist geeignet.

Die ppm-Konzentration hängt von folgenden Parametern ab: Wasserleitfähigkeit, Wassertemperatur, Stromflußzeit, Abstand und Dicke der Elektroden, Spannungshöhe des gepulsten Gleichstroms. Wichtig: Nur dampfdestilliertes Wasser verwenden. Leitungswasser enthält Mineralien und Salze; es entstünden unerwünschte Silbersalze, aber keineswegs kolloides Silber. Quellwässer haben durch ihren hohen Carbonat- und Sulfatgehalt eine unerwünscht hohe Leitfähigkeit von über 600 bis 800 x 10^{-3} Siemens.

Das Geheimnis der Tropfsteinhöhlen

Höhlen sind die letzten unberührten Räume unserer Erde: Natursonden, durch die wagemutige Forscher in den Leib der Erde vorstoßen. Unsere Höhlenexkursion führt uns 200 Millionen Jahre zurück ins Erdmittelalter, ins Mesozoikum. In jener Epoche bildeten sich die ersten Kalksteine. Später, in einer unruhigen Phase der Erdgeschichte, entstanden die großen Faltengebirge. Die Erdkruste bekam Risse und Sprünge, in die absickerndes Wasser eindringen konnte. Erst in jüngster Zeit enträtseln die Höhlenkundler, die Speläologen, den chemischen Prozeß, der zur Bildung von Höhlen führt. Nach dieser Erkenntnis wirkt die Natur als Präparator und als Baumeister zugleich. Sie bedient sich dabei des Kohlendioxids als Schlüsselsubstanz:

Zum einen nagt bei der Höhlenbildung kohlensäurereiches Wasser am Kalkstein, zum anderen wächst durch stetes Tropfen des kalkausscheidenden Wassers der zauberhafte Höhlenschmuck, dessen bizarre Sintergebilde uns als Tropfsteine bekannt sind. Folgen wir gedanklich dem Regenwasser, das sich beim Einsickern durch die Vegetationsdecke mit dem „Fäulnisrückstand" der Pflanzen – mit Kohlendioxid – anreichert. Wie in einer riesigen Abfüllstation für Mineralwasser wird dieses Gas in der Tiefe mit Druck in das Sickerwasser gepreßt. Diese erhöhte Konzentration von Kohlendioxid steigert die Lösungsfähigkeit des Wassers: Es löst Kalk auf, das es in Form von Calciumhydrogencarbonat weitertransportiert. Irgendwo im Bergin-

172

nern würde sich das Lösungsvermögen erschöpfen, gäbe es nicht eine neubelebende Lösungskraft. Treffen nämlich in der Tiefe Wasseradern unterschiedlicher Konzentration zusammen, dann vermag die Mischung erneut Kalk zu lösen. Dieses Phänomen der sogenannten Mischungskonzentration ist die eigentliche Ursache für die Entstehung riesiger Höhlen.

Das Öffnen einer Mineralflasche veranschaulicht uns die Tropfsteinbildung, hierbei kehrt sich der höhlenbildende Lösungsvorgang um, nämlich dann, wenn ein wasserführender Riß in einen lufterfüllten Höhlenraum mündet. Die Lösung mit Überschuß an Kohlendioxid kommt in Kontakt mit der Höhlenluft. Das Kohlendioxid entweicht und das gelöste Calciumhydrogencarbonat scheidet sich aus dem Lösungstropfen ringförmig ab als Kalk (Calciumcarbonat). Nach und nach wächst eine dünne Sinterröhre: „Seele" und Indiz eines jeden Deckenzapfens. Rinnt weitere Lösung nach, dann setzen sich ringsherum Kalkschichten ab. Das Sintergebilde wächst zum Stalaktit. Zu beachtlicher Größe von 11,6 Meter brachte es ein Deckenzapfen in der Poll-an-Ionain-Höhle in Irland.

Für die Wissenschaft aufschlußreicher ist der „seelenlose" breitbucklige Bodenzapfen oder Stalagmit, der dem geschwisterlichen Deckenzapfen entgegen wächst. Auf welche Weise aber? Nehmen Kalkkonzentration und Geschwindigkeit des auftretenden Lösungstropfens ein gewisses Maß an, dann entsteht ein Kerzenzapfen konstanter Dicke. Doppelt so große Kalkkonzentration führt zu einem schnelleren Längenwachstum. Eine Verdopplung der Tropfgeschwindigkeit bewirkt dagegen einen Zuwachs an Breite, also ein Querschnittszuwachs. Damit ist der Stalagmit ein Schlüsselobjekt für die Rekonstruktion des eiszeitlichen Klimas. Zu Beginn des großen Eisvorstoßes vor 12.600 bis 20.000 Jahren entstand eine Pause in der Sinterbildung. Die Sinterquerschnitte, die sich während der Wärmeperiode der Eiszeit bildeten, sind etwa doppelt so groß wie die nacheiszeitlichen – es gab folglich doppelt soviel Niederschlag.

Tropfsteine sind die jüngsten Gesteine unserer Erde überhaupt, die mit etwa 1 bis 1000 Millimeter pro Jahrhundert weiterwachsen. Die älteste Tropfsteingeneration mit 300.000 Jahren auf dem „Kalkstein-buckel" entdeckte man in Wüstengebieten. Sie sind der zu Stein ge-wordene Beweis dafür, daß diese Öden einst üppige Vegetation be-deckten. Erinnern wir uns: Ohne Pflanzen, ohne diese Spender des Lösungsmittels Kohlendioxid, gäbe es keine Tropfsteine. Die erstarr-ten Sinterschönheiten sind nicht nur eiszeitliche Klimaanzeiger: Ver-wüstete vor Jahrtausenden ein Erdbeben ein Tropfsteinparadies, so läßt sich aus dem Zerstörungsgrad des verbliebenen Trümmerhau-fens auf die Stärke des Bebens schließen. Höhlen sind als „Daten-fundgruben", wichtige Informationsspeicher jener erdgeschichtlichen Epoche, in der unsere Vorfahren vom Höhlendasein ihren Aufstieg begannen.

Sinneswahrnehmungen und -täuschungen

Tsunami-Vorahnung bei Wildtieren
Die Tsunami-Flutwelle vom 26.12.2004 in Indonesien und Sri Lanka hatte es uns wieder ins Gedächtnis gerückt: Bestimmte Wildtiere haben für Erdbeben und Vulkanausbrüchen einen vorahnenden Sinn: Der warnt Stunden bevor überhaupt das Naturereignis eintritt. Die Tiere zeigen nicht nur ein auffälliges Verhalten, sie scheinen auch genau zu ahnen, in welcher Richtung sie dem Unheil entrinnen können. Von Dickhäutern weiß man, daß hochsensible Drucksensoren in ihren mächtigen Füßen den Fluchtreflex auslösen.

Der Anblick einer Schabe löst bei den meisten Menschen Abscheu aus. Aber gerade dieses ekelerregende Bodeninsekt ist in der Lage, geringste Schwingungsamplituden in der Größenordnung eines Moleküls wahrzunehmen. Dieser „Natur-Seismograph" ist, gemessen an unserer groben Technik, eine absolute Glanzleistung der Sensorik.

Ein Phänomen – unser Sehorgan
Wir könnten uns fragen: Warum sehen wir uns im Spiegel seitenverkehrt und nicht Kopf stehend? Könnten wir uns so verkleinern, daß wir in unsere Netzhaut hinein kröchen, würden wir uns auf dem Kopf stehend und seitenverkehrt sehen, ähnlich wie auf einer Mattscheibe eines Fotoapparats. Der Grund dafür, daß wir „richtig" sehen, liefert unser Gehirn: Erst hier wird unser Bild durch „elektronische" Weiterverarbeitung umgekehrt und gedreht, aber nicht gleich als Säugling zu Beginn unseres Sehvermögens. Wir lernen früh, daß ein Ball zu Boden fällt, wenn wir ihn loslassen, und nicht wie ein Heißluftballon steigt. Das sind erlernte Gewohnheiten. Damit stehen wir im Ein-

klang mit der erfahrenen Umwelt, der Physik – etwa der Erdanziehung. Normal sehen wir uns nicht von „außen", das ermöglicht erst der Spiegelbild. Das Phänomen ist also neurophysiologisch bedingt.

Gibt es tatsächlich Wunder?

Haben wir uns nicht schon längst an alltägliche Wunder gewöhnt? Das permanente Wunder des Lebens nehmen wir kaum noch bewußt wahr. Oft fragt man sich, wie Milliarden fein aufeinander abgestimmte Körperzellen ohne Murren und Knurren all die Prozesse im Zellinneren und die vielen Botengänge zwischen den Zellen so perfekt erledigen. Wenn wir morgens erwachen, haben unsere Körperzellen in wundersamer Weise präzise in der Nacht zu unserem Wohle gearbeitet. Nein, diese Wunder des Lebens sind uns selbstverständlich.

Daß z.B. eine Schneeflocke immer als hexagonaler Kristallstern, also mit sechs Armen entsteht und kein einziges Mal anders, verwunderte schon Johannes Kepler. Woher wissen die einzelnen abgekühlten Wassermoleküle, daß sie sich gerade so orientieren müssen und keineswegs anders? Haben sie sich im Kollektiv blitzschnell abgesprochen? Und woher weiß ein Kohlenstoffatom im Diamanten, daß es nur kubisch-flächenzentriert seine Bleibe im Kristall findet?

Nun ja, so läuft eben das Leben, selbst in der unbelebten Natur. Die Wunder, die wir aber meinen, sind Ereignisse, die Naturgesetze außer Kraft setzen. Als Wunder wird ja ein Ereignis bezeichnet, das zwar empirisch wahrnehmbar ist, aber den allgemeinen menschlichen Erfahrungen und/oder den bekannten Naturgesetzen widerspricht. Immerhin, 56% aller befragten Bundesbürger sind davon überzeugt, daß es Wunder gibt. Viele halten es z.B. für eine himmlische Fügung, daß sie einen Unfall unbeschadet überstanden. Wer solche Wunder erlebt, hat es leichter, sich solchen Meisterwundern wie Glaube, Hoffnung und Liebe zu öffnen. Sie schaffen eine Art Urvertrauen ins Übervernünftige. Kurzum: kleine Wunder öffnen die Seele für große Wunder. Von den vielen Wundern im religiösen Bereich wollen wir stellvertretend nur eins vorstellen: Das Hostienwunder von Lanciano bei Chieti, das im achten Jahrhundert in Italien geschah. Das ist wohl das bekannteste und am längsten andauernde eucharistische Wunder. Und das kam so:

In der ehemaligen Klosterkirche des heiligen Longinus in Lanciano feierte ein Basilianermönch die heilige Messe. Nachdem er die Hostie in den „Leib Christi" und den Wein in das „kostbare Blut Christi" verwandelt hatte, hielt er für einen Augenblicke inne. War er vom Zweifel geplagt an der wirklichen Gegenwart Jesu Christi im heiligsten Altarssakrament? Augenblicklich wurde er von einem Wunder überrascht: Ein Teil der geweihten Hostie verwandelte sich vor seinen entsetzten Augen in blutendes Fleisch, während der übrige Teil weiterhin wie Brot aussah; der verwandelte Wein nahm gleichzeitig die Gestalt frischen Blutes an, das nach und nach zu fünf Blutklümpchen gerann; diese waren in Form und Gestalt verschieden. Der erschrockene Mönch suchte zunächst das Unerklärliche zu verheimlichen, doch dann sah er sich getrieben, das wunderbare Ereignis den anwesenden Gläubigen mitzuteilen und alsbald wurde es stadtbekannt.

Seit zwölf Jahrhunderten schon dauert dieses grandiose Verwandlungswunder der Gestalt des Brotes in wirkliches Fleisch und der Gestalt des Weines in wirkliches Blut an und kann heute noch betrachtet und untersucht werden. Jene wunderbare Hostie wird zwischen zwei Glasscheiben in einer kunstvollen Silbermonstranz aufbewahrt und birgt einen dicken, dunkelroten Teil mit Fleischfasern, während im anderen Hostienteil noch das ursprüngliche weiße Brotstück erkennbar blieb. Die Monstranz wird von zwei knienden Engelsfiguren getragen, die einen Glaskelch halten. Dieser enthält fünf ungleiche Blutklümpchen geronnenen Blutes. Mgr. Rodreguez ordnete im Jahre 1574 eine öffentliche Untersuchung an. Dabei stellte man fest, daß alle fünf Blutkonglomerate zusammen genau soviel wiegen wie jedes einzelne für sich. Daran erinnert eine Inschrift am Eingang innerhalb der Kirche. Das Gewichtsparadoxon ist aber aus physikalischen Gründen einfach unmöglich. Genauer gesagt: Das Gewicht des gesamten Blutes, aber auch das einzelne der Blutklümpchen wiegt immer 16,505 Gramm.

Die spätere Untersuchungskommission machte darauf aufmerksam, daß ohne Wundereinwirkung das Fleisch der heiligen Hostie längst zu einem Nichts zerfallen wäre. Demnach ist dieses eucharistische Wunder allein schon durch die unnatürliche Dauerhaftigkeit des Fleischteils der heiligen Hostie bewiesen. Diese Tatsache wurde von allen Kommissionsteilnehmern festgestellt und unterschrieben.

Im Jahre 1970 ordnete der Erzbischof von Lanciano erneut eine moderne medizinische Untersuchung dieser Reliquien an, und zwar durch eine Gruppe von Fachgelehrten. Das Untersuchungsergebnis wurde in einer Urkunde mit folgendem Text niedergelegt: Der Erzbischof von Lanciano und Bischof von Ortana, Zahl: 06/L/ xxl

Der Unterzeichnete, Erzbischof von Lanciano, verkündigt und bestätigt, daß in der Kirche zum heiligen Franziskus in Lanciano, die im Volksmund „Heiligtum vom Wunder der Eucharistie" heißt, aus dem achten Jahrhundert eucharistische Spezies unter der sichtbaren Gestalt von wirklichem Fleisch und Blut aufbewahrt werden. Das Verwandlungswunder ereignete sich während einer heiligen Messe in der Kirche zum heiligen Legonziano, über der sich heute das oben genannte Heiligtum erhebt. Auf erzbischöfliche Anordnung wurden die oben bezeichneten Reliquien einer medizinischen Untersuchung durch Fachgelehrte unterzogen, die sich über mehrere Monate erstreckte.

Diese wissenschaftliche Prüfung ergab:
1. es handelt sich um wirkliches Fleisch und Blut,
2. sowohl das Fleisch als auch das Blut stammen von einem Menschen,
3. das Fleisch hat eindeutig die Struktur von Herzgewebe,
4. das Fleisch und das Blut haben die gleiche Blutgruppe AB,
5. das Diagramm des Blutes ist übertragungsfähig auf menschliches Blut, wie es heute entnommen wird,
6. das Fleisch und das Blut gleichen dem einer lebenden Person.

Der Unterfertigte steht für die Wahrheit des oben Geschriebenen ein. *Pacifico Perontoni*, Erzbischöfliches Siegel, Erzbischof und Bischof.

Goethe läßt Faust sagen „das Wunder ist des Glaubens liebstes Kind". Brauchen wir ab und an Wunder, um weiter an die Schöpfung, an Gott zu glauben? Es könnte ja sein, daß in einem Jahrhundert der ganzen Menschheit ein Marienbild in den Wolken erscheint. Sind derartige himmlische Visionen direkt von Gott gesteuert? Wohl kaum. Dann sähe man den Schöpfer als einen Manager, der durch seine ausgelagerte Werbeabteilung „Wunder" die Kundschaft Mensch begeistert und neu konditioniert.

Das Phänomen des im-Kreis-gehens in der Wüste

Diese grausame letzte Erfahrung machten bisher relativ wenige Menschen, ehe sie elend verdursteten. In einsamer Wüste, ohne optische Orientierungspunkte und ohne Kompaß, sind wir nicht in der Lage geradeaus zu gehen, selbst wenn wir uns dazu zwängen. Bereits nach wenigen Schritten verlieren wir die Orientierung, die uns dann ein Geradeausgehen vorgaukelt: Wir durchschreiten eine langgezogene Kurve, die uns kreisförmig wieder zu unserem Ausgangspunkt zurückführt. Dieses Phänomen hat man versucht dadurch zu erklären, daß wir ja nicht mit beiden Füßen gleichmäßig gehen, selbst wenn wir es wollten. Die Ursache für dieses Phänomen des im Kreis gehen, liegt in unserem Gleichgewichtsorgan, das uns in der Wüste einen tödlichen Streich spielt.

Die geheimnisvolle Welt der Wunder an hypersensiblen Sinnesorganen ist bei Tieren auf dem Gebiet der Abwehr, Täuschung, Kommunikation, Navigation und Ortung atemberaubend gut ausgeprägt. Die phänomenalen Fähigkeiten vieler Kreationen reichen weit hinaus über unsere klassische Physik von Raum und Zeit. Man darf vermuten, daß sie ihre Sensorik mit paranormalen Fähigkeiten koppeln. Dabei machen die Wesen von einem ganzen Spektrum an Strahlungen Gebrauch, z.B. die elektromagnetische Strahlung, das Infrarot, die UV-Strahlung, das polarisierte Licht und von einer geheimnisvollen atomaren Strahlung, die man als feinstofflich bezeichnen könnte.

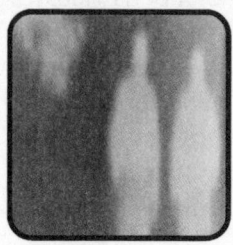

Paranormale Fähigkeiten

Ich erinnere mich an einen Vortrag. Vor Jahrzehnten sprach der Parapsychologe Prof. Bender von der Uni Heidelberg über Psi-Phänomene und dazu zeigte er auch einen eindrucksvollen Film russischer Probanden (Medien) über

- die Psychokinese (das Bewegen eines Gegenstandes, ohne ihn zu berühren) und
- die Telepathie (Informationsübertragung).

Man schirmte im Versuch die Medien (Sender und Empfänger) vollkommen ab, d.h. man umgab sie mit sogenannten Faraday-Käfigen. Aus dem Physik-Unterricht weiß man aber, daß so ein Käfig sämtliche elektromagnetische Strahlung daran hindert ein- oder auszutreten. Und doch geschah das Unmögliche. Die Gedankeninformation des sendenden Mediums wurde ungehindert dem empfangenden Medium übermittelt, das übrigens über 1.000 km entfernt die Botschaft empfing. Unglaublich, denn die Information mußte auf einer Ebene stattgefunden haben, die uns bisher verschlossen blieb. Auch heute noch. Klar, daß sich der russische Geheimdienst und das Militär dieses Phänomens ganz besonders annahmen. Und nicht nur die Russen, wie man weiß. Betont sei: Die klassische Physik kann das Mysterium nicht erklären. Und doch sollten wir uns dem unglaublichen Phänomen nicht verschließen.

Ein drittes Psi-Phänomen ist die präkognitive Fernwahrnehmung. Es gibt z.B. sensitive Menschen, die durch ihre Emotion die Elektronik von Geräten signifikant beeinflussen können.

Bietet die Quantenphysik ein Erklärungsmodell für Psi-Phänomene?

Es könnte sein, daß uns die Quantenphysik paranormale Phänomene einer Klärung näher bringt. In der Elementarteilchenphysik gibt es Versuchsbedingungen, die unsere Logik samt unserer Erfahrung auf den Kopf stellt: da folgt nämlich die Ursache auf der Wirkung, der Zeitfluß kann sich sogar umkehren. Aus Sicht der Quantenphysik leben wir in einem Art Subuniversum, wo Raum, Zeit und Materie zu Hause sind, dagegen bestünde das ursprüngliche Universum jenseits von Raum und Zeit als ein Universum der Information. Unter ganz bestimmten Voraussetzungen können sensitive Kreaturen das „Informationsuniversum" anzapfen, etwa Seher wie Nostradamus. Das Universum benimmt sich wie ein Hologramm. Wie können wir uns diesen Irrwitz vorstellen? Bevor wir z.B. Elementarteilchen beobachten, existieren sie nicht real, sondern als „Wolken von möglichen Zuständen", aus denen erst unsere Beobachtung einen Zustand auswählt und ihn damit realisiert. Das Gesamtsystem Natur ist miteinander gekoppelt und verschränkt.

Gemäß dem Atommodell von Nils Bohr kreisen die Elektronen als winzige Kügelchen um den Atomkern. Im Sinne der modernen Physik muß man sich die Elektronen eher als eine „verschmierte" Wolke vorstellen.

Es gibt dazu ein Näherungsmodell, das den Übergang vom Teilchen zur „Welle" (der Wolke) gut beschreibt: Das kleine Kügelchen rast mit so irrwitziger Geschwindigkeit umher, daß unsere groben Meßgeräte es an mehreren Orten gleichzeitig sehen, es also ähnlich einem Vogelschwarm eine wabernde Wolke bildet.

Wenn Sensitive Informationen über Ereignisse abrufen, entspricht das im physikalischen Sinne einer Messung. Im physiologischen Sinne ist das eine Fernwahrnehmung. Man muß sich einmal diesen philosophischen Gedanken nähern: Ereignisse liegen als Möglichkeit vor, die erst durch Beobachtung zu einer Wirklichkeit in Raum und Zeit werden können. Alle möglichen Eigenschaften der Welt existieren vor dieser Beobachtung als Wellenfunktion. Wenn ein konkretes Teilchen an einem bestimmten Ort zu einer bestimmten Zeit beobachtet wird, wir also ein ganz genaues Meßgerät verwenden, das den „Vogelschwarm" zum „einzelnen Tier" werden läßt, konzentriert sich die zuvor über das gesamte Universum „verschmierte" Information plötzlich auf einen bestimmten Raum-Zeit-Punkt. Die vage Möglichkeit wird dann erst zu einem lokalen realen Ereignis.

Einige Perversitäten rund um den Globus

In **Myanmar** (Burma) wird Jagd auf alles gemacht. Wälder verschwinden im Kahlschlag, damit auch Tiger und Schlangen. Gefangene Bären werden zwangsgemästet, damit chinesische Bonzen online Bärengalle ordern können. Der Gallensaft wird Bären täglich aus einem einoperierten Katheter abgezapft. Mit der Bärengalle behandelt man in China chronische Magenleiden.

In **Moskau** und Sankt Petersburg ist durch Prostitution das Heer der HIV-Infizierten auf 37.000 Menschen angeschwollen. Studentinnen gehen für umgerechnet 10 Euro auf den Straßenstrich, um das Studium zu finanzieren. Die Polizei selbst fungiert als Zuhälter. Zum Kontrast: Die Oligarchen in Rußland führen Handys aus Platin, Gold und Saphir-Kristall für 27.000 Euro spazieren.

In den **Niederlanden** ist eine Pädophilenpartei per Gesetz etabliert.

In **Spanien** haben die Geldscheine so große Rückstände von Kokain wie in keinem anderen Land in Europa. Die durchschnittliche Konzentration liegt bei 155 Mikrogramm – fünfmal höher als etwa in Deutschland. Diese Rückstände übertragen sich von einem auf den anderen Geldschein. Diese Kokain-Konzentration hängt mit dem hohen Drogenkonsum in dem Land zusammen. Nach UN-Angaben ist Spanien das wichtigste Transitland für Kokain aus Lateinamerika in Europa. Im Jahr 2006 wurden hier 50 Tonnen dieses Rauschgifts sichergestellt. Das entspricht 40% der Kokainfunde in ganz Europa.

Die Geldscheine werden von den Konsumenten gerollt, um das weiße Pulver durch die Nase zu schniefen.

Aus dem korrupten **Kamerun** wird über eine Buschfleisch-Mafia geräuchertes Fleisch von Menschenaffen – Schimpansen und Gorillas – bis nach London gebracht. Hier gibt es dankbare Abnehmer, die für diese Delikatessen bereit sind, mehrere Hundert Dollar pro Pfund zu zahlen. Gleichzeitig verschwinden durch illegalen rigorosen Holzeinschlag unwiederbringlich Jahrhunderte alte Urwaldbaumriesen; das Rückzugsgebiet der Primaten wird dadurch dramatisch verkleinert.

USA. Hier sind Verschwendung der Ressourcen und hemmungsloser Konsum nichts Ungewöhnliches. 34 Milliarden Getränke-Dosen und drei Milliarden Sprühdosen pro Jahr wandern auf die Müllhalde. Das Militär verfügt über 20.000 etwa 60 Tonnen schwere rollende Kolosse an Kampfpanzern, Einzelpreis etwa 4 Millionen US-D. Der Verbrauch an Treibstoff beträgt 1.200 Liter auf 100 km. Würden alle Kettenfahrzeuge gleichzeitig eine Strecke von 100 km zurücklegen, hätten sich zwölf Olympia-Schwimmbecken Sprit in „Luft" aufgelöst. Dem Amerikaner ist aber auch sein Auto etwas wert. Man zahlt in Manhattan für einen Parkplatz 60 US-D pro Stunde, und das mit verwirrenden Parkregeln. So kommen jährlich 500 Millionen US-D an Parkgebühren in die Staatskasse.

Die USA versenkt seit 1949 Atommüll in Fässern zu jeweils 45 Gallonen, das sind knapp 200 Liter, auf den Farallon Islands, etwa 50 km vor der Küste von Kalifornien. An der Küste bei San Francisco wurden sie einfach über Bord geworfen. Bevor diese Praxis eingestellt wurde, hatten die Vereinigten Staaten an insgesamt 50 Stellen im Ozean mehrere Hunderttausend Fässer versenkt.

Die Doppelmoral treibt in den USA üppige Blüten. Einerseits predigt man Keuschheit bis zur Ehe, andererseits werden 20 Milliarden US-D für Pornofilme pro Jahr ausgegeben. Eine merkwürdige Doppelmoral. In Nachtklubs gibt es keinen Alkoholausschank, dafür aber Sex-Shows. Einige Teenager sind keusche Kirchgänger. Für fünfzehn US-D erwerben sie Silberringfinger als sichtbares Zeichen für „no Sex". Diese Teenies legen ein Keuschheitsgelübde ab bis zur Ehe. Statt

Aufklärung blüht das Geschäft mit der Angst zur totalen Enthaltsamkeit; es erreicht mehr als 2,5 Millionen junge Amerikaner. Andererseits ist Amerika führend, was die Zahl der Inhaftierten angeht. Zwei Millionen Amis füllen bis zum Bersten die Gefängnisse. Eine verhältnismäßig bescheidene Summe, gemessen an den 200 Millionen Ratten, die allein in New York vom Abfall der Überflußgesellschaft leben.

Es gibt auch eine glänzende Seite. Die Lagerung des amerikanischen Staatsgoldes in Fort Knox grenzt an Perversität. Es ist die unzugänglichste Festung der Welt. Hier lagern 1/4 Million Goldbarren zwischen 14 und 30 kg. Ständig sind 300 Panzer im Einsatz. Zum Bau von Fort Knox (Baubeginn 1935) wurden 21.000 Tonnen Stahl (das dreifache Gewicht des Eiffelturm) verbaut, die Wände aus Stahl und Beton sind 70 cm dick. 1952 unterzog man in der Wüste von Nevada die Tresore einem Atomtest, den sie glänzend bestanden. 1974 inspizierte eine Delegation das Gold. Das war ein historisch feierlicher Moment. Die Existenz des Goldes war damit bewiesen. Einer der Besucher sagte: Als ich in den Tresor eintrat, war es mir, als würde eine riesige Sonne scheinen. Was seit 1974 mit diesem Gold passiert ist, wie viel heute noch in Fort Knox lagert, ist allerdings Staatsgeheimnis.

Chinas ökologische Schäden durch den ehrgeizigen Bau des Dreischluchtendamms (Qutang, Wuxia, Xiling) sind unabsehbar – der Jangsekiang wurde aufgestaut. Zwei Millionen Menschen verloren ihre Heimat. Rigoros wurden sie aus ihrer angestammten Heimat vertrieben. Dörfer und Städte versanken in den aufgestauten Fluten, darunter die Tempelstadt Fengdu mit all ihren archäologischen Schätzen. Langzeitschäden bedrohen das Ökosystem rund um den Jangtsekiang. 2.850 Pflanzenarten und 300 Fischarten sind betroffen. Auf der Aussterbeliste stehen der China-Aligator, der Flußdelphin und der China-Stör. Der über 660 km lange Stausee entartet zu einer Kloake aus giftigen Abwässern und Industrieabfällen, herangeschwemmt aus der Millionen-Metropole Chongqing. Die einstigen Fischer sind zu Müllfischern degradiert; täglich „fängt" jeder etwa drei Tonnen Müll. Millionen Tonnen Treibsand und Sediment führt zur Versandung, die Selbstreinigungskräfte des Flusses erlahmen. Der steigende Wasserdruck führt immer wieder zu Erdrutschen an den Uferzonen. Zudem liegt die Dreischluchten-Talsperre in einem Erdbebengebiet. Die Wissenschaftler warnen, denn der Damm könnte brechen – noch ehe er um 2009 seine Aufgabe zur Energieversorgung von 85 Mio. kWh aufnimmt.

Japan. Die Japaner fischen die Weltmeere leer und verschlingen allein 150.000 Tonnen Thunfisch im Jahr. Sie ignorieren das weltweite Abkommen von 1986 und töteten seitdem 1.300 Großwale mit der fadenscheinigen Begründung, Forschung zu betreiben. Noch auf hoher See werden die zerlegten „Forschungsobjekte" in den Fabrikschiffen zu handelsfreundlichen Paketen verpackt. Später tauchen die Gourmethappen auf den Speisekarten der japanischen Edelrestaurants als teure Delikatesse auf.

Allein 2003 wurden weltweit 140 Millionen Tonnen Fisch aus den Weltmeeren geholt. Um diese Schätze aus den Ozeanen zu bergen, sind zwei Millionen Schiffe im Einsatz.

Frankreich verseuchte 1966 durch freigesetztes Plutonium der Atomversuche im Mururoa-Atoll die Tahiti-Inseln für 100 Generationen.

In **Deutschland** ist Versicherungsbetrug ein Volkssport: vier Milliarden Euro pro Jahr, davon allein 1,5 Milliarden Euro bei KFz, Unfälle durch Selbstverstümmelung und Blitztricks. Die Datenbank Uniwagnis registrierte 10.000 Betrüger pro Jahr, und das ist nur die Spitze des Eisbergs.

Milliardäre

Das US-Wirtschaftsmagazin Forbes erstellt eine Liste der Superreichen. Seit 1994 wird das internationale Milliarden-Ranking von Microsoft-Gründer Bill Gates mit 42,2 Milliarden Euro angeführt. Die wohlhabendsten Deutschen sind die „Aldi-Brüder" Karl und Theo Albrecht. Mit 15 sowie 13 Milliarden Euro liegen sie auf den Plätzen 12 und 20. 2007 gibt es weltweit 946 Milliardäre, alle zusammen mit einem Vermögen von 2,7 Billionen Euro. Das sind 26% mehr als 2006. Die meisten Milliardäre, nämlich 415, leben in USA. Platz zwei belegt Deutschland mit 55. Rußland holt mittlerweile mit 53 mächtig auf. Zählt man die Reichtümer zusammen, haben uns die Russen schon abgehängt – mit 176 zu 186 Milliarden. Der jüngste Superreiche mit 23 Jahren stammt aus Bayern. Während der Durchschnitts-Milliardär 62 Jahre alt ist, stieg Prinz Albert II. von Thurn und Taxis an seinem 21. Geburtstag in die finanzielle Oberliga auf: 2001 erbte er das Vermögen von rund 1,5 Milliarden Euro. seines verstorbenen Vaters.

Nuklearpartikel – vom Winde verweht

Vermehrt nutzt die Hightechwelt Schwermetalle. Das führt dazu, daß die Atmosphäre viele dieser Metalle oder Metalloxide in Partikelgröße aufnimmt und wir giftige Substanzen unbemerkt einatmen. Durch diesen Verdünnungseffekt gehen außerdem unwiederbringlich wertvolle Elemente für immer verloren, ohne daß sie je wieder in den Stoffkreislauf zurückfinden. Allein ein Kfz-Katalysator stößt je gefahrene 100 km zwischen 0,065 bis 3 Mikrogramm Platin aus. Hochgerechnet auf alle bewegten Fahrzeuge sind das einige Tonnen Platin im Jahr, die unsere Erdatmosphäre aufnimmt. Vorweg gesagt: alle Schwermetalle sind für den menschlichen Organismus gesundheitsschädlich. Oft weiß z.B. ein armer Teufel nicht, etwa ein Goldsucher im brasilianischen Urwald, wie giftig der eingeatmete Quecksilberdampf ist, der beim Trennen des Goldamalgams entsteht.

In der Tat muß man auch einmal die ambivalente Seite eines heißhungrig nachgefragten Schwermetalls ansprechen. Gesagt, getan! Da gibt es eine teuflische Substanz, der wir alle unfreiwillig ausgeliefert sind, die so ohne weiteres nicht meßbar ist, und vor der wir Zivilisten uns im Erstfall nicht schützen können. Selbst die beste Gasmaske versagt. Mehr als ein Dutzend Staaten dieser Welt führen das Teufelszeug in ihrem Waffenarsenal, und einige haben über Jahre davon lebhaften, besser gesagt, todbringenden Gebrauch gemacht. Ohne Skrupel.

Mit dem „chirurgischen" Einsatz kleiner Nuklearwaffen der „depleted uranium" DU-Waffengattung, öffnete sich die Büchse der Pandora über weite Gebiete der Erde. Und das war erst der Anfang. Das sogenannte abgereicherte Uran zur DU-Waffenherstellung bekommt das US-Militär zum Nulltarif von den Kernkraftwerken, eine elegante

Entsorgung des Atommülls! Beim Aufschlag eines DU-Geschosses auf ein hartes Ziel entsteht eine Höllentemperatur von bis zu 6.000°C. Jetzt nimmt Uranoxid Keramikeigenschaften an und zersplittert in kleinste Teilchen. Nanopartikel aus eingeatmetem Uranoxid mit einer Größe von nur 0,000.001 mm überwinden die Luft-Blut-Schranke, dringen in Körperzellen ein und geben eine lebensbedrohende Strahlendosis an das Gewebe ab. Eingeatmetes Uranoxid wird zur chronischen Quelle der Strahlungsvergiftung im Körper. Die entstehenden freien Radikale erzeugen oxidativen Streß in den Zellen. Mehr noch, der hochgiftige und radioaktive Staub besteht aus einem unlöslichen und einem schwer löslichen Oxid. Über die Lungen werden die Uranverbindungen aufgenommen und vorwiegend in den Lymphknoten, den Knochen und dem Gehirn eingelagert.

Ziele, die von Urangeschossen getroffen werden, sind vom Explosionsstaub umgeben, den der Wind viele Kilometer weit trägt. Gelangen eingeatmete Partikel in die Blutbahn, kann sich ein kleinerer Teil der Uranpartikel auflösen und kurzfristig verschiedene Organe vergiften. Das ist vergleichbar mit einer Schwermetallvergiftung, allerdings hochgefährlich in weitaus geringeren Dosen. Vergiftet und zerstört werden vor allem die Zellen von Nieren und Leber. Nachhaltig schädigend und hoch wahrscheinlich ist eine allmählich einsetzende chronische Uranvergiftung, hervorgerufen durch radiotoxische Wirkungen.

Der in den Körperflüssigkeiten nichtlösliche Teil des Uranoxids lagert sich allmählich im Skelett ein, von wo eine schwachradioaktive Strahlung ausgeht. Das Isotop Uran-238 der Munition ist ein Alpha-Strahler. Bereits ein Blatt Papier schirmt einen Alpha-Strahler ab. Finden aber Uran-Aerosole den Weg in die Lunge, geraten diese Partikel direkt in Kontakt mit lebendigem Gewebe. Aus meiner Praxis weiß ich, daß Edelsteinschleifer in Sri Lanka, die des öfteren den grünen radioaktiven Sammlerstein Ekanit (u.a. ein Alpha-Strahler) schliffen, häufig an Krebsleiden erkrankten. Alpha-Quellen, die in den Körper eindringen, sind um das zwanzigfache biologisch schädlicher als die gleiche Menge an Beta- oder Gammastrahlen. Besonders gefährdet ist das Knochenmark. Wird es über eine längere Zeit radioaktiv bestrahlt, kann der Betroffene unter Blutarmut und Immunschwäche leiden. Es können sich bösartige Tumore ausbilden. Heimtückisch sind latente radiologische Langzeitwirkungen von Uranvergiftungen. Schilddrüsenkrebs kann beispielsweise 10 bis 40 Jahre nach der Kontamination auftreten, Erbgutschäden wie Mißbildungen noch nach drei, vier Generationen.

Das Isotop Uran-238 der DU-Geschosse zerfällt in Thorium und Protactinium. Die dabei freigesetzte Beta- und Gamma-Strahlung erhöht weiter die Strahlenbelastung. Uranpartikel ergeben also eine dynamische Mischung radioaktiver Isotope. Man schätzt, daß die Chromosomenschäden durch Alpha-Strahlen 100mal größer sind, als die anderer Strahlungsarten. Die schweren, stark geladenen Partikel können Löcher in die DNS reißen und eine Kaskade freier Radikale freisetzen; diese stören die fein aufeinander abgestimmten zellulären Prozesse.

Seit den frühen 90er Jahren wird die Fernwirkung der Uranaerosole durch Hochleistungs-Luftprobenfilter routinemäßig in Berkshire/England durch das Atomwaffeninstitut Aldermaston gemessen. Dabei stellte sich heraus, daß es eine signifikante Zunahme an Uran in sämtlichen Filtern am Beginn des Irak-Kriegs gab, die bis Kriegsende andauerten. Über den gesamten Zeitraum hinweg gab es einen beständigen Luftstrom vom Irak nordwärts. England lag im Zentrum eines Hochdruckgebiets; es brachte Luft vom Süden und vom Südosten mit sich.

Die Distanz zwischen Bagdad und dem Meßort betrug etwa 4.000 km. Die regelmäßigen Wüstensand-Niederschläge in England gemahnen daran, daß gewisse langlebige Luftschadstoffe über die Atmosphäre jeden Menschen erreichen. Diese alarmierende Erkenntnis wurde erstmals nach den überirdischen Atomversuchen der 60er Jahre und den daraus resultierenden Strontium-90-Befunden in der Milch dokumentiert; später wieder nach dem Unfall in Tschernobyl. Indessen schufen Waffennarren uranhaltige Waffen, es sind also keine bloßen „Betriebsunfälle". Die erwähnten Filter-Messungen beweisen, daß die Folgeschäden nicht auf das Kampfgebiet beschränkt bleiben. So gibt es eine Dunkelziffer zur Schädigung der Bevölkerung in vielen Ländern. Obwohl die Urankonzentrationen in der Luft quantitativ gering sind, weisen die Befunde in England auf die Verbreitung einer neuen Art Uran: keramische Nano-Uranoxidpartikel.

Wer aber von uns meint, daß der Einsatz dieser kleinen Nuklearwaffen bloß ein Relikt der jüngsten Kriege sei, sieht sich arg getäuscht. Im Gegenteil. Dieses Teufelsungut hat das Zeug, eine Dritte Weltkatastrophe, ein Armageddon, auszulösen, um das andere häßliche Wort zu vermeiden.

Reagan war der erste Präsident, der mit der Armageddon-Theologie das Weiße Haus infizierte. Er sagte 1976, er glaube, ein nukleares Armageddon stehe vor der Tür. Auch Bush glaubt fest an ein flammendes Armageddon, und daß Auserwählte direkt in den Himmel auffahren. Das erklärt vieles. Was aber sind die Hintergründe für weitere, weltweite Atomschweinereien? Welcher Gefahr nähern wir uns?

Fakt ist, die USA können die Spur von 17.000 kg waffenfähigem Uran nicht zurückverfolgen, sie haben während der letzten 50 Jahre des kalten Krieges an 43 Länder Uran verliehen und weitergegeben. Daraus ließen sich theoretisch 300 große A-Bomben bauen. Für eine effiziente Atombombe benötigt man 50 kg angereichertes Uran. Tatsache ist, daß alle Nationen, die Atomwaffen besitzen, den Umweg über die zivile Nutzung gegangen sind, z.B. Irak, Nordkorea, Indien, Pakistan, Südafrika. Ein friedliches Atomprogramm läßt sich so modifizieren, daß auch hochgradig reines Uran oder Plutonium für Waffen produziert wird.

Fakt ist: Das größte Verbreitungsnetzwerk an Nukleararsenal unterhält Pakistans Chefatomingenieur Dr. Abdul Qadeer Khan. Er verkaufte Rundumpakete (angereichertes Uran, Zentrifugen, Skizzen zum Bau von A-Bomben), einschließlich Hotlineservice zur Atombombentechnologie an Libyen, Nordkorea und vermutlich auch an den Iran. Ein einträchtiges Geschäft!

Fakt ist, daß Dubai in den Vereinigten Arabischen Emiraten der Hauptumschlagplatz von Schwarzmarktprodukten für die gesamte Nuklear-Technologie ist, die Dr. Khan verkaufte.

Fakt ist: Die Japaner bestätigten, daß sie über 200 kg Plutonium verloren haben, ausreichend, um etwa 25 Nagasaki-Atombomben herzustellen. Sie haben keine Ahnung wohin das Plutonium verschwand.

Fakt ist: In den Ländern der ehemaligen Sowjetunion liegen geschätzt 7.000 strategische und etwa 8.000 taktische Atomwaffen. Bei den taktischen Atomsprengköpfen handelt es sich um kleine nicht komplett inventarisierte Kurzstreckenwaffen wie Torpedos, Artilleriegranaten und Minen. Wegen ihrer handlichen Größe sind sie ein ideales Diebesgut. Das amerikanisch-russische Sicherungsprogramm ruht indessen seit 1998; es sollte zur Sicherung von 68 Tonnen Plutonium führen, geeignet für den Bau von 10.000 Nuklearbomben.

Das Perfide daran: Die USA bauen weiter an einer neuen Klasse kleinerer Atombomben, die als „benutzbar" gelten. Kaltfrech predigen sie dem Rest der Welt, er solle auf Atomwaffen verzichten. Die kleinen Nuklear-Ungeheuer sind so hochstilisiert, als wären sie eine neue Variante konventioneller Waffen. Eine 1-kT-Atombombe, nur gut 7% so groß wie die Hiroshimabombe, gezündet in New York, würde wahrscheinlich 20.000 Menschen töten, danach aber noch 10.000 Menschen durch Verbrennungen 3. Grades und an den Folgen der Verstrahlung hinweg raffen.

Das waffenbesessene Amerika ist seit dem II. Weltkrieg ständig mit weiteren Kriegsaktivitäten fehlbeschäftigt. Fast die Hälfte des Bruttosozialprodukts verschlingen allein die Rüstungsausgaben. Ganz zu schweigen von den seelischen Hinterlassenschaften, den psychischen „Kollateralschäden": Mit 6.256 Toten überstieg 2005 die Selbstmordrate ehemaliger US-Soldaten um 60% die der Menschen, die seit 2003 im Irakeinsatz ums Leben kamen. Eine andere wahnwitzige Zahl: bisher verballerten die USA 3,5 Billionen US-D im Afghanistan- und Irak-Krieg.

Die Politik von Bush besteht darin, Massenvernichtungswaffen mit Massenvernichtungswaffen zu bekämpfen, ein neu-biblisches „Auge-um-Auge-Prinzip". Damit hat er ein zweites nukleares Zeitalter vom Zaum gebrochen. Selbst der CIA Chef Georg Tenet sagt: „die Welt ist konfrontiert mit einem neuen nuklearen Aufrüstungsrennen ... wir sind in ein neues Zeitalter der Verbreitung eingetreten".

Tatsächlich verbreitete die Bush-Administration aktiv nukleare Technologie und das entsprechende Know-How; sie spielt dieses Teufelszeug den potentiell instabilen Nationen zu. Die US-Regierung ermutigt amerikanische Unternehmen, nukleare Hardware und Know-How ins Ausland zu verkaufen. Vizepräsident Dick Cheney warb z.B. im April 2004 bei den Chinesen für den Erwerb von Westinghouse-Atomkraftwerken. Welch irrwitziges Konzept dahinter steckt, ist nur hypothetisch zu mutmaßen.

Ist es ganz normales Profitstreben, oder fördert die Regierung die Atomenergie, um Wahlkampfspenden aus der Nuklearlobby zu belohnen, etwa die Unternehmen Westinghouse, General Electric, Framatome, Bechtel, Halliburton? Solange waffenfähiges Material in der Welt umhergeistert, können leicht jährlich eine halbe Milliarde US-D für ein Netzwerk aus US-Spionage-Agenten, die in 80 Länder aktiv sind, gerechtfertigt werden.

Und jetzt ein Erklärungsversuch zum religiös verbrämten Irrsinn: In den USA gewinnt eine Bewegung an Kraft, die versucht, die Grenzen zwischen Kirche und Staat aufzuheben und durch eine religiöse Regierung zu ersetzen. Ideologisch ähnlich gelagerte Gruppen möchten eine theokratische Ordnung einführen, die in biblischen Gesetzen die Demokratie ersetzt.

Eine weitaus größere Gruppe von Christen glaubt, ihre persönliche Erlösung hinge von der Rückkehr Jesus auf Erden ab. Zu diesen Anhängern der Armageddontheorie, gehört u. a. auch Reverend Billy Graham.

Alle fundamentalistisch-christlichen Anführer in den USA glauben, der III. Weltkrieg sei unvermeidbar. Der sei sogar ein Teil von Gottes Plan. Und genau diese Ideologen legen die politischen Ziele der Republikaner fest. Sie sind ihrem Ziel der Indoktrination viel näher als wir es wahrhaben wollen. Diese Gruppe kontrolliert den Kongreß und das Weiße Haus.

Begierig harren auch die Anhänger des „christlichen Zionismus" darauf, Israel bei der Übernahme und Kontrolle des Heiligen Landes zu helfen, da es sich um einen notwendigen Schritt auf dem Weg zur erfolgreichen Rückkehr Christi handle. Bush meint, daß eine böswillige Detonation einer Nuklearwaffe in einer Schlüsselstadt wie Jerusalem oder New York unvermeidbar ist und nicht aufzuhalten wäre.

Haben wir es schlußendlich mit religiösen Eiferern oder Wirrköpfen zu tun, die unsere „Endzeit" herbei bomben wollen? Ist das Realität, ist das ein böser Traum oder ist alles nur in den Wind gesprochen?

Zukunftsaussichten der Weltbürger

In der modernen Welt sind wir stolz auf das stetig wachsende Wissen, den Wohlstand, die wissenschaftlichen Erkenntnisse und den technologischen Fortschritt. Die ambivalente Seite der Menschen ist aber ihre wachsende Distanz zur Verbundenheit mit der Natur. Statt dessen haben wir uns immer mehr von der Natur entfremdet. Heute ist ein Tiefpunkt in dieser Entwicklung erreicht. Das zeigt sich in den selbst verursachten ökologischen Katastrophen, der moralischen Desorientierung und der spirituellen Leere. Wir irren, wenn wir glauben, das tiefgründige Universum durch die moderne Wissenschaft entzaubert zu haben.

Nach dem „Kassensturz"
Untersuchen wir die aufgestauten, globalen Konflikte und Probleme. Aus dem Istzustand läßt sich ein mögliches Szenario für die Zukunft ableiten. Nur die wesentlichen Punkte seien genannt, Fakten, die unsere Welt in Zukunft prägen, nämlich

- die Rohstoff-Ressourcen gehen zur Neige,

- die rasch wachsende Menschheit lebt über ihre Verhältnisse.

- die weltweit aufgetürmten Schuldenberge sind mit legalen Mitteln nicht mehr abzutragen; die Asymmetrie zwischen Dollar und Rohstoffen nimmt groteske Züge an,

- die geopolitische Lage steht auf „tönernen Füßen".

Konfliktstoff 1: die Rohstoffe

Vorab: Maße und Gewichte –
Orakel-Größen für den Rohstoff-Investor

Das Verwirrspiel mit den Einheiten begleitet den normalen Menschen, vor allem den Rohstoff-Investor, vielfach bei seinen Engagements. Er stellt sich die Frage, was steckt für eine metrische Einheit oder Umrechnung hinter der Feinunze beim Edelmetall, dem Kubikfuß beim Naturgas, dem Bushel bei einem Agrarstoff oder dem Barrel beim Rohöl. Offen gesagt, wer kann sich etwas unter einem Kubikfuß vorstellen?

Beginnen wir unsere „maßgeschneiderte" Reise mit dem amerikanischen Raummaß, dem Barrel (engl. Faß). Im Grund ist an der Namengebung dieser Maßeinheit Barrel mit der Einheitsbezeichnung bl oder bbl „Old Europe" selber schuld: Aus der historisch ersten Erdpechquelle von 1498 in Pechelbronn im Elsaß wurde anfangs das Erdöl nur medizinisch verwendet und in Apotheken in Fläschchen feilgeboten. Um 1735 begann die kommerzielle Nutzung. Zum Abfüllen des Erdöls nahm man ausgediente Heringsfässer; sie wurden am Faßboden durch einen Blauanstrich gekennzeichnet. Als dann 1866 der Run auf das schwarze Gold in Pennsylvania einsetzte, ließen sich die Erdöltechniker von den ölgenutzen Heringsfässern aus Pechelbronn inspirieren. Sie beauftragten ihre örtlichen Küfer, 158,98-Liter-Fässer mit den gleichen alten Abmaßen aus Eichenholz zu fertigen. Bleibt anzumerken, daß ein Barrel 42 Gallonen enthält.

Weizenkörner bildeten schon im alten Byzanz, Ägypten und später in Rom die Basis für Handelsgewichte. Die Unze (lat. uncia, ein Zwölftel) entsprach dem Zwölftel eines römischen Pfundes (heute wären das etwa 25,29 Gramm). Dieses Pfund wiederum wurde durch das Gewicht von 6.912 Weizenkörnern repräsentiert. Im Laufe der Handelsgeschichte gab es von Stadt zu Stadt unterschiedliche Pfund-Einheiten. Ein Bürger in Berlin wog nach Pfunden rund 10% weniger als ein gleich schwerer Zeitgenosse in Nürnberg. Erst 1854 legte der Deutsche Zollverein das sogenannte Zollpfund auf exakt 500 Gramm fest.

Im anglo-amerikanischen Raum werden Gold- und Silbermünzen auf Unzenbasis geprägt. Die Troy-Unze (benannt nach der franz. Stadt Troyes), besser als Feinunze bekannt, bildet eine internationale Gewichtseinheit für Edelmetalle. Diese wiegt 1/12 eines Troy-Pfundes, also 373,242g : 12 = 31,10g. Anders ausgedrückt: ein Troy-Pfund (lb ap) hat 12 Feinunzen (oz tr). Staunt der Anleger z.B. über die jährlich Förderquote eines Goldunternehmens von 100.000 Unzen, so staunt er eben über das Gewichtsäquivalent von 3,11 Tonnen Gold.

Die Engländer treiben die Verwirrung auf die Spitze, denn sie verwenden die Flüssig-Unze (1 fluid ounce entsprechend 29,57 Milliliter) und sogar die Unze als Zeit- und Längenmaß. Skurril: die Zeit-Unze „dauert" 1/12 moment oder 7,5 Sekunden und die Schuh-Unze (shoe ounce) entspricht 1/64 inch oder 0,397 Millimeter.

Gönnen wir uns einen kurzen, bescheidenen Blick auf unser internationales Einheitensystem. Selbst das Urkilogramm als Masse-Einheit für 1 kg ist heute noch per definitionem im Fluß. Alle anderen Grundeinheiten wie Meter und Sekunde sind über unverrückbare Naturkonstanten definiert. Noch dient der Dinosaurier unter den Einheiten, das Prototyp-Urkilogramm, als internationales Standardmaß. Dieser 39-mm-Zylinder aus einer Platin-Iridium-Legierung lagert seit 1889 unter drei Glasglocken in einem Tresor in Sèvres bei Paris. Bisher gibt es weltweit 40 Kopien des Urzylinders auf nationaler Ebene. Beim jährlichen Vergleich mit dem Urkilogramm wichen die Kopien immer mehr vom Original ab. Ursache ist vermutlich ein Gewichtsverlust des Prototyps. Experten mutmaßen, daß aus dem Urkilogramm eingeschlossene Gase diffundieren. Es geht dabei, oh Schreck, um einen Gewichtsverlust von 0,000.000.5 Gramm pro Jahr.

Die Wissenschaftler an der Phyikalisch-Technischen Bundesanstalt in Braunschweig versuchen es mit einer verblüffenden, neuen Referenz, nämlich mit einer hochreinen Kugel aus einem Silizium-Einkristall. Es geht dabei um die Anzahl der Atome, die zusammen präzise 1 kg wiegen sollen. Die Crux dieser aus 21 Quadrillionen Si-Atomen (eine Zahl mit 26 Stellen) bestehenden Kugel: Sie läßt sich trotz Laservermessung nicht genügend präzise herstellen. Übertragen auf den Erdball, würde die Unebenheit ihrer Oberfläche nur 1,5 m betragen. Das Wettrennen um die absolute Definition des Kilogramms geht weiter bis zur Generalkonferenz für Maße und Gewichte im Jahre 2011.

Verweilen wir bei handlicheren Gewichtseinheiten aus dem Gebiet der Diamanten und Edelsteine. Seit altersher ist hier das Carat in Gebrauch, dessen Gewicht sich aus dem Samenkorn des Johannesbrotbaums ableitet. Dieser Samen ist relativ stabil im Gewicht, selbst bei wechselnder Luftfeuchtigkeit. 1875 wurde für das metrische Carat 0,2 Gramm festgelegt; 5 ct entsprechen also 1 Gramm. Übrigens ist 1 Unze gleich 142 ct. Ein einkarätiger Diamant-Brillant – er darf zwischen 0,95 und 1,03 ct wiegen – hat etwa einen Rondist-Durchmesser von 6,4 mm. Wenn eine Diamantenmine jährlich eine Million Karat Rohdiamanten fördert, so sind das schlicht 200 kg.

Etwas verwirrend für den Laien ist die Tatsache, daß auch Goldlegierungen in Karat angegeben werden. Hier ist der Bezug ein anderer. Man geht vom Feingehalt des Goldes, den Gewichtsanteilen von 999,9 (= 1000) oder 99,9 % aus und setzt diese gleich 24 Karat. Eine Goldlegierung, die 750/1000 Gold oder 75% Gold enthält, ist 18karätig. 585 Teile Gold von insgesamt 1.000 Teilen in der Legierung sind dann 58,5% oder 14 Karat. Ein Schmuckstück, das z.B. mit 750 gepunzt (gestempelt) ist, muß aus 75% reinem Gold bestehen.

Kommen wir zurück auf das imperiale Maßsystem der Amerikaner und Briten von anno 1824. Basis ist das Zoll (inch). Es geht auf die

Daumenbreite zurück, entsprechend 2,54 cm. 12 inch entsprechen ein Fuß (foot), abgeleitet von der Länge eines menschlichen Fußes.

Der Rauminhalt des Kubikfuß beträgt 28,3 Liter. 0,0353 Kubikfuß entsprechen unserem Liter. Den Kubikfuß-Angaben begegnet der Spekulant z.B. bei Erdgas-Futures. Dagegen werden z.B. Benzin-volumina und Heizölkontrakte in Gallonen gemessen. 1 Gallone ist 3,79 Liter.

Das Pfund (lat. pondus = Gewicht) ist indessen keine imperialistische Erfindung, vielmehr geht es bereits auf die altrömische Lira zurück, daher auch sein Einheitenkürzel lb oder Lb. Kaiser Karl der Große legte in seiner Münzordnung fest, daß seine Münzmeister aus einem „Karlspfund" Silber 240 Pfennige (Denare) prägten. Dieses System hat sich im Prinzip in England im Pfund Sterling bis 1971 erhalten. Ein britisches bzw. amerikanisches Pfund wiegt 453,569 Gramm und entspricht 16 Unzen, anders als das schon erwähnte troy pound mit nur 12 oz. Tr. Bei den Soft Communities, also den Agrarrohstoffen, ist es in den USA üblich, landwirtschaftliche Produkte in Bushel (Scheffel) zu messen. Aber auch da lauert ein „doppelzüngiger" Waagebalken: Das Bushel für Mais und Reis hat 56 pound oder 25,4 kg. Beim Weizen und bei der Sojabohne umfaßt das Bushel 60 pound oder 27,2 kg.

Energie bzw. Rohstoffe sind die Objekte der Begierde aller Welt-mächte. Dieses brennende Problem unseres Jahrhunderts entwickelt sich immer mehr zur Rohstoff-Psychose. Der Grund: die Welt-bevölkerung und damit der Verbrauch wachsen dramatischer als es die verbliebenen Ressourcen hergeben können. Durch einige eklatan-te Beispiele möchte ich Ihnen die menschliche Gier nach Rohstoffen verdeutlichen:

Rohöl. An der fundamentalen Lage des Rohöls hat sich seit Jahren nichts geändert, es wird wie alle anderen Rohstoffe langfristig im Preis steigen, und zwar sukzessiv mit der Nachfrage aus Fernost. Am Rohöl sind handfeste geostrategische Interessen gekoppelt. Beachten Sie dazu das zunehmende Konfliktpotential zwischen Amerika und Iran. Je klarer es wird, wer die Schlagader des schwarzen Goldes beherrscht, nämlich die Seestraße von Hormus, desto vernehmbarer gehört Iran zur „Achse des Bösen". Durch die Straße von Hormus am Persischen Golf werden 70% des Nahost-Rohöls geschleust; sie gehört territorial zu Iran. Diese geostrategische Imponderabilie kann den Ölpreis in kürzester Zeit auf Rekordhöhen treiben. Ich rechne damit, daß der Ölpreis demnächst neue Preishöhen erklimmt.

Täglich werden weltweit 90 Millionen Barrel Rohöl konsumiert. Das entspricht 6.350 ölgefüllten Olympia-Schwimmbecken. Mit dem Jahresvolumen des schwarzen Goldes ließe sich die größte Talsperre Deutschlands, die Bleilochtalsperre, 23mal füllen. Der Heißhunger nach Öl auf der Welt nimmt immer gierigere Züge an. Fast eine Billion Barrel wurden im „Ölzeitalter" bisher weltweit verbraucht. Die verbliebenen Ressourcen von etwa 1 Billion Barrel sind nur durch immer höhere Produktionskosten zu erkaufen.

Demnächst kommt es zum Stillstand des Perpetuum mobile „Dollar für Öl", die bisherige einzig akzeptierte Währung im Ölgeschäft. Mehr und mehr Staaten werden ihre Ölrechnungen in einer anderen Weltwährung fakturieren. Das ist fatal für das amerikanische Finanzsystem. China hat inzwischen in den Kampf um die Öl- und Energiepfründe eingegriffen. Amerika und China sind raffgierig weltweit unterwegs, Rohölreserven und alle strategischen Rohstoffe für sich zu sichern. Die Erschöpfung der Erdölreserven wird in den nächsten Jahren zu einer bitteren Erkenntnis führen, denn wir nähern uns bereits jetzt dem Scheitelpunkt der globalen Erdölförderung.

Welt-Reservetanks: Ölsand und Ölschiefer
Das schwarze Blut der Wirtschaft strömt von einem Preisgipfel zum anderen. Unaufhaltsam. Die überquellende Erdbevölkerung und damit die starke Rohölnachfrage aus aufstrebenden Wirtschaftsräumen wie Indien und China wachsen bei schwindendem Angebot. Zwangsläufig steigen damit auch die Nahrungsmittelpreise – selbst in jedem Bananenpreis steckt ein Ölanteil. Die abstruse Mais-Methan-Lobby der USA vergeudet zu allem Übel Nahrungsmittel für das Herstellen von Kraftstoffen. Die Nahrungsmittel verteuern sich durch den so erzeugten Verknappungseffekt. Allein das führt weltweit zu Unruhen in den Ländern der dritten Welt. Die Erschöpfung der Erdölreserven

199

wird im nächsten Jahrzehnt eine bittere Erkenntnis sein. Die Welt verbraucht 26 Milliarden Barrel pro Jahr. Mit Ghawar, Burgan und Cantarell haben die drei weltweit größten Ölfelder ihren Zenit überschritten. Die globalen Vorkommen aus weltweit 45.000 Ölfeldern schätzt man auf 900 Milliarden Barrel, davon sind heute etwa 90% bekannt. Die Hälfte der Erdölvorkommen sind bereits ausgebeutet. Von den weltweit täglich verbrauchten 80 Millionen Barrel Rohöl – das sind 500.000 angefüllte Olympiaschwimmbecken – beanspruchen allein die USA 25%, die aber nur 5% der Weltbevölkerung stellen. Ungeachtet dieser Dramaturgie wird durch ein weltweites Wirtschaftswachstum der globale Durst nach Rohöl auf über 120 Millionen Barrel pro Tag steigen.

Und so stellt sich die angespannte Situation dar: Gespickt mit Ressourcen-Kriegen, wird unser 21tes Jahrhundert in die Geschichte eingehen. Dramatisch schwinden die globalen Ölvorräte. Vielfach ist das Ölfördermaximum längst überschritten. Ziel der USA ist die totale Kontrolle über die Ölfelder im Nahen Osten. Die Ölpiraten Bush & Cheney wollten ihren Hattrick Afghanistan, Irak, Iran zu gerne vor der Präsidentenwahl mit der Shopping-Seatour im Iran vollenden und wurden vermutlich gerade noch vom eigenen Militär gestoppt.

Es geht um den schlummernden Energieschatz im Erdreich, den die Natur in Jahrmillionen schuf und den die Menschheit in einem guten Jahrhundert rücksichtslos ausplündert und vergeuden wird.

Bei der verzweifelten Suche nach Rohöllagerstätten stieß man auf Ölsande und Ölschiefer in schier gigantischen Vorräten. Allein die weltweiten Ölressourcen aus Ölsanden sind durch einen mächtigen Würfel von 8 km Kantenlänge vorstellbar. Indes ist der Abbau problematisch, zunächst was die Kostenseite betrifft, aber auch die ökologische Seite ist äußerst bedenklich.

Beginnen wir beim Ölschiefer, der so heißt, weil er weder aus Öl noch aus Schiefergestein besteht, ähnlich dem „Bayrischen Leberkäs", der bekanntlich weder Leber noch Käse enthält. Doch was ist Ölschiefer? Es ist ein Mergelgestein, das aus Kalk und Ton besteht. In früheren Zeiten brachte man den Mergel als Düngemittel auf die

Felder. Doch Pflanzen ernähren sich nicht vom Kalk allein, sie benötigen auch andere Mineralien als Düngerbeigaben. Die so behandelten Felder laugten den Boden aus, daher stammt übrigens die Redewendung vom „ausmergeln".

Der Begriff Ölschiefer ist also petrographisch irreführend. Ölschiefer sind reich an organischem Kohlenstoff und manchmal in der Tat schieferig aufblätternd. Der organische Kohlenstoff kann aus Meeres- oder Süßwasseralgen, aber auch aus anderen planktonischen Organismen und Bakterien gebildet sein. Diese Biomasse besteht aus Eiweißen, Kohlehydraten und Fetten.

Nach ihrem Absterben sanken die Kleinstlebewesen auf den Meeres- oder Seeboden. Diese Biomasse zersetzte sich vollständig; nur die Hartteile blieben als Fossilien im Sediment erhalten. Sanken die Organismen aber auf einen sauerstoffarmen Meeresboden, verzögerte sich der bakterielle Abbau von Biomasse. Ähnlich wie im Steinkohlewald, kam es in den tieferen Meeresregionen durch den Sauerstoffmangel zu keiner Verwesung.

Eiweiße und Kohlehydrate spalten sich zunächst in ihre Einzelbausteine auf, Fett bleibt als Fett erhalten. Die Einzelbausteine und das Fett vereinen sich im lockeren Sediment zu einer neuen Substanz, dem sogenannten Kerogen. Man kann nachweisen, daß es aus abgestorbenem Plankton entstanden sein muß. Bei chromatographischen Untersuchungen lassen sich Aminosäuren und Chlorophyll-Abbauprodukte feststellen. Kerogen ist eine wasserunlösliche Substanz, die fein im Sediment und, nach dessen Verfestigung, schließlich im Sedimentgestein verteilt ist. Ölschiefer enthält also kein Öl, sondern Kerogen, das erst in geologischer Zeit bei zunehmender Versenkung und Wärme Öl bilden kann. Ölschiefer zeichnen sich gegenüber den reinen Öllagerstätten durch einen geringeren Wasserstoff- und einen höheren Sauerstoffanteil aus.

Öl wird aus Ölschiefer aber nur in einem bestimmten, relativ eng umgrenzten Temperaturbereich von 60 bis 120°C gebildet. Der Temperaturbereich ist abhängig von der Zusammensetzung des Kerogens. Bei zu niedrigen Temperaturen wird kein Öl erzeugt, bei höheren Temperaturen meist nur noch Erdgas. In der Natur wird Öl erst gebildet, wenn der Ölschiefer durch Erdfaltung in etwa 2 km Erdtiefe versenkt ist. Fehlt aber ein Speichergestein, das Öl wie ein Schwamm aufsaugt, kann sich das Öl erst gar nicht ansammeln. Eine Erdöllagerstätte entsteht erst dann, wenn das aufsteigende Öl von einer undurchlässigen Gesteinsschicht aufgehalten wird.

Wie läßt sich aber aus „Ölschiefer" Öl gewinnen? Dazu muß der Mensch die in der Natur auftretenden Vorgänge mit Energieeinsatz beschleunigend „nachbilden". Der künstliche Prozeß besteht aus Erhitzen des Kerogens auf über 300°C, der Verschwelung, und der Abkühlung auf unter 30 bis 50°C. Dabei wird das Kerogen in ein Gasgemisch umgewandelt, aus dem man das Öl herausdestilliert. Dazu ist neben Energie auch eine erhebliche Menge an Kühlwasser notwendig.

Der eigentliche Hoffnungsträger ist der Ölsand, der in Riesenmengen im kanadischen Boden lagert. Ölsand ist hydrophil, das heißt zwischen dem Sandkorn und dessen Ummantelung aus Kohlenwasserstoffen befindet sich ein feiner Wasserfilm. Der Kohlenwasserstoffanteil in den Sanden beträgt zwischen 1 und 18%: vom langkettigen Bitumen bis hin zum Rohöl. Im Durchschnitt benötigt man zwei Tonnen Ölsand, um ein Barrel, also 159 Liter, Rohöl herzustellen. Nach dem Abtrennen von Sand und Wasser wird der Kohlenwasserstoff-Anteil thermisch gecrackt, hydriert, entschwefelt und zu synthetischem Rohöl weiterverarbeitet. Das entstandene, schwefelarme „sweet crude-oil" ist leicht weiterzuverarbeiten. Angereichert mit Wasserstoff, taugt es zur Benzinherstellung. Diesen Wasserstoff bezieht man aus Erdgas; Kanada besitzt davon fast 1% der weltweiten Reserven.

Bereits im Jahr 2004 wurden täglich 1 Million Barrel Bitumen aus Ölsand gewonnen, das sind 160.000 Kubikmeter. Die dazu nötige Dampfenergie stammt größtenteils aus der Verbrennung von Erdgas: für das Umwandeln eines Barrels Bitumen in transportfähiges Öl müssen etwa 28 Kubikmeter Erdgas verheizt werden. Energetisch heißt das: 1 Gigajoule sind aufzuwenden, um daraus ein Barrel Öl mit etwa 6 Gigajoule zu gewinnen. Die Kohlendioxid-Emission ist mehr als dreimal so hoch wie bei der herkömmlichen Rohölförderung. Etwa ein Drittel des weltweiten Ölsands von 1,7 Billionen Barrel, also etwa 270 Kubikkilometer, lagern als Athabasca-Ölsand in Kanada. Das entspricht einer geschätzten Fördermenge von 180 Milliarden Barrel normalem Erdöl.

In kanadischen Ölsand investiert man gegenwärtig mehr als 100 Milliarden US-D. Die durchschnittlichen Förderkosten liegen bei knapp über 15 US-D pro Barrel, mit dem notwendigen Umwandeln des Bitumens in synthetisches Rohöl klettert der Preis auf etwa 35 US-D.

Unternehmen wie Suncor, Syncrude, Albian Sands, Canadian Natural Resources und Nexen wenden zwei Verfahren an. Beim ersten wird heißer Wasserdampf in die Lagerstätte gepumpt, der das Bitumen flüssiger macht, so daß man es abzapfen kann. Beim In-situ-Verfahren im Tagebau versetzt man den Ölsand mit heißem Wasser und Natron. Das Bitumen löst sich aus dem Sand, wird verbessert und kommt als synthetisches Rohöl auf den Markt. Die Gewinnung von Öl aus Ölsand soll bis 2015 von den heutigen etwas mehr als eine Million Barrel auf über drei Millionen Barrel täglich gesteigert werden.

Die Problematik aus Ölsanden Öl zu gewinnen, wird mit
- einem hohen Energieaufwand,
- ökologischen Schäden um die Ölsand-Lagerstätten,
- und extrem hohen Wasserverbrauch erkauft.
- Vor allem aber hinterläßt der Ölsandboom im sozialen Gefüge Kanadas seine häßlichen Spuren.

Das hohe Tempo beim Ausbeuten der Ölsand-Vorkommen führte in Alberta zu Engpässen bei den Fachkräften, denn die wandern wegen der besseren Bezahlung aus anderen Unternehmen ab. Bis 2010 rechnet man in Alberta mit 400.000 Jobs, die nicht besetzt sind.

Uran ist begehrt im Krieg wie im Frieden. Kein anderes Naturprodukt wird so ambivalent ge- und mißbraucht. Dieses silberweiße, weiche Schwermetall schmilzt bei 1.130°C und siedet erst bei 3.500°C. Selbst manche Goldmineralien und Braunkohle können Uran enthalten, das in der Erdrinde mit etwa 2 Gramm pro Tonne etwas häufiger vorkommt als Silber und Gold. Abbauwürdige Uran-Lagerstätten enthalten 5 kg pro Tonne. Ein wichtiges Uranmineral ist Uranpecherz.

Das graue, glänzende Nuklearmaterial ist fast so schwer ist wie Gold. Zwischen dem Verbrauch von 77.000 t und dem Angebot von 34.000 t Tonnen besteht eine Deckungslücke von jährlich 43.000 t Uranerz. Die Vorräte zwischen 1985 und 2006 sind um 60% geschrumpft. In den 70er Jahren konnte sich der Uranpreis verachtfachen. Heute gibt es weltweit 441 Kernkraftwerke mit einer Gesamtleistung von über 375 Gigawatt. 24 Reaktoren sind im Bau, 40 weitere sind geplant und 120 Genehmigungsverfahren laufen. Die Atomenergiebehörde rechnet bis 2050 mit einer Vervierfachung der Energiegewinnung (1,5 Terawatt) aus der Kernkraft. Die ersten Industrienationen, wie Schweden und Großbritannien, die sich für den Atomausstieg entschieden hatten, kehren reumütig wieder zur Kernkraft zurück. In der Welt ist weitaus mehr auf dem Urangebiet los, als es aus der ehemaligen deutsch-grünen Sicht den Anschein hatte. Blauäugig wäre auch derjenige der glaubt, der Kalte Krieg sei vorbei und Uran hätte militärisch ausgedient. Nach der Taifun-Klasse ist die neue U-Boot-Flotte der Russen mit noch mächtigeren Atomreaktoren ausgerüstet. Zwischenzeitlich stieg der Uranpreis auf über 140 US-D/Pound (453,6 Gramm). In den 70er Jahren lag das Hoch bei über 100 US-D/Pound, dies bei wesentlich geringerer Nachfrage und höheren Kaufkraft des Dollar. Die Schmerzgrenze liegt bei 500 US-D/Pound. Uran hat etwa 15% Anteil an den Betriebskosten eines Kernkraftwerkes.

Seine enorme Wichte, Radioaktivität und der hohe Schmelzpunkt machen abgereichertes Uran für panzerbrechende Granaten und lasergesteuerte Präzisionsbomben militärisch so begehrt. In der friedlichen Nutzung der Kernenergie werden bestimmte Verhältnisse der Uran-Isotope als Brennstoff in den Reaktoren benötigt, die sich nicht für Waffen eignen. Insgesamt werden weltweit 3.192 Tonnen „Rein-Uran" erzeugt. Die Haupt-Produzentenländer für Uranerz sind:

Australien mit 590.400 t; Kanada mit 535.700 t; USA mit 316.000 t und Südafrika mit 243.700 t.

Aus Uranerz wird Uranoxidpulver U_3O_8 gewonnen und für die Brennstoffelemente in Pillenform gepreßt. 18% der Elektrizitätserzeugung gewinnt man aus Kernkraftwerken.

- Die USA verfügen über 104 Reaktoren; Gesamtleistung 98 Giga-Watt, Uranbedarf 22,35 t (reines Uran).
- Frankreich – weltweit zweitgrößter Verbraucher – hat 59 Reaktoren in Betrieb mit 63 GW, Uranbedarf 10,2 t.
- Deutschland: 18 Reaktoren mit 20,6 GW, Uranbedarf 3,7 t.
- In Asien entsteht gegenwärtig eine vielversprechende nukleare Leistungsindustrie; 20 Reaktoren mit insgesamt 16,4 GW Leistung. Geplant sind weitere 19 Reaktoren mit 21,3 GW.

In den nächsten zehn Jahren wird der Preis wegen des weltweit dramatisch zunehmenden Bedarfs weiter steigen. Es besteht ein nachhaltiger, globaler Bedarf an Uran (Ausbau der Nukleartechnik, außer in der BRD). Rund 65% stammen aus laufender Minenproduktion. Den Rest gewinnt man aus Lagervorräten und recycelten russischen Atomwaffen. 2012 läuft aber der Vertrag über die Zerlegung russischer Kernwaffen aus. Rußland selbst will bis 2030 weitere 40 neue Atomkraftwerke installieren.

Wasserstoff: der Urstoff mit Zukunft

Mephisto in Goethes Faust wußte nichts von den Vorteilen des leichten Wasserstoffs als er zu Faust sprach:

Ein bißchen Feuerluft, die ich bereiten werde, /hebt uns behend von dieser Erde. /Und sind wir leicht, so geht es schnell hinauf; /Ich gratuliere dir zum neuen Lebenslauf!

Der erste Heißluftballon der Gebrüder Montgolfier vom 4. Juni 1783 wurde schon am 1. Dezember des gleichen Jahres von einem Gasballon (Charliere) mit dem gegenüber der Luft 14mal leichteren Wasserstoff als Füllgas gefolgt. Der Auftrieb von Wasserstoff ist gewaltig im Vergleich zu heißer Luft, die nur eine Idee leichter ist als die sie umgebende Luft. Deshalb eine kleine Rechnung: Wußten Sie, daß ein Kubikmeter Luft immerhin 1,23 kg wiegt? Wenn diese durch das gleiche Volumen Wasserstoff von nur 89 g verdrängt wird, ergibt sich eine Tragkraft von 1,141 kg pro Kubikmeter. Sie, als schlanker

Mensch mit 70 kg, würden abheben mit nur 70 m^3 Wasserstoff - die Gewichte von Ballonhülle und Korb nicht mitgerechnet. Die Faszination des Gases: es hat die geringste Dichte aller Elemente. Deswegen können zweiatomige H_2-Moleküle selbst in Metalle eindringen. Für sie ist Metall ein gelöcherter Schweizer Käse. Denken Sie an Katalysatoren aus Palladium, die sogar das 1.200-fache ihres Eigenvolumens an Wasserstoff speichern können. So wandert, bzw. diffundiert Wasserstoff auch durch Materialien wie Polyethylen und glühendes Quarzglas.

Ehe wir die Vorzüge von Wasserstoff auf energetischem Gebiet betrachten, werfen wir einen tiefen Blick, nämlich 13,7 Milliarden Jahre zurück in den Kosmos, als sich unser Universum von einem Punkt zur „Unendlichkeit" aufblähte und die ersten Atome, etwa 400.000 Jahre nach Beginn der Raumzeit aus der Urenergie entstanden. Das Urelement Wasserstoff entwickelte sich in einer frühen kosmologischen Phase. Die meisten Fixsterne und Galaxien, unsere Sonne und die Gasplaneten Jupiter, Saturn und Neptun bestehen überwiegend aus Wasserstoff. Dieser Urstoff Hydrogenium – der Wasserbildner – macht 75% der gesamten Masse beziehungsweise 93% aller Atome im Sonnensystem aus. Man vermutet sogar, daß im Innern der Gasplaneten durch den gigantischen Druck Wasserstoff in metallischer Form vorkommt, leitend wird und sich deshalb planetare Magnetfelder entwickeln. In der Erdkruste stellt Wasserstoff das dritthäufigste Element mit 2,88% dar, und im Periodischen System gebührt ihm Platz eins.

Genauer betrachtet, ist Wasserstoff ein Isotopengemisch. Das simple Wasserstoffatom, es heißt auch Protium, besteht aus einem Proton und einem Elektron. Dagegen besitzt sogenannter schwerer Wasserstoff, also das Isotop Deuterium (Anteil: 0,015%) zusätzlich ein Neutron im Atomkern. Im Schnee z.B. kommt auf 9.000 Protiumatome nur ein einziges Deuteriumatom. Schweres Wasser, also Deuteriumoxid, taucht in Kernreaktoren auf. Hier wirkt es als Moderator, d.h. es bremst die bei der Kernspaltung entstehenden schnellen Neutronen auf thermische Geschwindigkeit ab. In der magnetischen Kernresonanzspektroskopie setzt man deuterierte Lösungsmittel ein. Diese

Substanzen helfen beim Markieren von Reaktionsabläufen und Stoffwechselwegen.

Tritium, der überschwere Wasserstoff, besitzt zwei Neutronen. Es ist radioaktiv und zerfällt mit einer Halbwertzeit von etwa 12 Jahren in Helium. Durch Kernreaktionen wird Tritium in der oberen Atmosphäre ständig gebildet. Selbst im Oberflächenwasser und in Lebewesen konnte man Tritium nachweisen. Durch Kernwaffentests stieg die Tritium-Konzentration in der Atmosphäre nach 1950 deutlich an. Mit dem radioaktiven Isotop Tritium lassen sich beispielsweise Tumorzellen aufspüren. Das Alter von Wasserproben und das wahre Alter eines guten Tropfen Weins lassen sich damit sehr genau feststellen. Tritium dient auch als langlebige, zuverlässige Energiequelle für Leuchtfarben in Armbanduhren, aber auch im militärischen Bereich, nicht zuletzt in Wasserstoffbomben.

Wasserstoffatome gibt es in gebundener Form in zahlreichen Verbindungen, vor allem in Wasser, aber auch in Eiweißen, Kohlenwasserstoffen, Kohlenhydraten und Säuren. Der größte Anteil irdischen Wasserstoffs kommt in der Oxidform H_2O als Wasser vor. So bedeckt er über zwei Drittel der Erdoberfläche. Das gesamte Wasservorkommen der Erde schätzt man auf etwa 1,4 Milliarden Kubikkilometer. Auch unser Körper ist zu über 10% aus Wasserstoffatomen aufgebaut. Bezogen auf die Anzahl der Atome, ist der sehr leichte Wasserstoff sogar das weitaus häufigste Atom im Körper eines jeden Lebewesens. Der menschliche Körper beherbergt rund 5 Quadrilliarden – die Zahl fünf mit 27 Stellen – Wasserstoffatome. Diese Winzlinge sind an wichtigen Stoffwechselprozessen beteiligt. Während reiner Wasserstoff für den menschlichen Organismus ungiftig ist, ist schweres Wasser reaktionsträger, behindert so die Abläufe in den Zellen und damit leicht giftig. Radioaktives überschweres Wasser ist durch seine Strahlung ein starkes Gift.

Jährlich werden weltweit mehr als 600 Milliarden Kubikmeter Wasserstoff, das sind rund 30 Millionen Tonnen, für zahllose Anwendungen in Industrie und Technik produziert. Das Element Nr. 1 hat nach Helium die tiefste Schmelz- und Siedetemperatur. Wasserstoff ist neben Stickstoff die Basis zur Synthese von Ammoniak; daraus erzeugt man Düngemittel und Sprengstoff. Als Reduktionsmittel reagiert Wasserstoff mit unerwünschten Metalloxiden in der Schmelze und entzieht ihnen dabei den Sauerstoff. Dabei entstehen Wasser und das reduzierte Metall. Das Verfahren wird beim Verhütten von Erzen angewandt, insbesondere um Metalle möglichst rein zu gewinnen. Wegen seiner hohen Wärmekapazität benutzt man den „Hans Dampf in allen Gassen" in Kraftwerken und industriellen Anlagen als Kühlmittel. Er schützt die Anlagen vor Überhitzen und erhöht die Effizienz. Das Gas ist im Handel in roten Stahlflaschen erhältlich und stellt neben Acetylen das wichtigste Schweißgas dar. Man denke an den Energieträger als Raketentreibstoff und an die Stromerzeugung in Wasserstoffautos, die in Zukunft den klassischen Autoantrieb ablösen könnte.

Wasserstoff wird ab −253°C flüssig und wiegt dann 71 g pro Liter. Kommen wir näher auf den perfekten, schadstofffreien Energieträger der Zukunft zu sprechen: Dieses Gas verbrennt schlicht zu Wasser und etwas Stickoxid. Allerdings hat Wasserstoff einen „Haken". Zwar gereicht ihm die geringe Dichte beim Ballonfahren zum Vorteil, bedeutet aber eine geringe Energiedichte, bezogen auf das Volumen. Als Energieträger hat es zwar massebezogen den größten Energieinhalt. Allerdings ist das im nicht komprimierten Zustand eine riesige Menge Gas. 1 kg Wasserstoff beansprucht über elf Kubikmeter an Volumen.

Da für die Speicherung in erster Linie das Volumen maßgebend ist, muß man das Gas komprimieren oder gar verflüssigen. Eine weitere Möglichkeit bietet das Anlagern von Wasserstoff an feste Trägerstoffe wie beim Metallhydridspeicher. Einige Zahlen verdeutlichen das Energiespeichervermögen. 1 kg Wasserstoff enthält so viel Energie wie 2,1 kg Erdgas oder 2,8 kg Benzin. Volumenbezogen dagegen beträgt die Energiedichte von flüssigem Wasserstoff nur ein Viertel derjenigen von Benzin und ein Drittel derjenigen von Erdgas.

Wasserstoffatome inkognito sind auch in den Molekülen vieler klassischer Energieträger wie Erdgas, Erdöl oder Biomasse enthalten; Wasserstoff hat also auch einen nicht unerheblichen Anteil am Brennwert dieser fossilen Stoffe. Indessen ist er kein primärer Energieträger wie

Erdöl oder Kohle, sondern er dient lediglich zur Speicherung der Energie. Dieser „Energieakkumulator" ermöglicht es, Energie aus regenerativen Quellen zu speichern – etwa aus Wind, Sonne und Wasser.

Bei der Speicherung von Wasserstoff als Kraftstoff für Automobile kommt es besonders auf eine sichere Konstruktion der Tanks an. Größe und Gewicht müssen in einem ökonomischen Verhältnis zur Reichweite des Fahrzeugs stehen. Auch der Energieaufwand für die Kühlung und die Wasserstoffverluste durch Diffusion sind zu berücksichtigen. Drei Speichermethoden sind möglich:

• gasförmiger Wasserstoff in Druckbehältern,
• flüssiger Wasserstoff in vakuumisolierten Behältern oder
• das Einlagern in Metallhydriden bzw. Kohlenstoff-Nanoröhren.

Wasserstoff läßt sich in großen Energiemengen in Pipelines oder Tankschiffen über weite Strecken mit geringen Verlusten transportieren. Dezentral erzeugter Wasserstoff kann über bereits bestehende Erdgasverteilnetze zum Verbraucher geleitet werden. Wasserstoff vermag Energie unabhängig von der Energiequelle zu speichern. Ob das Gas aus Erdgas, Windstrom oder Biomasse erzeugt wird, sieht man dem Hydrogenium ebenso wenig an, wie man dem Strom seine Erzeugungsart ansieht. Das Gas läßt sich sowohl als Kraftstoff in Transportfahrzeugen als auch stationär zur Strom- und Wärmeerzeugung oder als Stromspeicher für portable Anwendungen in Laptops, Bohrschrauber usw. einsetzen.

Die universelle Anwendung und die Speicherfähigkeit des Wasserstoffs sind eine ebenbürtige Option zum Energieträger Strom. Dabei läßt sich Hydrogenium besser speichern und problemlos über längere Zeit „lagern" und transportieren. Derzeit sind drei Erzeugungswege von Interesse:

• die Elektrolyse, betrieben mit elektrischem Strom,
• die Reformierung wasserstoffhaltiger Gase wie Erdgas
  oder Biogas,
• das Vergasen von Biomasse.

Zukünftig wird es vielleicht noch weitere Wege geben, etwa die Wasserstoffproduktion durch Algen.

Wasserstoff und Brennstoffzellen werden bald in vielen Bereichen des täglichen Lebens eingesetzt, etwa in kleinsten portablen Brennstoffzellen für Mobiltelefone oder in tragbaren Computern. Betrieben mit Wasserstoff oder Methanol, erlauben sie gegenüber heutigen Akkus etwa die dreifache Betriebsdauer und sind nach wenigen Sekunden wieder „aufgeladen".

In unseren Kellern werden in Zukunft statt Heizungsanlagen Brennstoffzellen arbeiten, die neben der benötigten Wärme zusätzlich noch elektrischen Strom liefern. Ein vorgeschalteter Reformer erzeugt für die Brennstoffzelle den notwendigen Wasserstoff direkt vor Ort. Millionen solcher autonomer „Kleinkraftwerke" könnten dann große Kraftwerkblöcke ersetzen. Speziell die Einführung von Fahrzeugantrieben auf Brennstoffzellenbasis bietet neben hoher Effizienz noch weitere Vorteile: Der Elektroantrieb ist geräuscharm, praktisch frei von Vibrationen, verfügt über ein hohes Anfahrdrehmoment und eine exzellente Beschleunigung.

Unsere Zukunft um 2020, wie wird sie aussehen? Wasserstoffbetriebene Kraftfahrzeuge führen in den Innenstädten nicht nur zu einer Verbesserung der Luftqualität, auch der Verkehrslärm wird merklich sinken. Unsere Städte gewinnen an Lebensqualität.

Geotherme: Erdwärme unter den Füßen

Ist Ihnen bewußt, daß wir auf einer riesigen verkrusteten Thermokugel wandeln? Während in einer Thermosflasche nach einigen Tagen das ursprünglich heiße Getränk längst erkaltet ist, kühlt sich unser Erdball extrem langsam ab. Bei der Deformation der Erdmaterie setzte sich ein Teil der bewegten Energie in Wärmeenergie um. Die perfekt isolierende Erdkruste ist indes ein schlechter Wärmeleiter, deswegen geizt unser Planet mit der Wärmeabgabe an den Weltraum. 30% der Restwärme aus der „Planetengründerzeit" blieben uns deshalb bis heute erhalten. Außerdem entsteht an der Nahtstelle vom festen zum flüssigen Teil des Erdkerns Kristallisationswärme, ausgelöst durch allmähliches Verfestigen des zähflüssigen Kernmaterials. Und 70% des Wärmestroms stammt aus radioaktiven Zerfallsprozessen. Seit Jahrmillionen laufen diese in der Erdkruste ab. Auslöser sind die Isotope Kalium K-40, Uran U-235, U-238 und Thorium Th-232. Diese natürlichen „Minikernreaktoren" sind wärmende Gäste im Kristallgitter bestimmter Mineralien, etwa in Feldspäten, Graniten und Zirkonen.

In der Summe entsteht aus den einzelnen radioaktiven Zerfallsprozessen eine gigantische Leistung im Gigawattbereich. Bezogen auf einen Quadratmeter der Erdoberfläche (Wärmestromdichte), sind das aber nur Bruchteile eines Watt: Damit könnte man nur einige Leuchtdioden betreiben. Wegen dieser geringen Wärmestromdichte nutzt man kaum die nachströmende Energie aus dem Erdinneren, wohl aber die gespeicherte Energie der Erdkruste. In anomalen, vulkanischen Gebieten ist allerdings der Wärmefluß wesentlich höher.

In der Schule lernten wir, daß ab Erdoberfläche pro 100 m Tiefe die Temperatur im Schnitt um etwa 3°C zunimmt, und zwar bis zu einer Tiefe von 20 bis 30 km. Die geothermische Energie – auch als Erdwärme bezeichnet – ist die gespeicherte Wärmeenergie unterhalb der Erdoberfläche. Nach heutigen Kenntnissen herrschen im Erdkern Temperaturen von über 5.000°C, im oberen Erdmantel noch etwa 1.300°C. Fast der gesamte Erdball ist heißer als 1.000°C und nur 0,1% seiner Masse kühler als 100°C. Der Wärmeinhalt des gesamten Erdballs könnte den heutigen Weltenergiebedarf für Jahrmillionen decken.

Die direkte Wärmenutzung ist das klassische Gebiet der Geothermie. Schon die Frühmenschen nutzten natürliche Thermalquellen und schöpften daraus geothermisches Wasser zum Kochen, Baden und Heizen. Es wird erzählt, daß Casanova die schwefelhaltigen bis zu 74°C heißen Thermalquellen in Bad Aachen aufsuchte, um seine Leiden der Liebeslust auszukurieren. Schon die Römer nannten diesen Badeort „Aquae Granni", nach dem keltischen Wasser- und Heilgott Grannus.

Erste industrielle Anwendungen gab es in der Region Larderello in Italien beim Herauslösen von Elementen aus geothermischem Dampf,

Quellen und Ablagerungen. Schon im Jahr 1777 gewann man hier aus Thermalwässern Borsäure, ein mildes Desinfektions- und Konservierungsmittel. In Chaudes-Aigues, im Herzen Frankreichs, entstand bereits im 14tes Jahrhundert das erste geothermische Fernwärmenetz, das jetzt noch besteht. Heute gibt es vielfältige Möglichkeiten hydrothermale Energie verschiedenster Temperaturbereiche zu nutzen, z.b. zur Meerwasserentsalzung, Trocknung von organischem Material, Raumheizung, Kühlung, zur Zucht von Tieren, Fischen und Pilzen sowie für biologische Zerlegungs- und Gärungsprozesse.

Für die meisten Anwendungen genügen relativ geringe Temperaturen. Reicht die Wärme nicht aus, kann die Temperatur durch Wärmepumpen angehoben werden. Die oberflächennahe Geothermie nutzt fast immer diese Technik. Die Wärmeversorgung aus Geothermie ist die wichtigste direkte Nutzung. Dabei wird die Wärme des Mediums Thermalwasser – nicht das Wasser selbst – über Wärmetauscher direkt in ein Fernwärmenetz eingespeist. Das „entwärmte" Wasser aus der Tiefe wird anschließend wieder in den Untergrund gepreßt, um die dort herrschenden Druckverhältnisse aufrecht zu erhalten.

Die wirtschaftliche Erzeugung von elektrischer Energie aus Wasserdampfdruck ist bislang wenigen Gebieten der Erde vorbehalten. Bevorzugt sind hier – neben den etwa 500 tätigen Vulkanen – auch Gegenden mit ehemals vulkanischer Tätigkeit: Erloschene Vulkane „vergessen" ihre Wärme über Millionen von Jahre nicht. Man pumpt in diese heißen Gesteinsschichten Wasser hinein, das dann – als Dampf austretend – Turbinen antreibt. Für das Beheizen von Wohnflächen reichen dagegen schon Bohrungen in heißwasserführende Schichten von 100 bis 200°C in relativ geringer Tiefe aus. Außerdem läßt sich dem Erdreich schon in Tiefen zwischen 15 und 200 m Wärme entziehen, und zwar mit Grundwasser-Wärmepumpen, Erdwärmesonden und Erdwärmekollektoren.

Künstlich gewonnene Hohlräume im Untergrund können ebenfalls als thermisch nutzbare Grundwassersammler oder -reservoirs dienen, etwa stillgelegte Bergwerke, ausgediente Erdgaslagerstätten oder Tunnel. Erinnert sei an den im Bau befindlichen Gotthard-Basistunnel;

212

hier tritt bereits heute Tunnelwasser mit Temperaturen zwischen 30 bis 120°C aus. Bei Gruben und Tunneln wird der Bereich der oberflächennahen Geothermie teilweise bereits verlassen. So gibt es Vorschläge, ein mehr als 1 km tiefes Kohlebergwerk im östlichen Ruhrgebiet thermisch zu nutzen.

Bereiche wesentlich höherer Temperaturen finden sich auch auf dem Meeresgrund im Umfeld heißer vulkanischer Thermalquellen in 2.000 bis 3.000 m Tiefe. Diese „Schwarzen Raucher" sind Oasen mit einer reichen, skurrilen Tierwelt. Hier wirkt die Chemosynthese, also die Umwandlung von Schwefelwasserstoff. Zur Erinnerung: Während bei der Photosynthese Licht als Energiequelle zum Aufbau organischer Stoffe dient, findet bei der Chemosynthese eine chemische Umsetzung von Schwefelwasserstoff zur Energiegewinnung statt. Als mögliche zukünftige Energiequelle wurde die Chemosynthese für die Herstellung biotechnischer Produkte erkannt.

Weltweit sind Anlagen mit 23.100 Megawatt geothermischer Leistung installiert. Auf die Direktwärmenutzung entfallen davon 15.100 MW, auf die geothermische Stromerzeugung 8.000 MW. Weltweit größter Nutzer geothermischer Energie sind die USA. Die installierte Leistung zur Stromerzeugung beträgt 2.200 MW, zur Direktwärmenutzung 3.800 MW, gefolgt von China, den Philippinen, Japan und Island. Die größten Erdwärmenutzer-Länder sind in Europa Island, Türkei, Schweiz, Ungarn und Deutschland. Italien steht mit 785 MW weit an der Spitze der Länder, die in Europa Strom aus geothermischer Energie erzeugen, gefolgt von Island. In Zukunft werden hohe Zuwachsraten für die geothermische Stromerzeugung und insbesondere für die Direktwärmenutzung erwartet.

Unter den verschiedenen Techniken gilt der sogenannte Kalina-Prozess als der effizienteste. Hier wird im Wärmeaustauscher ein niedrig siedendes Gemisch aus Ammoniak und Wasser eingesetzt. In der Tat geht es ja auch umgekehrt: durch direkte Kühlung kann man mit Erdwärmesonden in heißen Sommermonaten erhebliche Energiemengen und -kosten einsparen. Mit einer Bodentemperatur von 10 bis 12°C wirkt der Erdboden schon wenige Zentimeter unter der Oberfläche wie ein riesiger, kostenloser Kühlschrank. Ideal sind zudem kombinierte Anlagen, die im Sommer Kühle und im Winter Wärme erzeugen. Hiermit lassen sich gegenüber konventionellen strombetriebenen Heiz-/Kühl-Systemen mehr als 50% der Betriebskosten einsparen.

Zur Stromerzeugung aus sogenannter hydrothermaler Geothermie wird die Energie aus wasserführenden Schichten in mehr als 2.500 m gewonnen. Aus wirtschaftlicher Sicht sind da Wassertemperaturen von über 120°C notwendig. Hydrothermale Heiß- und Trockendampfvorkommen mit Temperaturen von über 200°C lassen sich in Geothermiekraftwerken direkt zum Antrieb einer Turbine nutzten. Bei niedrigeren Temperaturen werden, wie gesagt, Zweistoffgemische, z.B. Ammoniak und Wasser als Arbeitsmittel eingesetzt. Diese verdampfen bei relativ geringen Temperaturen.

Eine Sonderform der Stromerzeugung aus Geothermie ist das sogenannte Hot-Dry-Rock-Verfahren. Es nutzt das heiße Gestein als Wärmetauscher. Dazu sind Bohrungen bis in großen Tiefen notwendig. Durch hohen Druck werden in zuvor undurchlässigen oder wenig durchlässigen Gesteinspaketen Rißsysteme erzeugt, die als Wasseradern dienen. Kaltes Wasser, das in eine Bohrung gepreßt wird, erwärmt sich auf seinem Weg durch das heiße Gestein. Das erhitzte Wasser läßt sich dann an einer zweiten Bohrung wieder entnehmen und zur Stromerzeugung nutzen.

Geothermie steht immer bereit, also unabhängig von der Tages- und Jahreszeit oder vom Wetter. Optimal ist eine Anlage dann, wenn im Winter eine Wärmepumpe das oberflächennahe Temperaturniveau zum Heizen nutzt und im Sommer dieses Reservoir zur direkten Kühlung beiträgt. Beim Kühlen im Sommer ergibt sich dabei eine Erwärmung des oberflächennahen Reservoirs und damit dessen teilweise oder vollständige Regeneration. Im Idealfall braucht nur die Energie für die Antriebsleistung der Wärme- bzw. Umwälzpumpe bereitgestellt werden. Die Kombination von Geothermie mit Solarthermie erhöht noch die Effizienz der Anlage. Damit läßt sich die Energie im Sommer in den unterirdischen Wärmespeicher einspeisen und im Winter wieder anzapfen. Diese saisonalen Speicher können sowohl oberflächennah, als auch tief ausgeführt werden. Sogenannte Hochtemperatur-Speicher über 50°C sind allerdings nur in größerer Tiefe möglich. Beispielsweise heizt ein derartiger Speicher unseren „Quasseltempel" (Reichstagsgebäude) in Berlin kräftig ein.

Die Geothermie ist eine nachhaltige Energiequelle. Mit der Wärmemenge, die unsere Erde in den oberen drei Kilometern der Erdkruste speichert, ließe sich im Prinzip der derzeitige weltweite Energiebedarf für über 100.000 Jahre decken. Die Geothermie nutzt direkt die Wärme und indirekt den erzeugten Strom der Geothermiekraftwerke. Die elektrische Energie leistet einen entscheidenden Beitrag zum Energiemix aus regenerativen Energien. Man schätzt außerdem, daß sich durch Geothermie bis zum Jahr 2020 mehr als 20 Millionen Tonnen Kohlendioxid-Ausstoß vermeiden lassen.

Methanhydrat: Tiefsee-Eis in Flammen

Entlang der Kontinentalränder liegen Neptuns Steingärten in 500 bis 1.500 Meter Meerestiefe. Sie bergen einen großartigen und energetischen Schatz: Methanhydrat, das „weiße Gold" der Tiefsee. Erstaunlich, in 700 Metern Tiefe ernährt sich der Ringelwurm Hesiocaeca methanicola vom Methanmilieu. Wie entsteht aber jene merkwürdige Substanz, die als Energiequelle der Zukunft gehandelt wird? Absterbendes Plankton und Algen sinken zum Meeresgrund und verwesen ohne Zutun von Sauerstoff, also anaerob. Zum Teil wird aber auch durch thermokatalytische Umwandlung Methanhydrat in tieferen Sedimenten gebildet. Normalerweise perlt das Abbauprodukt Methan zur Meeresoberfläche. Aber durch den hohen Druck des sauerstoffarmen Tiefseewassers und die geringe Temperatur verbindet sich Methan mit Wasser zu eisförmigem Methanhydrat, dem Methaneis $CH_4 * 5{,}75 \ H_2O$. Im mikroskopisch Kleinen bauen eine Anzahl Wassermoleküle einen Käfig um sich auf, der jeweils ein Methanmolekül gefangen setzt.

Im Großen wuchsen so in Jahrmillionen mächtige Eispanzer. Diese verhindern im Atlantik und Pazifik das Abrutschen der Kontinentalhänge. In den Lücken der abgelagerten Sedimentbrösel wirken die Methanhydrate wie eine Zementierung. Im Schwarzen Meer konnte man sogar eine Eispanzerdicke von bis zu 15 Kilometer nachweisen.

Problematisch wird es, wenn sich die Ozeane erwärmen und der Meeresspiegel absinkt, also der Druck auf die Methanschicht nachläßt. Dann geraten die Kontinentalhänge aus dem Gleichgewicht und es wird verstärkt Methanhydrat freigesetzt. Die Erdgeschichte lieferte dafür erschreckende Beispiele. Einige Wissenschaftler meinen sogar, daß Methanhydrat am Aussterben der Dinosaurier vor 65 Millionen Jahren verantwortlich sei. Das Weltuntergangsszenario begann mit dem Einschlag eines riesigen Meteoriten. Dadurch wurden Schockwellen ausgelöst, die um den Erdball tobten; sie brachten gewaltige Mengen Methanhydrat zum Schmelzen. Blitze entzündeten das in die Atmosphäre verströmte Gas und setzten alles in Brand.

Ein anderes Ereignis: Vor etwa 7000 Jahren rutschten über fünf Kubikkilometer Geröll vom norwegischen Kontinentalabhang. Die dadurch ausgelöste über 25 Meter große Tsunamiwelle hinterließ ihre Spuren der Verwüstung in den norwegischen Fjorden. Auch das Mysterium im Bermuda-Dreieck könnte mit Methanhydrat zusammenhängen. Hier verschwanden bekanntlich immer wieder Schiffe und Flugzeuge auf mysteriöse Weise. Das könnte in der Tat folgenden physikalischen Grund haben: Methangas-Eruptionen in der See verursachen eine Art aufsteigende Gassäule. Ein Schiff, das in diese Gasblase gerät, verliert schlagartig seinen Auftrieb. Es wird regelrecht in ein Loch gezogen und versinkt. Flugzeuge verlieren ebenso an Auftrieb und stürzten ab, weil die Motoren in den Methanwolken Feuer fangen.

Wo befinden sich große Methanhydrat-Lagerstätten? Gashydrate sind an fast allen passiven und aktiven Kontinentalrändern zu finden, aber auch im Kaspischen Meer, Schwarzen Meer, Mittelmeer und im Baikalsee. Die Bildungstemperatur für Methanhydrat liegt bei 0°C, der nötige Druck wird in Meerestiefen ab etwa 200 Metern oder unter einer 200 Meter dicken Permafrostschicht erreicht. Methanhydrate finden sich demnach auch im Permafrostboden oder an Kontinentalhängen im Meer. Auch andere physikalischen Größen spielen für die Bildung der Hydrate eine Rolle, etwa der Salzgehalt und die Strömung des Wassers.

Besonders große Mengen von Methanhydraten fanden sich am Südgipfel des unterseeischen Hydratrückens vor der Küste Oregons. Aber wie spürt man diese riesigen Energieschätze auf? Dazu orten Forscher die aufsteigenden Gasblasen im Meer mit Hilfe von Schallwellen, denn sie sind die Indikatoren für förderungswürdiges Methaneis. Das Kieler Forschernetzwerk „Ozean der Zukunft" widmet sich fachbereichsübergreifend dieser Thematik. Ozeanographen, Biologen, Geologen, Meteorologen, Chemiker sowie Ökonomen und Juristen erforschen Chancen und Risiken, die eine Nutzung des „weißen Goldes" mit sich bringen könnte.

Nach Schätzungen übertrifft die in diesen Hydraten gespeicherte Menge an Methan die anderer Kohlenstoffreservoire der Erde um ein Vielfaches. Gemeint sind die Energieträger wie Erdöl, Erdgas und Kohle. Man geht heute davon aus, daß weltweit bis 10 Teratonnen (10 hoch 12 Tonnen) Kohlenstoff in Methanhydraten gebunden sind. Dies übersteigt die Kohlenstoffmenge der aktuell bekannten Vorkommen fossiler Brennstoffe bei weitem. Das ist ein gigantisches Potential für die zukünftige Energieversorgung, selbst nachdem die klassischen Energieträger längst ausgeschöpft sind.

Aus heutiger Sicht ist der Abbau des weißen Goldes problematisch. Ohne den lastenden hydrostatischen Druck in der Tiefsee und den niedrigen Temperaturen zerfällt das Hydrat in kurzer Zeit in seine Bestandteile Methan und Wasser. Bei der Bergung könnten daher erhebliche Mengen des klimaschädlichen Methans in die Atmosphäre strömen und den bestehenden Treibhauseffekt noch um ein Vielfaches verstärken. Immerhin ist Methan als atmosphärischer Wärmespeicher etwa 20-fach wirksamer als Kohlendioxid. Das könnte den Wärmehaushalt der Weltmeere verändern, so daß das restliche Methaneis am Meeresboden instabil wird. Weiteres Methan würde folglich in die Atmosphäre strömen – es käme zu einer sich selbst beschleunigenden Spirale.

Aber nicht nur bei der Bergung lauert Gefahr: destabilisierte Methanhydratfelder können zu plötzlichen Ausbrüchen mit massiver Methanfreisetzung führen. Der Klimaeffekt wäre katastrophal. Durch das Abrutschen der Kontinentalhänge könnten enorme unterseeische Erdrutsche und damit Flutwellen ausgelöst werden. Was geschieht aber, wenn sich durch die Erwärmung der oberen Wasserschichten z.B. der warme Golfstrom verlagert und dabei Methanhydratfelder streift? Genau dies scheint vor 55 Millionen Jahren schon einmal geschehen zu sein. Damals kam es zu einer weltweiten Erwärmung der Atmosphäre; in bestimmten Gesteinen fanden Geologen Belege für einen schnellen Anstieg des Methangehaltes der Luft.

Schmilzt Methanhydrid, werden aus einem Liter Eis bis zu 163 Liter Gas freigesetzt. Die festen Methanhydrate verbrennen mit Luftsauerstoff wie freies Methan mit blauer Flamme zu Kohlendioxid und Wasser. Bei geschätzten zwölf Trillionen Tonnen ($12*10^{18}$ Tonnen) Methanhydrat ist dort mehr als doppelt so viel Kohlenstoff gebunden wie in allen Erdöl-, Erdgas- und Kohlevorräten der Welt. Da Methangas sauberer verbrennt als Erdöl und Kohle, könnte ein Umstieg den sogar Treibhauseffekt verlangsamen. Länder wie China, Japan und Indien entwickeln Pläne zum Abbau des wertvollen Rohstoffs aus dem Meer. Technisch ist das problematisch, denn wenn man versucht, Methanhydrat an die Meeresoberfläche zu bringen, zersetzt es sich mit abnehmendem Druck und steigender Temperatur. Eine Lösung scheint es zu sein, das Eis bereits am Meeresboden zu schmelzen und das frei werdende Methan direkt aufzufangen.

Zum schonenden Abbau des weißen Goldes gibt es einen interessanten utopischen Gedanken. Man will mit dem auf der Erde produzierten Kohlendioxid das Methan aus dem Eis lösen und gleichzeitig dabei dieses Kohlendioxid im Methaneis binden. Ist aber diese Art von Schadstoffbunkerung nicht Zukunftsmusik unter Wasser? Gehen unsere fossilen Energieträger tatsächlich zur Neige? Speziell Kohle wird es als Energieträger noch weit über 140 Jahre geben. Das Problem liegt im CO_2-Ausstoß. Nach Ansicht vieler Klimaexperten droht dieses natürliche Umweltgas schleichend den Planeten zu schädigen. Sobald es gelingt, mit vertretbarem Aufwand an die Methanhydrat-Reserven heranzukommen, läuft alles aus dem Ruder. Rigoros wird der Mensch seinem Ausbeutungstrieb nachgeben, ungeachtet der ökologischen Schäden. Bei der raffgierigen Plünderung des weißen Goldes käme es zu unübersehbaren, katastrophalen Folgen für unseren Planeten. Die Büchse der Pandora würde sich weit öffnen, zum Schaden aller.

Konfliktstoff 2: Biorohstoffe

Forscher und Manipulanten der Biorohstoffe

Die Alchemie lag noch im tiefen dogmatischen Schlummer. In den Alchemistenküchen des Mittelalters laborierte man geheimnisumwoben. Aus Unedlem sollte edles Gold entstehen. Statt seiner erfand man in Europa das Porzellan und das Schwarzpulver, das die Chinesen längst besaßen. Man war auf der Suche nach dem Stein der Weisen, wollte das Allheilmittel finden. Quacksalber unternahmen sogar okkulte Experimente, um den Homunculus, „das künstliche Menschlein", aus der Retorte zu ziehen. Erst nach und nach entwickelte sich aus diesem Bestreben die moderne Chemie und Pharmakologie. War für Demokrit (400 v. Chr.) das átomos, also das Unteilbare, das kleinste Teilchen der toten Materie, so fahndete der Forschergeist im 17ten/18ten Jahrhundert nach dem Kern, dem Nukleus der lebenden Materie, und zwar 2200 Jahre nach Demokrit. Und heute legen wir Hand an die Schöpfung und fuhrwerken im Erbgut herum. Zum Nutzen oder Verderben? Diesen Weg bis hin zur Manipulation des Saatguts wollen wir nachvollziehen.

Alles begann damit, den Wirrwarr der Lebensformen erst einmal systematisch aufzulisten, Ordnung zu stiften im lebendigen Gefüge. Das gelang erstmals dem Schweden Carl von Linné (1707-1778). Selbst der Dichterfürst Goethe bewunderte Linné als selbstbewußten eloquenten Zeitgenossen. Er stellte ihn in Augenhöhe mit Spinoza und Shakespeare. Linné ordnete systematisch das Reich der Pflanzen und Tiere. Von ihm stammt die Einteilung in Klassen, Ordnung, Gat-

219

tung bis zur kleinsten Einheit: den Arten. Linné prägte auch den Begriff homo sapiens. Erstmals wird klar, warum wir in Zoos einen Hang zu Affen haben. Sie sind biologisch unsere engsten Verwandten.

1836 entdeckte Theodor Schwann das Pepsin. Denken Sie nicht, das wäre etwas Weltfremdes. Nein, Pepsin ist ständig ganz nahe bei uns, sogar in unserem Magen. Dieses Verdauungsenzym wirkt wie ein Vermittler und spaltet die Proteine, die Eiweiße auf. Schwann erkannte, daß die Zellen die kleinsten elementaren Bausteine der Lebewesen sind. Damit ist er der Vater der modernen Zellbiologie.

Für Emil Fischer (1852-1919) war die Biologie der Inspirationsquell seiner organisch-chemischen Forschung. Er konzentrierte sich auf die Stoffe, die unsere Natur hervorbringt. Kaffeetrinker aufgepaßt: Als Erster synthetisierte Fischer Koffein und fabrizierte Süßstoff, weil er die Glukosestruktur von Traubenzucker verstand. Anschaulich vergleicht der begnadete Didaktiker, wie Enzyme an andere Stoffe andocken und dabei Informationen übermitteln: er beschrieb dies als Schlüssel-Schloß-Prinzip (1894). Enzyme sind ja die Miniboten, die den Stoffwechsel im Organismus steuern. Seine Arbeiten mit Nukleinsäuren und Nukleotiden brachten schließlich erste Einblicke in Aufbau und Wirkungsweise der Zellkernsubstanzen. Unheilbar an Darmkrebs erkrankt, gab sich der Begründer der Biochemie selbst den Zelltod.

Der Herr der Fliegen, genauer der Taufliegen, war der Zoologe und Genetiker Thomas Hunt Morgan (1866-1945). Gerade diese Zweiflügler hatten es ihm angetan, denn sie vermehren sich teuflisch gut. So konnte Morgan in rascher Folge durch Kreuzungsversuche die grundlegende Struktur der Chromosomen aufklären. Irgendwann im Wonnemonat Mai 1910 zeigte seine Fliegenzucht unter Tausenden von rotäugigen, ein mutiertes weißäugiges Fliegenmännchen. Morgan „verkuppelte" es mit einem rotäugigen Weibchen, und dann ihre Nachkommen untereinander. In der ersten Generation waren alle Nachkommen rotäugig. Die Erbanlage für dieses Merkmal traten nicht zutage, sie werden also verdeckt (rezessiv) vererbt. Aber dann, in der zweiten Generation, waren ein Viertel der männlichen Nachkommen weißäugig. Hunderte Fliegengenerationen später bewies Morgan, daß die Informationen der geschlechtsgebundenen Erbanlagen, die Gene, an festgelegten Plätzen des Erbguts sitzen. Er ermittelte ihre Reihenfolge und Abstände zueinander. Seine Ergebnisse faßt er in Genkarten zusammen. Erst mit seiner Arbeit als „Genkartograph" beginnt die experimentelle genetische Diagnostik. Wie es aber zu Genveränderungen kommt, bleibt lange Zeit rätselhaft.

Die Auflösung dieses Rätsels gelang erst 1953 durch die Beschreibung der Desoxyribo-Nuklein-Säure. Statt des Wortbandwurms sagt man kurz DNS oder international DNA. Und jetzt wird es spannend. 1944 erkannte man in der DNS den Träger der genetischen Information, der die Bauanweisung und Merkmale des Individuums enthält. Die spannende Frage blieb: Wie sieht die DNS aus, ein Gebilde, das eine Milliarde mal länger ist als es breit ist?

Die Genetiker Francis H. Crick, James D. Watson und M. H. Frederick Wilkins entzifferten dieses Rätsel. Nur skizzenhaft können wir hier die DNS beschreiben, nicht aber ihre Funktion: als ein fadenförmiges Riesenmolekül bildet sie den Zellkern. Dieses Gebilde hat die Form einer gewundenen Strickleiter (Doppelhelix). Die langen Stränge bestehen aus Zucker- und Phosphatmolekülen; die verbindenden, verzahnten Sprossen bestehen aus vier verschiedenen Nukleinsäurebasen. Das sind die Buchstaben, die das molekulare Buch des Lebens schreibt. Die Zellteilung, der Neubau eines Proteins bedeutet, daß sich die beiden Stränge (Nukleotiden) wie ein Reißverschluß auftrennen, und zwar auf Befehl eines bestimmten Enzyms. Es entsteht eine identische Kopie. Unvorstellbar: die DNS braucht wegen ihrer Helixstruktur für ihr Verdoppeln Millionen von Rotationen.

Jetzt kommen wir zur Kernfrage des geheimnisvollen Lebens überhaupt. Wie steuert die DNS die Bildung von Proteinen (Eiweiße) und wie funktionieren die winzigen biologischen Wunderwerke? Die Ersten, die an der Festung der Schöpfung rütteln und sich mit passendem Schlüssel am genetischen Code Eintritt verschafften, waren Marshall W. Nirenberg und sein Weggefährte, sein späterer Konkurrent Heinrich Mathaei. Durch ihr epochales Experiment wurde klar, daß die Natur auf genial einfache Weise Eiweißmoleküle gewinnt, nämlich aus 22 verschiedenen Aminosäuren nach dem Baukasten-prinzip. Entscheidend ist, welcher Baustein an welcher Stelle sitzt. Einmal dienen die Proteine als Zellbausteine, zum anderen überneh-men sie eine Funktion als „Enzym-Roboter" in der Zellfabrik. Eine vielversprechende Substanz, die die Forscher aus der Zelle isolieren, erregte ihre Aufmerksamkeit, nämlich die langkettige RNS (Ribonu-kleinsäure). Sie kommt auch außerhalb des Zellkerns vor. Das Team findet heraus: Die Reihenfolge der Bausteine in der RNS diktieren das Alphabet der Aminosäuren in den Proteinen. Die „Sprache des Le-bens" besteht aus Worten, die aus einer festgelegten Kombination von vier Nukleotiden besteht. Diese bestimmen, welche Aminosäure in das Protein einzubauen ist.

Barbara McClintock schlägt eine genetische Brücke zur Erkenntnis von Darwin. Lebewesen haben demnach die Fähigkeit, ihren geneti-schen Code umzuprogrammieren, z.B. durch Streß und Umweltgifte. Während einige Zeitgenossen Mais kolbenweise verschlangen, züch-tete Barbara beharrlich zig-Generationen von Maispflanzen und stu-dierte deren Veränderung. Experimentell bewies sie 1951, daß es „springende Gene" gibt, die von der Umgebung geprägt sind. Die Gelehrte erkannte auch erstmals die Bedeutung der Chromosomen-enden (Telomere). Diese Enden bestimmen die Stabilität und Lebens-zeit der Zelle. In der bis dahin für starr gehaltenen Chromosomen-struktur dienen „Springgene" als Kontrollelemente; sie sorgen dafür, daß Gene ihren Ort im Chromosom verändern können. Kaum hat Barbara McClintock 1951 das „mobile Gene" entdeckt, bekommt sie schon 1983 den Nobelpreis für Physiologie – 32 Jahre danach. Welch ein „genetischer Zeitsprung" liegt zwischen Entdeckung und Nobel-preisvergabe!

Soweit so gut... seit der Mensch ins Allerheiligste des Lebens einge-drungen ist, versucht er aus Unvernunft, vor allem aus Habgier mani-pulierend ins Erbgut einzugreifen. Beispiel: genmanipulierte Pflanzen. Eine Aktion mit scheinheiligem Anstrich läuft zur Zeit auf Sval-bard/Spitzbergen. Auf dieser gottverlassenen Inselgruppe steckte Bill Gates Millionen Dollar in ein Projekt, das sich „Tresor des jüngsten Gerichts" schimpft, gemeinsam mit der Rockefeller-Stiftung, um nur diese beiden Sponsoren zu nennen. Hier ist man dabei, naturbelassenes Saatgut von mehr als drei Millionen Pflanzensorten der Welt einzulagern. Hört sich doch vorsorglich an? Seien Sie bloß nicht so naiv und meinen, das wäre ein altruistischer Akt der Menschenliebe für den schlimmsten Fall. Erinnern Sie sich, 1972 formulierte es Henry Kissinger so: „Wer das Öl kontrolliert, der kontrolliert das Land, wer die Nahrung kontrolliert, kontrolliert das Volk." Welch ein Widerspruch! Was veranlaßt die US-Sponsoren, einerseits patentiertes und manipuliertes Saatgut weltweit zu verbreiten – gepriesen als Grüne Revolution, andererseits aber Millionen Samenvarianten im todsicheren Safe nahe dem Nordpol zu konservieren? Sie nennen es „Sicherung der Vielfalt der Feldfrüchte für die Zukunft". Das wäre dann etwas für den kleinen Hunger der übrig gebliebenen Auserkorenen – nach einer Weltkatastrophe.

Ist die Grüne Revolution eine weitere Strategie der Rockefellers, um ein globales „Agrobusiness" zu entwickeln, das sich genauso monopolisieren läßt, wie es diese Herrschaften zuvor mit der Ölindustrie taten? Die Rockefeller-Stiftung finanziert nämlich auch die Erforschung gentechnisch veränderter Pflanzen und Tiere. Zudem: Der Einsatz von Pflanzenschutzmitteln verschafft den Öl- und Chemiegiganten neue Märkte. Diese pseudohumane Stiftung startet in Afrika einen Feldversuch, Verzeihung, eine genmanipulierte Grüne Revolution, während sie klammheimlich den „Tresor des jüngsten Gerichts" vollstopft. Natürlich sitzen auch hier die Agro-Riesen in der selbst gezimmerten Arche.

Normalerweise haben Pflanzenzüchter und Forscher auf Genbanken Zugriff. Heute heißen die Großen der Welt Dow Chemical, Monsanto, DuPont und Syngenta. Zudem besitzen diese Agro-Giganten die Patentrechte auf Pflanzen. Und jetzt kommt's: Seit 2007 sind Monsanto und die US-Regierung Patentpartner der sogenannten Terminator-Technologie. Offiziell heißt das zynisch „Gentechnische Beschränkung der Wiederverwendbarkeit" (GURT). Das ist eine verhängnisvolle Gentechnologie, bei der industriell hergestelltes, patentiertes Saatgut nach der Ernte „Selbstmord" begeht, also seine biologische Potenz der Keimfähigkeit und damit der Reproduktion verliert.

So kommt es zur totalen Kontrolle und Abhängigkeit von den Saat-gutkonzernen. Diese Monopolisten haben eine derartige Macht über unsere Nahrungskette, wie sie die Menschheit nie zuvor erlebte. Der perfide, gentechnisch konstruierte Selbstmordmechanismus der Pflanzen zwingt die Farmer dazu, jedes Jahr von den Saatungutliefe-ranten neue Aussaat für Reis, Sojabohnen und Getreide teuer zu kau-fen, anstatt auf althergebrachte Weise einen Teil der Ernte als neue Aussaat zu verwenden. Durch das bedrohliche Ausbreiten dieser Technologie können die Saatungutlieferanten die Bauern in der Welt zu Sklaven und Leibeigenen machen. Das moderne Mittelalter läßt grüßen!

Schlußendlich ließe sich auf schreckliche Weise genpatentiertes Saat-gut elegant zur biologischen Kriegsführung nutzen. Wollen wir das zulassen? Moralisch gesehen, kann ich Ihnen nur empfehlen: Inve-stieren Sie nicht in die oben erwähnten „Agrohaie".

Agrarrohstoffe
Bereits in naher Zukunft steht die Erzeugung unserer Nahrungs- und Futtermittel durch Klimawandel und Gentechnik vor tiefgreifenden Problemen. Das hat Konsequenz für die gesamte Menschheit. In den zurückliegenden Jahrzehnten gerieten die einzelnen Märkte für Wei-zen, Sojaprodukte, Hafer, Reis, Milch, Zucker, Kaffee, Kakao und Orangensaftkonzentrat aus dem Gleichgewicht, d.h. ihre Preise dümpeln in der Nähe ihrer historischen Tiefpunkte. Dafür sorgten massive Agrarsubventionen und Eingriffe in weltweite Ökosysteme. Konkurrenten am Weltmarkt sind die US- und EU-Regierungen. Es bahnen sich folgenschwere ökonomische Fehlentwicklungen an. Ein Teufelskreis von vielen beginnt mit den europäischen Subventionen für riesige Soja-Anbauflächen, die sich Brasilien durch Abholzung aus der grünen Lunge des Regenwaldes heraus schneidet. Subventionier-te Sojabohnen – wichtigstes Futtermittel der Welt – werden impor-tiert, statt den preiswerteren einheimischen Weizen zu verfüttern. Eine schizophrene Wahnsinnstat: Einerseits spenden Privatleute für den Erhalt des Regenwaldes enorme Geldsummen, auch die Politik ruft zu Spendenaktionen auf, andererseits durchkreuzt die Agrarpoli-

tik das wieder. Statt dessen wird unser Weizen verbrannt und muß zur Stromerzeugung herhalten.

Besorgniserregend ist die Unverfrorenheit, mit der gentechnisch verändertes Saatgut auf die Märkte gedrückt wird. Erbarmungslos sorgt die US-Agrarindustrie für eine „Zwangsveredelung", besonders bei Soja, Mais und Weizen. Zwar sind danach diese Pflanzen gegen Schädlinge und Herbizide immun, erkauft wird das aber mit der Sterilität der Pflanzen. Der Landwirt wird bei gentechnisch veränderten Zöglingen gezwungen, die Saat für die folgende Ernteperiode wieder bei der Agrarindustrie neu einzukaufen. Nur ein Schelm unterstellt, daß die größte US-Agrofirma Monsanto dieses lukrative Profit-Perpetuum-mobile mit voller Absicht kreierte und ausbaut, genauer gesagt: Genmanipuliertes Saatgut, das keine keimfähigen Samen mehr produziert! Diese Entwicklung ist erschreckend, denn zukünftig wären Agrarkonzerne in der Lage, Preis, Menge und Qualität der landwirtschaftlichen Erzeugnisse zu bestimmen. Hinzu kommt der besorgniserregende Klimawandel. Zunehmend dürften Mißernten zur Regel werden. Die Folge: Agrar-Rohstoffe werden noch in diesem Jahrzehnt deutlich im Preis ansteigen.

Es gibt handfeste Argumente, die ein Comeback der Agrar-Rohstoffe, sogenannten „Weichwaren" („Soft commodities", bitte nicht mit „Software" rückübersetzen) erwarten lassen. Die Lagerbestände sind dramatisch zurückgegangen, die Produktionskosten steigen weltweit. Seit der letzten Hausse in diesem Sektor von 1980 ist die Weltbevölkerung um über eine Milliarde essender Menschen angeschwollen. Die Situation ist so, daß auch eine Milliarde Menschen auf der Welt weiter Hunger erleiden. In den asiatischen Räumen ist mit überproportionaler Nachfrage, also mit zwangsläufigen Preisanstiegen zu rechnen. Merkwürdig: Die Marktpsychologie – das Sentiment – ist trotz dieser positiven Argumente sehr negativ.

Das Sentiment ist eine Meinungsumfrage unter Profis, wie sie die Aussichten einer Ware zukünftig einschätzen.

Die „Scheunentore" stehen dem Privatanleger offen, wenn er auf dem Erntewagen in gleicher Richtung mit den Profis einfährt. Rein zyklisch kann es zwar noch einmal zu einer „Bodenverfestigung" der Agrarprodukte kommen, danach ergeben sich gute Börsen-Chancen für die sogenannten Soft-Commodities.

Zuckersüße, sei willkommen. Greifen wir ein landwirtschaftliches Produkt heraus, das in den nächsten Jahren meines Erachtens eine Renaissance erleben wird. Es ist der Zucker, ein Energielieferant für Mensch und Maschine. Zur süßen Einstimmung machen wir einen verblüffenden Versuch.

> Das Experiment: Sehen wir uns an, was in einem Stück Zuckerwürfel außer Süße noch steckt. Dazu betupfen wir einen Zuckerwürfel an einer Ecke mit etwas Zigarettenasche und zünden ihn an. Der sonst nicht brennbare Zucker beginnt mit blauer Flamme wegzuschmelzen. Die Asche diente dabei dem Kohlenhydrat Zucker als Katalysator: Wärmeenergie wird frei.

Zucker ist also ein Energiespeicher, der sich chemisch zu einem flüssigen Brennstoff verarbeiten läßt, dem Ethanol. Und genau das könnte die Initialzündung der kommenden Zuckerhausse sein: Zucker ist nicht nur Lebensmittel, sondern auch Ausgangsprodukt für einen preiswerten Kraftstoff.

Es gibt eindrucksvolle Zahlen zur Zuckererzeugung und zum Zuckerverbrauch. Im 18ten Jahrhundert rührten die Engländer süße Kristalle in den Tee, ihrem neuen Nationalgetränk. Diese Kristalle wurden aus dem Zuckerrohr (Grasart Saccharum) der Kolonien gewonnen. Im Jahre 1747 wies der deutsche Apotheker und Chemiker Andreas S. Margraf nach, daß sich aus der Wurzel des Gänsefußgewächses – der Zuckerrübe – der gleiche süße Stoff (Sukrose) gewinnen ließ, der das Zuckerrohr aus den Kolonien so kostbar machte. Gerade jetzt, drei Jahrhunderte später, entdecken immer mehr der 1,3 Milliarden Chinesen den schnellen Energiespender und Seelentröster als unverzichtbare Teebeigabe. Noch liegt China im Pro-Kopf-Verbrauch mit 11 kg/Jahr ganz hinten in der Statistik. Aber es gibt eine Korrelation zwischen steigendem Wohlstand und Zuckerbedarf. Während weltweit der Zuckerverbrauch bei 23 kg pro Jahr und Person liegt, konsumiert der Durchschnittsamerikaner satte 45 kg. Der Deutsche ver-

226

speist im Schnitt täglich 100 Gramm Zucker. Mit der gigantischen Zuckermenge von 149 Millionen Tonnen, die jährlich erzeugt wird, könnte man leicht den 390 m hohen Zuckerhut an der Copacabana – einen Gneis-Paraboloid – aus Zuckerwürfeln nachbilden oder die Cheopspyramide damit 46mal errichten. 105 Millionen Tonnen der Weltzuckerproduktion werden aus Zuckerrohr und 44 Millionen Tonnen aus Zuckerrüben erzeugt. Brasilien ist mit 43% der größte Exporteur von Zucker in der Welt. Indien, der größte Zuckernutzer, ist Selbstversorger. Während der Zuckerkonsum in den Entwicklungsländern zunimmt, stagniert der Verbrauch in den Industrieländern seit Jahren.

Es gibt auch eine bittere, absurde Seite des Zuckers. Zucker wird sowohl in USA als auch in Europa von Staats wegen subventioniert. Die 5.000 amerikanischen Zuckerfarmer bekommen jährlich eine Fünf-Milliarden-Dollar-Spritze, die 6.000 Zuckerrübenbauern der EU drei Milliarden Euro. Wir, die EU-Bürger müssen für diese Politik doppelt zahlen: durch Steuern für die Exportsubvention und durch überteuerte Preise für alle Produkte, die Zucker enthalten. In der EU gilt ein garantierter Mindest-Tonnenpreis von 632 Euro – für ein Produkt, das auf dem Weltmarkt zwischen 150 und 230 Euro gehandelt wird. In einem freien nicht subventionierten Zuckermarkt könnte man die Zuckerproduktion der Industrieländer senken – ebenso die damit verbundenen Umweltbelastungen – und den Lebensstandard der Dritten Welt dadurch verbessern, daß man den Bauern aus Lateinamerika mehr Zucker abkauft. Der Zuckerpreis auf dem Weltmarkt würde durch diese Entzerrung des Wettbewerbs um etwa 20% steigen. Für die Verbraucher in den USA und in der EU wäre das keineswegs dramatisch, im Gegenteil, die Konsumenten würden nur 50% des jetzt subventionierten Preises zahlen.

In der zivilisierten, dekadenten Welt hat sich die ambivalente Seite des Dickmachers breit gemacht: Zuviel Zucker macht krank. Zum Beispiel sind in Frankreich ab September 2005 Automaten für Süßigkeiten an öffentlichen Schulen verboten. Kalorienfreie Süßer ersetzen immer mehr den Zucker. Gleichzeitig wächst die Weltbevölkerung schneller, als das Gesundheitsbewußtsein für Einschränkungen sorgt.

Für die von mir in Aussicht gestellte Zuckerhausse ist Zucker als Lebensmittel weniger entscheidend, vielmehr ist es der aus Zucker gewonnene Treibstoff Bio-Alkohol Ethanol. Betrachten wir unter diesem Aspekt den künftigen Treibstoffhunger Chinas. Zwar besitzen nur 4% der Chinesen ein Auto, die jährliche Wachstumsrate liegt aber bei 20%.

So funktioniert das „Räderwerk der Zuckermühle": Rohöl, damit auch der Kraftstoff für Fahrzeuge, wird nachhaltig im Preis ansteigen. Schon 2008 stand Rohöl auf seinem Allzeithoch, während Zucker weit unter seinem Allzeithoch notiert. Ehe wir ins Zeitalter der Brennstoffzellentechnologie eintreten, wird es ein Übergangsstadium geben. Die Energieversorgungslücke kann das preiswertere Derivat Ethanol in den nächsten Jahren ausfüllen. Taktgeber der kommenden Zuckerhausse wird ohne Zweifel Brasilien sein. Die Brasilianer selbst betreiben 60% ihrer Neuwagen diesem Bio-Alkohol. 50% der Zuckerernte von 2006 floß in Treibstofftanks. Je mehr „Zucker" in die Tanks kommt, um so weniger Zucker steht dem Export zur Verfügung. Brasilien exportierte z.B. 2002 Ethanol im Werte von 170 Millionen Dollar nach Südkorea, Japan, USA und Schweden. Der sich mausernde Energievielfraß China bezog schon 2004 fast 1,2 Millionen Tonnen Zucker, vorwiegend aus Brasilien, trotz Chinas Bemühungen als weltweit drittgrößter Zuckerproduzent Selbstversorger zu bleiben.

Bereits während der ersten Ölkrise in den 70er Jahren verarbeitete Brasilien ein Drittel des Zuckers zu Ethanol. Dem Benzin beigemischt, heißt das Kraftstoffgemisch Gasohol. Diese Applikation verstärkte die Zuckerhausse, die schließlich von 4 Cent auf 66 Cent je Pfund führte. Eine Hausse mit gewaltigem Anstieg um das 16,5fache. Kaum ein anderer Rohstoff kann mit dieser Steigerung aufwarten. Und es blieb nicht bei dieser Preisexplosion: bereits 1980 kam es erneut zu einer Hausse, die das Pfund Zucker von 6 Cent auf 45 Cent hievte. 2005/6 stieg der Zucker in einer Vorhausse auf 20 Cent. Zucker kann für den Investor in Zukunft eine süße Sünde wert sein.

Wasser: Fakten und Konflikte um das blaue Gold der Erde

Auf der Erde gibt es nur eine einzige chemische Verbindung, die in allen drei Aggregatzuständen natürlich vorkommt: unser Lebenselixier Wasser. Diese Ursubstanz des Lebens nannte das Genie Leonardo da Vinci treffend „das Blut der Erde".

Unser natürliches Empfinden sagt uns, daß Wasser als Lebenselixier und als Allgemeingut der Menschen angesehen werden muß. Man sollte annehmen, daß diese Erkenntnis für jeden Menschen eine Selbstverständlichkeit ist. Doch weit gefehlt, denn der US-Sicherheitsberater und Vertreter der US-Hochfinanz Zbigniew Brzezinski ist da anderer Meinung. Eiskalt und frech verkündet er in seinem Buch „Die einzige Weltmacht", daß seine Hochfinanzgruppe Rothschild zur Monopolisierung der Rohstoffe nun auch das Wasser der Welt zählt. Der Griff nach der Monopolherrschaft über das flüssige Naß soll in den nächsten 20 Jahren stattfinden. Der Machtkampf ums Wasser ist damit eröffnet. Dazu gehören die Gewinnung von Trinkwasser, die Wasserverteilung und die Abwasserentsorgung. Täglich befördert der hydrologische Kreislauf der Erde fast 99 Kubikkilometer Wasser von den Ozeanen in die Atmosphäre, bevor es wieder als Niederschlag die Erde erreicht. Bildlich ausgedrückt, wird täglich 17mal der Wasserinhalt des Bodensees in den Himmel gehoben.

Ein kleines Beispiel zum Wasserverbrauch: Während wir Deutsche im Schnitt 120 Liter Wasser täglich verbrauchen, liegt der Konsum in den USA bei 300 Litern Wasser pro Tag.

96,54% der gesamten Wassermenge auf Erden speichern alleine die Weltmeere; das sind 1,35 Billionen Kubikkilometer Salzwasser. Verhältnismäßig bescheiden ist dagegen der Süßwasseranteil mit 48 Millionen Kubikkilometer, nämlich magere 3,5%. Als Eis an den Polen und als Gletscher sind 28 Millionen Kubikkilometer gebunden, 23,4 Millionen km³ als Grundwasser. Die Atmosphäre speichert 13.900 km³ Wasser: das 250-fache Wasservolumen des Bodensees. In jeder Sekunde verdunsten auf der Erde 14 Millionen Kubikmeter Wasser. Die gewaltige Wassermasse des Baikalsees von 23.000 km³ macht allein 20% des nutzbaren Süßwassers auf der Erde aus.

Die Biosphäre mit ihren Abermilliarden Organismen speichert weitere 1.100 km³, das sind weniger als 0,001 % allen Wassers. Nicht einmal 1% des Süßwassers der Erde kann der Mensch als Trinkwasser nutzen. Das sind 495.000.000.000.000.000. Liter, ein „Wasserwürfel" von 79 km³. Deutschland verbraucht jährlich für seine Trinkwasserversorgung einen Wasserwürfel von rund 1,87 km³. In einer Vegetationsperiode verdunstet ein Buchenwald mit 400 Bäumen etwa 3.600.000 Liter an Wasser. Kaum vorstellbar, daß etwa die gleiche Wassermenge zur Herstellung von zehn Kraftfahrzeugen benötigt wird.

In den letzten 50 Jahren verdreifachte sich weltweit der Wasserbedarf. Er steigt zur Zeit doppelt so schnell wie die Weltbevölkerung wächst. Die Industrienationen aasen mit dem kostbaren Gut. Während man in Nordamerika pro Tag und Person 900 Liter vergeudet, müssen sich die Afrikaner mit 30 Liter bescheiden. Zu diesem Verbrauch zählt die Bewässerung von Ackerflächen ebenso wie der vielfältige Einsatz in der Industrieproduktion. In den westlichen Staaten gehen zudem bis zu 50% Wasser durch marode Rohrleitungen verloren.

Für die Herstellung unserer täglichen Lebensmittel bedarf es der 500fachen Menge an Wasser, die wir täglich (4 Liter) aufnehmen. Ein eklatantes Beispiel aus der Landwirtschaft: In Usbekistan werden für jedes Kilogramm erzeugter Baumwolle 10. 000 Liter des kostbaren Naß benötigt. Auch in der Stahlindustrie geizt man nicht mit dem Wasser. Um eine Tonne Stahl zu gewinnen, braucht man bis zu 200 Tonnen Wasser.

Ein Fünftel der leidenden Weltbevölkerung hat heute keinen zuverlässigen Zugang zu sauberem Trinkwasser. Der Tribut heißt: Landflucht, Krankheiten, Konflikte, und in absehbarer Zukunft auch Kriege. Erstaunlich, in der Historie gab es nachweislich nur einen bewaffneten Konflikt um das Wasser. Vor 4500 Jahren grub König Ulama dem Nachbarstaat Umma in Mesopotamien das Wasser von Euphrat und Tigris ab. Jetzt ist der Tigris wieder der Zankapfel zwischen der Türkei Syrien und Irak. Israel streitet mit den Nachbarländern um den Jordan, und um das Wasser des Nils schwelt der Konflikt zwischen Ägypten und dem Sudan. Wir als Zeitzeugen erlebten bisher Kriege, die um das Rohöl geführt wurden, morgen werden Kriege um das Lebenselixier Wasser ausbrechen.

Wie rigoros die Amerikaner mit der Ressource Wasser umgehen, zeigt sich am Colorado River. An dessen Oberlauf entnehmen sie soviel Wasser, daß dieser auf der mexikanischen Seite den Atlantik nicht mehr erreicht. Auch die amerikanisch-kanadischen Seen sind vor dem gierigen Wasserentzug nicht sicher. In den Megastädten in Asien und Mittelamerika, z.B. in Peking oder Mexiko-City, ist der Grundwasserspiegel in den letzten 50 Jahren bis zu 50 m gefallen. Ganz dramatisch sieht es auch in Südindien in Punjab aus. Bedenken wir: Ohne Essen können wir 70 Tage überleben, ohne Wasser aber nur etwa 70 Stunden. Der Mensch besteht zu über 70% aus Wasser, bereits bei einem Wasserverlust von über 20% stirbt er.

Die Chemie des Wasserstoffoxids H_2O scheint einfach, indes birgt sie noch viele Geheimnisse. Einzigartig in der Natur ist, daß sich Wasser beim Gefrieren ausdehnt und seine Dichte bei 4°C am größten ist. Diese Dichteanomalie bewirkt das Schwimmen der Eisberge und das Platzen der Wasserrohre. Das ist auch die Grund dafür, daß in Seen die Fische im Winter überleben, denn das Wasser gefriert im Gewässer von oben nach unten. Allerdings: Bei einem Druck von 2000 bar erstarrt Wasser erst bei −22°C. Eine andere Merkwürdigkeit: Vollkommen reines Wasser läßt sich durch Unterkühlen bis −20°C flüssig halten.

Ein Wassermolekül sieht wie eine Hantel aus, die aus zwei Atomen Wasserstoff und einem Atom Sauerstoff besteht. Diese Mikrohantel wirkt wie ein Dipol, eine Seite trägt eine positive Ladung, die andere eine negative. Die äußeren Wasserstoffatome bilden zusammen einen mysteriösen Winkel von 104,5 Grad. Ohne ihn gäbe es vielleicht kein Leben auf der Erde. Die Hantelstruktur erlaubt eine lösbare Verkettung mit anderen Wassermolekülen. Das führt zur Clusterbildung. Wie es die Wassermoleküle gemeinsam schaffen, Informationen zu speichern, die nicht mehr an ein Materieteilchen gebunden ist, kann die Wissenschaft bis heute nicht erklären.

Das Wasser, der rätselhafte, scheinbar selbstverständliche Stoff auf Erden, rückt in der Politik und in Spekulationskreisen immer mehr ins Rampenlicht. Das kulturelle und soziale Gut droht knapp zu werden. Dies in dem Maße, wie die Weltbevölkerung wächst und die Natur durch rigorose Urbanisierung und Industrialisierung mißachtet wird. Der angemessene Zugang zu Wasser ist ein Menschenrecht. Es besteht die Gefahr, daß Wasser mehr zu einer bloßen Handelsware verkommt. Die globale Vermarktung des knappen Wasservorrates durch Großkonzerne verspricht sprudelnde Milliardengewinne. Weltkonzerne wie Vivendi, Suez, Veolia und RWE teilen sich den saftigen Kuchen. Unser wichtigstes Lebensmittel muß unbedingt in der Hand der Weltbürger bleiben. Es darf nicht in die Fänge renditeorientierter Großkonzerne geraten, und erst recht nicht der kurzfristig agierenden Börse überlassen bleiben. Hochverschuldete Kommunen, die dieses öffentliche Vermögen aus der Hand geben und zum Markte tragen lassen, verlieren die demokratische Kontrolle über die Wasserwirtschaft, sie entledigen sich unverantwortlich einer Generationenaufgabe. Die nachdenklichen, klugen Leser werden ihr Scherflein dazu beizutragen, die Welt zu erhalten, in der wir alle leben. Wasser marsch, aber mit Verantwortung!

Holz ist ein brennend begehrter Rohstoff in allen Lebensbereichen. Mit dem jährlich eingeschlagenen Rundholz der Welt ließe sich die 138,75 m hohe Cheopspyramide mit ihren 2,5 Millionen Kubikmetern 16mal erbauen. Eine unglaubliche Zahl! 80% der einstmals existierenden Urwälder sind inzwischen abgeholzt. Der brasilianische Regenwald schrumpft minütlich um die Fläche von sieben Fußballfeldern. Bereits 96% der Redwood-Wälder in Amerika fielen dem Kahlschlag zum Opfer. Verweilen wir kurz bei diesen eindrucksvollen Baum-Giganten, den mächtigsten Naturdenkmälern auf Erden. Außergewöhnlich ist der 85 Meter hohe Baumkoloß „General Sherman" in der Sierra Nevada in Kalifornien, ein 2.400 Tonnen schwerer Mammutbaum mit 32 Metern Umfang – 17mal schwerer als ein Blauwal. Der älteste Baum-Methusalem und damit die älteste Pflanze überhaupt ist der Huon Pine in Tasmanien, zumindest was sein Wurzelgeflecht angeht. Der Baum selbst ist „nur" 2.000 Jahre alt, seine abgestorbenen Teile aber 10.500 Jahre. Viele dieser Mächtigen schöpfen ihr Wasser mit ihrem Wurzellabyrinth aus mehr als 100 Metern Tiefe, kommunizieren im Erdreich mit Pilzen, warnen ihre Artgenossen mit Duftstoffen vor Gefahren, etwa vor drohendem Insektenfraß. Vor allem entwickelten diese Riesen mit ihrer bis zu 60 cm dicken, harzlosen Rinde einen effektiven Brand- und Insektenschutz, der selbst ausgedehnten Waldbränden trotzt. Paradox: gerade ein Waldbrand ist Geburtshelfer neuer Mammutbäume, denn erst bei etwa 300°C platzen die Zapfen und geben den Samen frei. Die Samen fallen auf einen Boden, der von der Asche gedüngt und durch das Feuer von der Wachstumskonkurrenz befreit wurde. Übrigens stellten amerikanische Wissenschaftler fest, daß Waldbrände weltweit jährlich 730 Tonnen Quecksilber freisetzen, das sind fast 54 m³ der toxischen Substanz.

Die Körpersubstanz der Bäume, ihr Holz, ist die häufigste organische Verbindung in der Natur überhaupt. Dieses Polymer, gebildet aus vielen gleichartig verbundenen Molekülen, enthält bis zu 50% Zellulosefasern, die mit dem Aromat Lignin fest verklebt sind. Jeder fünfte Baum der Weltholzernte geht in die Papierproduktion. 20% der Weltbürger, vor allem Naturvölker hängen auf irgendeine Weise vom Wald ab. Das tangiert die holzverarbeitende Industrie nur am Rande. Kettensägen führen kreischend Regie bei der Abholzung der Regenwälder. Über 70% des Great Bear Rainforest, der größte zusammenhängende Regenwald der Erde in British Columbia/Kanada, fiel bisher dem Kahlschlag zum Opfer. Das gleiche Schicksal erleben z.B. die Urwälder in Borneo, Zentralafrika oder im Amazonasgebiet. Durch den Raubbau am Primärwald gehen die Lebensräume vieler Tier- und Pflanzenarten für immer verloren. Die Landnutzungsrechte der Ureinwohner werden rigoros mißachtet.

Täglich verschwinden 270.000 Bäume in den Orkus: Dies in Form von herunter gespülten Toilettenpapieren oder als weggeworfene Taschentücher. Der Hunger nach Papier rund um den Globus ist gewaltig. 1970 waren es noch 130 Millionen Tonnen, zur Zeit sind es 318 Millionen Tonnen, bis 2015 rechnet man mit mehr als 440 Millionen Tonnen. Haben Sie noch die schönen Reden vom „papierlosen

Büro" in den Ohren, als die Computer in die Büros einzogen? Genau das Gegenteil ist der Fall, es wird kopiert, was die Drucker hergeben.

Heute im globalen Papierzeitalter, mit den Zentralbanken als Geldzauber-Anstalten des fiat money, entziehen sich die staatlichen Papiergeldmonster unserer Vorstellungskraft. Um sich ein Bild von unserer aktuellen Staatsverschuldung von 1,5 Billionen Euro als Papiergröße zu machen – ein Zahlenkoloß mit 12 Stellen hinter dem Komma – greifen wir zur größten Papiergeldeinheit, dem 500-Euro-Schein mit 1,475 Gramm. Allein dieses aufgeschichtete Papiermonster aus 500-Euro-Scheinen würde insgesamt 2,2 Millionen Tonnen wiegen und in aneinander gereihten Scheinen zwölfmal um den Äquator reichen.

Der Rohstoff Holz ist in China in aller Munde: 45 Milliarden Eßstäbchen werden dort von als Einweg-Besteck pro Jahr verbraucht. Und in Deutschland: bis ein Kind laufen kann, verbraucht es in Form von Einweg-Windeln so viel Papier, wie ein Afrikaner in seinem ganzen Leben.

Die Urwälder, unsere Klimalungen, sind bedroht. Mehr als 80% wurden durch Brandrodung vernichtet oder für Holzkohle verwendet. Während bei uns in Deutschland nur 12% der Häuser aus Holz bestehen, sind traditionsgemäß 95% aller Häuser in den USA aus diesem Naturprodukt gezimmert. Pünktlich zur Hurrikanzeit, wenn eine Menge Häuser mit Naturgewalt das Fliegen lernen, lernen die Lumber-Kontrakte (Bauholz) das Laufen.

50% der Holzmasse besteht aus Kohlenstoff, der aus dem Kohlendioxid der Luft stammt. Die Wälder der Erde – das grüne Gewissen – haben gigantische Mengen an Kohlenstoff gespeichert, nämlich etwa 600 Milliarden Tonnen. In einem Kilogramm Biomasse steckt ein Brennwert von 4,8 kWh.

Bedenken wir: Um eine Einheit Zellstoff für die Papierherstellung zu erzeugen, bedarf es der sechsfachen Menge an Holz und einer riesigen Menge an Trinkwasser, nämlich 15 bis 200 Kubikmeter pro Tonne. Das Naturprodukt Holz ist vom Brennholz bis zum Konstruktionsholz universell einzusetzen. Das Derivat Papier dient dem Menschen zur Befriedigung seiner Grundbedürfnisse hinsichtlich Bildung, Kommunikation und Hygiene. Im Mittel benötigt der Weltbürger 52 kg im Jahr an Papier.

Aus Biorohstoff: Ethanol oder Nahrung

Wie eine Pandemie wachsen sich im Mediendschungel gewisse Themen zyklisch zur Hysterie aus: ehemals war's das große Waldsterben, dann das weltweit umher vagabundierende Ozonloch und jetzt die globale Klimakatastrophe, die zur Weltreligion entartet. Jetzt soll das lebensnotwendige, unschädliche Molekül CO_2 der Klimakiller par excellence sein. Ein vergleichbares Lügengespinst tischt uns die Pharmaindustrie mit Cholesterin als ein krankmachendes Gift auf: der größte Schädling der Volksgesundheit. Von diesem wertvollen Baustein Cholesterin erzeugt unser Körper etwa viermal soviel wie wir mit der Nahrung aufnehmen. Lassen wir uns als wache Anleger nicht in die Irre führen, setzen wir bei der Bewertung von Fakten unseren gesunden Menschenverstand ein.

Ehe wir über Ethanol als Energiequell und als Ersatz zu Rohölprodukten reden, nehmen wir den „fossilen Brennstoff" Rohöl etwas genauer unter die Lupe. Da gibt es zwei widersprüchliche Thesen zur Genese. Aus amerikanischer Forschung wird uns suggeriert, Rohöl sei aus Überresten verendeter Dinosaurier oder Algen entstanden. Das hieße, daß sich die zusammengepreßten Rudimente toter Dinos postmortal in Abermillionen Jahren in Öl umgewandelt hätten. Und das angesammelt in Lagerstätten, etwa 1.200 bis 1.800 Meter unter der Erde. Dazu die Antithese russischer Forscher: Sie besagt, Rohöl und Erdgas habe nichts mit biologischem Material zu tun, das auf der Erdoberfläche entstanden ist. Es handle sich vielmehr um ursprünglich nichtbiotisches Material, das aus großer Erdtiefe aufsteigt. Man konnte zeigen, daß sich sogar alte Ölfelder wieder auffüllen, denn aus großer Erdtiefe flossen Kohlenwasserstoff-Verbindungen wieder nach. Öl entstünde im tiefen Erdinneren unter hohem Druck und hoher Temperatur, also bei ähnlichen Bedingungen, wie sie bei der Diamantgenese herrschen. Schauen Sie, das ist doch absurd, denn um die Menge Öl entstehen zu lassen, die bis heute allein das Ghawar-Ölfeld in Saudi-Arabien hergab, hätte es eines gigantischen Massengrabes aus Dinosauriern bedurft; es hätte einen Würfel von 30 km Kantenlänge anfüllen müssen.

Was ist Ethanol eigentlich für ein Stoff – die Alternative zum Erdöl? Ethanol gehört zu den primären Alkanolen mit der Strukturformel C_2H_5OH. Leicht zu merken, denn rückwärts gelesen wird daraus der naheliegende Ausruf:

Herr Ober, 5 Helle, 2 Corn!

Alkohol entsteht bei der Vergärung von zucker- oder stärkehaltigen Substanzen durch Mitwirken von Hefe oder Bakterien. Agrar- oder Bioethanol gewinnt man hauptsächlich durch Gärung aus Biomasse. Das aus pflanzlichen Abfällen, Holz, Stroh oder Pflanzen hergestellte Ethanol bezeichnet man als Zellulose-Ethanol. Alle Ethanol-Sorten sind aber chemisch gesehen gleich.

Schauen wir uns die einzelnen Prozeßschritte der unterschiedlichen Ausgangsstoffe an. Der Rohstoff wird so aufbereitet, daß daraus Zucker (Glukose) entsteht. Stärkehaltige Biomassen wie Getreide werden zunächst vermahlen. Durch enzymatische Zerlegung wird in der „Verzuckerung" die Stärke in Zucker umgewandelt. Dagegen lassen sich bereits zuckerhaltige Rohstoffe wie Melasse direkt durch Bakterien fermentieren. Zellulosehaltige Rohstoffe wie Stroh müssen zuvor ebenfalls durch Säuren und Enzyme aufgespalten werden. Nach dem Aufbereiten des Rohmaterials entsteht zuckerhaltige Maische. Die Fermentation besorgen Hefen; es entsteht eine alkoholische Maische, die etwa 12% Ethanol enthält. In der Destillation wird diese auf etwa 95% konzentriert. Ein Molekularsieb besorgt die Dehydrierung: der verbleibende Wasseranteil von etwa 5% wird dabei entzogen. Das Endprodukt Ethanol hat dann eine hohe Reinheit von über 99%. Diese ist erforderlich, damit sich Ethanol mit Benzin gut mischt. Ansonsten würde sich in diesem Gemisch Wasser absetzen, mit entsprechenden Folgen für den Motor.

Weltweit produziert man etwa 33 Milliarden Liter Ethanol – ein gedachter gewaltiger Ethanol-Würfel von 3,2 km Kantenlänge. In Brasilien wird auf 5,6 Millionen Hektar Anbaufläche Zuckerrohr ange-

236

pflanzt. Die Hälfte davon wird zu 15 Millionen Kubikmetern Bioethanol verarbeitet. Jährlich steigt die Bioethanolproduktion in Brasilien um etwa 5 Millionen Kubikmeter. Das entspricht einem Erdöläquivalent von 25 Millionen Barrel. Dagegen wächst weltweit der Ölbedarf im gleichen Zeitraum um 776 Millionen Barrel. 2006 wuchs die Anbaufläche für Pflanzen zur Erzeugung von Bio-Treibstoff um 48%. Die staatlichen Subventionen macht es allzu profitabel, Ethanol-Treibstoff herzustellen. In Lateinamerika weichen die Tropenwälder riesigen Plantagen von Zuckerrohr, Palmenöl und Soja für die Produktion von Bio-Treibstoff. Der Anbau von Soja hat bisher zur Entwaldung von 21 Millionen Hektar in Brasilien und von 14 Millionen Hektar in Argentinien geführt. Die nutzbare Ackerfläche für Futterpflanzen und menschliche Nahrung nimmt stetig ab. Die gesamte Anbaufläche für Mais und Sojabohnen in den USA für die Produktion von Bio-Treibstoffen eingesetzt, könnten nur 12% des Benzinbedarfs und 6% des Bedarfs an Diesel decken.

Erneuerbare Energien wie Solarenergie und Windkraft sind klimaneutrale Zusatzenergiequelle. Dagegen ist das Verarbeiten von Nahrungsmitteln zu Biokraftstoffen ein problematischer Irrweg. Die verfügbaren Anbauflächen auf der Welt sind begrenzt und Nahrung ist existentiell, Treibstoff nicht. Ein elementares Problem ist die exponentiell wachsende Weltbevölkerung. Ohne die zynische Wunschvorstellung gewisser Kreise an einer seuchen- und kriegsbedingten „Ausdünnung", wächst die Menschheit bis zum Jahr 2050 auf 10 Milliarden Individuen heran. Das elementare Problem der Menschen ist nicht, mit welchem Treibstoff sie ihren Tank füllen, sondern wie sie ihren Magen füllen. Mit steigendem Wohlstand wächst zudem der Bedarf nach Nahrung weiter an. Der ambivalent handelnde Mensch schlittert vielfach aus Eigennutz von einer Sackgasse in die nächste. Da wird einerseits in USA aus Mais massenhaft Ethanol hergestellt und andererseits verteuert sich dadurch der exportierte Mais nach Mexiko. Der Preis für Maisfladen verdreifachte sich in einem Jahr. Die Tortillas werden für die Ärmsten der Armen unerschwinglich. Mit dem Getreide, das z.B. nötig ist, um einen 120 Liter fassenden Tank eines Geländewagens mit Ethanol zu füllen, könnte sich ein Mensch ein Jahr lang ernähren, so ein Experte.

Der ehemalige US-Außenminister Henry Kissinger – ein Günstling Rockefellers – stellt in den 70er Jahren fest: „Kontrolliere das Öl, und du kontrollierst ganze Nationen; kontrolliere die Versorgung mit Nahrung, und du kontrollierst die Menschen". Diese noblen Worte aus dem Munde eines Friedensnobelpreisträgers wurden in die Tat umgesetzt. Die Clique, die über das Problem der Überbevölkerung der Welt lamentiert, forciert jetzt, zur Zeit der schwindenden Weltgetreidevorräte, den Wechsel der globalen Getreideproduktion zum Brennstoff. Ist es nicht höchst merkwürdig, das der „Kiotoresistente" US-Präsident George Bush für einen Wechsel vom Rohöl hin zum Biotreibstoff eintritt. „Scheingrün" will man den US-Benzinverbrauch bis 2010 um 20% senken, um die unerwünschten Emissionen von Treibhausgasen zu verringern. Sollte sich die Bush-Administration zu einem grünen Gralshüter der Umwelt gewandelt haben? Mitnichten: dahinter steckt ein perfider Masterplan. Die Förderung mit Steuergeldern von Ethanol-Mais statt Futtermais treibt den Preis fürs tägliche Brot durch die Decke. Ziel ist die Produktion von 133 Milliarden Litern Ethanol pro Jahr. Dazu erhalten Bauern und Giganten der Agrarindustrie wie David Rockefeller ein saftiges Zubrot von 0,51 US-D pro Gallone Ethanol. Und die Zahl der im Bau befindlichen Destillieranlagen übersteigt schon bald die Zahl der Ölraffinerien. Zudem unterschrieb Bush einen bilateralen „Ethanol-Pakt" in Brasilien. Alles zielt ab auf ein Konkurrenzkartell zur OPEC. Damit entsteht gerade ein neues Wirtschaftsimperium. Um das geschmeidig zu erreichen, wird Bio-Treibstoff als Lösung für das kontroverse Problem der globalen Erwärmung angepriesen. Gefälschte wissenschaftliche Ergebnisse und die Gefahren der globalen Erwärmung außer Acht lassend, bieten Bio-Treibstoffe in der Bilanz keine großen Vorteile im Vergleich zum Öl. Die scheingrüne Behauptung, daß Bio-Treibstoff ein umweltfreundlicherer und besserer Treibstoff sei als Benzin, ist fast grotesk. Bei der Verbrennung entstehen Giftstoffe, darunter Formaldehyd und das Nervengift Azetaldehyd. Die Propaganda der Ethanol/Öl-Industrie gaukelt uns aber eine harmlose Substanz vor. Ethanol ist aber höchst korrosiv, greift Pipelines ebenso an wie die Dichtungen und Treibstoffsysteme.

Der Hauptnachteil: Ethanol enthält 30% weniger Energie pro Volumenanteil als normales Benzin, d.h. eine geringere Treibstoffeffizienz. Dagegen ist die Ethanol-Produktion der Treibriemen für die explodierenden Nahrungsmittelkosten; sie beginnen sich bereits auf dem Welt-Eßtische auszuwirken. Nein, mit den erzeugten Bio-Treibstoffen ist die Welt nicht den Fängen der mächtigen Erdölindustrie entkommen. Diese Trojaner verkaufen uns jetzt neben Biosprit zunehmend genmanipulierten Mais und anderer Anbaupflanzen als Lebensmittel.

Alarmierend: Die weltweiten Nahrungsmittelreserven laut FAO befinden sich auf dem niedrigsten Stand seit 1972. Damit steigen die Getreidepreise. Es entsteht gerade ein Wettbewerb von Menschen und Autos um das vorhandene Getreide. Lester Brown schrieb: „Auf dem Weltmarkt sehen wir einen Wettbewerb um dasselbe Gut zwischen 800 Millionen Automobilen und zwei Milliarden der ärmsten Menschen der Welt. Wir sind jetzt in einem neuen ökonomischen Zeitalter, in dem Öl und Nahrungsmittel austauschbare Güter sind, denn wir können Getreide, Zuckerrohr, Sojabohnen in Treibstoff für Autos umwandeln. Tatsächlich beginnt der Ölpreis, die Preise für Nahrungsmittel zu bestimmen." In Europa wird Bioethanol auch aus Getreide, Raps und Zuckerrüben gewonnen. Der Ertrag in Liter pro Hektar ist abhängig von der jeweiligen Pflanze. Bei Zuckerüben ist der Ertrag z.B. deutlich höher als bei Weizen. Nach Durchlaufen der Fermentation liefern Hafer, Roggen, Gerste und Weizen je nach Verfahren weit höherwertige Futtermittel als Nebenprodukt, ganz im Gegensatz zu Mais, Kartoffeln und Zuckerrüben.

Bei der Fermentation der Rohstoffe und dem Verbrennen des Bioethanols wird das Treibhausgas Kohlenstoffdioxid freigesetzt. Da beim Wachstum der Rohstoffpflanzen zuvor die gleiche Menge Kohlenstoffdioxid aus der Atmosphäre durch die Photosynthese gebunden wurde, sind diese chemischen Vorgänge (Photosynthese, Fermentation, Verbrennung) in der Summe CO_2-neutral. Insgesamt ist aber der Herstellungsprozeß keinesfalls klimaneutral. Wissenschaftler bewiesen, daß beim Anbau, insbesondere beim Düngen der Energiepflanzen, hoch-klimaschädliches Distickstoffoxid entsteht. Raps-Sprit verursacht eine 1,7-fache relative Erwärmung im Vergleich zu fossilem Treibstoff. Für die Energiepflanze Mais war die relative Erwärmung um den Faktor 1,5 erhöht, für Zuckerrohr noch um 0,5.

Bio-Treibstoffe aus pflanzlichen Abfallstoffen sind weniger umstritten. Ihre Nutzung steht nicht in Konkurrenz zur Lebensmittelerzeugung. Hier entfällt der Aufwand an Fläche und Energie für den Anbau. Diese Biokraftstoffe der „zweiten Generation" befinden sich jedoch noch in der Entwicklung. Sie bietet eine kostengünstige und umweltschonende Alternative. Die Substanzen bestehen hauptsächlich aus Zellulose, Hemizellulose und Lignin; diese fallen in riesigen Mengen an und sind billig. Die Crux dabei ist, daß es bisher noch kein wirtschaftlich ausgereiftes Verfahren gibt, das die Zellulose und Hemizellulose in vergärbaren Zucker umwandelt und von geeigneten Mikroorganismen direkt in Ethanol vergoren werden kann.

Experten der Vereinten Nationen warnen vor drohenden Gefahren aufgrund exzessiver Nutzung von Nahrungsmittelpflanzen als Kraftstoff, nämlich Abholzung der Regenwälder, Rückgang der Artenvielfalt, Auslaugen und Erosion der Böden durch nicht nachhaltige Anbaumethoden, steigende Preise der Grundnahrungsmittel. Verschiedene Human-Organisationen weisen darauf hin, daß tropischer Regenwald im großen Stil abgebrannt wird, um etwa Palmölplantagen anzulegen. Dazu abschließend F. Siegert der Uni München: „Wir konnten nachweisen, daß durch das Anlegen dieser Plantagen und das Abbrennen der Regenwälder und Torfgebiete ein Vieltausendfaches an CO_2 freigesetzt wird als das, was wir in der Folge durch Palmölverbrauch einsparen können. Damit ist die Klimabilanz desaströs".

Reis-Hunger macht Wut
Reis ist für über die Hälfte der Weltbevölkerung das Nahrungsmittel Nummer eins, er wächst zu 90% in Südostasien, wo er auf den typischen Reisterrassen angebaut wird. Diese Familie der Nutzgräser (Oryza sativa) gedeiht von 0 bis auf 2.500 m über dem Meeresspiegel. UNO und Weltbank warnen vor der Verknappung dieses Grundnahrungsmittels, denn es drohen durch anhaltend steigende Lebensmittelpreise soziale Unruhen rund um den Globus, zuletzt auf Haiti. Die politische Stabilität ist weltweit gefährdet, vor allem in den

Armenhäusern unserer Welt. In den vergangenen Jahrzehnten wurde der Handel damit zum einträglichen Geschäft, die weltweite Produktion verdoppelte sich. Das weckte die Begehrlichkeit multinationaler Agrarchemiekonzerne. Sie sichern sich ihre Pfründe immer mehr und erheben sogar auf Reissorten Patentrechte. Die amerikanische US Grain Corporation etwa beansprucht das Patent auf Basmati-Reis und den Schutz dieser Bezeichnung in den USA und Kanada. Dies mit der frechen Begründung, daß sie den genetischen Code der Jahrtausende alten Kulturpflanze entschlüsselt habe. Die indischen Bauernfamilien, die seit Generationen Basmati-Reis anbauen, müßten für den Export nach Nordamerika sogar Gebühren zahlen. Welch ein Hohn! Diese nicht mehr zu überbietende Arroganz ist unrechtmäßig und bedroht Einkommen und Existenz der Landbevölkerung in Südindien.

Neben dem chic gewordenen globalen Biospritwahn, aus wertvollen Nahrungsmitteln Sprit zu erzeugen, um damit Motoren zu füttern, statt mit dem Getreide den Hunger der Armen zu stillen, gibt es noch weitere Probleme, etwa das exponentielle Wachstum der Menschheit. Außerdem gehen jährlich rund 25 Milliarden Tonnen Bodenkrume der Anbauflächen durch Erosion verloren. Vielerorts werden die ländlichen Regionen und damit die Nahrungsmittelproduktion vernachlässigt. Durch anhaltende Dürre leiden inzwischen mehr als 10 Millionen Chinesen unter dem Verknappen des Trinkwassers, aber auch die Land- und Viehwirtschaft ist massiv davon betroffen. Rund 38% der Reisanbauflächen von Bangladesch werden mit Grundwasser bewässert. Zwar kann dadurch auch die Reissorte Boro in der Trockenzeit gedeihen, aber die Hälfte des Grundwassers stammt aus flachen Brunnen. Aus denen sprudelt besonders arsenhaltiges Wasser. Man schätzt, daß dadurch jährlich 1.360 Tonnen Arsen auf die Reisfelder gelangen.

Zuletzt betrug die Welternte rund 429 Millionen Tonnen Reis. Das entspricht etwa einem Volumen von 323 Millionen Kubikmeter. Schütten Sie mal diese ungeheure Menge in einen Hohlzylinder von 1 Meter Durchmesser. Sie werden erstaunt sein wie hoch ihr gedachter Reissilo sein müßte, denn er reicht bis in die Ionosphäre unserer Erde. Zu hoch hinaus? Nun, dann schütten Sie damit 136 mal fiktiv die

Cheopspyramide als Hohlkörper voll. Vielleicht kennen Sie die verblüffend schöne Schachbrett-Story. Man lege ein Reiskorn auf das erste Feld. Dann verdopple man die Anzahl der Reiskörner von Feld zu Feld, also 1, 2, 4, 8 usw. Spätestens das 56ste Schachbrettfeld müßte die zirka 3 Billiarden (eine 16stellige Zahl) Reiskörner der gesamten Welternte tragen. Das sind 3 Billiarden der kleinen Wunderkörner von etwa jeweils 0,014 Gramm. Um auch das letzte, das 64ste Schachfeld mit Reis zu „belegen" müßten schon einige Hundert Welternten zusammen kommen.

90% des weltweit angebauten Reis wird allein in Asien konsumiert: etwa 150 kg Reis pro Kopf und Jahr. In Amerika sind es nur elf Kilogramm und in Deutschland nur knapp drei Kilogramm.

Jedes Reiskorn ist ein geballter Nahrungsquell im Silbermäntelchen. Von der Blüte bis zur Reife eines Reiskorns dauert es etwa 30 bis 40 Tage. In dieser Zeit entwickelt sich unter der schützenden Hülle, der Spelze, das Korn mitsamt seinen vitaminreichen Inhaltsstoffen, die sich vorwiegend in den Schichten des Silberhäutchens konzentrieren. Dieses besteht aus einer Frucht- und Samenschale sowie aus einer proteinhaltigen Aleuronschicht. Es schützt den darunter liegenden Keimling, der sich unter einem stärkehaltigen Mehlkörper verbirgt, dem eigentlichen Reiskorn. Silberhäutchen und Keimling enthalten den Löwenanteil an Mineralstoffen, Spurenelementen und Vitaminen. Auch der Silbermantel selbst ist ein wichtiger Ballaststoff und fördert Stoffwechsel und Verdauung. Selbst der geschälte weiße Reis ist einseitig gesund: Er ist natriumarm, gluten- und cholesterinfrei, eiweißreich und enthält viel Kalium, das den Wasserhaushalt im Körper reguliert.

Das braune unbehandelte Kraftpaket Naturreis ist sehr gesund. Es bietet mehr Inhaltsstoffe als seine weißen Verwandten. Der Grund: Der Reis kommt ungeschält in den Handel. Das Silberhäutchen und der Keimling sind noch erhalten. Direkt nach der Ernte wird der feuchtigkeitsempfindliche Rohreis zunächst schonend getrocknet und belüftet. Während für andere Sorten die eigentliche Verarbeitung jetzt erst beginnt, werden die Körner für den Naturreis lediglich sortiert und gesiebt.

Das „Altkorn" der Indianer, der sogenannte Wildreis, ist eigentlich gar kein Reis, sondern die Frucht einer ganz anderen Wassergrasgattung; er wächst im Grenzseengebiet zwischen Kanada und den USA. Sein Geschmack ist leicht nussig, und seine Kochzeit liegt mit 45 Minuten deutlich über der anderer Reissorten. Schwarzer Wildreis ist nicht nur dekorativ, er enthält auch wichtige Vitamine der B-Gruppe. Der Wildling hat einen besonders hohen Mineralstoff-, einen deutlich höheren Eiweiß- und einen geringeren Fettgehalt als der normale Reis. Seine Ergiebigkeit ist höher als bei Weißreis. Dagegen ist der Milchreis ein geschliffener und polierter Rundkorn-Reis. Die kleinen runden Körner geben viel Stärke ab, deshalb eignen sie sich besonders gut für Süßspeisen mit sämiger bis fester Konsistenz. Der ausschließliche Verzehr von poliertem Reis führt zur Vitamin B1-Mangelkrankheit Beriberi. Die meisten Reissorten wachsen in sumpfigem Boden; es gibt jedoch auch Sorten, die mit wenig Wasser auskommen, der sogenannte Trockenreis.

Beschäftigen wir uns mit dem Reis als Pflanze, die ursprünglich keine wasserliebende Pflanze war. Die Ursprünge der Wildpflanzen liegen vermutlich in den Deltas der Flüsse Ganges, Jangtse, Euphrat und Tigris. Dies Art Wildreis wurde nachweislich bereits vor 7.000 von den Chinesen am Ufer des „Blauen Flusses" geerntet. Die eigentliche Wildform dieser Nutzpflanze ist jedoch verloren gegangen. Mehr als 8.000 Reissorten existieren heute. Erst durch Jahrtausende des Züchtens und der natürlichen Selektion paßte sich die Reispflanze an überflutete Felder an. Der Vorteil dabei: viele Unkräuter und bodenlebende Schädlinge werden durch die Flutung am Wachstum gehindert. Indessen braucht eine Reispflanze große Mengen fließenden Wassers; pro Kilogramm Reis zwischen 3.000 und 5.000 Liter.

Kulturreis kann bis zu 30 Halme ausbilden. Diese tragen eine schmale überhängende Rispe, die bis zu 100 Körner beherbergt. Aus einem einzigen Saatkorn können damit fast 3.000 Reiskörner entstehen. Was bietet uns der Reis an Nährstoffen? Das Korn enthält etwa 76% Stärke und 7 bis 8% Eiweiß, außerdem 1,3% Fett und 0,6% Spurenelemente, vor allem Phosphor, Eisen und Magnesium, aber wenig Natrium, Calcium oder Kalium. Aufgrund seiner Armut an Natrium eignet sich Reis zur Entwässerung des Körpers bei Übergewicht und Bluthochdruck. Reis enthält die Vitamine B1 und B2, die sich vor allem in der oberen Schicht des Korns befinden, die leider beim Polieren abgeschliffen wird.

Reis ist in Asien mehr als ein bloßes Nahrungsmittel, Reis ist Kultur pur. In vielen asiatischen Sprachen sind die Worte für Reis und für Essen identisch – ein Zeichen dafür, welche hohe Bedeutung diese Pflanze für die Ernährung auf dem asiatischen Kontinent hat. So ist in Thailand das Wort „Khao" gleichbedeutend für Reis und Essen. Hier grüßen die Menschen einander nicht mit „Grüß Gott", sondern mit: „Hast du heute schon Reis gegessen?" Stellen Sie sich vor, in Deutschland würde man sich begrüßen mit der putzigen Frage „Hast du heute schon Kartoffeln gegessen?" Reis genoß auch in Madagaskar hohes Ansehen. Hier galt früher ein Reiskorn als Münzeinheit.

Heutzutage wird robust am Genom der Reispflanze herum gebastelt, und das nicht nur in USA. Man will die Reispflanze so verändern, daß sie eine Vorstufe des Vitamin A, das Beta-Karotin, enthält, Stichwort „Goldener Reis". Ein Team des Schweizer Agrarchemiekonzerns Syngenta entzifferte im Jahre 2000 fast 90% des Erbguts der Reis-Unterart Japonica, veröffentlichte es aber nicht, wie sonst üblich, in einer allen Interessenten zugänglichen Gendatenbank. Auch ein Beitrag, um den Hunger in der Welt zu stillen

Düngemittel

Phosphor – ein Baustein des Lebens

In den Anfangstagen der wissenschaftlichen Chemie laborierte man zufallsgeleitet herum, immer noch angetrieben von der Suche nach dem Stein der Weisen. So praktizierte das auch Henning Brand 1675. Er war davon überzeugt, man könne aus menschlichem Urin Gold destillieren. Aus 50 angesammelten Kübeln mit Urin gewann er mit geheimnisvollen Methoden schließlich eine weiße, wachsartige Substanz. Gold kam natürlich nicht dabei heraus, aber es ereignete sich etwas Eigenartiges und höchst Interessantes: Die Substanz begann nach einiger Zeit im Dunkeln zu leuchten. Dieses Leuchtphänomen können wir heute erst durch Quanteneffekte erklären: das an der Oberfläche mit der Luft gebildete Oxid wandelt sich in eine energie-ärmere und stabilere Oxid-Art um. Bei diesem Prozeß wird die freige-setzte Energie vorwiegend durch Licht abgegeben. Man nennt das Phosphoreszenz. Kommt dieser Stoff mit Luft in Berührung, fängt er von selbst Feuer. Was für eine kommerzielle Möglichkeit in dieser Substanz steckte, die bald Phosphor, also Lichtträger hieß, entging natürlich kaum den geschäftüchtigen Zeitgenossen von H. Brand. Eine Unze des wertvollen weißen Phosphors wurde für sechs Guineas teuer verkauft, in heutiger Währung knapp 600 Euro.

Anfangs griff man zur Gewinnung des Rohstoffs auf pißfreudige Landser zurück, denn eine andere Quelle für eine industrielle Erzeu-gung war bis dato unbekannt. Später, Mitte des 19ten Jahrhunderts, entwickelte der Schwede Karl Scheele ein Verfahren, mit dem man Phosphor aus Knochen in großen Mengen geruchsfrei herstellen konnte. Justus von Liebig, der Vater der Agrarchemie, entwickelte zwischen 1846 und 1849 einen wasserlöslichen bis heute noch weltweit verwendeten Phosphatdünger, den sogenannten Superphosphat. Dieser verbesserte erstmals die Ernten und damit die Nahrungsversorgung in der zweiten Hälfte des 19ten Jahrhunderts ganz wesentlich, einem Jahrhundert, das von Hungersnöten heimgesucht war. Übrigens benötigt man heutzutage zum Aufschließen von Calciumphosphat etwa 60% der weltweiten Schwefelsäureerzeugung.

Bald erkannte man, daß Phosphor für alle biologischen Organismen lebensnotwendig ist. Phosphorverbindungen sind sogar Bestandteil und Trägersubstanz der DNS- und RNS-Moleküle. Die stark phosphorhaltige ATP-Verbindung ist ein energiereicher Baustein der Nukleinsäuren. Sie spielt eine große Rolle beim Energiestoffwechsel der Zellen. Im Blutplasma wirkt Phosphat als Puffer und beteiligt sich am Säure-Basen-Haushalt.

In der Asche verbrannter Pflanzen finden sich etwa 3% Phosphor, Asche von Menschen und Säugetieren enthält davon 4%. Wir bestehen aus etwa 700 Gramm Phosphor, alleine 600 davon sind fest im Knochensystem eingebaut. Diese Gerüstsubstanz von Knochen und Zähnen besteht hauptsächlich aus Hydroxylapatit, einem Phosphorträger. Täglich müssen wir rund 0,75 Gramm Phosphor durch Milchprodukte, Fleisch, Fisch und Brot aufnehmen, um auf Dauer zu überleben.

Viele Pilze, Mikroorganismen im Meer, Quallen und Krebstiere können mit Hilfe von Phosphor Biolumineszenz erzeugen: Ein geheimnisvolles leuchtendes Naturschauspiel im Hochsommer führen uns Leuchtkäfer vor, die ja im Volksmund Glühwürmchen heißen. Paarungsbereite Leuchtkäfer senden diese kalten Leuchtsignale aus. Erstaunlich, bisher gibt es keine künstliche Lichtquelle, die sich mit dem Wirkungsgrad von bis zu 95% der Biolumineszenz messen kann.

Phosphormoleküle im Tetraederpack bauen den weißen Phosphor auf – die reaktivste Art des Elements. Schon bei 44°C schmilzt weißer Phosphor und siedet bei 280°C. Feinverteilt neigt er zur Selbstentzündung und muß deshalb in einer Schutzflüssigkeit wie Wasser auf-

246

bewahrt werden; vor allem ist er sehr giftig. Phosphorbrand kann nicht mit Wasser gelöscht, sondern muß mit Sand erstickt werden. Diese „unangenehme" Eigenschaft machten sich im 2. Weltkrieg die Briten bei Brandmunition zu Nutze, um deutsche Städte flächendeckend zu zerstören.

Weitere Phosphorarten leiten sich durch eine Hitzebehandlung des weißen Phosphors ab. So entsteht unter Luftabschluß durch Erhitzen auf 250°C roter Phosphor, ein amorphes Pulver. Bei diesem Vorgang brechen die Phosphor-Tetraeder auf. Diese Art ist unlöslich und reagiert auf chemische Reize weniger als weißer Phosphor. Erst bei einer Temperatur von über 260°C ist diese rote ungiftige Modifikation brennbar; der Schmelzpunkt liegt bei 620°C. Anwendung findet roter Phosphor bei der Herstellung von Streichhölzern und Feuerwerkskörpern. Paradox ist, daß fein verteilter Ammoniumphosphor in Kunststoffen als Flammschutzmittel dient: Die Reaktionsprodukte von Phosphor, Luftsauerstoff und Restfeuchte im Kunststoff bilden dabei eine verkohlte Schutzschicht gegen die Flammen.

Erhitzt man weißen Phosphor länger als eine Woche bei einer Temperatur über 550°C, bildet sich violetter Phosphor; dessen Struktur recht komplex ist. Schwarzer Phosphor entsteht unter sehr hohem Druck aus weißem Phosphor; er leitet elektrischen Strom und steht in seinen Eigenschaften der roten Form nahe. Schwarzer Phosphor ist ein leicht metallisch glänzendes, kristallines Pulver mit leicht schuppiger Konsistenz. Seine Struktur erinnert an Graphit. Schwarzphosphor ist unlöslich und hat die geringste Reaktivität aller Phosphorarten.

Phosphor ist auf der Erde nicht weit verbreitet. Der Anteil am Aufbau der Erdkruste beträgt etwas mehr als 0,1 Gewichtsprozent. Von der Vielzahl der Phosphatmineralien ist neben Pyromorphit, dem Bundbleierz, Türkis, Vivianit, vor allem Apatit bedeutend für die Düngemittelindustrie. Manche Eisenerze enthalten große Phosphatmengen, die bei der Eisenverhüttung als sogenanntes Thomasmehl anfallen und als Dünger dienen. Längere Zeit war Guano, die phosphorhaltigen Ausscheidungen pazifischer Meeresvögel, eine wichtige Quelle zur Phosphatgewinnung. Auch heute noch ist Guano ein beliebtes Düngemittel.

Übrigens gibt es den derben Apatit, ein Calcium-Phosphat, auch in einer edlen Ausprägung als Edelstein. Nicht umsonst heißt er Apatit, vom griechischen ápate für Betrug, weil man ihn wegen seiner unterschiedlichen Farben mit anderen Kristallen etwa mit dem Beryll oder Quarz leicht verwechseln kann. Dem Rohstoff-Fan sei gesagt, daß Apatit durch eingelagerte Seltene Erden wie Neodym und Praseodym ein charakteristisches, linienreiches Spektrum zeigt.

Weltweit werden jährlich etwa 100 Millionen Tonnen Phosphatminerale abgebaut und rund 90% davon in der Düngemittelindustrie verarbeitet. Phosphor läßt sich in Düngemitteln derzeit durch keinen anderen Stoff ersetzen. Bei steigendem Phosphorverbrauch ist das Ende absehbar. Wie lange die Vorräte reichen, ist ungewiß. Aber man schätzt, daß die Ressourcen kaum noch 50 Jahre halten. Da indes weltweit immer mehr Biokraftstoffe gewonnen werden und immer mehr Menschen die Erde bevölkern, dürfte Phosphor eher als das Öl zur Neige gehen. In den letzten Jahren stieg der Phosphor-Verbrauch deutlich an, nicht zuletzt wegen des Anbaus von Biokraftstoffen und der Intensivierung der Landwirtschaft. Deutsche Landwirte bringen allein pro Jahr 300.000 Tonnen Phosphat-Mineraldünger auf ihre Äcker aus, und das mit steigender Tendenz. Nach der Ölkrise werden wir uns mit einer neuen Misere auseinander setzten müssen: der Phosphorkrise.

Mit Abstand der größte Phosphorproduzent ist China, denn 80% aller Phosphatlagerstätten liegen dort. Doch das Land braucht Phosphor zum Eigenbedarf. Das führte dazu, daß das Reich der Mitte in diesem Jahr die Ausfuhrsteuern auf Phosphor von 20 auf 120% erhöhte. Mit der Preiserhöhung bei Phosphor befürchten Experten nun auch einen neuen Preisschub bei den Agrarrohstoffen. Aber nicht nur der Agrarsektor ist betroffen. Phosphor ist auch wichtiger Rohstoff in der Spezialchemie.

Pottasche & Co gegen den Welthunger
Nur 3% der Erdoberfläche eignet sich zur Produktion von Nahrungsmitteln. Ackerland ist ein hohes Gut, denn es vermehrt sich nicht. Im Gegenteil: die Verstädterung raubt Ackerfläche. Schon 1999 betrug der weltweite Verbrauch an Düngemitteln 141,4 Millio-

nen Tonnen. Mit dieser gigantischen Menge ließe sich die Cheops-Pyramide 56 mal aufschütten. Die größten Verbraucher sind China mit 36,7 Millionen Tonnen Düngemittel, gefolgt von den USA mit 19,9 Millionen Tonnen.

Der Boom auf den Agrarmärkten heizt die Nachfrage nach Düngemitteln mächtig an. Begrenzt bleiben aber die verfügbaren Anbauflächen. Um den Ertrag zu steigern, muß die Produktivität erhöht werden. Das gelingt durch Düngung. Zwangsläufig steigt damit der Bedarf an Düngemitteln. Die zweite Einflußgröße ist die Wachstumsrate der Weltbevölkerung und der zunehmende Wohlstand. Seit 1960 ist die Weltbevölkerung von 3,24 Milliarden bis 2007 auf 6,7 Milliarden Menschen (115%) angewachsen. Mit steigendem Einkommen können sich die Weltbürger teures Fleisch als Nahrungsmittel leisten. Diese Proteinnachfrage, vor allem in China und Indien, wächst indessen schneller als die Einkommen. Die Landwirte müssen den Proteinlieferanten, also Rindern, Schweinen und Geflügel, noch mehr Mais, Soja und anderes pflanzliches Futter verfüttern. Die Nachfrage nach diesen Futterpflanzen wächst überproportional zum Wachstum des Weltwohlstands. Bedenklich ist, daß sich naturbedingt nur 10% des verfüttern Getreides in Fleischmasse umsetzt. Es kommt zu einem weiteren verstärkenden Effekt, da man einen zunehmenden Anteil der Pflanzenfrüchte, etwa Mais, in Biokraftstoff umwandelt. Zwangsläufig läßt sich die Bedarfslücke nur durch eine wesentlich verbesserte Produktivität schließen. Das gelingt nur, wenn die Bauern verstärkt Düngemittel einsetzen. Um beispielsweise jährlich weltweit 1.220 Millionen Tonnen Getreideeinheiten zu erzeugen, bedarf es des Einsatzes von 93 Tonnen an Stickstoff.

Wichtigste Bestandteile des Düngers sind die Elemente Stickstoff **N**, Phosphor **P** und Kalium **K**. Stickstoff dient der Erzeugung von Blattmasse, Phosphor übernimmt die Blüten- und Fruchtbildung, Kalium fördert das Pflanzenwachstum und reguliert auch den Wasserhaushalt der Pflanzen. Außerdem erleichtert Kalium die Nährstoffaufnahme von Stickstoff und Phosphor.

Die Erfolgsgeschichte des Düngers begann bei einem Stand der Weltbevölkerung von etwa 1 Milliarde Menschen. Da gab es den deutschen Chemiker Justus von Liebig, der um 1840 als Erster die wachstumsfördernde Wirkung von Stickstoff, Phosphaten und Kalium erkannte. Stickstoff verbarg sich in organischen Stoffen, dem Guano. Dieser besteht aus den Exkrementen von Seevögeln, Pinguinen oder Kormoranen. Im 19ten Jahrhundert war Guano ein gefragter Dünger in der Landwirtschaft, dessen Einsatz Justus von Liebig entscheidend förderte. Neben Natursalpeter wurde Guano auch zur Herstellung von Sprengstoff genutzt.

Auf Inseln mit großen Vogelkolonien konnte die Guano-Ablagerung sehr mächtig werden. Auf der kleinen Insel Ichaboe (Namibia) wurden innerhalb eines Jahres 300.000 Tonnen Guano eingesammelt und nach Großbritannien verschifft. Die Besatzung des britischen Schiffs Grace fand 1844 eine Guanoansammlung von „30 bis 40 Fuß" (10 bis 13 m) auf der Insel Ichaboe. Da die Vorräte von Guano begrenzt waren und vorwiegend aus Übersee eingeführt werden mußten, schuf der Chemiker Fritz Haber eine Methode, Nitrate synthetisch zu erzeugen. Er entwickelte um 1905 die katalytische Ammoniak-Synthese. Später fand Carl Bosch ein Verfahren, das die Herstellung von Ammoniak im großen Stil ermöglichte.

Nicht nur in Anbetracht des Welthungers laufen die Turbos für ein verbessertes Wachstum landwirtschaftliche Erzeugnisse auf vollen Touren. Trotzdem wächst der Welthunger. Gab es 1990 bereits 822 Millionen Menschen die hungern mußten, so stieg 2006 deren Zahl auf 854 Millionen Menschen. Jedes Jahr sterben 8 Millionen Menschen an Hunger, vielfach sind es Kinder. Die meisten Hungernden, das sind 524 Millionen, leben in Asien. Nicht zu glauben, aber in den großartigen USA hungerten 2005 fast 11 Millionen Bürger; seit November 2006 spricht die US-Regierung nicht von den Hungernden, sondern zynisch von „Menschen mit geringer Nahrungssicherheit".

Nur wenige Akteure teilen den riesigen Dünger-Markt unter sich auf, etwa Potash Corp., K&S, Uralkali, DSW, Silvinit. Weltweit produzierte man 2005/2006 z.B. 37,6 Millionen. Tonnen Phosphat P_2O_3.

Salpeter ist der allgemeine Begriff für Natron- oder Chilesalpeter $NaNO_3$ und Kalisalpeter KNO_3. Das sind Nitrate der Alkalien Natrium und Kalium. Kalisalpeter bildet sich in wüstenhaften, vegetationslosen Gebieten bei biochemischer Zersetzung stickstoffhaltiger organischer Stoffe (Guano), aber ebenso durch Mikroalgen und Stickstoffbakterien. Salpeter entsteht aus atmosphärischer Stickstoffbindung und der Korrosionswirkung der Salpetersäure auf Gesteinstrümmer des Wüstenbodens. Nitrate bilden sich aus Tuffen in ausgedehnten Ergußgesteinsformationen.

Der König der Düngemittel ist die Pottasche. Es ist das Kaliumsalz der Kohlensäure, chemisch: Kaliumcarbonat K_2CO_3. Gut zu merken: Karl hat 2 Cousinen, Otto 3. Übrigens besteht eine echte Perle zu 84% aus Calciumcarbonat in Form der Mineralien Calzit und Aragonit. Besagte Pottasche bildet ein weißes, wasseranziehendes, ein hygroskopisches Pulver mit einer Dichte von 2,43 Tonnen pro Kubikmeter. In früheren Zeiten gewann man Pottasche, indem man Holz verbrannte. Dabei entstand eine Asche, die Phosphate, Sulfate, Chloride, Silicate, vor allem aber auch bis zu 24% Kaliumcarbonat enthielt. Eine Wasserbeigabe löste die Salze weitgehend heraus. Diese wurden dann in eisernen Töpfen oder Pötten eingedampft. Daher der Name Pottasche! Heute wird Kaliumcarbonat durch das „Verkohlen" von Kalilauge hergestellt. Dabei wird eine Kaliumchloridlösung elektrolysiert: am Minus-Pol bildet sich Kalilauge. In diese wird Kohlenstoffdioxid eingeleitet und es entsteht daraus relativ reines Kaliumcarbonat.

Das Anwendungsspektrum des Tausendsassas Pottasche geht weit über seine Düngewirkung für saure Böden hinaus. Schon die Gallier gewannen aus Fett und Pottasche eine Art Schmierseife. Heute dient Pottasche der Herstellung von Kaligläsern, keramischen Erzeugnissen, Farben, Pigmenten und fotografischen Entwicklern. Wasserfreies Kaliumcarbonat wird im Laborbereich als Trocknungsmittel eingesetzt. Als Treibmittel in der Weihnachtsbäckerei mit hohem Zuckergehalt und als Aromaverstärker hat Kaliumcarbonat ebenso seinen angestammten Platz wie als Entferner von Kalkablagerungen in Töpfen oder als Schnelltrockner für Rosinen. Selbst als Zusatzstoff für die Einnahme von bestimmten Suchtmitteln, wie beim Betelnußkauen, bietet Pottasche ihre Dienste an. Der Stoff wird außerdem auch als Nahrungsmittelzusatz bei der Fütterung von Geflügel verwendet. Die

Industrie gebraucht den Stoff bei der Produktion von Bildschirmen und zur Herstellung von Parfüm. Kalisalze werden in Deutschland bisher ausschließlich in Bergwerksbetrieben unter Tage abgebaut. Allerdings gibt es Versuche, Kalisalze durch Solung über Bohrlöcher zu gewinnen, ähnlich die dem Steinsalz.

Der Mineralstoff Kalium ist ein Hauptelement der Pflanzenernährung, er verstärkt bei Pflanzen die Stoffwechselprozesse: Die Photosynthese wird intensiviert, das Umwandeln von Zucker in Stärke und der Aufbau von Eiweiß werden beschleunigt. Dadurch wird das Wachstum der Pflanzen gefördert. Dabei ist das Kalium-Ion wichtig im Stoffwechsel der Pflanze, denn es erhöht den osmotischen Druck und damit den Quellungszustand. Durch ausreichende Kalidüngung kann sich die Pflanze besser an die Trockenheit und Frost anpassen. Dagegen führt Kalimangel zu Nekrosen vom Blattrand aus: das Blatt stirbt vom Rand ab.

Rohstoffe: Metalle

Metalle im Periodensystem

Viele Leser erinnern sich mit gemischtem Gefühl an die Chemiestunden der Schulzeit, in denen das Periodensystem (PSE) der Elemente auf dem Plan stand. Es wurde auswendig gelernt und dabei wenig verstanden. Schüler und Studenten halfen sich durch Sprüche, mit denen sie die Hauptgruppen der Elemente unterlegten. Mein Merkspruch:

„Bei Allen Gazellen in Thailand" für die 3. Hauptgruppe Bor, Aluminium, Galium, Indium, Thalium ersparte mir einen Spickzettel. Und weil es so schön ist, noch ein Spruch für die dritte Periode Natrium, Magnesium, Aluminium, Silizium, Phosphor, Schwefel, Chlor, Arsen. Er hieß: Natürlich Mögen Alle Sizilianer Paprika-Schoten Clever Angerichtet.

Die Gruppe der Halogene Fluor, Chlor, Brom, Jod, Astat wurde verballhornt in: Fürs Clo Brauch Ich Ata.

Sehen wir uns einmal die spannende Galerie der Elemente unter Anlegergesichtspunkten an, vor allem die metallischen Elemente und ihre besonderen Eigenschaften für zukünftige Hightech-Anwendungen.

Das „Bausteinsystem" der chemischen Elemente zeigt einige Merkwürdigkeiten. So nehmen z.B. der Metallcharakter aber auch die Masse der Elemente von oben nach unten zu und von links nach rechts ab. Die senkrechten Spalten im PSE sind die Element-Gruppen.

Die waagerechten Bausteine – die sogenannten Perioden – sind mit steigender Ordnungszahl (Kernladung) aufgeführt. Diese entspricht der Anzahl der Protonen im Atomkern.

Im PSE sind natürliche Elemente im elektrisch neutralen Zustand aufgeführt, d.h. in der Elektronenhülle sind genau so viele Elektronen auf der Bahn unterwegs, wie der zugehörige Kern an Protonen besitzt.

Wie eine Zwiebel besteht diese „Hülle" aus mehreren Schalen, jede bietet Platz für eine bestimmte maximale Anzahl von Elektronen. Das Grundelement des Lebens, der Wasserstoff, steht an oberster Stelle des PSE; es hat nur eine Elektronenschale. Die nächste Schale kann maximal acht Elektronen haben. Allgemein gilt: Elemente mit gleicher Anzahl von Außenelektronen auf der äußeren Schale haben chemisch gesehen ähnliche Stoffeigenschaften. Diese wiederholen sich im Prinzip periodisch. Physikalisch kann ein und dasselbe Element verschieden sein: Die Atome eines Elements können sich etwa in der Masse unterscheiden, denn neben den Protonen, deren Anzahl das Element festlegt, stecken im Kern Neutronen, die sich beim gleichen Element durchaus in ihrer Zahl unterscheiden können. So finden wir beim Wasserstoff null, ein oder zwei Elektronen. Diese unterschiedlichen Sorten des gleichen Elements werden Isotope genannt. Chemisch verhalten sich alle gleich, denn diese Reaktionen betreffen die Elektronenhülle. Bei nuklearen Reaktionen, bei denen der Atomkern betroffen ist, verhalten sich die Isotope unterschiedlich.

Während Blei als letztes Element mit der Ordnungszahl 82 stabil vorkommt, sind alle folgenden Elemente radioaktiv und instabil. In der Tat gibt es aber nur 80 stabile Elemente in der Natur.

Lange bevor der Mensch existierte und bestimmte Metalle technisch nutzte, wurden die Metalle in Sternen geboren. Bereits beim Urknall vor etwa 14 Milliarden Jahre entstanden geringe Mengen Lithium und Beryllium. Die schwereren Elemente im Universum bis zum Eisen entstanden durch Kernfusion in den Sternen. Neutronensterne erbrüten noch schwerere Elemente – wie das Gold – die durch Sonnenwinde in den interstellaren Raum ausgestoßen werden.

In der Menschheitsgeschichte dauerte es bis ins letzte Jahrhundert, ehe alle Elemente, auch die künstlichen Transurane, entdeckt wurden. In prähistorischer Zeit ging man zuerst mit dem Kohlenstoff und Schwefel um. Der Element-Charakter dieser Stoffe wurde aber erst viel später klar. Zink verarbeiteten die Chinesen bereits vor 3.000 Jahren, und die Völker in Mesopotamien nutzten Gold und Antimon vor 4.000 Jahren. Quecksilber kam vor 3.000 Jahren in Gebrauch. Im 19ten Jahrhundert spürte man dem Lanthan nach, einem Metall der Seltenen Erden, und fand, daß sich dahinter die 15köpfige Lanthanoiden-Familie verbarg. Ebenso erging es den edlen Platinmetallen. Hinter dem eigentlichen Platin (platina, spanisch Silberchen) als Oberhaupt, steckten noch Ruthenium, Rhenium, Osmium, Iridium, Rhodium und Palladium. Daß man so spät die einzelnen Mitglieder der Familie aufspürte, liegt an ihrer chemischen Ähnlichkeit.

In einer solchen Familie ist die äußerste Schale der Elektronen gleich, und nur sie entscheidet über die chemischen Eigenschaften. Die zusätzlichen Elektronen – welche die zusätzlichen Protonen ausgleichen – füllen eine tiefere Schale auf. Jede neue Elektronenschale ist größer, kann mehr Elektronen aufnehmen, als die darunter liegende. Doch leider besitzt die Natur ihren eigenen Ordnungssinn, sie fängt deshalb bei schweren Elementen eine neue Schale an, bevor sie die darunter liegende vollständig aufgefüllt hat. Diese neu angefangenen Schalen bestimmen die Chemie – und haben die frühen Chemiker folglich in die Irre geführt.

Betrachten wir einmal die Galerie der metallischen Elemente. Die einzelnen Metalltypen unterscheiden sich durch ihr unterschiedliches elektrisches Leitvermögen. Da fallen links in der PSE-Tabelle die fünf Alkalimetalle auf, angefangen vom Lithium bis zum Caesium. Es folgen die fünf Erdalkalimetalle von Beryllium bis zum Barium, dann an die 19 Übergangsmetalle von Skandium bis Zink, Yttrium bis Cadmium, Hafnium bis Quecksilber, schließlich die sechs Halbmetalle von Bor bis Tellur.

Aus dem Reigen aller Metalle hat in Zukunft nur ein bescheidenes Häuflein der Kandidaten das Zeug, nachhaltig in Technik und Industrie Furore zu machen. Das verdanken sie ihren herausragenden

Eigenschaften, die man in neuen Applikationsbereichen vielfältig nutzt. Einige Aspiranten sind selbstverständlich bekannt, wurden auch bisher eingesetzt, erfahren aber jetzt erst eine Renaissance. An erster Stelle wäre das Uran zu nennen. Stand es noch von einigen Jahren wegen seiner Radioaktivität in Mißkredit, so empfiehlt sich Uran als „sauberer" Energielieferant weltweit für neue Kernkraftwerke. In einigen Jahren wird man sogar in der Lage sein, radioaktiven Atommüll durch Transmutation, also durch Umwandlung, unschädlich zu machen. Spaltmaterialien mit langer Halbwertzeit (in der Zeit verliert das Spaltprodukt die Hälfte seiner Strahlung) ließen sich in „harmlose" Stoffe mit niedriger Halbwertzeit überführen. So könnte man beispielsweise das vom Kernreaktor erzeugte hochradioaktive Isotop Jod-129 mit einer Lebensdauer von 15,7 Millionen Jahre in das Edelgas Xenon-128 mit einer Lebenszeit von 25 Minuten umwandeln. Übrigens braucht man bei einer der Transmutationstechnik flüssiges Blei!

Das Industriemetall Silber hat noch lange nicht seine hervorragenden Eigenschaften in allen modernen Prozessen ausgereizt. Allein auf den Gebieten der Supraleitung und Entkeimung warten auf das Edelmetall riesige Aufgaben, die Tausende Tonnen von Silber verschlingen.

Magnesium lag lange Zeit im Abseits, denn man hatte seine metallurgischen Fähigkeiten nicht weiter ausgebaut. Jetzt dient das Leichtgewicht mehr und mehr als Konstruktionsmetall im Fahrzeugbau.

Die durch ihre vielfältigen Eigenschaften schillernden Seltenerdmetalle, sind auf dem besten Wege zum Durchmarsch in fast allen Technologiebereichen. Übrigens, die Seltenerdmetalle sind gar nicht so selten.

Tantal und Niob schicken sich an, durch ihre Korrosionsbeständigkeit und hohe Schmelztemperatur Furore zu machen. Beryllium könnte als Moderator in Nuklearanlagen eine zunehmende Rolle spielen. Molybdän schließlich profitiert als Legierungsbestandteil von dem gigantischen Bedarf an hochlegierten Stählen. Die Kernfrage ist: Bietet das Periodensystem der Elemente weitere schlafende „Überraschungsmetalle"?

Die Antwort auf diese Frage ist erst durch die Anforderungen aus Forschung und Technologie relevant. Dazu eine aktuelle, brisante Spekulation: Zur Zeit läuft die „Tarnkappenforschung" auf Hochtouren und beschreitet neue Wege. Der alte Menschheitstraum nach der Unsichtbarkeit ginge in Erfüllung durch sogenannte Metamaterialien! Verzweifelt sucht man nach einem homogenen und isotropen Material mit negativem optischen Brechungsindex für das sichtbare Licht. Im Mikrowellen-Bereich ist das bereits gelungen, und zwar mit einer Mangan-Lanthan-Calcium-Legierung. Es wäre aber töricht, wenn man deswegen auf den Tiefseebergbau und die Hebung von Manganknollen setzen würde.

Begehrlichkeit entsteht also erst, wenn Zukunftstechniken eine erhöhte Nachfrage nach einem bestimmten Stoff generiert. Man kann nur spekulieren. Das Schwergewicht Rhenium könnte für neue Anwendungen ebenfalls in Frage kommen. Von diesem Edelmetall aus der Platingruppe werden jährlich nur einige Tonnen gewonnen. Es schmilzt erst bei 3.180°C und verdampft bei 5.600°C. Ein Schelm wäre aber derjenige, der nur die Seltenheit eines Stoffes als Kriterium für einen starken Preisanstieg in Betracht zöge. Das seltenste Element Astat – ein radioaktives Halogen – ist so selten und dabei so kurzlebig, daß es vor lauter Seltenheit keine technische Bedeutung hat. In der gesamten Erdkruste sollen sich nach Berechnungen lediglich 30 Gramm von dem Exoten verbergen. Nicht einmal seine Dichte ist bekannt. Seltenheit allein genügt also nicht!

Versiegende Rohstoffquellen – kuriose Entdeckungen
Im Zentrum des Interesses stehen die mittel- bis langfristige Verknappung und Erschöpfung der Rohstoffe. Das brennende, globale Problem des 21ten Jahrhunderts entwickelt sich zur Rohstoff-Psychose! Die Weltbevölkerung und damit der Verbrauch wachsen dramatischer, als es die verbliebenen Rohstoffressourcen hergeben können. Wichtige Rohstoffquellen werden noch in diesem Jahrzehnt versiegen, zumindest wird sich ihre Ausbeutung wesentlich verteuern. Ein Beispiel zeigt den Heißhunger nach Rohstoffen: Mit dem jährlich eingeschlagenen Holz der Welt ließe sich die 137 m hohe Cheopspyramide vom Volumen her einige Hundertmal erbauen! Al-

lein der Energie-Vielfraß USA mit 5% Anteil an der Weltbevölkerung beansprucht 25% der erzeugten Gesamtenergie auf der Welt. Gerade erst ist die Diskussion über die Erschöpfung der Rohölfelder durch die Krisenherde in Nahost entbrannt. Flugs erinnert sich die Politik wieder an andere, fast tot gesagte Energieträger wie Kohle oder Uran. Erst wenn den Menschen das Wasser bis zum Halse steht, werden sie nachhaltig aus der Not heraus erfinderisch. Davon profitiert die Technologie der Wasserstoff-Brennstoffzellen.

Meiden Sie als Nichtprofi Warentermingeschäfte. Der kühl kalkulierende Spekulant wird seine Finger auf den Puls der Rohstoffmärkte legen, um Engpässe mit Profit zu ertasten. Das kann er auf verschiedene Weise, z.B. direkt am Warenterminmarkt, durch Zertifikate oder mit Aktienbeteiligungen an Rohstoffunternehmen. Von der ersten verlockenden Möglichkeit, den Commodities an den Terminmärkten, rate ich jedem Nichtprofi ab, selbst wenn eloquente Telefonverkäufer Sie in diese Märkte hinein locken wollen und Ihnen den Himmel auf Erden versprechen. Mit schlafwandlerischer Sicherheit können Sie blitzartig aus einem großen Anfangsvermögen ein kleines zaubern. Ein Totalverlust bei engen Märkten ist vorprogrammiert, etwa bei Orange Juice-Kontrakten. Die „Saft-Oligarchen" in Florida waschen dabei scheinheilig ihre Hände in „Orangensaft". Nur soviel: Seien Sie sicher, gefährliche Terminmärkte machen nicht das, was Sie sich wünschen; das weiß ich aus eigener Erfahrung. Eine verlustbegrenzte, spekulative Alternative sind dagegen Rohstoff-Zertifikate.

Rohstoffe – die Urstoffe der Zivilisation. Rohstoffe sind gerade im jetzigen Konjunkturwinter gesuchte Objekte der Begierde. Die Rohstoffpreise sind bereits kräftig unterwegs, dies nach zwei Jahrzehnten des Preisniedergangs. Ohne diese „Urstoffe" für alle industriellen Fertiggüter und Kulturschätze gäbe es keinen Fortschritt und keine Zivilisation. Bei Rohstoffen denkt man in erster Linie an (Edel)-Metalle, Energieträger, „Weichwaren" wie Getreide, Kaffee, Zucker, Baumwolle, Kakao und Holz, aber auch an bestimmte edle Mineralien. Im jetzigen Rohstoffzyklus können alle Waren und Sachwerte samt und sonders nachhaltig wie in den 70-er Jahren steigen. Wohl der faszinierende Rohstoff seit Anbeginn der Menschheit ist das

Gold. Wie ist Gold auf unserem Planeten verteilt, welche kuriosen Geschichten ranken sich um dieses mystische Metall?

Gedankenspiele mit dem Gold der Erde. Die Erdkruste geizt mit dem Gold. Da, wo es abbauwürdig ist, entfallen nur einige Gramm des Edelmetalls auf eine Tonne Erde. In den Ozeanen ist Gold in homöopathischen Dosen im Wasser chemisch gebunden, nämlich zu 0,02 Milligramm pro Kubikmeter. Bisher gibt es kein wirtschaftliches Verfahren, das den „veredelten" Ozeanen ihren Goldreichtum abzutrotzen vermag. Erstaunlich, denn in der gigantischen Wassermasse der Weltmeere sind sagenhafte 33 Milliarden Tonnen Gold gelöst! Das würde einem Goldwürfel von 120 Meter Kantenlänge entsprechen. Elftausend Jahre müßten vergehen, um mit der heutigen Weltjahresproduktion von 2.500 Tonnen diesen Goldwürfel zu errichten.

Aus dem bis zum heutigen Tag weltweit gefördertem Gold ließe sich ein Kubus von etwas mehr als 18 m Kantenlänge erschaffen. Bezogen auf die Weltbevölkerung, entfielen davon magere 20 Gramm pro Kopf, also gerade einmal zwei Drittel einer Unze. Wesentlich bescheidener wäre der Pro-Kopf-Anteil, wenn es nur um die jährliche Weltgoldförderung ginge: Bescheidene 0,35 Gramm oder ein paar lumpige Dollar pro Mensch. Da die Menschheit wesentlich rascher wächst, als die jährliche Goldförderung zunimmt, entfielen auf den einzelnen Erdenbürger in 15 Jahren nicht einmal ein Zehntel Gramm. Mit dem jetzigen Wert des verfügbaren Weltgoldes könnte man nur etwa 3% der gigantischen Weltverschuldung von weit über 50 Billionen Dollar tilgen; das entspricht nicht einmal dem Jahreszins.

Phantastische Goldfunde einiger Glücksritter. Riesengoldklumpen zählen zu den absoluten Raritäten. Den Goliath unter den Nuggets mit über 214 kg (jetziger Wert über 2,2 Mio. Euro) entdeckte man 1872 in Australien bei Bahnstreckenarbeiten. Und das geschah 1914 in Colorado: In einem Stollen 400 m unter Tage stieß der Bergbauingenieur Dick Roelofs auf eine Wundergrotte, einer Golddruse von 6 m x 4,5 m x 12 m aus kompaktem Gold. Millionen von Goldkristallen tauchten die Wände in einen magischen Schimmer. Auf dem Felsboden lagen zwischen feinen Quarzstufen Findlinge aus reinem Gold. Alleine das Abschlagen der Wände füllte 1400 Säcke mit Goldkristallen und -Blättchen. Damit reich geworden, zog Glücksritter Roelofs nach New York und genoß fortan sein Leben mit leichten Frauen und schwerem Wein.

Vom größten Silbermonster bis zur lukrativen Silberader. Silber kommt zwanzigmal häufiger (0,1 Gramm/Tonne) in der Erdkruste vor als Gold; in gediegener, metallischer Form ist Silber aber seltener. Trotzdem: 1466 wurde im Erzgebirge der berühmt gewordene Silbertisch entdeckt, der größte Silberkoloß aller Zeiten mit einer Grundfläche von 2 m x 4 m und einem Gewicht von 20 Tonnen (heutiger Wert 6 Mio. US-D).

Aus Ärger über einen frechen Fuchs, der sich über seinen Proviant in der kanadischen Wildnis hermachte, warf einst ein Hufschmied seinen Hammer. Er verfehlte zwar den Fuchs, die Aufschlagstelle am Boden glänzte aber verdächtig silbrig auf. Der Werfer hatte eine ergiebige Silberader entdeckt, die er bald darauf für 3.000 US-D hergab. In den nächsten Jahren förderte man 1.000 mal mehr Silber zu Tage als es dem Verkaufspreis entsprach.

Platin – das falsche Silberchen. Erstmals schöpften spanische Konquistadoren 1590 „silberne" Nuggets aus den Flüssen Ecuadors. In Unkenntnis nannten sie diese Findlinge platina, also Silberchen. Diese Silberchen wurden in Europa als weißes Gold eingeführt, aber erst 1750 erkannte der Engländer W. Watson darin das Element Platin.

Russische Jäger fanden im Ural gelegentlich metallische Körner, die sie statt des Bleischrots verschossen. Erst später drang diese Kunde nach St. Petersburg, wo Fachleute die „weißen" Körner als Platin erkannten. Der größte unikate Platinklumpen aus dem Ural wiegt 7,86 kg.

Unerkannte grandiose Diamantenfunde als Kieselsteine. In der Tat gibt es Diamanten wie Sand am Meer. Für ihre Knappheit und Vermarktung sorgt das Diamanten-Syndikat De Beers. Dem Laien rate ich nicht, sein Vermögen mit kommerziellen Diamanten zu „erhärten". Wenn man aber, wie nachfolgend geschildert, Diamanten in freier Natur findet, ist das sensationell und veritabel zugleich.

Die jüngste Diamanten-Finderin war ein 14 Monate altes Baby aus Arkansas. Als die Eltern wieder einmal glücklos von einer nahen Diamantschürfstelle kamen, lutschte Tochter Mary gerade an einem 12-karätigen Rohdiamanten, den späteren „Cotton Belt Star". Der berühmte „Stewart" verdankt seine Entdeckung R. Spauling, der, ob der erfolglosen Suche außer sich, seinen Pickel so vehement ins Erdreich schlug, daß dabei das Werkzeug abbrach. Ursache war ein 296-karätiger Diamantkristall, der geschliffen später 123 Karat erbrachte. Neben diesen Erstentdeckungen gibt es auch Funde, die lange Zeit unbemerkt blieben, wie etwa der „Punch Jones". Als Kind fand Jones 1928 in Westvirginia einen grünlichen Kristall von 34,46 Karat. Mehr als 10 Jahre diente dieser schöne Stein als Spielzeug. Erst 1943 entdeckte man den Diamanten im „Kiesel".

Irrtümer in Kronjuwelen – die totgeschwiegenen Geheimnisse. Jährlich werden weltweit über 120 Millionen Karat (24 Tonnen, etwa 7 Kubikmeter) Diamanten gefördert; dagegen ist das Finderglück bei Farbsteinen spärlich und vielfach trügerisch. Dabei gehören große, feine Rubine wegen der weltweiten Erschöpfung der Rubinminen zu den absoluten Raritäten.

Rubinrote preiswertere Spinelle schlüpften vielfach in die noble Rolle des Rubins. Manch historisches Prunkstück legt für diesen Irrtum Zeugnis ab. Etwa die berühmte Rubinkette Heinrich des VIII., die aus Spinellen bestand, ferner der tropfenförmige Spinell in der Wittelsbacher Krone, der lange Zeit als Rubin galt; aber auch die beiden polierten Rohspinelle des englischen Kronschatzes: der ovale „Black Prince's Ruby" und der 361-karätige „Timur-Rubin". Das Spurenelement Mangan färbt den Turmalin rot; dann heißt er Rubellit. Das gelingt der Natur so trefflich, daß König Gustav der III. von Schweden glaubte, 1786 Katharina der Großen von Rußland einen großen Rubin zu schenken, der in Wirklichkeit ein wesentlich preiswerterer Rubellit war.

Auch ein Topas sorgte für einen historischen Irrtum, denn der 1.680-karätige „Braganza-Diamant" des portugiesischen Staatsschatzes ist in Wahrheit ein farbloser Topas von reinstem Wasser. Während edle, mineralogische Leckerbissen aufregende Geschichte schrieben, nehmen sich profane Metalle dagegen nüchtern aus. Sie sind für die Industrie unentbehrlich. Da gibt es einen großen „Schmelztiegel" für Rohstoffe, das Rohstoff-Paradies Kanada.

Zukunft Kanada: der ergiebigste Rohstofflieferant der Welt Kein Land der Erde hat so viele natürliche Ressourcen, die weit über die Eigenversorgung hinaus gehen, wie Kanada. Damit erwirtschaftet das autarke Kanada einen soliden Überschuß in der Handelsbilanz. Ich meine, daß Kanada aufgrund seiner Ressourcen am besten für die Zukunft gerüstet ist – es ist zudem ein Geheimtip für republikmüde Auswanderer.

Für ergiebigen Erzreichtum ist das kanadische Schild bekannt; hier schlummern noch große Rohstoffvorkommen an Gold, Silber, Kupfer, Eisen, Zink (1. Stelle in der Welt), Nickel (2. Stelle in der Welt), Blei, Uran (35% Weltanteil), Aluminium, Molybdän, Zinn und Nickel. Das größte Vorkommen der Welt an Indium (Halbleiter, Korrosionsschutz) liegt ebenfalls in Kanada. Eine Spitzenposition hat Pottasche, einem Düngemittel mit 40% Weltanteil.

Die Prärieprovinzen Manitoba, Alberta und Saskatchewan sind die größten Getreideproduzenten der Erde. Im kanadischen Westen in British Columbia, finden sich die ausgedehntesten zusammenhängenden Wälder der Erde; hier werden riesige Mengen Holz für die Zellstoff-, Papier- und Bauindustrie geschlagen. Nicht zuletzt verfügt Westkanada über unglaubliche sechs Milliarden Tonnen Kohlereserven, sowie Erdöl und Erdgasvorkommen. Gewaltige Wasserkraftwerke machen Westkanada zum führenden Stromproduzenten. Dieses zweitgrößte Land der Erde besitzt die größten Süßwasserreserven der Welt. Man beachte: schon heute ist Trinkwasser eine globale Mangelware.

Rohstoffpreise, historisch betrachtet, und ihre Zukunftsaussichten. Der CRB-Index – dieser Mix faßt die wichtigsten Rohstoffe zusammen. Historische Hochs werden nicht nur geknackt, sondern mehrfach übertroffen. Man muß die Eckpunkte allerdings kennen, denn nichts ist fataler, als im luftleeren Raum zu agieren. Noch stehen wir im ersten Drittel einer mehrjährigen Rohstoffhausse. Kurz die derzeitige Lage: Buntmetalle und Stahl sind durch die enorme Nachfrage aus China stark im Preis gestiegen und rangieren in der Nähe ihrer historischen Hochs, ebenso Rohöl. Weichwaren, vor allem Zucker, Kakao und Kaffee, liegen noch im tiefen Preiskeller. Die Preise für Edelmetalle wie Gold, Palladium – und ich betone vor allem Silber und Rhodium – haben das Potential, sich zu vervielfachen. Die Diskrepanz zwischen Geldmengenwachstum und Gütermenge führt geradewegs in die Inflation.

Forscher im Spiegel der Rohstoffe

Weit reicht das Heer der Wissenschaftler – bis zurück in die Antike. Es waren Denker, Astronomen, Physiker, Chemiker und Mathematiker, die unsere Welt veränderten. Sie alle lehrten uns Zug um Zug, was die Welt im Innersten zusammenhält. Sie forschten nach den kleinsten Teilchen unserer Materie, nach dem átomos, nach neuen Stoffen in der Natur, nach Techniken, der téchne, um das neu gewonnene Ingenieurwissen „ins Werk zu setzen". Diese Genies waren keineswegs alle liebenswürdige Persönlichkeiten: Im Gegenteil, einige waren sogar mürrische Zeitgenossen, sogar regelrechte Kotzbrocken, wie etwa Newton. Schauen wir uns in einem Zusammenschnitt einige Meilensteine an, die diese Forscher der Menschheit hinterließen – im Spiegel der Rohstoffwelt.

Greifen wir den Geschichtsfaden um 400 vor unserer Zeitrechnung auf. Die These von Demokrit von den kleinsten unteilbaren Teilchen der Materie hatte fast bis in unsere Zeit Bestand. Sichtbare Materie entsteht, wenn sich die Atome aneinander binden. Sie selbst sind von unendlicher Menge und haben keine Qualität wie die chemischen Elemente, so erklärt Demokrit.

200 Jahre später entfaltet der erste Ingenieur der Antike seine Genialität. Archimedes aus Syrakus entwickelt Kräne mit Greifhaken, gewaltige Katapulte, Brennspiegel, Flaschenzüge, Wasserschrauben, entdeckt das Hebelgesetz und das nach ihm benannte Auftriebsprinzip. Man könnte ihn auch als den ersten Forensiker ansehen, denn den wahren Goldgehalt einer Königskrone bestimmte er über deren Dichte. Der Legende nach übergab der Goldschmied dem König eine Krone, die statt Gold auch Silber enthielt. Aber wie das herausfinden?

Archimedes wurde beauftragt, den Sachverhalt zu klären. Die zündende Idee bekam er, als er ein Bad nahm und bemerkte, daß er soviel Wasser verdrängte, wie es seiner Leibesfülle entsprach. Übrigens, der von ihm aufgedeckte Betrug wurde später durch eine gewisse Körperkürzung des Goldschmieds geahndet. Ein zufälliges Schlüsselerlebnis ganz anderer Art hatte Newton in seinem Garten, als ihm ein Apfel auf sein Denkstübchen fiel. Es war der Denkanstoß zu seiner Gravitationslehre!

Für Rohstoff-Fans erhellt sich das 16tes Jahrhundert mit dem Vater der Mineralogie, mit Georgius Agricola, alias Georg Bauer. Auf Latein klingt das gleich wissenschaftlicher. In seinem ersten Werk 1530 beschreibt er Verfahren zur Erzsuche und -verarbeitung. Mit mehreren Werken begründete er die Geowissenschaften. So beschreibt er, wie Stoffe im Erdinnern entstehen und die „Natur der aus dem Erdinneren hervorquellenden Dinge". Er bringt Ordnung in Steine und Erze, entdeckt 1540 das Element Bismut und klassifiziert 570 Mineralien. Der latinisierte G. Bauer ist Begründer der Bergbaukunde.

Hätte es im 17ten Jahrhundert nicht den „skeptischen Chemiker" Robert Boyler gegeben, wäre der Weg zur wissenschaftlichen Chemie erst viel später gefunden worden. Der „Lufterforscher" entdeckte und bewies, daß Gase festen Regeln gehorchen. So stellt er fest, daß sich Druck und Volumen umgekehrt proportional zueinander verhalten. Für den Iren besteht die Materie nicht, wie Jahrhunderte angenommen, aus nur vier Elementen, sondern aus „Korpuskeln".

Dann, 1643 erscheint ein Frühchen auf der naturwissenschaftlichen Weltbühne; daraus reift das geniale Ekelpaket Isaac Newton heran. Während 1665 Pest und Brände in London wüten, schwelgt Newton als 23-Jähriger abgeschieden in Mathematik. Er kann die elliptischen Bahnen der Planeten, die Johannes Kepler beschrieb, erstmals mathematisch erklären: Die Kraft, die Planeten in ihre Umlaufbahn zwingt, wirkt zwischen allen Massen des Universums. Sie wächst proportional zum Produkt der beiden Massen, die einander anziehen, und nimmt mit der Entfernung quadratisch ab. Er erkundet die Natur des Lichts und schickt weißes Licht durch ein Prisma, das es in seine Spektralfarben zerlegt. Makaber, aber er schiebt sich sogar eine Ahle in die Augenhöhle, um dem Augenlicht hinter die Schliche zu kommen, worauf er nur noch „bunte Kreise" sieht. Nebenbei erfindet er das Spiegelteleskop.

Nicht zuletzt entwickelt Newton die Differential- und Integralrechnung, ein geniales und zugleich spannendes Rechenwerkzeug der heutigen Ingenieure. Damit wird es erstmals möglich, beliebige Kurven und Körper zu berechnen. Johannes Kepler, übrigens auch ein ehemaliges Frühchen, entwickelte zuvor ein numerisches Rechenverfahren, um den Rauminhalt von Weinfässern zu ermitteln. 1700, als Aufseher der Königlichen Münze berufen, fühlt sich Newton als Herr über Leben und Tod. Unbarmherzig verfolgt er Falschmünzer bis zum Galgen. Begnadigungen gibt es nicht. Für seine „Verdienste" schlägt ihn König Jakob zum Ritter. Kein Pardon kennt er auch für seinen Kollegen Leibniz, der wie nachgewiesen, zur gleichen Zeit mit ihm die Infinitesimalrechnung erfand. Er bezichtigt ihn im Namen der Royal Society des Plagiats.

Newton überlebte Leibniz (1646 – 1716) um elf Jahre. Der gelernte liebenswürdige Diplomat Gottfried Wilhelm von Leibniz und Gegenspieler Newtons war wohl das größte Universalgenie aller Zeiten. Er war in allen Wissensgebieten zu Hause. Bereits 1672 konstruiert Leibniz eine Rechenmaschine, die multiplizieren, dividieren und Quadratwurzel ziehen kann. Er entdeckt, daß sich Rechenprozesse viel einfacher mit einer binären Zahlencodierung durchführen lassen und entwickelt das Dualsystem mit den zwei Zuständen, den Dualzahlen 0 und 1: den Grundstein der heutigen Computertechnik.

Ganz erheblich bringt der Autodidakt John Dalton die Wissenschaft des 19ten Jahrhunderts voran. Aus chemischen Analysen schließt Dalton auf das relative Atomgewicht der beteiligten Elemente. Als Grundeinheit dient ihm der Wasserstoff mit dem Atomgewicht 1 und er gibt das Gewicht der anderen Elemente mit einem Vielfachen davon an. Seine Berechnungen sind die ersten Meilensteine zum Periodensystem der Elemente, heutige Grundlage der Chemie.

Als Student war der Russe Dmitri Mendelejew 1834 – 1907 ein leidenschaftlicher Patience-Leger. Dieser Sinn nach Ordnung und Strategie verschafft sich in seiner Tabelle der Periodischen Elemente wissenschaftlichen Ausdruck.1869 ordnet er 63 Elemente ansteigend nach der Atommasse zu Gruppen mit ähnlichen Eigenschaften. Er sagt aufgrund der Systematik die unbekannten Eigenschaften der fehlenden Elemente Gallium, Scandium und Selen, aber auch das seltene Element Rhenium voraus. Ihm zu Ehren nannte man 1955 das neu entdeckte Element 101 Mendelevium. Auch als Vater der russischen Ölindustrie bekannt geworden, entwickelte der bescheidene und liberale Mendelejew neue Raffineriemethoden.

Joseph von Fraunhofer (1787 – 1826) war wie Dalton ein unermüdlicher Autodidakt. Er vereinte Intelligenz, wissenschaftliche Neugier mit praktischem Geschick. Der Forscher entdeckt im Sonnenspektrum insgesamt 1500 dunkle Absorbtionslinien, die nach ihm benannten „Fraunhofer Linien", die typischen Fingerabdrücke der Elemente im Sonnenspektrum. Das gleiche Phänomen zeigt sich auch im Licht ferner Quasare. Damit schafft Fraunhofer eine der Grundlagen zur Astrophysik.

Das größte Rechengenie aller Zeiten lebte von 1777 – 1855: Carl Friedrich Gauß. Unser Alltag ist angefüllt mit Ergebnissen seiner Leistung. Nach seiner Zahlentheorie werden nicht nur Daten verschlüsselt, ob PIN-Nummern oder Telefongespräche. Seine Differentialgeometrie im dreidimensionalen Raum ist für die Berechnung von Turbinenschaufeln oder Propeller elementar. Gauß war ein Zahlensüchtling, schon als Jugendlicher sammelte er Primzahlen wie andere Spielzeuge und Pilze. Obschon Gauß ein feinfühliger Romantiker war, stand er auf festem Boden; er glaubte daran, daß alles in der Natur nach mathematischen Gesetzen abläuft. Als überragender Mathematikus spekulierte er recht clever an der Börse und kam dadurch zu ansehnlichem Reichtum.

Erst 14 Elemente waren am Ende des 17ten Jahrhunderts bekannt und beschrieben, z.B. die Metalle Eisen, Kupfer, Silber und Gold neben Kohlenstoff, Schwefel und Phosphor. Dann aber bricht im fruchtbaren 19ten Jahrhundert vor allem auf deutschem Boden ein Feuerwerk der Entdeckungen aus. 1789 findet Klaproth die Elemente Uran und Zirkonium. 1860 entdecken Kirchhoff und Bunsen Rubidium und Cäsium. Indium wird von Reich und Richter 1863 dargestellt; Cadmium 1817 von Stromeyer und Hermann; Germanium 1886 von Winkler. Der Österreicher v. Welsbach entdeckt 1895 Praseodym und Neodym. Gemeinsam extrahieren 1898 Marie und Pierre Curie aus der Pechblende Polonium und Radium. Das seltene Metall Rhenium stellten 1925 die Rheinländer Walter Noddack und Ida Tacke erstmals rein dar.

Dann ein Quantensprung in der Naturwissenschaft... eine völlig neue Sicht der Welt tut sich auf. Postulierte Leibniz noch „natura non facit saltus" (die Natur macht keine Sprünge), so zeigt Max Planck, daß es in der Tat in der absurden Mikrowelt der Atome zu Sprüngen kommt. Selbst das Licht wird in Energiepäckchen, in Quanten, ausgesendet. Schluß mit der Kontinuität. Die Teilchen folgen nach Max Born einer statistischen Wahrscheinlichkeit bezüglich Ort und Geschwindigkeit. Die Naturvorgänge in der atomaren Welt laufen nicht stetig ab, ja sie sind sogar nicht eindeutig vorhersagbar. Photonen, die Träger des Lichts, haben ein Zwillingswesen, mal sind sie Teilchen, mal Welle. Schluß mit dem Atommodell des Neuseeländers Ernest Rutherford (1909), in dem Elektronen wie Kugeln den Atomkern umkreisen. Vielmehr kreisen sie laut Niels Bohr (1913) auf ganz bestimmten Bahnen. Nach dem heutigen Atommodell bewegen sich Elektronen „verschmiert" in bestimmten Orbitalen rund um den Atomkern, und zwar mit bestimmten Aufenthaltswahrscheinlichkeiten.

Der erste Pionier der Halbleitertechnik war Walter Schottky (1886 – 1976). Er erkennt, daß die elektrische Leitfähigkeit bestimmter Halbleiter von außen steuerbar ist. Dieses Verhalten nutzt man für die Entwicklung von Transistoren und Integrierten Schaltkreisen, den IC's. Hier schließt sich der Kreis. Den Binärcode 1 und 0 – das sprunghafte Verhalten der Leitfähigkeit – Strom ein für 1, Strom aus für 0 – hatte bereits Leibniz vor 300 Jahren mathematisch als den Schlüssel für die automatisierte Rechentechnik erkannt.

Für viele ist Albert Einstein der Revolutionär und Star unter den Physikern. Er schmeißt die Kraft, die Newton der Gravitation beimißt, über den Haufen, statt dessen sieht er die Krümmung und das Verbiegen der Raumzeit durch eine Körpermasse, etwa die Sonne. 1917 postuliert er die induzierte Emission von Licht (Lichtverstärkung). Dieser quantenmechanische Vorgang ist die physikalische Grundlage der Laser. Neben dem Transistor ist das die bedeutendste Erfindung, die auf der Quantenphysik beruht. Trotzdem: Einstein konnte sich nie mit der unheimlichen Natur der Quantenphysik anfreunden, die auf Wahrscheinlichkeiten beruht. Sein ablehnender Kommentar: Der Alte (Gott) würfelt nicht!

Der Deutsche Leibniz mußte erst einmal die Dualzahl kreieren, der Schwede Jöns Jakob Berzelius das Halbleitermaterial Silizium 1824 darstellen und schließlich der Österreicher Walter Schottky den Halbleitereffekt erkennen. Dann erst folgte der mühsame Weg zu den IC-Bauelementen bis zum Computer. Ein langer Marsch vom Hochbarock bis in unsere Siliziumzeit. Ein anderes Beispiel: Der Effekt der Supraleitung wurde 1911 vom Niederländer H. K. Onnes erkannt. Er beobachtet, daß Quecksilber (entdeckt vor 2.500 Jahren) unterhalb von 4,19 Kelvin sprungartig seinen elektrischen Widerstand verliert. Onnes stellt fest, daß die Supraleitfähigkeit nur auf quantenmechanischen Effekten beruht. Im Jahre 1986 publizieren der deutsche Physiker J. G. Bednorz und der Schweizer K. A. Müller, beide Nobelpreisträger, ihre Entdeckung der Hochtemperatursupraleitung (HTS). 2005 wurde der weltweit erste HTS-Generator der Siemens AG erfolgreich in Betrieb gesetzt. Im Jahre 2012 erwartet der Autor den Einsatz von HTS auf Silberbasis.

Der Rösselsprung durch die Geschichte der Wissenschaft zeigt nicht unmittelbar den Zusammenhang zwischen genialer Idee, Rohstoff und technischer Anwendung. Dafür ist alles zu verzweigt und verwoben. Geniales wirkt über Jahrhunderte hinweg, eben in die Ferne.

Ein spannender Metallcocktail
Ein wahrer Liebhaber der Rohstoffe berauscht sich nicht allein an Gold und Silber. Dieser Edelmetall-Fan hat eher eine Art Haßliebe entwickelt gegenüber den manipulierten Edelmetallen, denn das goldene Zeitfenster für erfreuliche Preisanstiege ist selten genug geöffnet. Ein Füllhorn der Elemente bietet das Periodensystem, vor al-

lem metallische. Jedes dieser Metalle hält durch seine Eigenart eine spannende Geschichte bereit.

So steht das Halbmetall Arsen seit dem Altertum in verschieden chemischen Verbindungen als Mordgift in Verruf. Die Borgia-Päpste brachten damit ihre unfolgsamen Kardinäle „Gott näher" und auch das vorzeitige „Erkalten" Napoleons im Exil auf St. Helena beruht auf einer ungewollten Arsenvergiftung Seiner Majestät. Der große Franzose soll bis zuletzt eine flüchtige, arsenhaltige Substanz aus schimmelbefallener Tapete in Pariser Grün eingeatmet haben. Die arsenkontaminierten Haare des legendären Ötzi, belegen kriminologisch, daß dieser Eiszeitmensch vor 4.000 Jahren in einem Kupferbergwerk schuftete; Kupfererze sind nämlich vielfach mit Arsen verbunden. So wie im Ersten Weltkrieg Arsen als chemischer Kampfstoff „Blaukreuz" seine Mordlust austobte, tat das ambivalent eingesetzte Element in Arzneien seine heilsame Wirkung. Das wußte bereits Paracelsus im 16ten Jahrhundert. Aber wußten Sie, daß Arsen in seltenen Fällen gediegen, also metallisch vorkommt, und zwar als Scherbenkobalt? Häufiger sind da schon intermetallische Verbindungen mit Kupfer und Antimon, meist tritt aber Arsen als Sulfiderz auf, z.B. als Realgar und Arsenkies $FeAsS$.

Wir sind auf Erden wahrlich reich mit Arsen bedacht (Weltjahresproduktion 50.000 Tonnen). Zudem gibt es viele Arsenquellen: fossile Brennstoffe wie Kohle und Erdöl, Vulkanausbrüche, die pro Jahr etwa 3.000 Tonnen Arsenpartikel in die Atmosphäre entlassen und Bakterien, die jährlich rund 20.000 Tonnen organische Arsenverbindungen produzieren. Selbst in unserem Blut besorgt Arsen nachweislich den Sauerstofftransport der roten Blutkörperchen (unvorsichtige Dopingsünder fallen allerdings für weitere Wettkämpfe dauerhaft aus). Insgesamt enthalten wir rund acht Milligramm von diesem Element, das ohne zu zaudern bei 616°C spontan von der festen in die gasförmige Phase als zitronengelber Dampf übergeht. Kein anderes Element vermag so zu sublimieren, indem es den Flüssigkeitsbereich überspringt. Während elementares, graues Arsen den elektrischen Strom leitet, verhält sich metastabiles Arsen wie ein Nichtleiter. Was dem einen sein Gift, ist dem anderen seine Leibspeise. Danach handelt der gebänderte Saumfarn, der bevorzugt Arsen dem Boden entnimmt. 5% seines Trockengewichts belegen das. Klar, daß der Arsenvielfraß zur biologischen Reinigung arsenkontaminierter Böden im Dienste steht.

Ein anderes seltenes Gewächs, nämlich das Galmeiveilchen, wirkt als Indikator für Zink-Lagerstätten. In der Asche eines verbrannten Galmeiveilchens finden sich 20% Zn. Auch in der Asche eines Verblichenen läßt sich Zink mit 25 ppm nachweisen, d.h. ein Mensch hat zwei bis drei Gramm Zink im Körper. Die gesamte Biomasse „Mensch" führt insgesamt unbemerkt 16.000 Tonnen Zink mit sich spazieren. Damit ließen sich 80 Eiffeltürme verzinken. Zink kommt in der Natur aber nicht reinrassig vor, sondern als Mineral wie in der Zinkblende, dem Sphalerit. Gelegentlich wartet ein Sphalerit-Kristall mit einem prächtigen Leuchtphänomen auf, denn zerbricht man den Kristall, entsteht augenblicklich eine Lichterscheinung.

Keiner Gewalteinwirkung bedarf es beim radioaktiven Actinium. Das weiche silbrige Schwermetall zeigt selbständig ein geheimnisvolles Leuchten im Dunkeln. Dieses Zerfallsprodukt von Uran-235 brilliert zudem mit einer ungewöhnlich hohen Anzahl von Isotopen. Es kennt 26 davon, d.h. sein Atomkern hat zwar dieselbe Protonenanzahl, kann aber eine unterschiedliche Anzahl (26) von Neutronen aufnehmen.

In dieser Beziehung vermag Gold nur mit einem stabilen Isotop aufzuwarten. Das Edelmetall ist äußerst duktil, deswegen läßt es sich enorm ziehen und walzen. Gold gilt als Weltmeister unter den metallischen „Verdünnisierern". Blattgoldschichten bis zu vier Tausendstel Millimeter sind möglich. Dabei liegen nur an die 400 Goldatome übereinander; im Gegenlicht schimmert Blattgold nicht golden wie es ihm gebührt, sondern grünlich.

Apropos Farbe. Im ganzen Periodensystem gibt es nur zwei gelbfarbene Metalle: Gold und das leichte Alkalimetall Cäsium. Größere Cäsiumstücke entzünden sich von selbst an der Luft und explodieren, sobald sie mit Wasser in Verbindung kommen. Cäsium schmilzt bereits bei 28,5°C.

Eine lächerliche Temperatur für Wolfram, das mit dem höchsten Schmelzpunkt aller Metalle von 3.407°C aufwartet und erst bei 5.927°C verdampft. Das zur Chromgruppe zählende säureresistente Wolfram hat eine verführerische Eigenschaft, die schon manch einen Ganoven auf den Plan gerufen hat. Es hat (fast) die gleiche Dichte wie Gold (19,26 zu 19,32 kg/dm³). So ist ein vergoldeter wesentlich billigerer Wolframbarren ein echter Blender, da er ja gleich schwer ist. Als Rohstoffkenner weiß man allerdings mehr über die Stoffunterschiede. Schon ein Anschnipsen mit dem Finger gegen das Metall entlarvt den Mogelbarren, denn er gibt einen höheren metallischen Ton ab als ein echter Goldbarren; der Schall pflanzt sich in Wolfram dreimal schneller fort. Behalten Sie den Tip aber für sich. Nicht allein auf die Schwere, sondern auch auf die Härte von W sind die Militärs besonders scharf. So treiben Projektilkerne aus Wolfram ihr todbringendes Unheil. In der Eisenmetallurgie überträgt Wolfram in der Legierung mit Stahl seine Härte (Brinellhärte 250). Noch härter sind allerdings Schneid- und Zerspanwerkzeuge aus Wolframcarbid.

An oberster Stelle der Härteskala nach Mohs mit 10, steht vor allen Elementen der Diamant (chem. Zeichen C). Dagegen ist Wolfram ein Weichkäse. Wie läßt sich überhaupt der härteste Stoff auf Erden schleifen, werden Sie fragen. Das verdanken wir einer Eigentümlichkeit des Diamantkristalls, der bezüglich seiner Härte richtungsabhängig, also anisotrop ist. Tritt feiner Diamantstaub gegen den Diamant-Schleifling an, wirken diese Staubteilchen im Mittel härter; sie setzen in der Summe immer die härteste Kristallfläche, die sogenannte Oktaederfläche, dem Schleifling entgegen. Die Alten glaubten, der Diamant (griech. adamas gleich unbezwingbar) sei unzerstörbar. Ein Hammerschlag auf den Diamanten hätte genügt, und ihre Gläubigkeit wäre zersplittert. Den Werbeslogan des Diamantensyndikats De Beers „Ein Diamant ist unvergänglich" können Sie nur einmal auf seinen Wahrheitsgehalt testen. Die Betonung liegt auf einmal! Bei etwa 800°C verflüchtigt sich der sündteure Diamant zu preiswertem Kohlendioxid CO_2 – unter Luftabschluß geht er bei 1.200°C in weichen Graphit über. Leider ist dieser Vorgang nicht reversibel, sonst könnte man umgekehrt aus Kohlensäure Diamant zaubern. In der Tat ist Diamant ein guter Nichtleiter (Isolator) gegenüber Stromdurchgang, gleichzeitig aber der beste Wärmeleiter auf Erden, besser noch als Silber. Und eine weitere Eigentümlichkeit hat die Natur bei hochseltenen Typ-IIb-Diamanten angelegt. Im Kristallgitter sind einige wenige Kohlenstoffatome durch Fremdatome ersetzt: auf eine Million C-Atome kommen nur wenige Bor-Atome. Die Diamant-Sonderlinge haben eine blaue Körperfarbe; das Phänomenale dabei ist, diese Farbdiamanten werden dadurch zu Halbleitern. Legt man nämlich eine Spannung an den Kristall, dann ist im abgedunkelten Raum im Innern des Kristalls ein regelrechtes von Blitzen durchzucktes Wetterleuchten zu beobachten. Als Zeuge dieses Phänomens war ich von diesem Experiment tief beeindruckt. Kuriositäten, die selten vorkommen, stehen hoch im Kurs. So nimmt es nicht wunder, daß ein naturblauer Diamant eine federleichte Geldbombe ist. Um einen blauen zehnkarätigen Diamanten (2 Gramm) äquivalent mit Hundert-Dollar-Scheinen aufzuwiegen, würde der legendär gewordene Hubschrauber von Helikopter-Ben (Ben Shalom Bernanke, Chairman der US-Zentralbank FED, der einmal angekündigt hatte, im Bedarfsfall Geld per Helikopter abzuwerfen) unter der Tonnenlast von Grünpapier erst gar nicht abheben können.

Es gibt sogar „nützliche" Seltenheiten. Die stehen hoch im Kurs. Gold zählt kaum dazu, betrachtet man die jährlich erzeugte Produktionsmenge von 2.500 Tonnen. Aber kennen Sie das Schwergewicht (21,03 kg/dm³) Rhenium, ein bisher wenig beachtetes Element der Mangangruppe? Pro Jahr werden höchstens sechs Tonnen davon produziert, das wäre eine Kugel von 80 cm Durchmesser. Nach der Produktionsmenge müßte Rhenium statt 6.000 US-D eher 2,5 Millionen US-D pro Unze kosten. Nicht weil man zu faul ist, es zu fördern, nein, Rhenium gibt es nur in Spuren. Wenn überhaupt, dann in Molybdän-Vorkommen. Als nicht elementar vorkommendes Metall „dotiert" es die Erdkruste mit nur 0,00004 ppm. Und dann die Sensation: kürzlich entdeckten russische Wissenschaftler das erste eigenständige Rhenium-Mineral im Atem des Kudriavyi-Vulkans auf den Kurilen-Inseln. Schon hält die Materialforschung eine Sensation bereit. „Bäckt" man Rhenium mit Bor bei 1.000°C, entsteht Rheniumdiborid: ein neues Material, das sogar die Härte des Diamant übertreffen soll.

Diese „hartgesottenen" Elemente haben ein nützliches Pendant auf der weichen Seite. Indium, ein extrem seltenes Metall aus der Borgruppe, ist so duktil, daß es in kleinste Unebenheiten von Oberflächen regelrecht hinein kriecht. Während alle normalen Dichtungsmaterialien im Tieftemperaturbereich den Geist aufgeben, fließt das weiche Indium zwischen zwei harten Metallflanschen optimal abdichtend hinein. Es vereint wie kein anderes Element zwei Eigenschaften: Transparenz in Dünnschichten und elektrische Leitfähigkeit. Als Indium-Zinn-Oxid in Flüssigkristallen und Flachbildschirmen ist es massenhaft gefragt. Die Crux ist, die verbliebenen Weltvorräte an Indium sind auf 6.000 Tonnen abgeschmolzen. Allein 2005 verbrauchte die Hightechwelt 850 Tonnen des kostbaren Guts. Der Countdown für Indium läuft, sein Aus droht in wenigen Jahren.

Dieses Schicksal bleibt dem millionenfach häufiger vorkommenden Universalmetall Eisen allzeit erspart. Jährlich baut man 1 Milliarde Tonnen Eisenerz ab, und es wird an allen Ecken und Kanten gebraucht, vor allem in China. Manche befürchten sogar, daß diese gigantische Massenkonzentration an Eisen auf einem Punkt irgendwann dem Erdball eine Unwucht verpaßt und ihn aus der Bahn wirft. Keine Sorge, unser Planet wird weiterhin seine Bahn ziehen, lange nachdem sich die episodische „Anomalie Mensch" aus dem Kosmos verabschiedet hat.

Eisenerze, Lebensadern unserer Welt
Die Welterzreserven des Allerweltsrohstoffs Eisen werden auf 160 Milliarden Tonnen geschätzt. Das entspräche einem fiktiven Würfel von nicht ganz 2,8 Kilometern Kantenlänge. Noch vor der Jahrtausendwende sah es so aus, als ob der Weltstahlverbrauch seinen Höhepunkt erreicht habe, aber seit 2001 führte der weltweite Stahlboom zu einer Preisexplosion. So verteuerten sich Stahlwalzprofile von 2003 bis 2004 um mehr als 70%. Höchstleistungsstähle kosten bereits über 10.000 Euro pro Tonne. Mit der jährlichen Weltstahlproduktion von 1,31 Milliarden Tonnen kann man die Cheops-

pyramide bequem 67 mal in Stahl gießen – wobei der aufgewachte chinesische Drache allein über 300 Millionen Tonnen verschlingt.

Befassen wir uns einmal näher mit dem „Eisenerz", das mit 5% großzügig in der Erdkruste verteilt ist. Jedes Element auf unserem Planeten, so auch das vierthäufigste Element Eisen, wurde in früheren Jahrmilliarden in Sternen erbrütet und mit gigantischer Energie in das Universum abgestrahlt. Selbst das frühe Licht der Quasare, das aus der Kinderstube des Kosmos berichtet, enthält eine markante Eisenlinie im Spektrum. Und wie sieht es tief unter unseren Füßen im flüssigen Erdkern aus? Unter unvorstellbarem Druck von vier Millionen Bar und einer Temperatur von etwa 4.500°C „glüht" ein Nickel-Eisen-Gemisch, das ähnlich zusammengesetzt ist wie die Boten aus dem fernen Weltraum, die Eisenmeteoriten. Diese wiederum stammen aus den Kernbruchstücken der Asteroiden. Da gibt es gewisse Analogien zu unserem schalenartigen Erdaufbau.

Auch in der Entwicklungsgeschichte der Wirbeltiere spielt Eisen eine bedeutende Rolle. In den roten Blutkörperchen, den Erythozyten, übernimmt das eisenhaltige rote Blutfarbpigment den Sauerstofftransport der Zellen. Ähnlich wie das Zentralatom Magnesium im Chlorophyll, steht hier das Eisen im Zentrum des Eiweißmoleküls: 1 Gramm Hämoglobin kann in vitro 1,389 ml Sauerstoff binden. Als essentieller Stoff enthält unser Körper pro Kilogramm 60 mg Eisen. Erstaunlich und zugleich spannend ist, daß Zugvögel, bestimmte Weichtiere, Termiten, Lachse und Reptilien, aber auch gewisse Bakterien und Algen einen Sensus für das Erdmagnetfeld entwickeln konnten. Diese Lebewesen bestimmen die Inklination, also den Neigungswinkel der magnetischen Feldlinien relativ zur Erdoberfläche, und orientieren danach ihre Bewegungsrichtung. Offensichtlich befähigen sie dazu Körper-Einlagerungen von 100 Nanometer großen Magnetit-Einkristallen, also eben Eisen, die, in Kette angeordnet, als Kompaßnadel wirken. Jahrmillionen bevor der Mensch den Kompaß zur Navigation nutzte, erfand die Natur den Biomikrokompaß.

Eisenverbindungen sind Lebensadern, die aus dem Erdinneren als magmatische Ablagerungen heraustreten. Es sind Gemenge aus chemischen Verbindungen des Elements Eisen, vorwiegend mit Sau-

274

erstoff, also Eisenoxide. Wichtigstes Eisenerz ist das Magnetit, da es über 72% Eisen enthält, gefolgt von dem Mineral Hämatit, das zu 70% aus Eisen besteht und schließlich Siderit mit einem Fe-Gehalt von 48%. Es existieren aber auch gigantische Lagerstätten biogenem Eisenerzes, etwa im Bereich des Amazonas. Hier lagern 17 Milliarden Tonnen Bänder-Eisenerz als maritimes Sedimentgestein. Ursprünglich stammte das Eisen aus Vulkanen und wurde durch Erosionskräfte ins Meer verfrachtet. Kurios ist, daß Cyanobakterien vor 2,1 Milliarden Jahren das Eisen konzentrierten, indem sie die Partikel aus eisenhaltigem Meerwasser aufnahmen und wieder ausschieden. Am farbigen Bändermuster des Gesteins ist die Stoffwechselaktivität der Bakterien aus dem Proterozoikum abzulesen.

Als natürliche Vorkommen erregte der Hämatit seit der Altsteinzeit wegen seiner Farbeigenschaften das menschliche Interesse. Der Begriff Hämatit leitet sich aus dem griechischen „aima" gleich Blut ab. Das Mineral Fe_3O_4 trägt zu Recht diesen Namen. „Am Stück" glänzt es eher unscheinbar stumpfgrau, erst pulverisiert wird es zum roten „Blutstein".

Zu Beginn waren es Höhlenmalereien, aber auch Körperbemalungen mit einem Gemisch aus Eisenoxiderz und Ton, dem „Rötel". Noch heute nutzen die Himba in Namibia Rötel als Körperpflegemittel. Bei Künstlern war und ist der Rötelstift ebenso in Gebrauch wie bei Fotoretuscheuren. Technisch dient Hämatit als Korrosionsschutz in kleinen Plättchen in einer Lackmatrix und als sogenannter Polierzahn zum Polieren verschiedener Metalle sowie zum Glätten von Leder. Übrigens nutzen bereits die frühen Völker polierten Hämatit als Spiegel. Dazu muß man wissen, daß glatter Hämatit die Lichtbrechung von Diamant (2,42) bei weitem übertrifft (2,94 bis 3,22). Die alten Römer nannten diesen Stein Specularit (lateinisch speculum gleich Spiegel), denn die Oberfläche zeigt einen lebhaften schwarzen Stahlglanz. Ägypter und Griechen verwendeten Hämatit zur Heilung von Augenleiden, indem sie ihn fein vermahlten und mit Honig vermischten. Der Blutstein war auch der Schutzstein aller Krieger.

Als ich einmal im Edelsteinzentrum Idar-Oberstein einen Schleifer besuchte, der tagelang Hämatite als Schmuckstein schliff, dachte ich zuerst, ich wäre in einem Schlachthof gelandet. Seine Hände und die ganze Schleiferei schienen blutrot überströmt. Nicht nur das Kühlwasser, sondern auch der sogenannte Strich, der entsteht, wenn man den Blutstein auf einer Porzellanplatte entlang zieht, ist blutrot. Der „Strich" ist das typische Erkennungszeichen für Hämatit. Vor einigen Jahren kam Hämatit als Schmuckstein in Mode. Viele der Geschmeide am Hals schöner Frauen bestanden aber aus billigem, rekonstruiertem Hämatitabfall, also gepreßtem und gesintertem Hämatitpulver namens Hamatin. Eine weitere Nachahmung kam aus USA unter dem Namen Hemetine mit Einsprenglingen aus Magnetit (Fe_3O_4). Ein Magnet konnte sofort das Produkt als falsch entlarven, denn das Geschmeide wurde davon kräftig angezogen. Hämatit dagegen macht das nicht, es ist nicht ferromagnetisch.

Im Zusammenhang mit einer Lehrausstellung von Edelsteinen in einem Museum ließ ich einmal Hämatit als Brillant (mit 57 Facetten) schleifen, daneben reihte ich neun andere hochlichtbrechende, schwarzfarbene Mineralien auf, darunter auch einen schwarzen Diamant. Die Besucher sollten per Augenschein erraten, welcher von den zehn brillantgeschliffenen Steinen der Diamant sei. Die Schätzungen rankten sich vorwiegend um den Hämatit, der von allen schwarz glänzenden Steinen wohl am attraktivsten erschien. Der schwarze Diamant dagegen geriet mit 0% der Schätzungen weit ins Hintertreffen.

Bei den Inkas war eine Eisenschwefelverbindung, das Eisensulfid Pyrit (FeS_2), als Spiegel in Gebrauch. Wegen der Ähnlichkeit mit Gold nennt der Volksmund Pyrit (Schwefelkies, Eisenkies) auch Katzengold. Technisch wurde aus dem Mineral früher eher der Schwefelanteil zur Herstellung von Schwefelsäure gewonnen. Pyrit ist auch ein Fossilisationsmineral, das sich z.B. in Versteinerungen maritimer Kopffüßer (Ammoniten) des Jura wiederfindet. Die Natur war bei der vielfältigen Gestaltung schöner Pyrit-Kristalle sehr erfinderisch. Bei mehr als 60 verschiedenen messingfarbenen Kristallformen überwiegen Kubus, Oktaeder, Pentagondodekaeder; sie alle schmücken den mineralogischen Zaubergarten der Natur. Gelegentlich sind die Kristalloberflächen mit einer rotbraunen Kruste von Eisenhydroxid (Limonit) überzogen. Die Bergleute im Mittelalter nannten Pyrit den „Hans Dampf in allen Gassen" da er weitverbreitet auf den unterschiedlichsten Lagerstätten und in fast allen Bildungsphasen vorkommt. Wichtige Lagerstätten sind die Vorkommen von Rio Tinto, die Provinz Huelva/Südspanien und Falun/Schweden. Von lokaler Bedeutung ist Pyrit auch als Hauptträger des Goldes, vor allem auf Goldgängen im Witwatersrand-Konglomerat in Transvaal. Selbst Steinkohlevorkommen können geringe Mengen des Erzes einschließen. Pyrit war zur Zeit des Barock ein beliebter Schmuckstein, der facettiert als Rose geschliffen, als Markasit gehandelt wurde.

Wie erwähnt, war Magnetit, also das Magneteisenerz als „magnetis" schon bei den alten Griechen bekannt. Er soll nach dem Hirten gleichen Namens bezeichnet sein. Dieser Hirte habe den Magnet-Stein auf dem Berg Ida gefunden, denn Schuhnägel und die eiserne Spitze seines Stocks blieben am Erdboden haften. Oft wirkt nämlich ein größeres Mineral-Aggregat selbst als Magnet. Beim Erhitzen auf 578°C, der Curie-Sprungtemperatur, verliert Magnetit schlagartig sein Magnetismus-Gedächtnis. Dieses „Alzheimer-Syndrom" verschwindet wieder, sobald der Magnetit abgekühlt ist.

Stahl: Edles aus Eisen geboren

An der gigantischen Weltstahlproduktion von 1,31 Milliarden Tonnen können Sie ermessen, welche immens wichtige Rolle Stahl in unserer Zeit spielt. Der Bedarf an diesem Produkt, vor allem in China, steigt doppelt so stark wie die Menschheit wächst. In den letzten zehn Jahren stieg die Weltproduktion von 750 Millionen Tonnen auf die heutige Milliardenhöhe. Diese Entwicklung wirkt sich unmittelbar auf die Rohstoffmärkte für Eisenerz und Stahlschrott aus. Bei modernen Produktionsverfahren zur Stahlerzeugung wie das Oxygenstahlverfahren wird Schrott mit bis zu 30% eingesetzt, beim Elektrostahlverfahren sogar zu 100%.

Doch was ist eigentlich Stahl, wie unterscheidet er sich vom „Mutterkuchen" Eisen? Natürlich bleibt es beim Hauptelement Eisen, das in erster Linie mit Kohlenstoff (in Form von Zementit Fe_3C) legiert ist, aber nur bis zu 2,06% der Gesamtmenge. Bei höherem Kohlenstoffgehalt in Form von Graphit spricht man von Gußeisen. Durch Legieren mit weiteren Elementen erhält der Stahl steuerbare spezifische Eigenschaften, die seine Festigkeit, sein Korrosionsverhalten und seine Verformbarkeit oder Schweißeignung bestimmen.

Durch Kombination mit einer wärmemechanischen Behandlung wie Glühen, Härte und Vergüten läßt sich der Stahl weiter veredeln. Das historische Ereignis liefert der Eiffelturm, der 1889 anläßlich der Weltausstellung in Paris entstand. Dieses Monument der Technik entstand im Puddle-Verfahren, das bereits 1784 in England erfunden wurde. Die zähe Roheisenmasse wird dabei mehrfach gewendet, damit möglichst viel der Metalloberfläche mit dem Luftsauerstoff in Kontakt tritt. Dabei verbrennt der Kohlenstoff, das Metall wird durch den Sauerstoffkontakt, wie es fachsprachlich heißt, gefrischt.

Der größte mir bekannte Stahlkoloß ist die Golden Gate Bridge, die Hängebrücke am Eingang zur Bucht von San Francisco am Goldenen Tor in Kalifornien. Das gigantische Bauwerk wiegt 887.000 Tonnen; das wäre ein kompakter 48-Meter-Stahlklotz. 1,2 Millionen Nieten halten die beiden Türme zusammen. Beim Bau gab es eine kuriose Geschichte: Unter großem Presserummel versuchte man beim Abschluß der Bauarbeiten den letzten Niet einzuschlagen – er bestand aus purem Gold. Das Gold hielt den groben Hammerschlägen nicht stand, der Niet löste sich und fiel ins Meer auf Nimmerwiedersehen. Flugs wurde er durch einen gewöhnlichen Stahlniet ersetzt.

Eine der schwersten Bogenbrücken der Welt mit 503 Meter Spannweite ist die Harbour Bridge in Sydney. Im Bogen sind 39.000 Tonnen Stahl verarbeitet, insgesamt wurden sogar 52.800 Tonnen Stahl verbaut.

Die Historie der Stahlverarbeitung reicht weit zurück, denn ursprünglich verarbeiteten die Menschen das Eisen von Eisen-Nickel-Meteoriten in Lehmöfen, die mit Holzkohle beheizt und aus Blasebälgen belüftet wurden. Damit erzielte man enorme Temperaturen bis zu 1.600°C. Erst dann schmolz die natürliche Eisen-Nickel-Legierung, die der Himmel schickte.

Heute wird Rohstahl auf Basis von flüssigem Roheisen im Oxygenstahlverfahren, dem LD-Konverter, und auf Basis des Rohstoffes

Schrott im Elektrostahlverfahren, dem Lichtbogenofen, erzeugt. Konservative Verfahren zur Stahlerzeugung sind nicht mehr konkurrenzfähig und belasten zu sehr die Umwelt, gemeint ist das Thomas-Verfahren und das Siemens-Martin-Verfahren.

Im Linz-Donawitz- oder LD-Verfahren wird durch eine Lanze Sauerstoff auf das Schmelzbad im Konverter geblasen. Dabei verbrennen die für den Stahl schädlichen Begleitelemente wie Schwefel, Phosphor und Kohlenstoff und gehen in Rauchgas oder Schlacke über. Durch Zugabe von Schrott und Erz kann der Roheiseneinsatz verringert und die Schmelze gekühlt werden. Der fertige Stahl wird durch Kippen des Konvertergefäßes in Pfannen abgestochen.

Sehr verbreitet ist das Elektrostahlverfahren: Der Lichtbogenofen wird mit Schrott, Eisenschwamm, dem porösen Reduktionsprodukt, und mit Roheisen beschickt. Kalkzugaben dienen der Schlackenbildung und als Reduktionsmittel. Die Schmelzhitze von über 3.500°C erzeugen drei Graphitelektroden, die das Gut zum Schmelzen bringen. Deshalb lassen sich auch schwer schmelzbare Legierungselemente wie Wolfram und Molybdän verflüssigen.

Was aber steckt in einem veredelten Stahl und welche Vorzüge bietet er? Zunächst einmal: die Ingredienzien in der Stahlsuppe können den Schmelzpunkt bis zu 1.530°C heraufsetzten und verleihen dem Stahl gezielte Eigenschaften in punkto Härte, Dehnbarkeit und Kerbschlagzähigkeit. Hochlegiert ist dann ein Stahl, wenn mindestens die Masse eines Legierungselements die 5%-Grenze übersteigt. Diese Stähle sind warmfest, rost- und zunderbeständig oder haben besondere physikalische Eigenschaften. Es gibt eine Vielzahl verschiedener Stahlsorten, wahrscheinlich sind es über 2.500.

Betrachten wir nur einige der bekannten Stähle aus der Produktpalette, etwa die Automatenstähle. Sie sind bestens geeignet für das Zerspanen auf automatisierten Werkzeugmaschinen. Schwefel- oder Phosphorzusätze bilden spröde Einschlüsse, an denen die Späne brechen können, es können sich also keine Spanlocken ausbilden. Federstähle zeichnen sich dagegen durch eine besonders hohe Elastizität aus, die etwa fünfmal größer ist als die des Baustahls. Dafür ist hauptsächlich zulegiertes Silizium verantwortlich.

Greifen wir aus der umfangreichen Stahlpalette einen Exoten mit langer Tradition heraus, der streng genommen ein Verbundwerkstoff ist: der handgeschmiedete Damaszener Stahl ist aus kohlenstoffreichem und kohlenstoffarmem Stahl zusammengesetzt. Aus diesem feuerverschweißten Stahl schmiedet man Säbel mit großer Flexibilität und gleichzeitig hoher Festigkeit. Anfangs werden Schichten mehrfach übereinandergelegt und im Schmiedefeuer geschweißt. Der Verbund wird anschließend längs oder quer getrennt, aufeinandergelegt und erneut verschmiedet (gefaltet). Bereits ein 10maliges Falten erzeugt nach dem 2-hoch-n-Gesetz 1024 Einzelschichten übereinander, ähnlich wie ein Blätterteig entsteht. Nach dem Härten wird der Damaszener Stahl geätzt, um das Muster sichtbar zu machen, da die verschiedenen Schichten sich in Säure je nach Kohlenstoffanteil oder Legierung hell (Nickel) oder dunkel (Mangan) färben. Die Schneiden werden dann meist noch nachgehärtet.

Ein Edelstahl muß nicht zwangsläufig den Anforderungen eines nichtrostenden Stahls entsprechen. Trotzdem werden häufig nur rostfreie Stähle als Edelstähle bezeichnet. Zu den Edelstählen zählen zum Beispiel hochreine Stähle, bei denen Bestandteile wie Silizium und Aluminium aus der Schmelze ausgeschieden werden, aber auch hochlegierte Werkzeugstähle, die später wärmebehandelt werden. Häufigste Legierungsbegleiter sind Chrom, das Tandem Chrom-Nickel; Molybdän, kombiniert mit Cr und Ni; Titan im Verein mit Cr und Ni und Niob.

Werfen Sie mal einen Blick in Ihre Werkzeugkiste, genauer auf Ihre HS-Spiralbohrer. Da verbergen sich hinter der Bezeichnung DIN EN ISO 4957 Werkzeugstähle, z.B. mit den Hieroglyphen HS2-10-1-8. Dabei handelt es sich um einen Schnellarbeitsstahl mit 2% Wolfram, 10% Molybdän, 1% Vanadium und 8% Kobalt.

Stahl wird in allen Profilen, Formen und Blechen hergestellt. Erwähnt sei nur der geschliffene Präzisionsrundstahl, den man wegen seines silbrigen Aussehens auch Silberstahl nennt. Dieser Stahl wird im Maschinenbau als Paßelement mit hoher Maßgenauigkeit eingesetzt.

Das Bild der Weltstahlindustrie hat sich durch die Globalisierung in den vergangenen Jahren stark verändert und führte zu neuen Unternehmensdimensionen. Der Hauptimpuls kam dabei von den asiatischen Ländern. Durch die Fusion von Arcelor und Mittal entstand ein internationaler Stahlkonzern, der mit Abstand die Nummer eins der Weltrangliste anführt. Auf den Plätzen folgen Nippon Steel, der zweitgrößte japanische Hersteller, die JFE-Holding und Posco. Durch die Übernahme von Corus Anfang 2007 hat sich die indische Tata-Gruppe auf Platz fünf vorgeschoben. Der größte chinesische Stahlhersteller Baosteel erreichte 2006 Platz 6.

Bei bestimmten Temperaturen bekennt der Stahl Farbe. Da gibt es einen interessanten Effekt, denn auf erhitztem Stahl entstehen sogenannte Anlaßfarben durch Oxidation der Oberfläche. Die Dicke dieser Oxidschicht ist abhängig von der Eindringtiefe der Sauerstoffatome. Diese ist von der Temperatur abhängig. Dadurch ist es umgekehrt möglich, die Temperatur zu bestimmen, der ein Stahlstück etwa beim Schweißen oder Entspannen seines Gefüges in Öl ausgesetzt war. Dies ist wichtig, da auch Materialeigenschaften wie Härte und Zähigkeit temperaturabhängig sind. Auf Stahloberflächen findet man beispielsweise beim Erhitzen auf 200°C strohgelbe, bei 300°C kornblumenblaue und bei 500°C graue Anlaßfarben.

Zum Abschluß unserer stahlharten Betrachtung noch ein entlarvendes kleines Feuerwerk, das der Abnahme des Fingerabdrucks in der Kriminologie gleicht. Die Inhaltsstoffe eines Stahlprüflings prägen sein Funkenbild, wenn man ihn gegen eine Schleifscheibe hält. Der charakteristische Funkenbusch hinsichtlich Farbe, Form und Leuchtkraft der Funken, aber auch die Länge läßt einen Vergleich mit Referenz-Funkenproben zu. Quantitative Rückschlüsse auf die Legierungsbestandteile und Wärmebehandlung sind damit möglich. Schnellarbeitsstähle ergaben z.B. ein rötliches, langgezogenes, kaum verästeltes Funkenbild. Allerdings erschwert das Füllhorn der heute existierenden Stähle die Testaussage wesentlich.

Manganknollenernte aus Neptuns Garten

Der Heißhunger der Hightechwelt nach Rohstoffen ist auf Dauer nicht zu stillen. Bereits in wenigen Jahren verlassen die ersten Elemente unwiederbringlich die Rohstoffbühne. Sie sind dann für immer verbraucht, etwa das seltene Element Indium, das zur Mangangruppe gehört. Mangan selbst ist zwar überall, jedoch nur in geringen Mengen auf Erden vorhanden. Aber nicht nur da, denn auch die Tiefsee birgt skurrile, riesige Mangan-Ablagerungen. Auf tonigem Sedimentboden in 4.000 bis 6.000 Metern Tiefe, liegen wie auf einem Kartoffelacker braun-schwarze Manganknollen verstreut. Die porösen 1 bis 200 mm großen Knollen sind, genauer analysiert, polymetallische Ablagerungen. Zwar bildet Mangan mit etwa 15% den Hauptanteil der Knolle, aber daneben enthält das Gebilde im Mittel 14% Eisen, 0,3% Kobalt, 0,49% Nickel und 1,3% Kupfer. Diese Buntmetallanteile sind es, die eine Manganknolle so wertvoll machen und die Begehrlichkeit der Industrienationen weckt.

Man fragt sich, wie sich so ein Tiefseeschatz entwickeln konnte, auf dem eine mehrere Kilometer hohe Wassersäule mit einem Druck lastet, der 500 mal höher ist als der Atmosphärendruck. Die genaue Genese der Knollengewächse ist noch nicht ganz erforscht. Eine gewisse Parallele gibt es: wassergefüllte Sinterbecken in Tropfsteinhöhlen; darin bedecken oft Hunderte 5 bis 40 mm große „Höhlenperlen" den Boden. Schlägt man so ein „Jahrtausendei" auf, findet man im Zentrum als Kristallisationskeim z.B. ein fossiles Knochenfragment, das von konzentrischen Sinterschalen umgeben ist. Auch eine Manganknolle entsteht erst, wenn ein Fremdmaterial, etwa ein Fragment eines Haifischzahns, den ersten Impuls zum Wachstum gibt. Auch hier kommt es in der Folge zum schaligen Aufbau. Verglichen mit einer Höhlenperle wächst eine Manganknolle extrem langsam. Das Wachstumstempo von einem bis zehn Millimetern in einer Million Jahre ist nicht gerade atemberaubend. Die knollenbildenden, absinkenden Schwebeteilchen, die pelagischen Sedimente, sind zudem keine Sprinter (Sinkgeschwindigkeit 0,000.001 m/s). Ihre Verweilzeit in einer 4.000-m-Wassersäule dauert über 100 Jahre, ehe sie den Garten Neptuns erreichen. Dazu zählen Relikte von Muschel- und Schalentieren, deren Kalkpanzer sich in der Tiefe auflösen. Die darin enthaltenen metallischen Spurenelemente (Metallionen) scheiden sich in einem komplizierten chemischen Prozeß als Oxide ab. Sauerstoffreiches Tiefseewasser dient dabei als Katalysator.

Manganknollen sind mehr als bloße Metallkonglomerate, sie sind auch die Datenspeicher der Tiefsee. Struktur und Art der Spurenelemente geben Aufschluß über die ozeanischen Umweltbedingungen und Meeresströmungen zur Zeit des Wachstums.

Neptun hält weitere Überraschungen bereit: Im Bereich des mittelozeanischen Rückens in plattentektonisch aktiven Zonen kommt es durch austretende hydrothermale Wässer bei 400°C zur Ausfällung von Metallsulfiden in Verbindung mit dem hohen Sauerstoffgehalt des 2°C kalten Tiefseewassers. Diese Schlote der Tiefsee, etwa 20 m hohe röhren- oder kegelförmige Schornsteine, heißen Schwarze Raucher. In ihrer Umgebung entstehen Biotope mit bizarren Organismen, die den Schwefelwasserstoff als Energiequelle nutzen. Von diesen rauchenden Förderbändern aus dem Schlund der Erde kennt man 200, wovon 120 aktiv sind. Rund um die Schwarzen Raucher erwartet man 8 Millionen Tonnen erzhaltigen Gesteins. Verblüffend ist die 10mal höhere Konzentration der Metalle im Vergleich zu Lagerstätten „an Land": 15,5 g Gold und 108 g Kupfer pro Tonne bedeuten einen hohen Erzanteil.

Erstaunlich ist die Historie der Knollensucht. Bereits 1872 bis 1876 entdeckte das britische Forschungsdampfschiff Challenger die ersten Manganknollen. Um die geborgenen Schätze der Tiefsee wurde es dann still. Erst zur Zeit der ersten Ölkrise erinnerte man sich erneut der „Kartoffelernte" aus Neptuns Acker. Aber erst jetzt, nachdem die Rohstoffe durch die globale Hightechindustrie gefragt und teuer sind, gibt es rund um den Knollengürtel einen verbissenen Wettlauf um die Schätze der Tiefsee. Auch Deutschland konnte einen 75.000-Quadratkilometer-Claim im Pazifik abstecken. Der liegt nördlich des Äquators im Gebiet zwischen Mexiko und Hawaii in 4.000 bis 5.000 Meter Tiefe. Für das Zugriffsrecht zahlte Deutschland 250.000 US-D an die Internationale Meeresbodenbehörde ISA. Ein lohnendes Geschäft, denn man erwartet 2 Milliarden Tonnen Buntmetalle aus den Manganknollen (etwa 50 kg pro Quadratmeter) zu gewinnen. Die ganze Industriewelt liegt im „Knollenfieber", und mit zunehmendem Marktpreis der Rohstoffe gehört die Tiefsee zu den letzten unberührten Ressourcenquellen der Erde, die geplündert wird. Doch das „Bottom-fishing" hat einen Doppelhaken:

1. Der industrielle Abbau soll kostensparend sein. Das ist heute noch ein Problem. Wegen der großen Wassertiefe, der langen Transportstrecke zur Wasseroberfläche und der Unterwassernavigation.

2. Der Abbau soll keine ökologischen Schäden hinterlassen. Wenn erst einmal der Tiefseebergbau beherrscht wird und es zum Run auf die Knollen kommt, fallen m. E. sämtliche Hemmungen. Erinnern Sie sich: Allein über eine Million Tonnen chemischer Waffen verrotten auf dem Grund der Ozeanen vor sich hin. Jede Ölbohrung verseucht 20 Quadratkilometer Meersboden in Tiefen bis 4.500 Metern. Ein anderes Beispiel: Nachdem Israel das Verbotsabkommen zur Verklappung von Industriemüll auf See nicht unterzeichnete, entließ allein die Firma Haifa Chemicals bis 1999 jährlich 60.000 Tonnen Giftabfälle ins Meer.

Inzwischen hat man die großkommerzielle Knollenernte vor Peru schon einmal simuliert. Eine riesige Pflugegge beackerte den Meeresboden über elf Quadratkilometer in 4.000 Meter Tiefe. Es war verheerend. Zahlreiche Tiefseebewohner wie Seeanemonen, Seegurken, Borstenwürmer und Kleinkrebse wurden ausgerottet. Erst nach sieben Jahren kehrte das Leben langsam in die zerstörte Zone zurück. Tödlich für die Tiergemeinschaft sind die Trübungswolken des aufgewirbelten Sediments. Um nur eine Zahl zu nennen: Eine wirtschaftlich arbeitende Sammelmaschine, die täglich einen Quadratkilometer durchpflügt und dabei 5.000 Tonnen Naßknollen pro Tag aufklaubt, wirbelt 20.000 m³ Tiefseesediment auf. Diese Wolke „legt" sich erst nach Wochen.

In einer nahezu unentdeckten, bizarren Unterwasserwelt hat sich Neptuns Schatzkiste erst einen Spalt weit geöffnet. Was sie an anorganischen, vor allem auch an organischen Kostbarkeiten bietet, ist überwältigend. Neben Milliarden von Tonnen Methanhydrat – einer der zukunftsträchtigen Energiequellen – ist allein die Zauberwelt der

Schwämme ein Dorado für die Pharmazeutische Industrie. Diese Schwammgebilde enthalten z.B. gegen Brustkrebs Substanzen, die 400mal wirksamer sind als alle bisherigen Standardmedikamente. Es bleibt abzuwarten, ob die Industrienationen ein Gespür für das sensible Ökosystem Tiefsee entwickeln und sie nicht in einer robusten Goldgräberstimmung mehr zerstören als sie gewinnen.

Beryllium. Ohne Beryllium läuft in kleineren Kernkraftwerken nichts. Eine Million Tonnen CO_2 lassen sich einsparen, wenn statt einer Million Tonnen Kohle 22 Tonnen Uran zur Energieerzeugung eingesetzt werden. Lange Zeit war Uran verpönte. Jetzt gilt Uran weltweit wieder als sauberer, „schicker" Energielieferant: In einem Fingerhut Uran-235 steckt die gleiche Energiemenge wie in einer Tonne Kohle. Der Energiehunger der Welt giert nach neuen Kernkraftwerken (KKW). Die Uranbestände aus verschrotteten Nuklearwaffen sind aufgebraucht. Die Produktion aus bisherigen Uranerzlagerstätten hält mit der Nachfrage nicht mehr Schritt. Zu den bisherigen über 443 KKW sind weltweit weitere 100 Werke geplant. Allein China will in den nächsten 10 Jahren 20 neue Kernkraftwerke bauen.

Während sich der Uran-Preis durch die reißende Nachfrage inzwischen verzehnfachte, spricht niemand von seinem Moderator, dem Beryllium als sein Kernprozeßbegleiter. Dieses Erdalkalimetall ermöglicht die gesteuert ablaufende Kettenreaktion. Stoßen Neutronen mit den leichtgewichtigen Beryllium-Atomen zusammen, ist die übertragene Energie am größten, das notwendige Abbremsen der Neutronen ist dann besonders wirkungsvoll. Der Clou: Weitere KKW haben zwangsläufig auch einen Bedarf an Beryllium zur Folge.

Das Beschäftigen mit diesem Aluminium-ähnlichen Metall fördert aus der Geschichte Interessantes zutage. Im Altertum galt das Mineral Beryll als Sehkraftverstärker. Aus dem Wort Beryll entstand vermutlich das deutsche Wort „Brille". Mit einem blaßgrünen Smaragd-Monokel, einer Beryll-Varietät aus Indien, genoß der kurzsichtige Kaiser Nero entspannten Auges die Gladiatorenkämpfe. Auch galt im Mittelalter der Smaragd als Indikator für eheliche Untreue.

Die Erdkruste ist mit 0,0005% an Beryllium dünn „angereichert". Damit ist das Mineral etwa so selten wie Radium. Ist in der Kristall-struktur des gewöhnlichen, farblosen Berylls angestammtes Alumini-umoxid durch Spuren von dreiwertigem Chromoxid ersetzt, entsteht durch diesen Kristallbaufehler die grüne, teuer bezahlte Beryll-Varietät Smaragd. Mit bis zu 10.000 US-D pro Karat kann diese grü-ne Laune der Natur sogar den Wert eines Diamanten übertreffen. Zwei- und dreiwertiges Eisen färbt dagegen das Mineral blau. Diese Varietät heißt dann Aquamarin.

Die weltgrößte Smaragd-Kristallstufe mit 250 kg stammte aus Mur-sinka im Ural. Dagegen besaß der weltgrößte Beryll-Gigant von 200 Tonnen aus Picui in Brasilien zwar keinen Schmuckwert, dafür aber einen erheblichen technischen Wert. Dieses Monster von einem Ein-kristall, ein Beryllium-Aluminium-Silikat, lieferte fast 30 Tonnen Beryl-lium-Oxid. Die seltenen Beryll-Varitäten der Natur Aquamarin und Smaragd sind technisch uninteressant, dafür wird das „gewöhnliche" graue Metall Beryllium im Raketenbau eingesetzt. Es ist leichter als Aluminium (1,85 kg/dm^3), hat aber etwa die Festigkeit und Härte von Stahl.

Ein Zusatz von 3% Beryllium verleiht Legierungen aus Kupfer und Nickel Härte, Festigkeit und Korrosionsbeständigkeit. Die Festigkeit steigt um das sechsfache. Beryllium findet sich in Kontaktfedern, Uhrfedern und in chirurgischen Instrumenten. Überall dort, wo hohe Materialanforderungen an bewegte Teile gestellt werden, wie bei Flugzeugmotoren, Tragflächenkanten und Raketenspitzen, ist Beryll-ium im Einsatz. Die jährliche Förderung von 3.365 Tonnen könnte diesen Bedarf leicht decken, wenn da nicht ein wachsender Bedarf aus dem Kernkraftbereich hinzu käme. Das verdankt Beryllium auch seiner Durchlässigkeit für Röntgenstrahlen; diese ist 17mal besser als die des Aluminiums. Fenstermaterial für Röntgenröhren besteht aus Beryllium. Die hohe Schmelztemperatur des Berylliumoxids von über 2500°C nutzt man in der Reaktortechnik, der Rüstungsindustrie und in der Keramikindustrie. In der Nähe des absoluten Nullpunkts bei Null Kelvin wirkt Beryllium als Supraleiter.

Magnesium. Dieser vergessene Werkstoff gestaltet die Zukunft im Fahrzeugbau. Einst türmte Magnesium als Carbonat Gebirge wie die Dolomiten auf. Das silbern-glänzende Metall ist reaktionsfreudig, deshalb kommt es in der Natur nie rein vor, sondern ist gebunden in Silikaten, Sulfaten, Chloriden oder Carbonaten, wie eben im Dolomit. Ein weiteres wichtiges Erz ist das Calcium-Magnesium-Carbonat, das Magnesit. Man schätzt, daß in den Weltmeeren sogar über 2 Billionen Tonnen Magnesium in gebundener Form als Magnesiumsalz (etwa 1,27 kg/m³) herum vagabundieren. Eine deutlich höhere Konzentration findet sich davon im Toten Meer, für Israel ein enormer Ressourcenspeicher. Als zweithäufigstes Erdalkalimetall nimmt Magnesium 2,78% der Erdkrustenmasse ein und ist als Materie im Weltall mit 0,0589% beteiligt. In unserem Körper führen wir 0,05% Mg mit uns spazieren. Elementar bildet das Metall das wichtige Zentralatom im Chlorophyll (Blattgrün) der Pflanzen. So ist Magnesium maßgebend an der Photosynthese beteiligt. Ähnlich aufgebaut ist übrigens der rote Blutfarbstoff Hämoglobin, der statt Magnesium ein Eisenatom als Zentralatom besitzt. Auch am Stoffwechsel der Organismen ist Magnesium beteiligt. Seit altersher ist Magnesium als Heilmittel bekannt. Erinnert sei an die abführende Wirkung von Bittersalz. Bei Hausfrauen steht Magnesium allerdings in schlechtem Ruf, da es für die Härte des Waschwassers verantwortlich ist.

Magnesium gewinnt in Zukunftstechnologien an Bedeutung. Hauptgrund ist seine geringe Wichte. Wiegt es doch etwa 30% weniger (1,74 kg/dm³) als sein Metallkonkurrent Aluminium, und es ist zudem kostengünstiger. Im Vergleich mit den Konstruktionswerkstoffen Stahl und Aluminium zeigt das Erdalkalimetall das beste Verhältnis zwischen Materialfestigkeit und Gewicht. Man fragt sich, warum die metallurgischen Eigenschaften nicht schon eher genutzt und verfeinert wurden, einhergehend mit einer wesentlichen Verbesserung seiner Korrosionsbeständigkeit. Schließlich laborierte man bereits 1910 in Deutschland mit Leichtmetall-Legierungen aus Magnesium und Zink im Flugzeugbau. Offensichtlich war die Zeit für Magnesium noch nicht reif. Erst jetzt ist der öffentliche und politische Druck zur Entwicklung von Fahrzeugen mit geringerem Treibstoffverbrauch groß genug. Die Vision vom 3-Liter-Auto ist in Europa ein allgemein erstrebenswertes realistisches Ziel. Die Forschung auf diesem Gebiet läuft auf Hochtouren. Große Automobilkonzerne wollen die Gewinner des Rennens sein. Während in den USA bereits 10% der Autos mit Produkten aus Magnesiumlegierungen ausgestattet sind, ist Deutschland in dieser Hinsicht ein Entwicklungsland: nur in 2% der Autos sind Mg-Produkte verarbeitet. Im Fahrzeugbau schätzt man die zukünftige Steigerungsrate an recyclebarem Mg auf das 40fache.

Sowohl Magnesium als auch eines der Seltenenerdmetalle sind im Raketenbau vertreten: In Saturn-Raketen gibt es Teile aus einer Magnesium-Lithium-Aluminium-Legierung. Hier sind bereits zwei Werkstoffkomponenten vereint, die in Zukunft die Hightech-Industrie im wahrsten Sinne revolutionieren könnten.

Gegenüber seinem Leichtbaukonkurrenten Aluminium kommt man beim Druckguß mit deutlich weniger Energieeinsatz aus. Das Erschmelzen verbraucht etwa 75% weniger als eine vergleichbare Aluminium-Silizium-Legierung. In der Massenproduktion spart zudem die schnellere Abkühlung der Druckgußteile Zeit.

Vor allem im Fahrzeug- und Flugzeugbau verheißt jede Gewichtsersparnis höhere Effizienz. Ein Auto, dessen Motorblock und Getriebegehäuse zusammen statt z.B. 150 kg nur etwa 100 kg wiegen, verbraucht entsprechend weniger Sprit. Für die nächste Fahrzeuggeneration ist das eines der Mittel, den Schadstoffausstoß zu reduzieren. Auch andere Mg-Komponenten wie Felgen, Steuerräder und Türkonstruktionen werden erprobt und verbessert. Jährlich wächst das Millionenheer der Fahrzeuge. Allein in der südindischen Stadt Bangalore gibt es täglich 1.000 Neuzulassungen an Fahrzeugen.

Bereits jetzt werden 400.000 Tonnen Magnesium pro Jahr für die verschiedenen Produktionsprozesse im großen Stil verbraucht, z.B.

• zur Entschwefelung bei der Stahlproduktion,
• als Reduktionsmittel zur Herstellung von Titan, Uran, Chrom und Kupfer.

Dramatische Steigerungsraten für Magnesium versprechen aber erst die Autos der neuen Generation. Gerade befinden wir uns erst am

Anfang eines exponentiellen Wachstums, das den bisherigen Welt-
bedarf in den Schatten stellt.

Zink. Die 138,75 m hohe Cheops-Pyramide ist eines der imposante-
sten Bauwerke der Menschheit. Nur zwei Weltjahresproduktionen,
nämlich 18 Millionen Tonnen würden ausreichen, um die mächtige
Pyramide in massivem Zink nachzubilden. Anders als Gold kommt
Zink nirgendwo metallisch auf der Welt vor. Es ist zwar mit 0,012%
(120g/t) in der oberen Erdkruste verbreitet, aber in der Natur stets
mit anderen Mineralien vergesellschaftet, z.B. mit Schwefel. Erst bei
der 330fachen Zinkkonzentrationen von 40 kg pro Tonne lohnt sich
ein wirtschaftlicher Abbau.

Wegen einer herausragenden Eigenschaft, seiner Korrosions-
festigkeit, führt der Mensch im technischen Bereich Zink mit Eisen
oder Stahl zusammen. Als preiswerter und beständiger Oberflächenschutz verhindert Zink über Jahrzehnte die Rostbildung. Das unedle
„verzinkte" Element Zn übernimmt mit über 50% seiner Weltproduktion den Korrosionsschutz. Dabei bedeckt es Eisen- und Stahloberflächen mit einer Schutzhaut von Zehntelmillimeter. Ein hoher
Prozentsatz der jährlichen Roheisenproduktion von über 1.300 Milliarden Tonnen schreit geradezu nach dem Verzinken. Fakt ist, mit
dem mächtigen Anstieg der weltweiten Roheisenproduktion steigt
auch der Zinkverbrauch proportional mit. Um im Bild zu bleiben: mit
der ungeheuer großen Roheisenproduktion pro Jahr ließen sich sogar
67 Cheops-Pyramiden aus Eisen errichten und diese mit einer Zink-
schutzschicht von „nur" 4.500 Tonnen überziehen. Gerät Zink einmal
in den Verbrauchskreislauf, geht rund 19% des Zinkgutes durch nicht
recycelbares Entsorgen für immer verloren.

Blicken wir kurz zurück in die Geschichte. Bereits 3.000 Jahre vor
unserer Zeitrechnung fanden sich babylonische Waffenteile aus Zink-
legierungen. Als eigenständiges Metall war es schon Homer vor
2.800 Jahren bekannt. Dem Arzt und Alchimisten Theophrastus
Bombast von Hohenheim, besser bekannt als Paracelsus, gelang um
1.520 als erster die Reindarstellung von Zink. Erst Jahrhunderte später nutzte man Zink technisch im größeren Stil. Ein gewisser J. H.
Pott entdeckte 1741 das Lötwasser, mit dem es gelang, Zinkteile

miteinander zu verlöten. Dazu warf er Zink in konzentrierte Salzsäure; es entstand Zinkchlorid. Angeblich war es N. Watson, der erstmals 1786 eine Verzinkung durchführte.

Aus über 10% der heutigen Zinkproduktion fabriziert man Halbwerkzeuge wie Zinkbleche für Dacheindeckungen. 18% allen Zinks nutzt man als Legierungsbestandteil, z.B. zur Herstellung von Messing (Cu, Zn) und Neusilber (Cu, Ni, Zn). Wegen der großen Maßhaltigkeit sind Zinkdruckgußteile in großen Stückzahlen auch wegen der schnellen, preiswerten Fertigung gefragt in der Kfz-Industrie, im Apparatebau, in der Sanitärindustrie und im Feingerätebau.

Das alte Gebrauchsmetall findet sich als Anode in der Galvanik, in nicht wieder aufladbaren Batterien aller Art, in Form von Zinkstaub dient es als Reduktionsmittel (Sauerstoffbinder) zur Erzeugung von Wasserstoff. Schließlich ist Zink in der Metallurgie als Hilfsmittel zur Gewinnung anderer Metalle wie Gold und Silber im Einsatz. Zinkgrau verpaßt Stahlkonstruktionen einen dauerhaften Rostschutzanstrich und Zinkoxidpigmente sind als Maler- und Anstrichfarben gefragt.

Schauen wir uns die wichtigsten Mineralien an, aus denen das Zink extrahiert wird. Das ergiebigste Mineral ist die Zinkblende (ZnS), auch Sphalerit (shaleros griech. betrügen) genannt; sie enthält über 65% Zink. So ein Sphalerit-Kristall ist hochlichtbrechend (2,3), fast so hoch wie Diamant (2,4). Gelegentlich wartet der Kristall mit einem prächtigen Leuchtphänomen auf, denn zerbricht man ihn oder kratzt ihn mit einem Messer an, entsteht augenblicklich eine Lichterscheinung, die sogenannte Triboluminieszenz (tribé griech. das „Reiben").

Berühmt geworden ist die Elmwood Mine im Norden von Tennesee, die einzigartige Sphalerite hervorbringt und übrigens die weltgrößte Quelle für Germanium war. Durch einen Streik ist diese historische Mine z. Zt. stillgelegt und geflutet, indessen soll „Elmwood" wieder in Betrieb gehen. Der Aufwand dafür lohnt sich, denn der Zinkpreis ist sprunghaft angestiegen. Auch in deutschem Boden konnten sich Zinklagerstätten entwickeln, etwa im Rheinland in Stolberg. Hier findet sich das Mineral Zinkspat, ein Zinkcarbonat. Auf „verzinktem", sonst aber kargem Galmeiboden, gedeihen Ökotypen von seltenen

Pflanzen, die seit der Steinzeit genetisch eine Vorliebe für Zink entwickelten, etwa das Galmeiveilchen, das Galmeitäschelkraut und die Frühlingsmire. Im Grund sind Organismen auf Zink angewiesen. Ein Zinkmangel bei Obstbäumen führt z.B. zu einem Zwergwuchs der Blätter. Zink ist sogar für alle biologischen Arten essentiell. Täglich benötigen wir eine Ration von 5 bis 40 mg Zink. Besonders das Auge (0,5% Zn) und die Hypophyse sind mit Zink angereichert. Nachweislich verbessern Zinkgaben das visuelle Gedächtnis und die Konzentrationsfähigkeit. Ein Zinkmangel führt zum Verlust des Geschmacksempfindens (Hypogeusie) und zu Appetitmangel. Zink ist Bestandteil vieler Spurenelemente, Hormone und in über 200 Enzymen vorhanden, die für den Stoffwechsel, das Immunsystem und das Zellwachstum verantwortlich sind, ja es ist sogar am Aufbau der Erbsubstanz beteiligt. Wir können natürlich keinen Zinkkristall in toto biologisch als Nahrung erschließen, indes sind Fleisch, Weizenkeime, Erdnüsse, Pilze und Linsen wichtige Zinkquellen.

Zinn: das schreiende Metall

Jedes Metall hat charakteristische Eigenheiten; seltener warten aber gleich zwei unterschiedliche metallische Elemente mit der gleichen Eigenschaft auf. Die Schwermetalle Zinn und Eisen können das, denn sie wiegen mit 7,4 Gramm pro Kubikzentimeter etwa gleich viel. Jedes dieser Metalle rostet auf seine Weise. Dieser „Verwitterungsprozeß" bei niedrigen Temperaturen ist beim Zinn als Zinnpest verschrien. Apropos schreien: beim Biegen einer Zinnstange schreit das Metall regelrecht auf. Dafür sind intermetallische Reibungen des ß-Gefüges verantwortlich. Dieser knirschende „Zinn-Schrei" ist zwar nicht gerade lieblich, ist aber besonders gut an grob kristallinem und langsam abgekühltem Zinn in dünnen Stäben zu hören. Völlig reines Zinn bleibt dagegen stumm. Übrigens, es gibt noch einen zweiten „Schreihals" unter den Metallen: das Indium.

Das silbrige Metall ist ein Verwandlungskünstler, denn es kann in drei Arten mit verschiedener Kristallstruktur und Dichte d auftreten: In kubischer Diamantstruktur ist -Zinn (d = 5,75) als graues Pulver unterhalb von 13°C stabil. In der Hauptmodifikation zeigt -Zinn ein tetragonales Gitter (d = 7,31) bis 162°C und ein rhombisches Gitter (d = 6,54, -Zinn) oberhalb von 162°C.

Zinn ist der Tausendsassa der metallischen Elemente was die Anzahl seiner Isotope betrifft; es kann acht verschiedene stabile und zwei metastabile Isotope bilden. Außerdem sind noch 28 instabile Isotope bekannt; das langlebigste davon bringt es auf eine Halbwertzeit von 230.000 Jahren.

Vor etwa 5.500 Jahren tritt Zinn ins Bewußtsein der Menschen. Die vermutlich ersten Zinnbergwerke der Menschheit finden sich im süd-türkischen Taurusgebirge. Zinngegenstände fand man auch in einem ägyptischen Grabmal aus der 18ten Dynastie, aus einer Zeit vor 3.500 Jahren. In China wurde Zinn vor 3.800 Jahren verwendet. Die Legierung aus Zinn und Kupfer spielte in der Frühgeschichte der Menschheit eine bedeutende Rolle, sie gab einer ganzen Kultur-epoche ihren Namen: der Bronzezeit. Zinn war ein gefragtes Gut. Je mehr Gebrauchsgegenstände und Waffen aus Bronze entstanden, um so häufiger wurde Zinn nachgefragt. Die Zinnvorkommen im Mittelmeerraum waren eher unbedeutend, so mußte man das Metall von weither heranschaffen. Ausgedehnte Handelsrouten entstanden, etwa von Nordpersien nach Ägypten. Einige Historiker sind sogar der Ansicht, daß der Trojanische Krieg deswegen entbrannte, um den freien Zugang zu Rohstoffen, vor allem Zinn, zu erreichen. Zur glei-chen Zeit segelten phönizische Händler bis an die Küsten England heran, um dort das Metall zu ergattern, denn Südengland war reich an Zinnlagerstätten.

Im Mittelalter hieß das Zinn auch Bürgersilber, weil Zinngeschirr im bürgerlichen Haushalt das an Adelshöfen übliche Geschirr aus edle-ren Metallen ersetzte. Seit dem 16ten Jahrhundert benutzten die venezianischen Glasfabriken in Murano Zinnamalgam zur Herstellung von Spiegeln. Später, im 17ten Jahrhundert, erreichte die Kunst des Zinngießens ihre Blütezeit. Es entstanden sehr aufwendige und pom-pöse Gegenstände aus Zinn, die selbst in Adelskreisen beliebt waren. Kunstvoll verzierte Gefäße oder Bestecke aus Zinn waren die Prunkstücke jeden Haushalts. Im 18ten Jahrhundert wurden die er-sten Zinnfiguren für Sammlerzwecke gegossen. Beliebt war es unter

anderem, ganze Schlachten mit bunt bemalten Zinnsoldaten nachzu-
stellen. Noch heute werden sie gesammelt und erzielen auf Auktionen, etwa in Kulmbach, hohe Preise.

Mitte des 19ten Jahrhunderts kam Zinn zu neuen Ehren, doch diesmal durch das industrielle Verzinnen von Eisenblech, auch Weißblech
genannt, für Konservendosen und Backformen. Deshalb heißen im
Englischen Konservendosen tin-cans, „Zinnkannen". Zu dünner Folie
gewalzt, nennt man Zinn auch Stanniol. Das Wort kommt aus dem
Spätlateinischen stannum für Zinn, daher auch sein chemisches Kür-
zel Sn. Plinius nannte Zinn übrigens plumbum album, also Weißblei,
im Gegensatz zum normalen (Schwarz-)Blei, dem plumbum nigrum.
Stanniol als Verpackungsmaterial wird heutzutage zunehmend ersetzt durch Aluminium und Kunststoffe, Zinn ist einfach zu teuer
geworden. Gelegentlich begegnen uns noch manche Farbtuben und
Weinflaschenverschlüsse aus echtem Stanniol. Während sich Zinn
durch Zulegieren auf 0,005 mm Dicke auswalzen läßt, ist reines Zinn
nur bis knapp unter 0,02 mm Dicke breitzuwalzen. Stanniol diente
lange Zeit zusammen mit Quecksilber als Spiegelbelag. Dünne Stan-
niol-Streifen – ähnlich dem bekannten Christbaumlametta – nutzte
das Militär als Täuschungskörper zum Schutz vor Radarerfassung.

Der Jahresweltverbrauch an Zinn liegt bei rund 300.000 t. Soviel
wiegt etwa der Kölner Dom. Fast die Hälfte der gesamten Zinn-
produktion wird zum Verzinnen von Metallen zum Schutz gegen
Korrosion verwendet. Zinn ist Bestandteil vieler niedrig schmelzender
Legierungen wie Weichlote, Bronze und Rotguß. Legierungen mit
Kupfer und Blei erhöhen die Gießbarkeit, sind korrosionsbeständig
und zeigen gute Gleiteigenschaften (Gleitlager, Armaturen, Schnec-
kenräder). Mit Flußsäure bildet Zinn eine weiße, schwer lösliche Verbindung für fluoridhaltige Zahnpasten.

Unbewußt führen viele von uns Zinn im Portemonnaie, Die gold-
farbenen Euromünzen enthalten unter anderem 1% Zinn in der Legierung (Nordisch Gold). Bleihaltige Zinnlote sind giftig; da in Zukunft
gesetzlich Blei aus dem Lötzinn verbannt wird, wächst der jährliche
Zinnbedarf um etwa 10%. Als Bestandteil von Metallegierungen mit
niedrigem Schmelzpunkt ist Sn unersetzbar. Das reine, weiße, nicht

sehr harte Zinndioxid besitzt eine hohe Lichtbrechung und wird im optischen Bereich als mildes Poliermittel eingesetzt.

Kennen Sie Indiumzinnoxid? Es vereint zwei Eigenschaften, denn es ist halbleitend und transparent zugleich. Das Gemisch besteht zu 90% aus einer Indiumkomponente und zu 10% aus einem Zinnanteil. Das dotierte Zinn sorgt für die gute elektrische Leitfähigkeit der notwendigen Störstellen im Kristallgefüge des Indiumoxids. Klingt kompliziert, aber fragen Sie mal die Hightech-Industrie, wie die auf diese Mischung stehen. Sie ist durch nichts Vergleichbares zu ersetzen. Nur durch Indiumzinnoxid entstehen transparente Elektroden in Flüssigkristallbildschirmen, organischen Leuchtdioden und Touchscreens. Auch in Dünnschicht-Solarzellen und als großflächig wirkender Wärmeschutz auf Fensterglasscheiben findet Indiumzinnoxid seinen Einsatz. Damit beschichtete Kunststoffolien verhindern eine elektrostatische Aufladung.

Metallisches Zinn ist ungiftig. Dieses Stannum metallicum setzt man in der Homöopathie sowie als Bandwurm-Gegenmittel ein. Dagegen wirkt Zinn in organischen Zinn-Trialkyl-Verbindungen wie eine Giftspritze. Als Anstrichfarbe für Schiffsrümpfe tötet es festsitzende Mikroorganismen und Muscheln. Möglich, aber nicht bewiesen ist, daß Zinn für den Menschen lebensnotwendig ist. Zumindest schlummern in unserem Körper etwa 15 mg. Nicht viel, aber offensichtlich funktionieren wir dank des Zinns. In der Erdkruste kommt es mit einer Häufigkeit von 0,003 Gewichtsprozenten vor. Nur selten findet man es gediegen, oft aber als Zugabe in einigen sulfidischen Mineralien. Wichtigstes Zinnerz für die Gewinnung ist der Zinnstein (78% Sn): ein Zinndioxid mit dem mineralogischen Namen Kassiterit. Zinn kommt vor allem zu über 80% in Schwemmland-Ablagerungen vor, als sogenannte Zinnseife an Flüssen sowie auf dem Meeresgrund, vorwiegend in Zentralchina, Thailand, Malaysia bis nach Indonesien, aber auch in Brasilien, Bolivien, die GUS und Zaire.

Zinngefäße aus dem weichsten aller Schwermetalle, die sich bereits mit einem Fingernagel ritzen lassen, wurden schon von unseren Großmüttern mit Zinnkraut – dem Schachtelhalm – poliert. Die Zellwände dieses Gewächses bestehen zu 7% aus eingelagertem Silikat.

Man könnte vermuten, daß auch das rote Mineral Zinnober dem Namen nach auch Zinn enthielte. Mitnichten, vielmehr enthält Zinnober 86% Quecksilber. Das zinnähnlich aussehende Blei hinterläßt beim Abrieb auf weißem Papier einen grauen Strich. Zinn dagegen bleibt darauf spurlos. Sollten Sie Lust verspüren, können Sie Zinn schmelzen. Erfolg haben Sie bei Temperaturen über 232°C. Über 1.000°C verflüchtigen sich unbemerkt die ersten fixen Zinnatome. Bei 2.270°C geht Zinn in den gasförmigen Zustand über. Aber wem nützt schon luftiges Zinn? In der Tat ist Zinn ein merkwürdiges Metall und steht heute wieder hoch im Kurs. Hat man noch 1954 für dieses Metall etwa 800 DM pro Tonne bezahlt, waren es 2003 etwa 5.000 US-D. Seitdem hat es sich noch einmal vervierfacht auf 20.000 US-D pro Tonne. Die alten fast vergessenen Zinngruben werden wieder flott gemacht, denn es loht sich wieder. So wird die South-Crofty-Mine durch das Unternehmen Baseresul in Cornwall/England wieder eröffnet, auch in West-Country bekommt die alte Hemerdon-Grube neues Leben eingehaucht. Kommt es bald auch im Vogtlandkreis in Tannenbergsthal zu einer Renaissance des historischen Zinnbergbaus? Geologen gehen von einem Mindestvorrat von 120.000 Tonnen reinen Zinns aus. Seit 2006 befindet sich Zinn in einem steilen Aufwärtstrend. Experten rechnen damit, daß man dafür nach möglichen Korrekturen pro Tonne schon bald 25.000 US-D auf den Tisch legen muß.

Lassen wir unsere Betrachtung nicht mit Zinngeschrei ausklingen, sondern mit sonoren, ehrwürdigen Glockenklängen und brausenden Orgeltönen. Seit Jahrhunderten stellt man Orgelpfeifen aus reinem Zinnblech her. Diese behalten die silbrige Farbe über viele Jahrzehnte. Zinn wird in einer Legierung mit Blei, dem sogenannten Orgelmetall verwendet; es hat für die Klangentfaltung sehr gute vibrationsdämpfende Eigenschaften.

Die größte, freischwingende Kirchenglocke der Welt, „de dekke Pitter", schwingt aktiv seit 1924 im Kölner Dom. Nicht umsonst heißt sie so, denn mit 24 Tonnen hat sie den Namen auch verdient. Zwar gibt es seit 1735 noch die 196 Tonnen schwere und 5,85 Meter hohe Zarenglocke, doch das inzwischen zerborstene Schwergewicht ruht auf einem Granitsockel im Kreml als stumme Sehenswürdigkeit. Es ist nicht alles Zinn was läutet, oder wie hieß es? Dieser Koloß wurde jedenfalls nie geläutet. All diese Klanggebilde bestehen aus 76 bis 80% Kupfer und 20 bis 24% Zinn, der altbekannten Bronze. Das war und ist traditionelle Handwerkskunst. Der Zinngehalt beeinflußt maßgebend den Glockenklang. Je mehr Zinn die Legierung enthält, desto prägnanter und feiner ist die Klangfarbe, aber desto härter wird auch das Glockenmetall. Dabei wächst die Gefahr, daß die Glocke zerspringt. Das Gußmaterial, die Zinnbronze, heißt in der Fachsprache lukullisch „Glockenspeise". Erinnern Sie sich an Friedrich von Schiller, an sein Lied von der Glocke? Darin heißt es eindrucksvoll:

Kocht des Kupfers Brei/ Schnell das Zinn herbei!/
Daß die zähe Glockenspeise/ Fließe nach der rechten Weise!

Antimon – vielseitig, aber giftig

Feinstaub des Antimons (Sb für Stibium) ist der Globetrotter unter den Aerosolen. So ein 0,001 mm starkes Antimonteilchen tritt eine lange Reise an; es kann am Tag bis zu 500 km durch die Atmosphäre wandern, natürlich auch nachts. Sie, als potentieller Rohstoff-Investor, sollten auch die giftige, kaum bekannte Kehrseite des Halbmetalls kennen lernen: Antimon ist im Straßenstaub heutzutage der am stärksten angereicherte Schadstoff. Die Bremsbeläge der meisten Fahrzeuge enthalten als Gleitmittel Antimonsulfid, damit die Bremsen nicht ruckeln. Bei jedem Bremsvorgang wird der Stoff in mikroskopisch kleinen Partikeln abgerieben und in die Umgebung entlassen. Warum dieses Giftzeugs? Man treibt seit Mitte der achtziger Jahre den Teufel mit Beelzebub aus, denn das giftige Antimon ersetzt krebserregenden Asbest. Nur wenige Automobilbauer, wie etwa Porsche, verwenden heute alternative Systeme aus Karbonfasern. Antimonfreie Bremsen sind leider erheblich kostspieliger. Es war ja schon immer etwas teurer, einen „gesunden Geschmack" zu haben.

Eine 2007 veröffentlichte Studie analysierte erstmals die Antimonmenge im gesamten Schwebestaub im Straßenverkehr von Tokio. Die Ergebnisse übertreffen die „Hintergrundbelastung" um mehr als

Faktor 20.000. Man kann sagen: In den Aerosolen der Stadtluft findet sich heutzutage mehr Antimon als jedes andere Spurenelement. Was sind aber die sogenannten Hintergrundwerte von Antimon in Staubpartikeln? Dazu untersuchte man Torfproben mit einem Alter von sechstausend bis neuntausend Jahren; sie ergaben die niedrigste Sb-Konzentration. Dann aber kam der zivilisierte Mensch: die Erdatmosphäre reicherte sich mit Antimon an. In den jüngeren Torfproben, die auf die Zeit der Römer zurückgehen, finden sich die ersten stärkeren Antimon-Konzentrationen. Die alten Römer bauten erstmals Bleierze für ihre Wasserleitungen im größeren Stil ab. Als Mitgift zum Bleierz gab es immer Antimon als mineralogisches Zubrot. Darüber hinaus konnte man an Eisbohrkernen aus der kanadischen Arktis zeigen, daß in den letzten 30 Jahren Antimon um satte 50% angereichert ist.

Großer Bedarf an Antimon besteht als Stabilisator für PVC. In jeder PET-Getränkeflasche läßt sich Antimon in der Größenordnung von einigen Milligramm je Kilogramm Verpackungsmaterial nachweisen. Man fand heraus, daß während der Lagerung Mineralwasser-gefüllte PET-Flaschen Antimon abgeben. Die Konzentration der Giftabgabe kann sich um das mehrere Hundertfache erhöhen – man braucht nur etwas Geduld. Die Antimon-Konzentration des abgefüllten Wassers in PET-Flaschen steigt mit der Zeit deutlich an und erreicht bis zu 630 Nanogramm pro Liter Sb. Ein Vergleich zwischen Glas- und PET-Flaschen zeigte, daß in PET-Flaschen der Antimon-Gehalt bis zu 30mal höher lag. Vor dem Abfüllen enthielt dieses Wasser nur vier Nanogramm pro Liter Sb. Daraus abgeleitet, ein Tip für den worst case um 2010: Lagern Sie Ihre strategischen Wasserreserven in Glasballons; eingefleischte Rohstoffler wissen, was ich meine.

Was ist der Steckbrief von Sb? Das silberne Halbmetall schmilzt bei 630°C und siedet zwischen 1325°C und 1750°C – je nach Literaturquelle. Unterhalb von minus 270,45°C wird Antimon supraleitend und verliert seinen elektrischen Widerstand. Als eines der wenigen Elemente auf Erden dehnt sich Antimon beim Erstarren von der flüssigen zur festen Phase aus. Dieses merkwürdige Phänomen der Dichteanomalie ist dem Wasser eigen, aber auch den Metallen Bismut,

Gallium und Germanium. Man nutzt dieses anomale „Aufplustern" bei Antimon-Blei-Legierungen: Der Antimongehalt läßt sich so einstellen, daß sich das Material der gegossenen Teile beim Erstarren in allen Ecken und Kanten andrückt – ein nützlicher Drückeberger. So entstehen lunkerfreie komplizierte Formen und strukturierte Oberflächen ohne unerwünschte Hohlräume. Beispiele dafür sind das legendäre Letternmetall mit 28% Antimon, Lagermetall und Akkumulatoren-Blei sowie Bleimantel für Erdkabel.

Bisher verwendet man Sb-Legierungen auch zum Härten von Geschossen, dies unter dem Motto: nenne mir deinen Antimonverbrauch und ich sage dir, ob du einen Krieg führst. Darüber hinaus wird das Halbmetall zunehmend in der Halbleiterindustrie, bei der Produktion von Dioden und Infrarotdetektoren eingesetzt. Man kann sagen, daß zwei Drittel der Antimonförderung in Form von Antimon-Trioxyd als Flammschutzmittel Kunststoffen zugesetzt wird. Diese finden sich in Auto-Innenauskleidungen wieder, aber auch in Computern oder in Fernsehern. Weiteren Einsatz findet sich in der Keramik-, Glas- und Pigmentproduktion sowie im pharmazeutischen Bereich. In Halbleitern dient Antimon als Dotierungsbeigabe. So gibt es zahlreiche Verwendungszwecke in der Industrie, auch als Bestandteil von Sprengstoffzündern und Zündköpfen in Streichhölzern. Antimonsalz ist Bestandteil von Pestiziden, Beizen und Feuerwerksartikeln. Auch als Scheidemittel ist es gefragt, denn es fällt Silber aus Goldschmelzen aus.

Vor Jahrtausenden nutzen Chinesen und Ägypter das antimonhaltige Mineral Grauspießglanz nur kosmetisch. Sie stellten daraus schwarze Augenschminke her. Aus der Römerzeit stammen die Namen stibium (daher Sb als Elementkürzel) und antimonium. Bis ins 16ten Jahrhundert betrachtete man Antimon als eine Abart des Bleis. Theophrastus von Hohenheim erkannte Anfang des 16ten Jahrhunderts die medizinische Wirkung von Antimonpräparaten. Aufgrund der bakterientötenden Wirkung nahm er Antimonsulfid als Grundlage für Augencremes und behandelte auch Wunden und Geschwüre. Selbst für innere Anwendungen nutzte Paracelsus Antimontinkturen. In stark verdünnter Form sollten die Präparate abführend, schweißtreibend oder als Brechmittel wirken. Die meisten Antimonverbindungen sind sehr giftig und wirken ähnlich wie Arsenverbindungen. Leber und Schilddrüse haben eine gewisse Neigung, die Giftstoffe anzureichern.

Im 18ten Jahrhundert galt Antimon als Allheilmittel gegen Beschwerden wie Kopfschmerzen, Melancholie oder Depressionen, selbst Kindern verabreichte man Antimongaben zur Leistungssteigerung. Ein frühes Doping! Das galt im erhöhten Maße erst recht für Wunderkinder. Wissenschaftler der Universität für Bodenkultur Wien fanden im Zahnschmelz der sterblichen Überreste von Wolfgang Amadeus Mozart stark erhöhte Antimonwerte. Wie man weiß, genehmigte sich das Musikgenie gern Brechweinstein (Kalium-Antimonyl-Tartrat). Das Gebräu entsteht durch Reaktion von Weinsäure in einem antimonhaltigen Behältnis von selbst und verjagt angeblich jeden Kater. In Chemotherapien eingesetzt, sind Antimonpräparate erfolgversprechend gegen Leishmaniose, einer Parasitenerkrankung bei Tier und Mensch.

Es gibt einige bedeutende Antimon-Gold-Verbindungen wie Aurostibit, Auroantimonat und Anyuiit. Wen wundert's, denn diese Mineralien entstammen häufig demselben mineralogischen Bildungssystem. Mehr als hundert Antimon-Mineralien sind bekannt. Industriell genutzt wird das Mineral Stibnit (Antimonglanz, Grauspießglanz, Antimonit), das vor allem in Bolivien, Mexiko und China vorkommt. Wirtschaftlich interessant ist Stibnit durch seinen hohen Antimon-Gehalt von über 70%. Eine der berühmtesten Stibnit-Gruben gibt es bei der Stadt Lengshuijiang. Diese wird von Chinesen als Hauptstadt des Antimons gepriesen. Ja, Mozart mußte früh mit 35 Jahren sterben, und vielen jungen Bewohnern dieser Stadt geht es auch schon grottenschlecht. Überhaupt ist China Hauptexporteur für Antimon. Seit den siebziger Jahren hat sich die Antimon-Produktion weltweit verdoppelt; sie liegt heute bei rund 140.000 Tonnen. Die Nachfrage blieb in den letzten Jahren relativ konstant, dabei gibt es nur wenig Ersatz für Antimon. Es ist schwierig, den Preis für Antimon zu bekommen. Eine Angabe stammt von der Northern Miner. Danach kostete am 28. Mai 2007 eine Tonne Antimon 5.360 US-D.

Zum Abschluß sei ein Schierlingsbecher gereicht: Antimon ist mit dem Periodennachbarn Arsen verwandt und zehnmal giftiger als Blei. So wie Fliegenpilze Pfadfinder der Steinpilze sind, so deuten Antimonmineralien vielfach auf Goldvorkommen hin. Komplimentierte das Adelsgeschlecht der Borgias im Mittelalter noch unliebsame Zeitgenossen durch Arsengaben himmelwärts, so geht das heute moderater. Der weniger prominente Giftbruder Antimon wirkt eher bescheiden schleichend. Sein Revier liegt heute in Städten an belebten Ampelkreuzungen und auf ländlichen Schießplätzen. So bekommt ein jeder Bürger seine Sb-Abreibung tagtäglich wohl dosiert in der Atemluft, und die Industrie nutzt gern das Multitalent Antimon.

Hightech-Metalle im Periodensystem

Zirkonium: Mineral und Hightech-Metall

Gleich zwei neue Elemente entdeckte der rührige Apotheker M. H. Klaproth im Jahre 1789: erstens das Uran – und zweitens isolierte er ein neues Oxid aus einem ceylonesischen Stein. Er nannte es Zirkonerde. Später übertrug man den Begriff Zirkon auf den zirkonhaltigen Edelstein. Dieser erzählt eine spannende Geschichte aus dem Paläozoikum vor etwa 500 Millionen Jahren. Bei der Entstehung des Zirkons lagerten sich radioaktive Gastminerale ein, vor allem der Alpha-Strahler Hafnium mit 0,5 bis 4%, aber auch Spuren von Uran und Thorium.

Durch das radioaktive Bombardement über Jahrmillionen im Steininnern zerfiel das ursprünglich tetragonale Kristallgitter des Zirkons, ähnlich wie Glas, zu einem amorphen „Kristallbrei". In diesem Zustand heißt er Tiefzirkon, die Zwischenstufen nennen sich metamikte Zirkone. Nur der Edelstein, der sogenannte Hochzirkon, führt keine radioaktiven Mineralgäste in seinem Inneren und ist deswegen strahlungsfrei. Die Farben des geschätzten Edelsteins Zirkon reichen von farblos über rot (Hyazinth), braun, gelb und grün bis blau.

Nicht zu verwechseln mit dem Naturprodukt ist das künstliche Produkt „Zirkonia". Lange Zeit galt es wegen seiner hohen Lichtbrechung von 2,17 (Diamant 2,417) als die beste Diamant-Imitation; diese unterscheidet sich aber erheblich von der Härte und Dichte eines Diamanten (h = 8,5 zu 10; D = 5,6 zu 3,6).

Als Zirkoniumoxid reichert sich Zirkonium mit anderen Schwermetallen wie Rutil, Monazit und Illmenit in Sanden an. Es ist mit 0,02 Gewichtsprozenten in der Erdkruste vorhanden. Angereichert findet es sich in Lagerstätten aus Schwermetallsanden z.B. in Florida, Südafrika und an den Stränden von Brasilien und Westaustralien. Jährlich produziert man 7.000 Tonnen.

Die physikalischen Eigenschaften des silbrig-glänzenden, dehnbaren Metalls, das zur Titangruppe zählt, zeichnen sich durch einen hohen Schmelz- und Siedepunkt aus (1.852°C und 4.377°C). In metallischer Form extrahierte man Zirkonium erstmals 1824, also drei Jahrzehnte nach der Entdeckung seines Oxids. Dann wurde es still um das Schwermetall. Erst im 20ten Jahrhundert gewann Zirkonium an technischer Bedeutung, und zwar als Werkstoff im Raketenbau und als Auskleidung von Düsentriebwerken. Als Hitzebarriere in Raumfähren und Abschußrampen setzt man es als Höchsttemperatur-Isoliermaterial ein, ebenso in thermisch beanspruchten Ventilen, Pumpen und Schmelztiegeln. Überall dort, wo in Rohren flüssige Metalle fließen, übernehmen feuerfeste Zirkonium-Keramiken die Auskleidung. Auch deswegen, weil sie chemisch resistent sind. Diese Keramiken sind als sogenannte Lambda-Sonden in Katalysatoren in Kraftfahrzeugen im Einsatz, ebenso in der Medizintechnik als Prothesenwerkstoff, etwa bei Hüftgelenkimplantaten. In der Zahnmedizin bilden sie die Basis metallfreier Zahnimplantate.

In pulverisierter Form brennt das Element mit greller Flamme. So ist Zirkoniumpulver beim Bau von Feuerwerkskörpern, Leuchtspurmunition, Signallichtern und als rauchfreies Blitzlichtpulver im Einsatz. Magnesium, das ebenso hell verbrennt hat den Nachteil, daß es beim Abbrand raucht.

Zirkonium-Legierungen sind zuverlässige Zündquellen für Sprengstoffe im Bergbau und bei Airbags in Kraftfahrzeugen. Diese resistenten Legierungen werden in der Chirurgie für Instrumente benutzt. Im Militärbereich schätzt man schußfeste, zirkoniumhaltige Stahllegierungen. Zirkonoxid macht Lacke kratzfest, ebenso Möbel- und Nagellacke, und es übernimmt das Weißpigmentieren von Porzellanen.

Einer der interessantesten und zukunftsträchtigen Anwendungen findet sich in der Reaktortechnik. Der Grund ist: Rein-Zirkonium ist für Neutronen durchlässig, deswegen sind Brennstoffstäbe mit Zirkonium umhüllt. Das Problem ist die Reindarstellung des Zirkoniums, denn wenn es mit seinem Naturbegleiter Hafnium „verschmutzt" ist, kommt es im Reaktor zu keiner Kettenreaktion: die Neutronen können nicht die Hülle durchdringen. Rein-Zirkonium für Brennstäbe läßt sich nur im Ionenaustauschverfahren genügend sauber gewinnen.

Der weitsichtige Investor wird sich kaum an einer „reinrassigen" Zirkonium-Mine beteiligen, denn so ein Aktienunternehmen gibt es nach meinen Kenntnissen nicht. Ist er davon überzeugt, daß Zirkonium, getrieben durch den rasanten weltweiten Reaktorbau, in Zukunft nachhaltig „ver"-braucht wird, könnte er ja in physischer Form direkt davon partizipieren. Genau dieser Wunsch – diese Marktlücke – kann einem leichtgläubigen Anleger zum Verhängnis werden. Er hält Ausschau nach einem Unternehmen, das so etwas bietet – und er wird eventuell fündig. Der Anleger erwirbt einen Korb mit gewichteten Hightech-Metallen. Darin ist Zirkonium enthalten neben Silber, Tantal oder Vanadium. Ja sogar als Einzelmetall kann der Investor Zirkonium physisch erwerben, und das zollfrei, geschützt, versichert und eingelagert in irgendeiner Dependance. Dabei spart er sich beim Erwerb sogar die Mehrwertsteuer. Hört sich vielversprechend an. Will der Investor an der Preisentwicklung des Metalls partizipieren und es nach einigen Jahren mit Gewinn verkaufen, ist nur die Mehrwertsteuer fällig, die zum Zeitpunkt des Kaufs angefallen wäre. Ein scheinbar interessantes Konzept. Es muß ja nicht immer Gold und Silber sein: die Edelmetalle, die nachweislich im Preis manipuliert sind. Bei den industriell eingesetzten Hightech-Metallen regelt in erster Linie Angebot und Nachfrage den Preis. Man muß nur den richtigen Riecher haben, welches dieser Metalle gute Chancen in Zukunft hat, und schon ist man Millionär!

Doch Skepsis ist geboten. Finger weg von Unternehmen, die diese Marktlücke ausnutzen und mit wasserdichtem Konzept arbeiten. Diese Leute wollen Ihr Bestes, nämlich Ihr sauer verdientes Geld. Bedenken Sie, Ihr Zirkonium in physischer Form können Sie später der verarbeitenden Industrie nicht anbieten, nur wieder Ihrem einstigen Verkäufer, und der macht Ihnen aus seiner Monopolstellung heraus einen hübschen Magerpreis. Wenn Sie sich Ärger ersparen möchten, aber unbedingt physisch einen Edelzirkon erwerben wollen, dann machen Sie Ihrer Liebsten mit einem prächtigen, blauen Zirkon aus Kambodscha eine Freude. Dieses blaue Wunder gibt es preiswert in der Edelsteinstadt Idar-Oberstein.

Leben im Silizium-Zeitalter

Denken Sie mal an die Bronze- und Eisenzeit. Da prägte ein vorherrschender Stoff das menschliche Leben und gab der Epoche seinen Namen. So gesehen, müßte unsere Hightech-Epoche Siliziumzeit heißen, denn kein anderes Material beeinflußt unser modernes Leben so sehr wie Silizium (Si), vor allem durch seine halbleitende Fähigkeit. Siliziumdioxid (Quarz) in Form eines Faustkeils oder Feuersteins nutzten allerdings schon die Steinzeitmenschen.

Ist es nicht verwunderlich, daß Silizium als zweithäufigstes Element der Erdkruste mit fast 28% erst 1779 entdeckt wurde? Reinrassiges Si kommt zwar nicht elementar vor, natürlich aber im Verbund mit Sauerstoff als Siliziumdioxid und Silikat. Eine Unzahl von Mineralien aus Siliziumdioxid verschönt unsere unbelebte Natur. Etwa Bergkristall, Achat, Opal, ferner gewöhnlicher Sand und Kiesel. Übrigens, warum schillert Opal so faszinierend? In seiner Feinstruktur enthält er chemisch gebundenes Wasser, aber auch in Reih und Glied eingebettete Cristobalt-Kügelchen in Kieselgelmasse – eine Art des Siliziums. Daran beugt sich das einfallende Licht und verursacht das herrliche regenbogenfarbene Schillern, das Opalisieren.

Technisches (unreines) Silizium wird als Desoxidationsmittel bei der Stahlherstellung verwendet oder als Flußmittel, Formsand und Sauerstoffschutz. Zugegebenes Silizium entfernt in der Metallschmelze fremdartige Metalloxide und bindet sie in der Schlacke. Außerdem dient Silizium zur Legierung verschiedener Metalle wie Aluminium, Eisen oder Kupfer. Eine klassische Anwendung findet Quarzsand in der Glasherstellung; beim Blick durch die Fensterglasscheibe schauen wir eigentlich zwischen den Siliziumatomen hindurch.

Reines Silizium hat als sprödes dunkelgrau-glänzendes Metall eine diamantähnliche Gitterstruktur; dies erklärt auch seine relativ große Härte mit 7. Als dünne Schicht sind die Kristalle durchscheinend. Daneben existiert ein dunkelbraunes, amorphes Pulver, das aber im mikrokristallinen Bereich ähnlich aufgebaut ist wie die Kristalle. Silizium teilt mit Wasser, Bismut und Gallium eine kuriose Eigenschaft: beim Schmelzen verringert es sein Volumen um etwa 10% und dehnt sich beim Erstarren wieder aus (Dichteanomalie). Seine Wärmeleitfähigkeit ist sehr hoch, gering dagegen das elektrische Leitvermögen, das aber mit zunehmender Temperatur steigt.

Die Forscher mußten das Halbleiterelement Silizium schon genauer beäugen, bis ihnen klar wurde, daß es auf die exakte Anordnung der Atome im Kristallgitter und auf höchste Reinheit ankommt, wollte man die besonderen elektrischen Eigenschaften nutzen. Im Periodensystem ist Silizium eine Art Zwitter, es liegt zwischen den Leitern und Nichtleitern. Durch atomares „Verschmutzen" mit Fremdatomen, z.B. durch Dotieren mit Bor, Phosphor, Indium und Arsen, läßt sich seine elektrische Leitfähigkeit gezielt steuern. Dieser Trick versagt bei Leitern aus Kupfer, Silber oder Gold. Durch nichts kann man diese Leiter dazu bewegen, ihr Leitvermögen zu reduzieren. Andererseits lassen sich Isolatoren wie Keramik oder Glas nicht in Leiter verwandeln.

Was ist der Casus knacktus, daß gerade Silizium in der elektronischen Welt so geschätzt ist? Zu Beginn der Halbleiterei war nämlich Germanium das Halbleitermaterial, weil man Germanium reiner als Silizium erzeugen konnte. Um 1960 gelang es den Kristallzüchtern, reineres Silizium kostengünstiger herzustellen. Es folgte der „Quantensprung" vom ersten Transistor auf Siliziumbasis bis hin zum Integrierten Schaltkreis. Der Silizium-Chip, der IC, faßte verschiedene elektrische Einzelbauteile zusammen, einschließlich deren Verdrahtung. Ein Wettlauf zu immer höherer Bauteiledichte auf einem Chip entbrannte. Heute tummeln sich 100 Millionen Transistoren auf einem einzigen Chip. Ein Grund für die enorme Speicherdichte sind die immer kleiner werdenden Strukturen. Heute sind Strukturbreiten von unter 100 Nanometern möglich – 20 mal dünner als ein menschliches Haar. Ein einziger Chip kann die Information von rund 33.000 be-

schriebenen DIN A4 Seiten speichern, selbst wenn es Informationsmüll ist. Weltweit werden Mikrochips auf Siliziumbasis im Wert von
über 300 Milliarden US-D verkauft. Heutzutage sind wir umgeben
von elektronischen Geräten, die es ohne Silizium-Chips einfach nicht
gäbe.

Wie wird das begehrte hochreine Silizium für die Halbleiterindustrie
in Waffelform (Wafer) hergestellt – die Basis für die Chips? Sauber
allein genügt hier nicht – oder wie hieß der Werbespruch? Selbst rein
genügt den Anforderungen der Mikroelektronik noch lange nicht.
Das Silizium muß ein völlig gleichmäßiges Kristallgitter bilden, in dem
alle Atome exakt die gleichen Abstände und Winkel zueinander haben. Solche Eigenschaften besitzt nur ein Kristall, das aus einem
Stück gewachsen ist. Aber wie? Man erhält anfangs durch Reduktion
von Siliziumtetrachlorid, $SiCl_4$, mit Wasserstoff ein Vielkristallgebilde,
das zunächst eingeschmolzen wird. Dann taucht man in die Schmelze wie einen Finger einen dünnen Impfkristall. Dieser „Fingerzeig"
bestimmt, wo es mit der Kristallorientierung hingeht. Beim Ziehen
des Einkristalls werden gleichzeitig gezielt kleine Dosen von Fremdatomen, wie Bor oder Phosphor zugesetzt, um die geforderte Leitfähigkeit der späteren Chips oder der späteren Solarzelle zu erzielen.
Der Kristall wächst und wird innerhalb von einigen Tagen langsam
drehend herausgezogen. Die Schmelze um den „Impffinger" erstarrt
zu monokristallinem Silizium: ein etwa 2 m langer Kristallzylinder von
30 cm Dicke entsteht. Nach dem Rundschleifen schneidet man den
Kristallstab in dünne Scheiben, in sogenannte Wafer. Sie bilden das
Rohmaterial zur Herstellung von Mikrochips. Auch in der Photovol-
taik ist Silizium Ausgangsprodukt für die Solarzellen.

Die virtuose, lebendige Natur nutzt seit Urzeiten Silizium als Bau-
material. Eine Reihe von Lebewesen erzeugen siliziumdioxidhaltige
Strukturen. Viele Pflanzen stützen ihre Stengel und Blätter mit einem
Gerüst aus Siliziumdioxid. Aber auch der Schutzmechanismus der
Brennessel nutzt Silizium. Die Wände dieser wundersamen hohlen
Brennhaare mit eingebauter Sollbruchstelle enthalten im oberen Teil
eingelagerte Kieselsäure; sie sind dadurch hart und spröde. Schon
beim leichten Berühren brechen die Haare ab; sie hinterlassen eine

schräge, scharfe Bruchstelle, gleich der einer medizinischen Spritzkanüle, aus der Ameisensäure tritt.

Auch in der Fauna bilden viele Schwämme und Radiolarien Außenskelette aus Siliziumdioxid. Am bekanntesten sind die Kieselalgen (Diatomeen). Die Biochemiker sind auf der Suche nach der Biomineralisation in Kieselalgen. Diese und andere Meeresorganismen verarbeiten in den Weltmeeren jährlich etwa 6,7 Gigatonnen Silizium zum Aufbau von Siliziumdioxid-Biomineralen. Das wäre ein ungeheuer großer Würfel von 14,2 Kilometer. Die Zellwände der Einzeller haben faszinierende geometrische Strukturen, die artspezifisch sind, also genetisch kontrolliert entstehen. Diese nanostrukturierten Biomineralien wirken als Verbundwerkstoffe mit Proteinen und langkettigen Polyaminen. Alle organischen Komponenten haben offenbar Einfluß auf die Strukturen der Zellwände. Gerade ist man dabei, aus der Biochemie der Kieselalgen zu lernen. Die Grundlagenforscher interessieren vor allem die faszinierenden Strukturen und Bindungsverhältnisse neuartiger Siliziumorganischer Verbindungen, die Ausgangspunkte neuer Materialien für neue Anwendungen sein könnten.

Auch wir Menschen benötigen Silizium für das Wachstum der Knochen Nägel und Haare. Ein Mangel führt zu Wachstumsstörungen. Unser Körper enthält etwa 20 mg pro Kilogramm davon, gebunden als organische Kieselsäure. Im Blut befinden sich drei Formen von Silizium: 10% ist wasserlöslich, 60% ist mit Eiweißkörpern gebunden und 30% ist an Fette gebunden. Silizium kann aber mehr: Es ist ein wirksames biologisches Heilmittel, das die Verkalkungssymptome nicht nur unterdrückt, sondern auch die Folgen von Arteriosklerose verbessert. Silizium verbessert die Elastizität des Bindegewebes. Bei der Arterienverkalkung ist die Gefäßinnenhaut der Arterienwand degenerativ verändert. Arteriosklerotisch belastete „alte" Arterien enthalten vierzehn Mal weniger Silizium als gesunde Arterien. Französische Forscher stellten nun fest, daß bei Arteriosklerose eine Erhöhung von Silizium im Blut eine „Verjüngung" des Proteins der Gefäßwand hervorruft. Der Blutdruck ging herunter, Lymphozyten und Phagozyten wurden stark vermehrt. Mit einer Siliziumtherapie normalisiert sich der erhöhte Blutdruck, da die Gefäßwände elastischer werden; sie können sich wieder ihrer Aufgabe der rhythmischen Gefäßwandausdehnung und -verengung im Rhythmus des Herzschlags anpassen.

Silizium-Kohlenstoff-Bindungen gewinnen für chemisch beschleunigende Prozesse immer mehr an Bedeutung. Riesenmoleküle, sogenannte Polymere, die Silizium und Übergangsmetalle enthalten, haben höchst interessante physikalische und chemische Eigenschaften. Die bekanntesten sind die Silicone (Weltjahresproduktion im Megatonnenbereich). Deren Gerüst besteht abwechselnd aus Silizium- und Sauerstoff-Atomen. Diese als Öle, Kautschuke oder Harze hergestellten Polymere haben sich bereits in Hydraulik-Flüssigkeiten, Shampoos, Weichspülern, Fugendichtmassen etabliert und plustern selbst Brustimplantate auf.

Oberflächlich mit Wasserstoff bedecktes, poröses Silizium kann unter Lasereinstrahlung und Beigabe von Sauerstoff hochexplosiv sein. Damit sind Sprengungen im Mikrometerbereich möglich. Geschwindigkeit und Energie der Detonation sind höher als bei TNT. Da gibt es aber einen Haken: um poröses Silizium reaktionsfähig zu machen, sind Temperaturen von unter -180°C erforderlich. Mögliche Einsatzgebiete lägen im Bereich des absoluten Nullpunkts, also im Weltraum. Durch die hohe Sprengpräzision ließen sich z.B. Satelliten vom Raumschiff abtrennen.

Silizium gehört zum Leben; es ist ein gewichtiger, vielseitiger Bestandteil unseres Mutterraumschiffs Erde mit ihrem Gewicht von sechs Trilliarden – 6.000.000.000.000.000.000.000 Tonnen.

Seltenerdmetalle könnte man als die nützlichen Kobolde der Zukunftstechnologie bezeichnen. Nachdem im bisherigen Rohstoffzyklus die Buntmetalle im Preis kräftig anzogen, sich die Edelmetalle Gold, Silber, Platin und Palladium gut aber stockend entwickelten, stieg Uran kontinuierlich in den letzten Jahren. Die permanente Nachfrage durch den Bau weiterer Kernkraftwerke verheißt dem Uran eine strahlende Zukunft.

Doch aufgepaßt: In der Rohstoff-Pipe verbergen sich – jetzt noch ziemlich unbekannt – die „Kobolde" künftiger Hightech-Produkte.

Diese Tausendsassas werden ihre Dienste noch weit über das Jahrzehnt hinaus bei neuen Applikationen anbieten. Gemeint sind die Seltenen Erden. Das sind silberglänzende, eher weiche Metalle mit einer Wichte um 5 bis 9 kg/dm³.

Die metallische Großfamilie der Lanthanoide oder Seltenerden, kurz SE genannt, nimmt die Plätze 57 bis 70 im Periodischen System der Elemente ein. Typisch ist nicht die Seltenheit, sondern der eher unedle Charakter der Erden (Erden steht für Oxide). Wegen der Ähnlichkeit der insgesamt 15 Familienmitglieder, sind sie schwer zu trennen. Ihr Atomaufbau unterscheidet sich nur in der drittäußeren Elektronenschale; diese ist je nach Familienmitglied mit 18 bis 32 Elektronen besetzt. 1794 wurde zuerst Yttererde entdeckt. Man glaubte zunächst, daß es sich um ein einziges Oxid handle. Erst viel später, nämlich im 20ten Jahrhundert, gelang die „reinrassige" Trennung der einzelnen Familienmitglieder durch Ionenaustausch.

Faszinierend ist, daß die SE in der Erdhülle zwar relativ häufig (etwa mit 50 ppm, Cer z.B. fünfmal häufiger als Blei) vorkommen, indessen aber nur an wenigen Orten in abbauwürdigen Mineralien stecken. Von den über hundert SE-haltigen Mineralien spielen wirtschaftlich nur Bastnäsit und Monazit eine Rolle. Da Monazit radioaktives Thoriumoxid enthält, ist die SE-Gewinnung problematisch. Offensichtlich konzentrierte sich die Natur topographisch auf China. Hier lagert ein Großteil des Weltvorrats an Seltenerden. Damit beginnt das Kräftespiel der Industrienationen, was den Rohstoff-Investor aufhorchen läßt. Das verspricht die nächste spannende Story am Rohstoffmarkt. China war bisher Monopolist bei der Gewinnung und Weiterverarbeitung von SE-Produkten. Bis vor kurzem hat das sogar die Amerikaner nicht gestört. Im Gegenteil: Sie bezogen 90% der SE aus China. Über 95% der SE-Weltproduktion kommt aus dem Reich der Mitte; das sind über 100.000 Tonnen. Die strategische Bedeutung ist so groß, daß China inzwischen seine gesamte SE-Jahresproduktion auf 86.500 Tonnen begrenzt und in diesem Jahr nur noch 40.000 Tonnen SE exportiert, und das mit einem 10%igen Ausfuhrzoll. Um nur ein Element der Seltenerd-Produkte zu nennen: Die Jahresproduktion an Yttrium betrug etwa 2.500 Tonnen.

Allmählich rücken die SE immer mehr ins Bewußtsein der Industriestaaten. Mit den SE ging den Politikern zuerst in Australien ein Licht auf. Gemeint ist die gesetzliche Verordnung von Energiesparlampen mit Lanthaniden als Leuchtstoff.

Diese Verknappung an SE durch China führte bereits zu einem Angebotsdefizit von etwa 30.000 Tonnen. In einem Jahr schnellte der Preis für das Seltenerdmetall Neodym um 160% in die Höhe. Lassen wir einmal einige bekannte Anwendungsbereiche für SE vorbei defilieren:

- Cer steckt im Feuerstein von Feuerzeugen. Cer dient, ebenso wie Lutetium, als Katalysator beim Cracken und Polymerisieren. Ceroxid ist ein leistungsfähiges Poliermittel in der Glasindustrie.
- Dysprosium (griechisch dysprósitos „schwer zugänglich") und Thulium findet sich als Neutronenabsorber in Kernkraftwerken.
- Erbium ist Bestandteil in fotografischen Filtern
- Gadolinium ist das einzige ferromagnetische SE-Metall. Es dient als Aktivator des grünen Leuchtstoffs in Fernsehgeräten und gewinnt in der zukünftigen Kältetechnik mit hoher thermodynamischer Effizienz an Bedeutung.
- Holmium ist Legierungsbestandteil wie fast alle Lanthanoide
- Samarium ist als Permanentmagnet bekannt, etwa in Kopfhörern.
- Terbium dient als Lasermaterial
- Praseodym färbt Gläser gelb
- Promethium dient als Wärmequelle in Raumsonden
- Ytterbium findet sich in der Röntgentechnik und Hochleistungskeramik. Übriges gibt es ein künstliches Produkt für Diamant, einen Yttrium-Aluminium-Granat; eigentlich ist der YAG ein Produkt der Lasertechnik.

Lanthan ist der einzige Supraleiter der SE-Familie. Es wird sich vor allem in den künftigen Generationen des Automobilbaus einen Namen machen. Für den Elektroantrieb in Hybridfahrzeugen bedarf es eines leistungsstarken, leichten Elektroantriebs mit langer Lebensdauer. Das leisten Nickel-Metallhydrit-Batterien mit hoher Energiedichte, deren Anode eben aus Lanthanoiden (u.a. Cer, Lanthan,

Neodym) besteht. Neodym-Magnete in Elektromotoren (über 30% Anteil an Neodym) sorgen für kraftvollen Antrieb. Ein Hybridfahrzeug enthält etwa 20 kg an SE!

Die nachfolgende Wasserstoff-Autogeneration mit Brennstoffzellenantrieb nutzt einen oder mehrere Elektromotoren mit Neodym-Magneten. Man kann davon ausgehen, daß allein diese Hochtechnologien die Nachfrage nach Seltenerdmetallen rasant ansteigen läßt.

Welches nützliche Fazit kann der Rohstoffanleger aus den hier vorgestellten Applikationen für Seltenerdmetalle ziehen? Er muß das vorwegnehmen, was die Spatzen erst in Jahren von den Dächern pfeifen. Der kluge Investor hält Ausschau nach möglichen Unternehmen, die SE im großen Stil produzieren. Während man im Internet bei Gold auf etwa 1.000 Minen trifft, reduziert sich die Trefferquote bei Uran-Produzenten auf etwa ein Dutzend. Ganz mager sieht es bei den Kobolden der SE-Metalle aus, wie ich einmal die Seltenerden nenne, die noch im Untergrund schlummern. Bald werden sie zur vollen Größe aufsteigen. Schauen Sie sich mal die Preisentwicklung von Terbiumoxid (99%) an. 2005: 329 US-D; 2006: 549 US-D; 2010, konservativ geschätzt: 600 bis 1000 US-D. Dabei sind die SE noch lange nicht im vollen Einsatz.

Tantal und Niob sind die Schlüsselmetalle über das Jahrzehnt hinaus. Kaum ein Naturprodukt vermag seine vielseitigen Dienste in fast allen Lebensbereichen der Menschen so anzubieten, wie die Metalle der Vanadiumgruppe. Vor allem Tantal und sein enger Begleiter Niob gehören zu diesen Ausnahmemetallen. Gerade diese Metall-Exoten bieten der Industrie neue Hightech-Anwendungen. Ihren Einsatz finden Tantal und Niob u. a. in der Medizin, Raketentechnik, Nukleartechnik, Elektrotechnik, im Fahrzeugbau und Reaktorbau. Dort wo besonders hohe Anforderungen an Maschinenteile gestellt werden (z.B. Spinndüsen, Schneidstähle oder Triebwerkschaufeln), sind Tantal-Niob-Legierungen im Einsatz. In Speziallegierungen der Raumfahrt gesellen sich neben Tantal und Niob auch Hafnium und Zirkonium dazu.

Das grauweiße Metall Tantal findet sich nicht in gediegener Form, sondern immer gebunden in Mineralien wie im Columbit und Niobit. Im Mittel enthält die Erdkruste 0,0002% (2 Gramm auf eine Tonne) Tantal. Das leichtere Begleit-Metall Niob mit 8,6 kg/dm³ kommt dagegen 10mal häufiger vor; die Jahresproduktion liegt bei 15.000 Tonnen. Jährlich produziert man an Tantal weltweit 850 Tonnen. Dieses Schwermetall bringt im Volumen von einem Liter 16,7 kg auf die Waage. Die hohe Wichte ist auch der Grund, warum Tantal als panzerbrechendes Geschoß eingesetzt wird. Da es ähnlich wie Wolfram erst bei extrem hoher Temperatur schmilzt (3.000°C), erhöht es als Zulegierung in Schneidstählen die Standfestigkeit. Tantal leistet auch als Elektrodenmaterial in der Gold- und Silber-Galvanik gute Dienste. Sein Vermögen, eine hauchdünne, dichte Oxidschicht auszubilden, nutzt man in der Mikroelektronik für die Herstellung kleiner Elektrolyt-Kondensatoren mit großem Kapazitätsvermögen. In Computern und Handys finden sich ebenfalls viele Bauteile aus Tantal. Interessant ist, daß allein 2005 über 2,1 Milliarden Handys im Einsatz waren: In der Summe ist das der größte Tantalverbrauch, da Mobiltelefone kaum recycled werden. Für Kommunikationssüchtige nicht auszudenken: Ohne Tantal gäbe es keine Handys. In Tiegeln aus Rein-Tantal stellt man polykristalline Diamanten her, und zwar als sogenannte PKD-Werkzeuge.

Daß der Preis für Tantal gerade in den letzten Jahren volatil zwischen 60 und 1.000 US-D pro kg schwankte, läßt sich als Auftaktbewegung für eine gesteigerte Nachfrage nach dem begehrten, strategischen Schwermetall werten. Ob das Angebot mit dem zunehmenden Bedarf schritt hält, kann bezweifelt werden. Die bisherige Extraktion von Titan aus der Schlacke, die bei der Zinnverhüttung anfällt, dürfte allein kaum der wachsenden Nachfrage genügen.

Es ist eine Merkwürdigkeit der Natur, daß sie vor Jahrmillionen gerade wertvolle Metalle in arme Weltregionen konzentriert hat, wie z.B. im Kongo. Hier finden sich weltweit die größten und deshalb begehrten Tantalvorkommen. Man darf davon ausgehen, daß die Begehrlichkeit nach Rohstoffen große, reiche Industrienationen in den Kongo treibt, keineswegs aber als Heilsbringer, sondern als Ausbeuter und Kriegsbetreiber. Im Kongo baut man das Mineral Coltan ab. Das ist ein hochbegehrter Mischkristall aus Columbit (Niob) und Tantalit (Ta). Während nach wie vor unter dem scheinheiligen Vorwand, die Demokratie zu etablieren – ähnlich wie im Iran – um die Coltan-Lagerstätten Bürgerkriege toben und unschuldiges Blut vergossen wird, gibt es noch einen traurigen Zusammenhang: die Zerstörung des Lebensraums der Gorillas geht einher mit dem Ausbau der Coltan-Mine im Ostkongo.

Die ambivalente Seite des „Bloody Mineral Tantal" ist sein vielseitiges, medizinisches Einsatzgebiete. Eines davon sind die sogenannten Stents zur Erweiterung der Blutgefäße. Da Tantal als Nagel oder Gelenkteil ohne Abstoßreaktion mit der Knochensubstanz verwächst, ist es in der orthopädischen Chirurgie ein gern genutzter Werkstoff. Nicht zuletzt verwendet man Tantal zur Herstellung von Spezialgläsern wegen der hohen Brechkraft, ferner als Kathode in Röntgengeräten. Sein preiswerter Metallbegleiter Niob ist im Begriff, sich als Supraleiter einen Namen zu machen. Das ist ein Leiter, der in der Nähe des absoluten Nullpunkts bei 9,2 Kelvin dem Strom keinen elektrischen Widerstand entgegnen setzt – also ohne Energieverlust arbeitet. Als Legierungszusatz veredelt Niob Stähle und macht sie rostfrei. In Schweißzusatzwerkstoffen bindet Niob den Kohlenstoff.

Immer wenn der Spekulant von einem neuen Produkt erfährt, ist er gewillt, darin zu investieren, keinesfalls aber in Minengesellschaften im kriegerischen Umfeld, selbst wenn im Kongo mehr als 20% der Tantal-Weltvorkommen lagern. Auch das australische Konkursunternehmen Sons of Gwalia, das neben Gold erhebliche Mengen an Tantal im Boden hat, ist nicht empfehlenswert. Daneben gibt es noch Minen in Äthiopien, China und Brasilien sowie Seifenlagerstätten (sekundäre Verfrachtung des Minerals) in weiteren afrikanischen Ländern.

Lithium, das Metall der Braunen Zwerge
Nach der Geburt unseres Universums zählte Lithium neben Wasserstoff und Helium zu den erstgeborenen Elementen. Ein kosmischer Hort für Lithium sind die sogenannten Braunen Zwerge. Diese Zwittergebilde sind weder reinrassige Sterne noch Planeten. Wegen ihrer

geringen Kerntemperatur und Masse – bis zu 75 Jupitermassen – blieb in ihnen das Lithium erhalten, das bei richtigen Sternen bei der Wasserstoffusion mit verbrannt wird. Durch ihre typischen kaminroten Li-Linien und Methan-Bande in ihrem Spektrum sind Braune Zwerge, selbst Lichtjahre entfernt, identifizierbar. Ansonsten geizt das Universum mit Lithium.

Hier auf Erden suchen Lithiumatome gerne die Gesellschaft mit anderen Atomen. Immerhin ist das Alkalimetall in rund 150 Mineralienarten zu Gast, z.B. in Spodumen, Amblygonit, Lepidolith, Triphylin. In Lithiumerzen liegt der Anteil des Alkalimetalls zwischen 1 bis 3%. In den mehrfarbigen Edelsteinen mit Pleochroismus wie Hiddenit und Kunzit ist Lithium eng mit Aluminium und Silicat verbunden. Außer in Eruptivgesteinen läßt sich Lithium in manchen Mineralquellen nachweisen. Die wichtigsten industriell genutzten Lithiumquellen sind heute Lithiumsalze, die als Nebenprodukt bei der Gewinnung von Pottasche und Borax anfallen.

Einige Pflanzen nehmen Lithiumverbindungen aus dem Boden auf und reichern sie an. Durchschnittlich enthalten Hahnenfußgewächse und auch Tabak etwa 3 ppm Lithium. Selbst Tabakmuffel haben etwa 7 mg Lithium im Körper gespeichert. Das Element ist jedoch nicht lebensnotwendig und hat keine bekannte biologische Funktion. Außerhalb des Körpers reagiert es bei Hautfeuchtigkeit schon durch Berühren ausgesprochen ätzend. Sollten einige von uns durch die weltweite Finanzkrise manisch-depressiv werden und über Cluster-Kopfschmerzen klagen, entfacht bestimmt eine Dosis von Lithiumsalz eine beruhigende, antidepressive Wirkung. Diese Lithiumtherapie ist genauso wenig ein Witz, wie Nitroglyzerin nachweislich die Herzkranzgefäße erweitert. Auf die Dosis kommt es dabei an, man muß ja nicht gleich in die Luft gehen.

Wußten Sie, daß die Dichte des silberweißen Superleichtgewichts Lithium nur etwa halb so groß ist wie die von Wasser? Trotzdem hat das butterweiche Lithium unter den Alkalimetallen den höchsten Schmelzpunkt mit 180°C und einen ausgedehnten Flüssigkeitsbereich, der bis 1.317°C reicht. Das ist der Grund, warum man das Alkalimetall sowohl bei sehr hohen, als auch sehr niedrigen Temperaturen einsetzten kann. Als typisches Metall ist es ein guter Wärmeleiter und vermag den Strom 18% so gut zu leiten wie Kupfer. Seine hohe Wärmekapazität macht Lithium zu einem hervorragenden Kühlmittel in Wärmetauschern. Ausgesprochen brenzlig reagiert Lithium an der bloßen Luft, deswegen muß man das Metall unter Luftabschluß in Paraffinöl aufbewahren. Lithium reagiert nicht nur mit dem Sauerstoff, sondern auch direkt mit dem Stickstoff in der Luft, eine Fähigkeit, die man nutzt, um eben diesen Stickstoff aus Gasgemischen zu entfernen.

Als Reduktionsmittel in der Metallurgie dient es dem Entschwefeln und dem Desoxidieren von Metallschmelzen. Das silbrig glänzende Metall verbessert Legierungen mit Aluminium, Magnesium und Blei hinsichtlich Härte, Elastizität und Zugfestigkeit. Beispiel: Lagermetall mit 0,04% Lithiumzusatz. Die technisch wichtigste Verbindung ist das schwerlösliche Lithiumcarbonat. Man nutzt es für Glasuren und als Flußmittel bei der Herstellung von Email, außerdem lassen sich daraus andere Lithiumverbindungen gewinnen. Lithiumfluorid gebraucht man für ultraviolettdurchlässige Gläser und vergütet damit optische Linsen. Die häufigste Anwendungsform findet Lithiumstearat als Gelier- und Verdickungsmittel für Öle, um diese in Schmierfette umzuwandeln. Diese zeigen eine hervorragende Temperaturstabilität oberhalb 150°C und bleiben bis -20°C schmierfähig.

Die jährliche Weltproduktion von Lithiumcarbonat ist mit 39.000 Tonnen angegeben. Weltweit schätzt man die Reserven auf über sieben Millionen Tonnen. Lithium, das Kernbrennmaterial der Braunen Zwerge, schickt sich an, die Rolle eines der Schlüsselmetalle der kommenden Automobilgeneration zu übernehmen, jedenfalls solange die Brennstoffzellenentwicklung noch nicht abgeschlossen ist. Es geht um innovative Elektroantriebe, die auf der Basis von Lithium-Ionen-Akkumulatoren Reichweiten von 400 Kilometer erzielen. Sie werden sagen, im Prinzip ist das doch nicht Neues. Indessen kam es nie zu einem Durchbruch der Technik mit elektrischen Antriebskonzepten. Warum aber?

Bereits seit 1900 legte man immer wieder durchdachte innovative Antriebskonzepte für Elektroantriebe vor. All diese Ideen wurden von mächtigen Kartellen aufgekauft, vernichtet oder verschwanden in schweigsamen Panzerschränken der Öl- und Automobilindustrie. Das Ergebnis: Die Elektromobile blieben auf der Strecke und die Verbrennungsmotoren machten das Rennen. Die mächtigen Konzernhaie schlossen sich zu Interessenskartellen zusammen: Mineralölindustrie, Kraftwerksbauer, Chemiekonzerne, Autokonzerne, Pharmaunternehmen. Die Ölkonzerne können aber beliebige Gewinne erzielen, solange der Verbrennungsmotor lebt. Den „Quantensprung" konnte man indes nicht für alle Zeiten verhindern, sondern nur aufhalten. Jetzt ist es soweit. Seit Ende 2006 kam es gleichzeitig zu mehreren Entwicklungen. Der endgültige Durchbruch steht bevor. Dazu zählen Fahrzeugbatterien, die auf der Basis von Lithium-Ionen arbeiten, sie stehen kurz vor der Serienfertigung. Um die ganze Tragweite zu erfassen, werfen wir einen Seitenblick auf eine andere Fahrzeugkomponente, den Radnabenmotor. Durch den Einbau des Antriebes in die Radfelge und das Wegfallen eines Getriebes wird das Fahrzeuggewicht des Elektrofahrzeuges gesenkt und Platz gespart. Vor allem: da es keinen zentralen Motor gibt, entfällt das Getriebe, der Wirkungsgrad steigt und der Energieverbrauch verringert sich.

Abgesehen davon, daß ein Verbrennungsmotor Abgase erzeugt, unterliegt er einem hohen Verschleiß und benötigt ein Getriebe sowie einen Starter. Der mechanische Wirkungsgrad ist katastrophal wegen der hin und her bewegten Teile, der Zylinder. Taktmäßig werden sie immer wieder von Null auf Maximalgeschwindigkeit beschleunigt – eine völlig „unrunde" unnatürliche Sache, die unnütz Energie kostet.

Ein Lithium-Ionen-Akkumulator ist im Gegensatz zur Lithium-Batterie wiederaufladbar; er erzeugt die elektromotorische Kraft, also die Urspannung einer galvanischen Zelle, durch Verschieben von Lithium-Ionen. Beim Ladevorgang wandern positiv geladene Lithium-Ionen durch einen Elektrolyten hindurch: von der positiven Elektrode zur negativen, während der Ladestrom die Elektronen über den äußeren Stromkreis liefert. Der Clou des Li-Ionen-Akku ist seine hohe Energiedichte. Seine nutzbare Lebensdauer beträgt mehrere Jahre. Li-Ionen-Akkus versorgen tragbare Geräte mit hohem Energiebedarf, z.B. Mobiltelefone, Digitalkameras, Akkuschrauber oder Laptops, vor allem jetzt auch Elektro- und Hybridfahrzeuge.

Auch wenn es so klingt – das ist keine Zukunftsmusik! So ein Elektroautomobil gibt es bereits heute: Es ist der Tesla-Roadster. Das Fahrzeug paßt sich einer Teillast besser an als ein Verbrennungsmotor. Weniger bekannt ist, daß im absoluten Beschleunigungsvergleich Elektroantriebe allgemein Verbrennungsmotoren überlegen sind. Außerdem wirkt der Elektromotor beim Bremsen als Generator und kann so einen Teil der aufgebrachten Bewegungsenergie wieder in elektrische Leistung umwandeln. Dies spart besonders bei Stadtfahrten Energie. Bemerkenswert ist der Lithium-Ionen-Akku im Tesla Roadster: Das sind insgesamt 6.831 handelsübliche Zellen mit einer Speicherkapazität von insgesamt 55 Kilowattstunden; diese geben eine Spannung von 400 V an den Motor ab. Das gesamte Wasser- und Glykol-gekühlte Energiepaket wiegt etwa 450 kg. Ein Riesenplus bei den heutigen Spritpreisen: Der Energiebedarf beträgt im Stadtverkehr etwa 133 Wh/km, bezogen auf den Energiegehalt von Benzin entspricht dies 1,74 Liter auf 100 km.

Während Braune Zwerge ihre immense Energie aus der Lithiumfusion gewinnen, beziehen irdische, zukünftige Elektromobile ihre Energie aus Lithium-Ionen-Akkumulatoren. Dem duftenden Verbrennungsmotor wäre damit der Stinkaus gemacht.

Arsen & Cadmium – zwei giftige Gesellen

In der Geschichte begegnen wir Arsen eher als eine medizinische Morddroge und nicht als Halbmetall. Vor rund 1960 Jahren verordnete der griechische Arzt Dioskorides das Mineral Realgar As_4S_4 gegen Asthma und geringe Mengen Arsenik wurden gegen Hautkrankheiten oder Blutarmut verabreicht. Die Dosis macht's eben.

Einen Aufschwung erlebten arsenhaltige Arzneimittel zu Beginn des 20ten Jahrhunderts. Melarsoprol galt lange Zeit als das beste Mittel gegen die Schlafkrankheit, und es wird heute noch eingesetzt. Der Chemiker Paul Ehrlich entwickelte das arsenhaltige Arsphenamin. Das 1910 in die Therapie der Syphilis eingeführte Mittel stellte die erste antibiotisch wirksame Substanz dar – sie war Vorbild für die Entwicklung der bis heute verwendeten Sulfonamide.

Im 17ten Jahrhundert mixten holländische Maler aus dem gelben Auripigment die begehrte Farbe Königsgelb. Heutzutage ist Cadmiumsulfid eher gefragt als gelbes und tiefrotes Farbpigment; es ist chemisch resistent und besitzt Lichtechtheit. Ab 1740 nutzte man Arsenpräparate erfolgreich als Beizmittel im Pflanzenschutz. Im Bleiguß, insbesondere für Gewehrkugeln und Akkumulatoren, geben Arsen wie auch Antimon der Legierung die nötige Härte. In niedrig schmelzenden Legierungen setzt man dagegen Cadmium ein, z.B. als Lagermetall oder „Woodsches Metall" – eine Legierung mit Zinn, Blei und Bismut.

Mit metallischem Arsen erzeugte man früher gelegentlich mattgraue Oberflächen auf Metallteilen, um eine Patina vorzutäuschen. Auch Cadmium dient dem Oberflächenschutz. Ein großer Anteil der Cadmium-Produktion, nämlich 25 bis 30% nutzt man zum Galvanisieren und Bedampfen von Eisen als wirksamer Rostschutz. In einigen Ländern wird Kupferarsenitacetat als Schädlingsbekämpfungsmittel im Weinbau, als Antipilzmittel in der Holzindustrie, als Rattengift und als Färbungsmittel in der Glasindustrie verwendet. In der Hochfrequenztechnik spielt Arsen als hochreines Element in Gallium-Arsenid-Halbleitern eine wesentliche Rolle. Arsenverbindungen ermöglichen auch ein geordnetes Kristallwachstum (Epitaxie-Schichten) auf sogenannten Wafern für Integrierte Schaltkreise, Leucht- und Laserdioden.

Technisch gesehen ist das silbrig-weiße Schwermetall Cadmium seinem Gifthalbbruder Arsen an Vielseitigkeit überlegen. Wichtige Halbleiter sind die gelben Cadmium-Chalkogenide, das rote Cadmiumselenid und das schwarze Cadmiumtellurid. 30% der Produktion wird für Elektroden in Akkumulator-Batterien eingesetzt, z.B. Ni-Cd- oder Ag-Cd-Akkumulatoren. Diese haben gegenüber dem Bleiakku den Vorteil, daß der Elektrolyt während des Ladezyklus unverändert bleibt. Weiterhin nutzt man Cadmiumoxid als Zusatz in Blau- und Grünphosphor von Farbröhren, setzt Cadmiumsulfid in Belichtungsmessern ein, deren spektrale Empfindlichkeit der des menschlichen

Auges gleicht, nimmt Cadmium-Stearat als Stabilisator in Kunststoffen, verwendet Cadmiumtellurid als infrarotempfindliche Sensoren für Kameras oder als in Dünnschicht-Solarzellen. Nicht zuletzt sind Helium-Cadmium-Laser im Einsatz. Cadmium erreichte 1960 vorübergehend Berühmtheit, denn man definierte die Maßeinheit „1 Meter" als die 1.553.164,13-fache Wellenlänge einer roten Cd-Spektrallinie.

Das Halbmetall Arsen gibt es wie Antimon in drei Modifikationen, nämlich als graues, gelbes und amorphes Arsen. Graues Arsen ist die stabilste Form; sie tritt als metallische, elektrisch leitende Modifikation auf: Die spröden Kristalle verbrennen beim Erhitzen zu Arsentrioxid. Ab 613°C sublimiert Arsen, d.h. es geht direkt vom festen in den gasförmigen Zustand über. Das gelbe, unbeständige und nichtleitende Arsen ist eine weiche, kristalline Masse – ähnlich dem weißen Phosphor. Schwarzes, amorphes Arsen entsteht, wenn man den zitronengelben Arsen-Dampf an 100 bis 200°C warmen Oberflächen abkühlt; es vermag ebenfalls den elektrischen Strom nicht zu leiten.

Erstaunlich, aber reines Arsen ist ungiftig, dafür um so mehr sind es seine Verbindungen, z.B. Arsenik. Arsen in kleinen Dosen über längere Zeit genossen, führt keineswegs zur Vergiftung. Während 0,4 Gramm bei einem Menschen todsicher zu seiner Temperatursenkung führt, ist diese Menge für Arsensüchtlinge harmlos. Im 17ten Jahrhundert verzehrten zur Stimulans manche Alpenbewohner lebenslang zweimal wöchentlich bis zu 250 Milligramm Arsen – eine Dosis, die für einen normalen Menschen tödlich ist. Auch die Bewohner in der hochgelegenen chilenischen Atacamawüste haben sich an Arsen gewöhnt. Ihr Trinkwasser ist hochgradig mit Arsen „angereichert". Im 1. Weltkrieg fand Arsen seinen todbringenden Einsatz als chemischer Kampfstoff wie in Blaukreuz-Granaten. Im II. Weltkrieg hantierten die USA mit dem „nützlichen" Einsatz einer Cadmiumverbindung als chemischen Kampfstoff. Nun ja, man fand auch heraus, daß Cd-113 im Kernreaktor die moderierten Spaltneutronen aufnimmt, um so die Aktivität des Reaktors zu reduzieren. Während arsenige Säuren krebserzeugend sind, ist für einige Organismen Arsen essentiell. Kürzlich stellte ein britischer Biologe fest, daß Regenwürmer in der Nähe arsenhaltiger Minen gelbgefärbt sind. Übrigens, bei einem Bleigenuß des Erdbewohners färbt sich das Getier pechschwarz. Dagegen läßt Zink den „Erdwurmdetektor" durchsichtig erscheinen. Was die Verträglichkeit anbelangt, gilt ähnliches für Cadmium. Für Ratten ist Cadmium, in Spuren aufgenommen, sogar essentiell. Dagegen wirkt beim Menschen ein Gramm Cadmium eher lebensverkürzend.

Die biologische Bedeutung von Arsen für den Menschen liegt weitgehend im dunklen. Arsen findet sich als Spurenelement im menschlichen Körper mit etwa sieben Milligramm. Die tägliche Arsenaufnahme über die Nahrungsmittel liegt bei etwa einem Milligramm. Lösliche Arsenverbindungen werden leicht über den Magen-Darm-Trakt aufgenommen und im Körper über die Blutbahn verteilt. Arsen lagert sich im ppm-Bereich ab, vor allem in den Muskeln, Knochen und Nieren, der Lunge und in den Haaren. Blut enthält bis zu acht ppb (parts per billion, also Teile auf eine Milliarde – nicht Billion, da die Abkürzung aus dem Amerikanischen stammt) Arsen, dort führt es zur verstärkten Bildung von roten Blutkörperchen. Sein schwererer Giftgenosse Cadmium findet sich in nahezu allen Lebensmitteln. Vorsicht Raucher: Tabakrauch transportiert relativ große Cadmiummengen in die Lunge. Während im Körperdepot eines Nichtrauchers etwa 15 mg Cd lagern, führt ein Raucher an die 30 Milligramm im Depot. Dumm ist, daß der menschliche Organismus nur 1µ Gramm pro Tag wieder ausscheidet.

Meerestiere wie Muscheln und Garnelen enthalten bis zu 175 ppm Arsen. Bei Pflanzen erhöht das Halbmetall den Kohlehydrat-Umsatz. Der gebänderte Saumfarn Pteris vittata hat einen regelrechten Arsenheißhunger und vermag bis zu 5% seiner Trockenmasse von diesem Halbmetall aufzunehmen. Deswegen setzt man die schnellwachsende Pflanze zur biologischen Säuberung arsenkontaminierter Böden ein.

Da Gaben von Arsen sauerstoffbildende Blutkörperchen forcieren, nutzten früher Trainer von Rennpferden Arsen zum illegalen Doping – heute kann man dieses Doping leicht im Urin nachweisen.

Und wo finden sich cadmiumreiche Nahrungsmittel? Allen voran sind das getrocknete Pilze mit 120 ppm/100 Gramm, aber auch Leber, Muscheln, Seetang, Kakaopulver und Leinsamen.

320

Die Weltvorräte an Arsen schätzt man auf über 10 Millionen Tonnen, die Weltproduktion von Arsentrioxid liegt bei jährlich 50.000 Tonnen. Die Weltjahresproduktion an Cadmium beträgt etwa 25.000 Tonnen. Wichtige Arsensulfide sind Auripigment, Realgar, Kobaltglanz und Arsenkies, das als Arsenopyrit bekannt ist. Cadmiumhaltige Mineralien sind Greenockit und Otavit. Sie sind meist mit Zinkerzen wie Sphalerit und Galmei vergesellschaftet. Cadmium wird als Nebenprodukt bei der Zinkverhüttung gewonnen.

In der Luft sind Partikel von Arsentrioxid nachweisbar. Ursache dafür sind Vulkanausbrüche, die insgesamt etwa 3.000 Tonnen pro Jahr in die Atmosphäre eintragen. Bakterien setzen weitere 20.000 Tonnen organischer Arsenverbindungen frei. Ein großer Teil an freigesetztem Arsen stammt aus der Verbrennung fossiler Brennstoffe. Einen weiteren Anteil an den Arsen-Emissionen liefert der Straßenverkehr. Der weltweite jährliche Ausstoß an giftigem Cadmium in die Atmosphäre beträgt 8.000 Tonnen – davon bis zu 15% aus natürlichen Quellen. Himmelschreiend? Nun ja, das dehnbare Schwermetall Cadmium „schreit" typisch auf, wenn man es verbiegt – ähnlich wie der ungiftige Schreihals Zink.

Kobalt betritt die Hightech-Bühne

Metallschmelzer im Mittelalter ließen sich von Kobalt-Erzen an der Nase herumführen – genarrt eben wie von einem neckischen Kobold. Sie glaubten nämlich, es handle sich um Kupfer- und Silbererze, die zum Verwechseln ähnlich aussehen. Einige Kobalt-Erze wie das Erythrin (rote Kobaltblüte) oder das Kobaltit (Kobaltglanz, CoAsS) geben beim Erhitzen einen knoblauchartigen Geruch von sich. Ein Indiz dafür, daß Kobalt mit Arsen chemisch verbunden, vielleicht sogar „verhext" ist. Überhaupt verbindet sich das metallische stahlgraue Element Co in der Natur mit anderen Metallen, etwa mit Nickel, Kupfer, Eisen und Uran, aber auch mit Schwefel. Dieser Hang des Kobalts, sich mit anderen, meist metallischen Elementen gerne zu verbinden, heißt chalkophil. Wenn man so will, ist Kobalt sogar ein Geheimnisträger, genauer gesagt, es ist die Geheimtinte aus Kobalt(II)-Chlorid. Sie bildet hydrotrope Kristalle, die Wasser aufnehmen. Als Hexahydrat in wässriger Lösung ist sie auf dem Papier fast unsichtbar. Wird sie aber erwärmt, tritt die tiefblaue Farbe der Geheimschrift hervor. Diese Reaktion mit Wasser nutzt man auch als Feuchtigkeitsindikator und Trockenmittel.

Das ferromagnetische Schwermetall Kobalt hat eine Dichte von 8,9 kg/dm³ und ist damit einen Tick leichter als Nickel oder Kupfer, schmilzt erst bei 1.495°C und geht bei 2.927°C in die Gasphase über. Kurios ist, daß Kobalt auf Erden bei seiner Mineralisierung leicht chemische Partner fand, aber elementar, also als reines Metall, nur extraterrestrisch in Meteoriten vorkommt, und zwar um das 270-fache (0,62%) angereichert. Kobaltverbindungen finden sich weltweit im Mittel mit 25 Gramm pro Tonne in der Erdkruste. Sogar am Tiefseeboden der Ozeane bergen sogenannte Manganknollen 0,3% Kobalt. Besonders angereichert hat sich das Schwermetall in verwitterten Laterit-Böden von Zentralafrika. Jährlich holt man aus der Republik Kongo 22.000 Tonnen oder 22 kt (Kilotonnen) Kobalt aus der Erde; das entspricht 24% der gesamten Weltförderung. Sambia fördert 8,6 kt und Kanada 5,6 kt. Um 1930 lag die Weltförderung noch unter 2 kt, im Zweiten Weltkrieg bei 5 kt. Nach 1985 folgte ein rasanter Anstieg auf über 50 kt.

Kobaltverbindungen waren schon den Chinesen vor über 2.000 Jahren bekannt. Auch babylonische und ägyptische Kulturen färbten damit Gläser und Töpferwaren. Sie nutzen Kobaltblau als Pigment. Noch heute verleiht man Keramiken und Gläser (Smalte) durch Zugabe von Kobaltcalciumsilikat eine typische Blaufärbung. 1735 isolierte erstmals der schwedische Chemiker G. Brand das reine Metall aus einem Erz. Die Bühne der Technik betrat Kobalt aber erst im 20ten Jahrhundert. Wenn sich auch die Hightech-Industrie mehr und mehr in vielfältigen Anwendungen dem Kobalt annimmt, nutzt unser Körper Kobalt seit Urzeiten als essentielles Spurenelement, denn 2 bis 3 mg des „Kobolds" führen wir mit uns unbemerkt spazieren. So wie Eisen das Zentralatom des Hämoglobin bildet, ist Kobalt Bestandteil des Vitamin B12-Komplexes (Cobalamin). Wir benötigen täglich eine Spur von etwa 0,2 mg davon. Ein deutlicher Kobaltmangel führt unweigerlich zur Blutarmut. Auch zur Konservierung von Lebensmitteln und Gewürzen ist Kobalt im Einsatz.

In der Nuklearmedizin und Diagnostik findet ein bestimmtes Radionuklid ein breites Anwendungsfeld. Es ist Kobalt mit der Atommasse 60, ein harter Gammastrahler, der Krebsgeschwulsten den Garaus macht. Es wäre ja nahezu „unmenschlich", wenn der homo sapiens nicht auch die ambivalente Seite dieses Gammastrahlers „auskostet": Die ohnehin schreckliche Wirkung der Kernwaffe potenziert sich, wenn man sie mit dem stabilen Isotop Kobalt-59 ummantelt. Nach der Zündung der Atombombe wird das harmlose Isotop durch die entstehende Neutronenstrahlung blitzschnell in Kobalt-60 verwandelt und die Partikel durch die Explosion über eine riesige Fläche verteilt. Das Verheerende dabei: Kobalt-60 hat eine Halbwertzeit von 5,3 Jahren, d.h. erst nach dieser Zeit ist die tödliche Gammastrahlenbelastung um die Hälfte abgeklungen. Der teuflische Clou dabei: Das verstrahlte Gebiet ist jahrelang nicht mehr ohne Schaden zu betreten.

Nach diesen Abgründen der Anwendung wenden wir uns der friedlichen und größten „Kernanwendung" in der Industrie zu. Als Legierungsbestandteil vermag Kobalt die Verschleiß- und Warmfestigkeit hochlegierter Stähle zu erhöhen. Als Bindephase dient es in Hartmetall-Sinterwerkstoffen, findet sich als Bestandteil in magnetischen Legierungen, etwa bei Dauermagneten und dient als Katalysator der Entschwefelung und Hydrierung.

Die Automobilindustrie hat Kobalt wieder entdeckt und zu einem ungeahnten Comeback verholfen. Jede neue Applikation mit dem Werkstoff Kobalt findet ein Millionenfaches Echo. Bedenken Sie: jährlich werden weltweit 30 Millionen Autos fabriziert. In 25 Jahren schätzt man sogar den Ausstoß auf 90 Millionen Fahrzeuge. Bei der nächsten und der folgenden Generation von Hybridfahrzeugen spielt Kobalt eine Schlüsselrolle, und zwar nicht nur in Hightech-Batterien in Autos, sondern auch in Laptops oder Mobiltelefonen. Durch diese Hightech-Massenprodukte kann die bisherige Weltnachfrage nach Kobalt von 55.000 Tonnen auf 100.000 Tonnen anschwellen. Das alles vor dem Hintergrund leer gefegter Weltlagerbestände und einer Preisverdopplung (2008) auf 60 US-D/kg.

Edelmetalle

Gold

Die Geburtsstätten des Goldes liegen den Tiefen des Weltalls. Hier „erbrüteten" explodierende Riesensterne das schwere Element Gold bei einer Megahöllentemperatur von einer Milliarde Grad Celsius. Diese Supernovae verschleuderten den Reichtum sogleich ins Universum. Was heute so verlockend glänzt, hat eine Reise von Lichtjahren hinter sich. Unsere Sonne vermag nur Elemente bis zur Schwere des Eisens hervorzubringen und wird diese Elemente ganz geizig für immer behalten, da sie zu klein für eine solche Explosion ist. Alle Elemente kamen einst als Sternstaub zur Erde, besser gesagt, sie formten unsere Erde mit, selbst wir bestehen letztlich aus der Asche langgestorbener Sterne.

Während Rohöl der Motor der Wirtschaft ist, gilt Gold als Seismograph und ungeliebter „Lügendetektor" der Finanzpolitik. Dieses knappe Gut bedeutet für Privatleute Freiheit, für den Staat monetäre politische Macht. Die Stunde Null des gelben Metalls schlug an jenem Tag, als die Menschen zum ersten Mal gediegenes Gold entdeckten. Von Anbeginn waren sie fasziniert von dem gelben Metall. Diese Ursehnsucht nach Gold ist seitdem wie eine archaische Konstante in unserem Stammhirn eingegraben. Immer wieder gab es Abstürze und Höhenflüge der Goldpreisentwicklung. Die Goldbewertung läßt sich mit einem schlafenden Samenkorn in dürrer Wüste vergleichen. Jahrelang kann es dauern, ehe ein erlösender Regen über Nacht Gold-Nuggets zum „blühenden Leben" erweckt.

324

Aus dem bis zum heutigen Tag weltweit geförderten Gold ließe sich ein Würfel von etwa 18 m Kantenlänge gießen. In diesen 135.000 Tonnen stecken Ihr Zahngold ebenso wie die Monstranz im Kölner Dom oder die Totenmaske des Tut-ench-Amun. Bezogen auf die Weltbevölkerung ergibt das magere 20 Gramm pro Kopf, also nicht einmal eine halbe Unze. Würde man diesen fiktiven 18-m-Goldwürfel zu Blattgold mit einer Dicke von 0,0000012 Millimeter ausschlagen, könnte man mit dem gesamten Weltblattgold nicht einmal den Aral-see bedecken. Gemessen am Gewicht der Erdkugel mit $5,96 \cdot 10^{26}$ Kilogramm entspricht das bisher geförderte Gold nicht einmal dem Gewicht eines Staubkorns auf einem Fußball.

Seit dem historischen Goldpreishoch von 1980 ist die Weltbevölkerung um etwa zwei Milliarden Menschen angeschwollen. Es gibt also jetzt zwei Milliarden mehr potentielle Gold-Interessenten. Welch eine Kluft besteht zwischen dem „erarbeiteten" Gold und dem gedruckten Geld: allein die EU druckt viermal soviel Euro-Scheine wie weltweit an Goldäquivalent verfügbar ist.

In Dollar wurde das Hoch von 1980 im März 2008 übertroffen, in Mark bzw. Euro noch nicht. Hier betrug das Allzeit-Hoch 1453 D-Mark bzw. 742 Euro.

Silber Ag. Kein anderes Investment kann mit so einer Argumentationsliste aufwarten wie das Edelmetall Silber:

- Ag erfüllt die notwendige Bedingung eines erlittenen Siechtums über zwei Jahrzehnte des Preisverfalls,
- Ag ist ein winziger Markt im Vergleich zum Goldmarkt,
- Ag steht nicht im direkten Rampenlicht der Nationalbanken, wie etwa das monetäre Gold,
- Ag wurde zu keiner Zeit von staatlicher Seite annektiert oder verboten wie etwa Gold,
- Ag wird vorwiegend industriell genutzt, ist kaum durch andere Materialien zu ersetzen; man nutzt Ag mehr und mehr bei neuen Anwendungen,
- Ag ist nicht nur knapp, auch der Verbrauch ist längst höher als die jährliche Förderung. Mit anderen Worten: Die Schere zwischen

Angebot und Nachfrage klafft immer mehr zugunsten der Nachfrage auseinander.

- Ag hat eine historische Affinität zur Inflation, d.h. mit steigender Inflationsrate steigt der Silber-Kurswert um so mehr,
- Ag ist von der breiten Masse der Marktteilnehmer noch nicht als Wertobjekt entdeckt.
- Ag ist von gewissen „Interessenten" jahrelang durch gehebelte Derivate auf dem Papier im Keller gehalten worden; genau diese Spezies wird Ag bei einem nicht mehr zu verhindernden Aufwärtstrend mit in den Himmel hieven und über Nacht ihre Fronten zur Käuferseite wechseln.
- Ag kann sich bei seinem jetzt noch niedrigen Kurs leichter vermehrfachen als das relativ teuere Gold.
- Eine Großanwendung des Silbers erschließt sich ab 2007 durch eine Gesetzesänderung in den USA: Für umweltverträglichen Holzschutz gegen Pilze und Schädlinge benötigt man 75 Millionen. Unzen Silber.
- Die Technologie für langfristige Datenspeicher, die ab 2009 zum Einsatz kommt, würde 40 Millionen Unzen Silber verbrauchen.
- Elektronische Sensoren für Waren, Waffen und Geldscheine werden zunehmend mit Radiofrequenz-Identifikatoren (RFID) mit Ag-Chips bestückt. Da weltweit milliardenfach verbreitet, erschließt sich hier für das Industrie-Metall Silber ein gigantischer Markt.
- Der Einsatz von spannungsstabilen Silber-Zink-Batterien mit großer Ladekapazität wäre ein riesiger Weltmarkt für Laptops, Satellitentelefone usw. Offensichtlich ist diese Technologie noch nicht ausgereift.

Neues Silber läßt sich nicht mehr so einfach beschaffen. Genau das wird nachhaltig den Preis bestimmen. Die Finanzakrobaten, die bisher mit gehebelten Silberderivaten jonglierten, verlieren zusehends die Balance. Ihnen wird der Boden entzogen, und zwar in dem Maße, wie auch der kleine Mann physisches Silber zu horten beginnt. Jede Unze Silber, die der weitblickende Investor dem Markt entzieht, stärkt den Silbermarkt. Die Summe der Kleinanleger bereitet das Himmelbett zu einer Hausse, die um 2012 ihren Höhepunkt finden mag. Seien Sie rechtzeitig dabei. Auf zwei Hemmnisse werden Sie stoßen:

1. Finden Sie mal eine Bank, die Ihnen größere Silberbarren von bis zu 1.000 Unzen (31,1 kg) – dies wegen des geringeren Aufpreises – und noch dazu zu guten Konditionen verkauft.

2. Das Industriemetall Silber ist inzwischen mit einer Mehrwertsteuer von 19% belegt. Viele schreckt das noch von einem Kauf ab. Aus der Psychologie der Märkte ist bekannt, daß der Käufer in einem hysterisch gewordenen Markt bereit ist alles zu zahlen, einschließlich der verflixten Mehrwertsteuer: die 19% Mst. auf z.B. 50 Euro pro Unze (geschätzter Preis 2010) beträgt etwa 9,5 Euro.

Die Begehrlichkeiten der Industrie nach Silber wachsen unaufhörlich. Eine noch völlig unbekannte Anwendung wird Milliarden Unzen Silber beanspruchen: die HTS-Technik. Das Stichwort heißt Hochtemperatur-Supraleiter. Das US-Militär macht immense Anstrengungen bei HTS-Antriebsmotoren. Diese erlauben ein kompaktes Design, sind geräuscharm und haben einen höheren Wirkungsgrad als herkömmliche Motoren. Sie sind deshalb ideal geeignet für Unterwasserantriebe. Der geschätzte Verbrauch liegt bei 80 Millionen Unzen in den nächsten fünf Jahren.

Als Vision könnte ich mir als Elektrotechniker vorstellen, daß die USA ihr marodes, landesweites Energieversorgungsnetz auf Silberbasis mit unterirdisch verlegten Supraleitern neu aufbauen. Da kämen zunächst Trassen in Betracht, die gegen Hurrikans, Tornados und Terrorangriffe zu schützen sind, sie böten dem Strom keinen Leitungswiderstand, hätten also keinen Energieverlust wie herkömmliche Hochspannungsleitungen.

Kommen diese revolutionären Anwendungsgebiete zum Tragen, dann ist die Lebensdauer geologischer Silbervorkommen erschreckend gering. Man schätzt, daß in 20 Jahren alle Weltreserven aufgebraucht sind; bis 2030 auch alle Silber-Ressourcen in den Tresoren dieser Welt. Fazit: In industriellen Prozessen eingesetzt, erstrahlt Silber zu neuem Glanz. Seine bisher ungenutzten Eigenschaften öffnen dem weißen Metall eine „Neue Welt".

Gold wird in mehr als 1.000 Minen auf der Erde gefunden, „rein-rassiges" Silber aber nur in einigen wenigen Minen. Neue Minen zu erschließen, ist finanziell ein Abenteuer. Silberminen wachsen nicht wie Pilze aus dem Boden. Uns steht zunächst eine spekulative Silber-Hausse bevor, die dank wachsenden Bedarfs und schwindenden An-gebots in eine nachhaltige Hochpreis-Phase übergehen wird.

Für ein solides, unspekulatives Engagement für eine abgesicherte Zukunft empfehle ich dem geschätzten Leser große Silberbarren. Warum große Barren? Sie sparen etwa 18%, wenn Sie statt vieler 250-Gramm-Barren für das gleiche Metallgewicht einen 31,1-kg-Barren kaufen; das sind 1.000 Unzen. So erhalten Sie ein Maximum an Metall für Ihr Geld. Diese „Silberknubbel" sind so unhandlich kompakt, daß selbst „fleißige" Ganoven die Lust verlieren, diese Trümmer zweihändig davon zu tragen. Auch gäbe es noch andere Strandräuber, deshalb rate ich von einem Wegschließen im Tresor Ihrer Hausbank ab. Ein mir bekannter Silberfan hat sich im hauseige-nen Luftschutzraum eine Mauer mit „Silber-Ziegeln" gemauert und verputzt.

HTSL-Silber mit bullenstarker Zukunft

Schlagworte wie HTSL, die mit Fehlinformationen verquickt sind, leiten vielfach den Rohstoff-Fan in die Irre. Um in eine neue Technik oder in ein neues Produkt sinnvoll zu investieren, bedarf es gewisser Grundkenntnisse, damit man die Lage richtig einschätzen kann. Selbst seriöse Anlageberater haben oft nur eine vage Vorstellung, was hinter einer neuen Technik steckt. Neulich hieß es aus dieser Ecke, daß ein versilberter Kupferdraht supraleitfähig sei. Das ist na-türlich technisch barer Unfug. Schauen wir deshalb hinter die junge HTSL-Technologie, in der noch viele unaufgedeckte Geheimnisse der Elementarphysik stecken. Was aber hat Silber mit der Hoch-Temperatur-Supra-Leitung zu tun?

Zum Verständnis müssen wir die spannende Story von vorne erzäh-len. Es begann 1911, als man entdeckte, daß Quecksilber sprungartig seinen elektrischen Widerstand verlor, wenn man es bis in die Nähe des absoluten Nullpunkts von 0 Kelvin abkühlte. Auf der Celsiusskala entspricht das -273,15°C. Hier „erstarrt" die Bewegung der Elementarteilchen. Das ist ein paradoxes Phänomen, denn wenn freie Elektronen, die ja den Stromfluß verursachen, erstarren, müßte „kaltes" Quecksilber eher die Eigenschaften eines Nichtleiters annehmen, also ein Isolator mit extrem großem Widerstand sein.

Bei der sogenannten Sprungtemperatur spielen sich im Atomgefüge eigenwillige Prozesse ab, z.B. verbinden sich Elektronen zu Paaren. Anfangs waren die Wissenschaftler und Ingenieure begeistert von dieser revolutionären Entdeckung, denn man erkannte gleich den enormen technischen Nutzen – kein Leitungswiderstand bedeutet keinerlei Leitungsverluste. Später fand man sogar noch 40 weitere supraleitende Festkörper-Elemente. Merkwürdig: Die Metalle Kupfer, Gold und Silber, die ja besonders gut den elektrischen Strom leiten, gehören als reine Metalle eben nicht zu den Supraleitern. Ernüchternd war also die Energiebilanz, denn die widerstandslosen Supraleiter benötigen zur Kühlung alle das flüssige aber teure Helium bei minus 269°C. Das Perpetuum mobile war also nicht gefunden!

Was nützt es, selbst wenn man den Strom über eine widerstandslose Leitung ohne Leitungsverluste schicken kann, aber andererseits das notwendige Kühlmittel große Kosten verursacht und um so mehr Energie verbraucht? Ein Supraleiter mußte gefunden werden, dessen Sprungtemperatur wesentlich höher lag, damit der Kühlaufwand deutlich geringer wurde. In der Tat gelang 1986 ein Durchbruch. Man laborierte mit keramikartigen Materialien, die sogar oberhalb der Siedetemperatur des flüssigen und dabei 15mal billigeren Stickstoff (minus 196°C) supraleitend wurden. Die Komponenten der Mischung bestanden z.B. aus Bismut, Strontium, Calcium und Kupferoxid.

Die Stunde Null der „Hochtemperatur"-Supraleiter (HTSL) war angebrochen. Seitdem hat sich dieser Begriff etabliert. Das ist schon etwas gewöhnungsbedürftig, doch verglichen mit dem absoluten Nullpunkt, lag die Sprungtemperatur immerhin 80°C darüber. Hier wieder eine Eigentümlichkeit, denn diese Keramiken sind bei Normaltemperatur Nichtleiter. Der Nachteil aller HTSL-Keramiken: sie sind spröde und lassen sich deshalb schlecht in Stromleiterform als Draht oder Band bringen. Nicht allein dieser Aspekt bereitet der Materialforschung immense Schwierigkeiten. Der Pulvermix aus bis zu sechs verschiedenen Elementen besteht aus vielen kleinen richtungsabhängigen (anisotropen) Mikrokristallen. Die eigentliche Crux sind die Kristallgrenzflächen. Man muß ein Verfahren finden, um den Kristallwuchs zu texturieren, ihn systematisch ausrichten, damit gute „Stromtragfähigkeit", also ein Supraleiter entsteht. Andere Probleme, wie etwa die Festigkeit gegenüber elektromagnetischen Feldern, seien hier nicht betrachtet.

Ehe wir die märchenhafte Materialentwicklung mit neuen HTSL verfolgen, ein Wort zum immensen Nutzen, den diese Supraleiter alleine der Energiewirtschaft bringen. In Deutschland werden jährlich 363.010 Gigawattstunden (GWh) über 380-kV-Hochspannungsleitungen mit einer Gesamtlänge von 6.000 km geschickt. Je 100 km entsteht entlang der Trasse ein Leitungsverlust von 60 Megawatt, der einfach als Wärme verpufft. Das ist so, als ob alle zehn Meter ein unerwünschter Heizofen mit 600 W betrieben würde. Könnte man elegant mit HTSL die Leitungsverluste „abschaffen", ließen sich damit zwei Kraftwerksblöcke einsparen, ganz abgesehen von der deutlichen Reduktion der Emissionswerte Kohlendioxid und Schwefeldioxid.

Spitzenlabors in aller Welt suchen verbissen nach dem richtigen HTSL-Pulver und nach dem geeigneten Verfahren, es zu flexiblem Draht zu verarbeiten. Bis heute sind über 1.000 supraleitende Legierungen und intermetallische Verbindungen bekannt. Traum der Materialwissenschaft wäre es, fände man einen Hochtemperatursupraleiter, der bereits in der Nähe der Raumtemperatur funktioniert.

Diese Vorrede ist vonnöten, um die Vision von einem neuen HTSL auf Silberbasis richtig zu würdigen und darauf aufmerksam zu machen. Allein diese neue technische Anwendung kann Tausende Tonnen Silber bewegen. In einem amerikanischen Forschungslaboratorium haben zwei junge Wissenschaftler einen HTSL-Typ allein durch theoretische Überlegung kreiert, und zwar völlig ohne Experiment. Es handelt sich, schlicht gesagt, um ihre Vorhersage, daß sogenannte Fluorargentate das Rennen machen: Silber-Fluor-Mischungen mit wesentlich höherer Sprungtemperatur (bisheriger Weltrekord -

109°C), als alle bisher gefundenen Materialien. In der Wissenschaft gab es oft genug theoretische Vorhersagen, die später experimentell bewiesen und zur Realität wurden, etwa die Lücke im Periodischen System, die später durch das vorausgesagte Element Technetium ausgefüllt wurde. Auch eine der Vorhersagen zur Relativitätstheorie von Einstein, daß Licht hinter der Sonne von der gewaltigen Masse abgelenkt wird, konnte durch Beobachten einer Sonnenfinsternis bestätigt werden.

Silber spielt bereits im Fertigungsprozeß der bisherigen HTSL eine wichtige Rolle. Da wird es als „Füllrohr" eingesetzt. Nicht auszudenken, wenn eines Tages die HTSL-Technik reif ist und ihren triumphalen Siegeszug rund um die Welt antritt. Das kann noch einige Jahre dauern, aber, wie heißt es, an der Börse wird die Zukunft gehandelt. Gerade die USA mit ihrer antiquierten Energiewirtschaft befindet sich in einer Umbruchsphase. Spätestens dann, wenn die Amerikaner ihre strategischen Lager an Silber dramatisch auffüllen, wissen Sie: die Stunde Null für das Silber fällt mit der HTSL-Technik zusammen. Diese kann durch die weltweit milliardenfache Nutzung von Silberoxid-Zink-Batterien und durch den Einsatz der RFID-Chips-Technologie (Radio Frequency Identification) zeitlich nach vorne verschoben werden. Die nicht wieder verwertbaren RFID auf Silberbasis sollen als Mikrofunkchips für Strichcodes zur Preisangabe der US-Waren per Gesetz eingeführt werden. Und in Deutschland: hier landet z.B. ein beträchtlicher Teil des Batterieschrotts auf der Müllkippe. Neben 1.500 Tonne Nickel, 4.700 Tonnen Zink gehen so jährlich sieben Tonnen Silber verloren.

Eines nicht zu fernen Tages dürfte der Preis des Silbers über jenem von Gold liegen. Die heutige massive Preisdrückung läßt sich nicht mehr halten, wenn die Industrie jedem Grämmchen nachjagt, das sie erhaschen kann. Mit gutem Gewissen kann ich deshalb jedem Langzeit-Investor raten, jetzt physisches Silber zu kaufen. In der gerade anlaufenden Finanzkrise wird Silber zunächst eine monetäre Kraft entwickeln, aber bald wird es sich als reines Industriemetall einen Spitzenplatz sichern. Auf Barren (1 kg, 5 kg oder 31,1 kg / 1000 Unzen) bezahlen Sie in Deutschland 19% Mehrwertsteuer. Auf Münzen

(1-Kilo-Münzen, 10 Unzen, 2 Unzen, 1 Unze) nur 7%. Wegen der besseren Stückelung sind hier der amerikanische Eagle, der kanadische Maple Leaf, der österreichische Philharmoniker, der mexikanische Libertad und der Andorra interessant.

Der bekannte Maria-Theresia-Taler ist zwar ebenfalls eine Münze (mit ¾ Unze Feingehalt), da er aber nicht mehr als „Zahlungsmittel" angesehen wird, verlangt der Staat dafür 19% Beuteanteil.

Die Zehn-Euro-Silbermünzen enthalten nur eine halbe Unze Silber, Sie bezahlen für die Sicherheit, daß der Wert einer solchen Münze nie unter 10 Euro sinken kann, einen hohen Aufpreis auf den inneren Silberwert. (Stand Oktober 2008)

Seien Sie geduldig, betonieren Sie einfach Ihr Silber ein, dann ist es vor kleinen und großen Ganoven sicher bis zum Tag x. Ein vielleicht trivialer aber nachhaltiger Rat. Silber wird bald über alle Maße gebraucht und dabei verbraucht. Der riesige Bedarf ist heute noch nicht abschätzbar.

Die Platinmetalle

Im Platinerz verbirgt sich eine sechsköpfige Platinfamilie: die Leichtgewichte Ruthenium, Rhodium und Palladium sowie die Schwergewichte Platin, Iridium und Osmium (22,6 mal so schwer wie Wasser; Gold 19,3 mal). Die Trennung dieser Pt-Metalle, die chemisch gesehen wie Kletten zusammenhängen, ist sehr aufwendig. Fünf Monate dauert es vom Erz bis zur fertigen Platinmünze. Dazu müssen für eine Unze, für 31,1 Gramm, zehn Tonnen Platinerz aufbereitet werden. Die jährliche Produktionsmenge, nur etwa 7% derjenigen von Gold, liegt bei 180 Tonnen. Das ist ein gedanklicher Platinmetallwürfel von nicht einmal drei Meter Kantenlänge.

Die weltweiten Pt-Minen sind an einer Hand abzählbar. In südafrikanischer Erde im Merensky-Riff lagern beträchtliche Platinmengen. Längst haben die Amerikaner die strategische Bedeutung der Platingruppe erkannt. Mit subtiler Gewalt wurde die Platinmine Rustenburg (jetzt Anglo American Platinum) „gekauft" und eine weitere Platinmine (Stillwater-Mine) auf amerikanischem Boden erschlossen.

Wichtig ist zu wissen, daß sich die Platinerze in ihrer prozentualen Zusammensetzung der einzelnen Platinkomponenten unterscheiden.

Die Anwendungsbereiche der Platinmetalle umspannen eine weiten Bogen: vom Kultgegenstand bis zum unverzichtbaren Rüstungsgut. Unerkannt wurde um 700 vor unserer Zeitrechnung im alten Ägypten Rohplatin verarbeitet. Ältestes Kultbeispiel sind die Platin-Hieroglyphen in der Urkundenschatulle der Priesterfürstin Schepenupet; zu besichtigen im Louvre in Paris. In der Neuzeit schöpften spanische Konquistadoren erstmals 1590 „silberne" Nuggets aus den Flüssen Ecuadors. In Unkenntnis nannten sie diese Findlinge platina, also Silberchen, die heutige abgeleitete Bezeichnung für das Edelmetall Platin. Diese Silberchen wurden in Europa als weißes Gold eingeführt, aber erst 1750 als selbständiges Element Platin erkannt. Bis ins 18te Jahrhundert kannte die Alte Welt nur den Schmuckcharakter des Platins. Mit zunehmender Industrialisierung im 19ten Jahrhundert wuchsen die technischen Anwendungsbereiche für die Platinmetalle. Im zweiten Weltkrieg war es verboten, Platin zu Schmuck zu verarbeiten; es wurde ausschließlich zu Rüstungszwecken verwendet. Das industriell begehrteste Pt-Metall ist übrigens Rhodium. Es ist das seltenste und teuerste Platinmitglied mit einer Weltjahresproduktion von nur 1 bis 3 Tonnen; dem entspricht ein Würfel von nur 40 cm Kantenlänge.

Plantinmetalle sind durch kein anderes Element zu substituieren, höchstens durch ihre „Brüder" wie bei Platin mit Palladium. Allen gemeinsam ist die enorme Unempfindlichkeit gegenüber Säuren, ihre extreme Hitzebeständigkeit, vor allem aber ihre katalytische Wirksamkeit in der Petrochemie, Automobilindustrie und bei der Düngemittelproduktion. Ohne das Mitwirken der Pt-Metalle als Katalysatoren könnten viele „friedliche" chemische Verbindungen erst gar nicht in Gang gesetzt werden. 20% unserer Konsumgüter wären ohne Platinmetalle heute nicht denkbar.

Als strategisches Metall hat Platin im wahrsten Sinne des Wortes explosive Bedeutung; es ist zur Oxidation von Ammoniak zu Stickoxiden unentbehrlich, die zur Synthese von Salpetersäure benötigt werden. Eben diese bildet das Ausgangsprodukt aller chemischen

Sprengstoffe. Während das Mineral Selen als Spurenelement die körpereigene Immunabwehr gegen Bakterien- und Virenerkrankungen stärkt, greift Selen als einziges Element Platin an. Dank der guten Organverträglichkeit wird Platin bei Herzschrittmachern und Gehirnsonden eingesetzt. Platin wandert zu etwa 45% in die Schmuckindustrie, in erster Linie nach Japan. Zu Schmuckstücken wird es in der Regel mit nur 5% anderen Metallen legiert; es heißt Pt 950.

Palladium vermag das 2.800-fache seines Volumens an gasförmigem Wasserstoff in seinem Metallgitter aufzunehmen. Das ist der Grund, warum es – wie auch Platin – als Katalysator in chemischen Prozessen eingesetzt wird. Goldzähne erhalten ihre Beißfestigkeit erst durch den Legierungsbestandteil Palladium. Daß Pt-Metalle in Zukunft an Bedeutung gewinnen, dafür sprechen fundamentale, demografische und psychologische Aspekte. Das exponentielle Wachstum der Menschheit führt zwangsläufig auf einen steigenden Bedarf. Jeder neue Tag vergrößert in ambivalenter Manie die Armut aber auch den Reichtum in Indien und China, und zwar millionenfach. Autos mit Pt/Pd-Katalysatoren werden vor allem in China immer stärker nachgefragt. Nachweislich und unaufhaltsam schwinden dabei die Weltressourcen. Die Verknappung fordert ihren Tribut, und der heißt nachhaltiger Preisanstieg.

Wegen der zunehmenden globalen kriegerischen Konflikte, ist ein gewisser Heißhunger nach Pt-Metallen zu erwarten. Längst hat US-Regierung von der Friedens- in die Kriegswirtschaft umgesteuert. Mit Abstand den größten Posten im US-Haushalt bilden die Rüstungsausgaben. Die einfache Logik: Mit steigenden Rüstungsausgaben wächst zwangsläufig der Platin/Palladium-Verbrauch. Künftig erfahren die Pt-Metalle neue Applikationen, deren Tragweite sich nur erahnen läßt.

Aus heutiger Sicht wären Brennstoffzellen, sogenannte Fuel Cells ohne die Katalysatormetalle Platin, Palladium und Rhodium nicht denkbar. Der Markt dafür ist erst im Entstehen, da die Entwicklung von Autos mit wasserstoffbetriebenen Aggregaten nach wie vor schleppend ist. Die Entwicklung könnte sich deutlich beschleunigen, wenn der Ölpreis weiter zulegt. Global wird sich dafür ab etwa 2009 ein beachtlicher Markt entwickeln. Man schätzt den Platin/Palladium-Bedarf der Autoindustrie (vorausgesetzt bis zum Jahr 2020 fahren 25% der Autos mit der Brennstoffzellen) von derzeit 1,75 Millionen Unzen, entsprechend 5,46 Tonnen, auf das fünffache. Diese 27,3 Tonnen wirken wie eine Treibladung auf den Preis.

Pt-Metalle sind klassische Langzeitinvestments mit Unikatanspruch. Besonders Palladium hat eine sprichwörtlich glänzende Zukunft vor sich. Die Geschichte hat gezeigt, daß Pt-Metalle – anders als Gold – vor staatlichem Zugriff sicher sind. Ein Investment in körperliches Palladium ist vortrefflich geeignet für Investoren mit Weitblick. Übrigens, Palladium in Form von Blech kann ein Laie oder, was wichtiger ist, ein Ganove, nicht erkennen.

Rhenium. Gezielt fahndete das Chemiker-Ehepaar Noddack-Tacke nach dem bis dahin unentdeckten, letzten Element auf Erden. Der weiße Fleck an der 75. Stelle im Periodensystem verschwand 1925, als diese Wissenschaftler röntgenspektrografisch das letzte Element nachwiesen. Drei Jahre später extrahierten sie aus 660 kg Molybdän etwa 1 Gramm des Metalls. Zu Ehren ihrer rheinischen Heimat nannten sie das hochseltene Platinmetall Rhenium, Kurzzeichen Re (rhenus lat. Rhein). Nicht bloß die Seltenheit ist es – weitaus rarer als Gold –, die Rhenium so wertvoll macht. Für extreme technische Anwendungen wartet Re mit herausragenden Eigenschaften auf, etwa mit seinem hohen Schmelzpunkt von 3.186°C, der nur noch von Wolfram (3.422°C) übertroffen wird. Das ist besonders bei Thermoelementen, Glühdrähten, Heizfäden für Massenspektrogaphen und vor allem bei Gasturbinenteile gefragt, die eine hohe Wärmefestigkeit haben müssen. Teile mit einer Rhenium-Oberfläche, etwa elektrische Kontakte, sind besonders resistent und hart. Nur drei Elemente auf der Welt überbieten die Dichte von Rhenium mit 21,04 kg/dm³. Aus derselben Platinfamilie sind das die Elemente Iridium, Osmium und Platin (22,65; 22,59 und 21,45) kg/dm³.

In Kombination mit anderen Legierungsbestandteilen spielt Rhenium weitere Eigenschaften aus, so sind Rhenium-Molybdän-Werkstoffe unterhalb von 10 Kelvin supraleitend, bieten also dem elektrischen Strom keinen Widerstand. In chemischen Großprozessen sind Platin-

Rhenium-Katalysatoren zur Herstellung von bleifreiem, hochokta-nigem Benzin im Einsatz. Auch in der Radiologie spielt Rhenium-186-HEDF als Radiopharmakon eine Rolle, und zwar bei der Therapie von Skelettmetastasen.

Ein Element, das die Natur nur mit 0,000.04 ppm oder 10^{-7}% in der Erdkruste verteil hat, ist an sich schon beachtenswert. Aber in welchen Mineralien findet man das Edelmetall angereichert, allerdings nur in Spuren? In Columbit, Gadolinit und Moybdänit, außerdem im Hüttenrückstand des Mansfelder Kupferschiefers macht sich Rhenium auch da äußerst rar. Wie rar, das läßt die jährlich erzeugte Re-Produktion erkennen: Während man weltweit 2.500 Tonnen Gold fördert, bringt es Rhenium auf gerade mal einige Tonnen, sagen wir, geschätzte sechs Tonnen (Faktor 1: 417, bezogen auf Gold). Das entspricht einem Rhenium-Würfel von 68 cm Kantenlänge (Gold 3,64 m). Gemäß dieser Produktionsmenge müßte Rhenium 417 mal teurer sein als Gold. Würde sich der Preis nur nach der Produktionsmenge richten, müßte Rhenium statt rund 6.000 US-D satte 2,5 Millionen US-D pro Feinunze kosten. In den letzten 20 Jahren schwankte der Rhenium-Preis zwischen 1.200 und 3.500 US-D pro Feinunze.

Weiter oben klang es schon einmal an: Rhenium ist hart. Seine Härte läßt sich aber extrem steigen, wenn man es in Pulverform mit Bor zusammen bei 1.000°C „bäckt" und das, wie sonst üblich bei derartigen Synthesen, ohne hohen Druck aufzuwenden. Die Mischung heißt Rheniumdiborid mit einer Härte über 10! Damit erschließen sich dem relativ leicht herzustellenden Material neue Anwendungsbereiche in der Industrie, ja es kann die bisherigen Industriediamanten oder andere extrem harte Werkstoffe wie Borcarbonitrid verdrängen. Dieses brandneue Schneidwerkzeug soll sogar Diamanten ritzen. Das wäre eine Sensation, denn Diamant ist der härteste aller Stoffe auf Erden und nur deshalb schleifbar, weil er gegen sich selbst antritt. Wenn Rheniumdiborid in der Tat die härteste Stelle des Diamanten ritzt, seine Oktaederfläche, würde das mich als Diamantensachver-ständigen erstaunen.

Ganz erstaunlich ist auch die sensationelle Entdeckung, die kürzlich russische Vulkanologen machten. Sie analysierten den „Atem" des

Vulkans Kudriavyi auf Iturup, eine der Kurilen-Inseln nördlich von Japan. Als Sublimat fanden sie das erste und einzige Rhenium-Mineral Rheniit $ReSe_2$ auf der Welt. Es scheint, daß in diesem Punkte einige Lexika und Mineralienbücher auf neuesten Stand gebracht werden müssen, denn bisher gab es kein eigenständiges Rhenium-Mineral. Die Fumarolen – die Öffnungen des Vulkans Kudriavyi – befördern mit dem Gas-Dampf-Gemisch Elemente aus dem Erdinnern an die Oberfläche, darunter das hochseltene Edelmetall Rhenium. Wie immens wichtig diese Entdeckung ist, zeigt sich daran, daß die russische Regierung ein amerikanisches Forscherteam unsanft vom Vulkan entfernte. Von russischer Seite hieß es sogar, daß der „Edelmetallkrater" jährlich über 10 Tonnen Rhenium ausstößt. Das wäre mehr als die bisherige Weltjahresförderung. Vielleicht eröffnen sich durch eine erweiterte Weltproduktion neue industrielle Anwendungen. Bleibt zu erwähnen, daß Rhenium als Industriemetall keine physische Anlage für den Privatanleger ist wie Silber, Gold, Palladium und Platin. Rhenium wird nicht in Barren gehandelt, sondern in Pelletform oder als Puder, der sich übrigens wegen seiner hohen Dichte nicht einfach wegblasen läßt.

Ruthenium: Leichtgewicht der Pt-Metalle

Mit fortschreitender Technik und steigendem Rohstoff-Fieber durchforstet man die hintersten Winkel des Periodensystems der chemischen Elemente nach begehrten kuriosen Elementen. Zu jenen silberweißen Findlingen gehört sicherlich Ruthenium, das Leichtgewicht der Platinfamilie mit einer Dichte von 12,4 kg/dm³. Dagegen zeigen die Schwergewichte der Pt-Familie Osmium, Iridium und Platin eine fast doppelt so große Dichte. All diese Metalle haben in der elektrochemischen Spannungsreihe ein positives Standardpotential gegenüber Wasserstoff, deswegen gebührt ihnen der Adelstitel Edelmetall.

Während man Platin, das Oberhaupt der Pt-Familie, schon 1557 rein darstellen konnte, den PT-Metallen Palladium, Osmium, Rhodium und Iridium Anfang des 19ten Jahrhunderts auf die Spur kam, gelang die Reindarstellung von Ruthenium erst 1844. Der deutsch-russische Pharmazeut und Chemiker Karl Karlovich Klaus untersuchte nach einer Königwasser-Behandlung den unlöslichen Rückstand des Roh-platins und siehe da, er hob das bis dato letzte, verborgene Mitglied der Pt-Familie ans Licht des Welt. Klaus benannte sein neu entdeck-tes Element nach seiner Heimat, nämlich ruthenia lat. für Rußland.

Ruthenium mit einem hexagonalen Kristallgitter wie Beryllium und Osmium, wartet mit einer Reihe von bemerkenswerten Eigenschaften auf. Das Übergangsmetall ist zwar spröde wie Osmium, indessen ist es relativ hart mit einer Mohs-Härte von 6,5 wie der Zirkon, erreicht also fast Quarzhärte 7. Ruthenium leitet den Schall sogar noch etwas besser als Stahl mit 5.970 m/s. Übrigens ist interessant zu wissen, daß sich im Feststoffmedium Diamant der Schall sogar mit der sa-genhaften Geschwindigkeit von 18.000 m/s ausbreitet, also 52 mal schneller als in der Luft. Für viele Hightech-Anwendungen sind ande-re wichtige Eigenschaften ausschlaggebend: Etwa daß Ruthenium erhebliche Wasserstoffmengen absorbieren kann und sämtlichen Säuren widersteht. Fluor und Chlor greifen allerdings das Metall aus der 5. Periode des Systems der chemischen Elemente an. Erst bei 2.334°C schmilzt Ruthenium und geht erst bei 4.150°C in die Gas-phase über.

Es ist erstaunlich, daß das seltenste Platinmetall, gemessen an seinem Familienoberhaupt Platin, z. Zt. noch um Faktor fünf billiger bewertet ist. Dabei tritt es nur in homöopathischen Dosen in der Erdkruste auf (etwa im Mittel zu 0,000.002 Prozent). Da die Pt-Metalle chemisch wie die Kletten zusammenhängen, ist Ruthenium nur da zu finden, wo auch die anderen Platinmetalle konzentriert vorkommen, etwa in Südafrika. Meines Wissens gibt es nur ein einziges Ruthenium-Mineral, das mit einem anderen chemischen Element, nämlich mit dem Schwefel verbunden ist. Das ist Rutheniumsulfid Laurit RuS_2, das sich in Platinseifen in Flüssen auf Borneo findet. Ähnlich ging auch das Eisen im messinggelben Pyrit FeS_2 mit dem Schwefel eine Ver-bindung ein.

Ein spannendes extraterrestrisches Naturereignis ließ Ruthenium vom Himmel regnen. Da ging vor über einer Million Jahren ein riesiger Eisenmeteorit nieder und zerbarst in der Atmosphäre in Tausenden von Bruchstücken. Er hinterließ in Gibeon/Namibia ein großes Meteoritenstreufeld, von dem von 1836 bis heute mehr als 26 Tonnen an Einzelstücken gefunden wurden. Das Meteoritenalter wird auf 4,6 Milliarden Jahre datiert. Typisch ist seine polykristalline Widmannstätten-Struktur. Neben dem Hauptelement Eisen enthält der ferne Bote aus dem Asteroiden-Gürtel des Sonnensystems einige ppm Ruthenium. Es scheint, daß unser Kosmos überall mit dem Element Ruthenium geizt.

Eine andere, allerdings weitaus teurere Quelle an Ruthenium erschließt sich im Kernreaktor aus abgebrannten Brennelementen. Dazu muß man wissen, daß Ruthenium in sieben verschiedenen Isotopen vorkommt, auch in künstlichen, die bei der Kernspaltung von Uran oder Plutonium im Reaktor entstehen. Es handelt sich um radioaktive Ruthenium-Isotope mit einer Halbwertzeit zwischen 11 Sekunden und 373 Tagen. Das Spaltprodukt muß auf jeden Fall, entsprechend den Strahlungsschutzauflagen, eine Zeitlang sicher gelagert werden, und zwar solange, bis die Radioaktivität abgeklungen ist.

Lassen wir einmal die Anwendungsmöglichkeiten für Ruthenium vorbei defilieren. Da wäre seine Härteeigenschaft, die Ruthenium als Legierungsbestandteil in Platin- und Palladiumlegierungen gefragt macht. Bereits 0,1% Ru in Titanlegierungen erhöht drastisch die Korrosionsbeständigkeit. Oberflächen aus Ruthenium machen elektrische Schaltkontakte aus Pt und Pd verschleißfest, ebenso bei Scherfolien von Rasieren, Spinndüsen und Spitzen von Füllfederhaltern. Dabei dient Ruthenium als Substitut des 21mal teueren Rhodiums. Es wird berichtet, daß metallorganische Ruthenium-Komplexe tumorhemmende Eigenschaften besitzen. In der Legierung mit Molybdän wird Ruthenium supraleitend bei einer Sprungtemperatur von 10,6 Kelvin, d.h. bei der Temperatur von -262,55°C.

Ruthenium ist als vielseitiger Katalysator einsetzbar, z.B. für die Hydrierung von Aromaten, Säuren und Ketonen (Oxidationsprodukte sekundärer Alkohole). Ein weiterer Einsatz: die Autoabgasentgiftung. Vor allem in der Elektrotechnik liegen vielfältige und auch neue Applikationsmöglichkeiten, etwa die Beschichtung von Festplatten oder

Solarzellen mit höherem Wirkungsgrad als Silizium-Zellen. Bestimmte Anwendungen bei Flachbildschirmen und Chip-Widerständen.

Während Ruthenium von 1970 bis 2006 im preislichen Leichtschlaf lag und zwischen 20 bis 80 US-D kostete, stieg sein Preis im Mai 2007 in der Spitze auf etwa 900 US-D. Zur Zeit dümpelt er bei 400 US-D. 2006 förderte der Hauptproduzent Südafrika 800.000 Unzen Ru. Das sind etwa 25,7 Tonnen und entspricht einem Zehntel der weltweiten Goldförderung. Bezogen auf seine Seltenheit, ist Ruthenium spottbillig. Um mit dem Goldpreis gleich zu ziehen, dürfte Ruthenium 40.000 US-D pro Unze kosten. Man kann davon ausgehen, daß die Elektrotechnik den Löwenanteil an Ruthenium verbraucht, nämlich 77% der Gesamterzeugung. Signifikant vergrößert sich die Schere zwischen der Produktion und der stürmischen industriellen Nachfrage. Unweigerlich wird das zu neuen Preisschüben führen.

Als physische Ware in Form von Barren oder gar Münzen kann der Investor Ruthenium nicht erwerben. Die Industrie bezieht das Edelmetall z.B. in Pulverform oder als Granulat zur Weiterverarbeitung. Und achten Sie einmal darauf: Minen, über die man kaum spricht, sind die Besseren. Reden ist Gold, Silentium ist Ruthenium!

Der Metallexot Indium sagt für immer adieu

Die Spektrallinie im Indigoblau charakterisiert wie ein Fingerabdruck Indium als viertes Element der Bor-Gruppe. F. Reich und Th. Richter berichteten 1863 über dieses von ihnen neu entdeckte seltene Element, das als Rückstand der Freiberger Zinkblende ZnS anfiel. Indium taucht in der Natur nicht als technisch abbaubares Erz auf wie man im Mineral Indit vermuten könnte, vielmehr ist es nur vereinzelt in sulfidischen Zink-, Blei- und Cadmiumerzen als Substitut enthalten.

Über ein Jahrhundert lag Indium unbeachtet im technischen Schlummer. Erst durch die jüngsten Hightech-Produkte der Elektrotechnik machte das silberglänzende Schwermetall Furore. Mit einer Dichte von 7,31 kg/dm³, fast so schwer wie Eisen, verfügt Indium über einzigartige Eigenschaften. Kaum ein Metall der Erde kann mit einem so großen Flüssigkeitsbereich aufwarten, denn ab 156,6°C verflüssigt sich Indium und erst ab 2.072°C geht es in die Gasphase über. Das macht Indium als Hochtemperatur-Thermometer interessant. Übrigens hält Uran den Rekord: es verflüssigt sich bei 1.132°C und verdampft erst bei 3.818°C. Indium kriecht förmlich in unebene Oberflächen hinein. Es benetzt in der flüssigen Phase glatte Oberflächen wie Glas und verformt sich unter Druck plastisch. Während alle normalen Dichtungsmaterialien im Tieftemperaturbereich den Geist aufgeben, fließt das weiche Indium zwischen zwei harten Metallflanschen optimal abdichtend hinein. Als Oberflächenschutz gegen Abrieb in Gleitlagern ist Indium ebenso gefragt, wie in niedrig schmelzenden Spezialloten und Legierungen. Exotisch ist auch eine Indium-Gold-Legierung ($AuIn_2$), die eine blaue Körperfarbe annimmt. Soweit die bisherigen klassischen Anwendungsfälle.

Ehe wir moderne technologische Applikationen für Indium herausgreifen, betrachten wir einmal die weltweiten Lagerstätten. Diese konzentrieren sich auf China (1/3 der Weltproduktion), Kanada (1/2) und Japan (1/6). Alleine 2005 verbrauchte man weltweit 850 Tonnen Indium. Dramatisch gering sind die Schätzungen der Weltvorräte an Indium, die bei 6.000 Tonnen liegen. Ökonomisch abbaubar sind aber nur noch 2.800 Tonnen. Das wäre ein fiktiver Würfel von 7,26 Meter des weichen Indiums. Mit einem Messer ließ sich vom butterweichen Indium jährlich eine Scheibe von nur 78 cm herunterschneiden. Bei einem mäßig angenommenen Jahresverbrauch von etwa 300 Tonnen, kommt man zu einem dramatischen Schluß: Bereits Anfang des nächsten Jahrzehnts wird Indium als erstes Element der Erde zur Neige gehen, lange bevor sich Gold- und Silberlagerstätten erschöpfen. Im Gegensatz zum breitbandig eingesetzten Silber, verbraucht die Elektroindustrie Indium selektiv. Das nahe Aus für den wichtigen Metallexoten Indium ist damit vorprogrammiert.

Schauen Sie sich die Preisentwicklung bei Indium an. 2002 war ein Kilogramm Indium für 60 US-D am Spotmarkt zu haben. 2003 für 200 US-D, 2004 für 600 US-D, 2005 für 1.000 US-D. Jetzt zahlt man dafür über 1.200 US-D. Das ist das Zwanzigfache. Um mit dieser Preissteigerung von Indium gleich zu ziehen, müßte Gold inzwischen auf 5.000 US-D/Unze stehen. Rhodium und Rhenium sind zwar nicht ganz so stark gestiegen, sie haben sich aber im gleichen Zeitraum immerhin verfünfzehnfacht. Ein unverbesserlicher Goldfan ist davon überzeugt, daß Gold als manipuliertes Edelmetall sicherlich noch viel nachzuholen hat. Erstaunlich: Während Indium unbemerkt die Preishimmelsleiter ohne Einbruch weiter erklimmt, kommt Gold nur schubweise voran. Indium ist rar, wird technisch genutzt und dabei verbraucht, Gold findet man an vielen Stellen der Erde, es ist aber technisch fast unbedeutend und wird nur akkumulierend gestapelt von institutioneller und privater Seite.

Die Väter des Club of Rome mit ihrem Bericht von 1972 „Die Grenzen des Wachstums" hatten zwar die ausgehenden Rohölreserven im Visier, daß aber ein bis dahin unbeachtetes Exotenmetall wie Indium Jahrzehnte später aufgrund der Nachfrage und geringen Verfügbarkeit „aussterben" würde, lag nicht im Bereich ihrer Prognose. Wo auch immer Sie sich umschauen in unserer Industriegesellschaft, fast alle Hightech-Produkte enthalten Indium in geringen Dosen, und zwar:

- als Indiumzinnoxid in Flüssigkristalldisplays, Flachbildschirmen, organischen Leuchtdioden und Touchscreens. Indiumzinnoxid dient dabei als ein transparenter elektrischer Leiter und Infrarotreflektor, eingesetzt auch als großflächiger Wärmeschutz auf Fensterglasscheiben.
- als elektronisches Bestandteil in Geräten der Telekommunikation wie Handys
- in Dünnschicht-CIC-Solarzellen (Copper Indium Diselenide).
- in der Produktion von Leuchtdioden als energiesparender Glühbirnenersatz.

Was den Einsatz von Indiumzinnoxid so interessant macht, ist die Kombination zweier Eigenschaften: hohe Transparenz der Dünnschicht mit typisch 200 nm, gepaart mit geringem Flächenwiderstand von typisch 6 Ohm pro Flächeneinheit.

Heute wandert etwa 80% der Indium-Produktion in die Elektronik, und zwar als Massenprodukt in Milliardenhöhe wie Flachbildschirme und Handys. Bedarf es nur zehn Milligramm pro Handy an Indium, würden damit zehn Tonnen pro Milliardeneinheit verbraucht. Die

342

Dramatik dabei: die Mengen sind so gering, daß man weder in USA noch in Europa ein lohnendes Recycling praktiziert. Eine Ausnahme macht Japan. Hier gewinnt man 50% des verkauften Indiums wieder zurück. Eigentlich sorgen die Hightech-Anwendungen für eine unwiederbringliche Feinverteilung des Indiums auf der ganzen Welt. Ähnlich passiert es mit Milliarden von Platin-Katalysatoren. Pro gefahrenen Kilometer gelangen zwischen 0,1 und 2 Mikrogramm Platinpartikel in die Umwelt. Die Masse macht's. Trotz nanoskopischer Verteilung gehen mehrere Tonnen an Platin allein durch den Verkehr ein für alle mal verloren.

Die jetzt noch konzentriert vorkommenden, metallischen Naturschätze „verdünnen" die Hightech-Produkte in den folgenden Jahrhunderten über den ganzen Erdball (Entropiezunahme). Es kommt zunehmend zu einer „Entreicherung" der Bodenschätze. Vielleicht werden 100 Generationen nach uns die heutigen Mülldeponien die einzigen Lagerstätten sein, in denen seltene Metalle wie Indium oder Silber zu finden sind. Einst löste in der Kreide-Tertiär-Zeit ein extraterrestrischer Impakt eine Iridium-Anomalie aus. Das führte zu einer 30fach höheren Bodenkonzentration des Metalls. Vielleicht stoßen in Jahrtausenden Archäologen auf eine besondere Bodenschicht, die mit Indium angereichert, das „damalige" elektronische Zeitalter belegt.

Schließlich sagt man dem Metall Indium nach, daß es beim Verbiegen „schreit", ebenso wie Zinn, dies infolge der Reibung seines kristallinen Gefüges. Das kann ich nicht bestätigen, denn eine aus Flachdraht geformte Indium-Kugel liegt lautlos neben mir zur Inspiration, trotz heftiger Fingerattacken. Himmelschreiend könnte allerdings der Preis für Indium in den nächsten Jahren ausfallen.

Mineralien, Edelsteine, Münzen

Kristalline Blumen des Mineralreichs

Etwa 3.000 Mineralarten sind bekannt. Bei diesen Naturstoffen sitzen die kleinsten Teilchen, die Atome, aus denen sich das Mineral zusammensetzt, streng geordnet auf festen Plätzen im Kristallgitter. Ein Dutzend der häufigsten Mineralien bauen bereits über 99% des Gewichtes der festen Erdkruste auf. Den größten Anteil daran haben Verbindungen mit dem Element Silizium. Einige gestaltlose, amorphe Substanzen – sie zeigen keine kristalline Ordnung – gehören ebenfalls ins Reich der Mineralien, nämlich die Naturgläser wie Moldavit, Tektit und die Opale.

Die erste kristallografische Entdeckung machte 1611 Johannes Keppler. Ihm fiel die skelettartige Struktur der Schneeflocke auf. Das Geheimnis der regelmäßig geformten Kristalle lüftete Just Haüy (1743 bis 1855). Er bewies, daß die „Blumen des Mineralreichs" regelmäßige Flächen und Kanten bilden. Nach Haüy ist übrigens der kubische Edelstein Hauyn benannt: dieser stahlblaue Edelstein ist in der Mühlsteinlava in Niedermedig in der Eifel zu finden.

Entstehung. Ursprünglich entstammen zwar alle Mineralien dem Magma (griech. Teig), verschieden sind aber ihre Bildungsvorgänge. Nur wenige edle Mineralien entstanden direkt aus der glutflüssigen Silikat- und Gesteinsschmelze in den „Magmaräumen" der tiefen Erdkruste, etwa der Peridot aus Hawaii, der Obsidian aus Mexiko oder der Diamant aus aller Welt. Zu einem Kuriosum kommt es, wenn heiße Gase zutage treten und den flüssigen Zustand einfach „überspringen", wie etwa bei der Bildung von Hämatit oder Magnesit. Stürmisch entweichende Gase bilden gelegentlich große Blasenräume (Mandelsteine), an deren Wandungen sich Mineralien oft als prächtige Kristalle ansiedeln, z.B. Amethystdrusen. Sinkt die Temperatur der Restschmelze auf etwa 500°C, beginnt das Stadium der hydrothermalen Mineralbildung. Die Restschmelze besteht vorwiegend aus stark alkalihaltigem Wasser. Das erst befähigt Wasser als „Transportmittel", Schwermetallsulfide zu lösen und nach dem Abkühlen die Stoffe konzentriert abzuscheiden. Nach diesem Prinzip hat sich z.B. der hochwertige Smaragd aus Kolumbien/Muzo entwickelt.

Struktur und Härte. Wie die Kristalle ihre Struktur annehmen, liegt weitgehend im dunklen. Möglich, das die einzelnen Atome ein kollektives Gedächtnis für ihr Anordnungsvermögen haben. Es ist kein zwingender Grund zu erkennen, weshalb eine bestimmte Art von Kristallen eine besondere Gitterstruktur annimmt und eben keine andere, die ebenfalls möglich wäre. Dabei unterscheidet man sieben verschiedene Kristallsysteme. Könnte ein Mensch durch ein Kristallgitter hindurchwandern, würde er feststellen, daß die Atome in einem Kristall je nach Richtung verschiedene Abstände haben, d.h. in einer Richtung liegen sie dichter als in einer anderen Richtung. Deswegen zeigen die Kristalle ein richtungsabhängiges, ein anisotropes Verhalten. Je nach Kristallrichtung sind z.B. die Härte, die Spaltbarkeit und das Wärmeleitvermögen unterschiedlich. Diese Eigenschaften sind für das Erkennen eines Minerals wichtig.

In der Praxis hat sich die relative Härte, die Ritzhärte, als wichtige diagnostische Größe bewährt. Als Vergleichsmaßstab dient seit 1822 die Mohssche Härteskala; sie ist in Stufen von 1 (Talk) bis 10 (Diamant) eingeteilt. Jedes in dieser Vergleichsskala eingeordnete Mineral ritzt die vorangehenden und wird selbst von dem nachfolgenden geritzt. Den extremsten richtungsabhängigen Härteunterschied zeigt ein Graphitkristall, dessen sogenannte Ritzhärte auf seiner Kristallbasis nur 1 beträgt, senkrecht dazu aber fast Diamanthärte erreicht.

Bei homogenen Kristallen ist die Dichte der Atomanordnung unabhängig von der Richtung (isotrop). Zerspringt ein Kristall durch äußere Krafteinwirkung, zeigt er typische Trennflächen. Sind sie glatt, so spricht man von Spaltflächen. Das sind stets Gitterebenen im Kristall, die dicht mit atomaren Bausteinen besetzt sind und dadurch eine größere Härte aufweisen: bei Diamant ist die härteste seiner Kristallflächen die Oktaederfläche. Dieser Härteunterschied ist der Grund, warum man Diamanten mit anderen Diamanten schleifen kann.

Kristalline Wunderwerke der Natur reichen von mikroskopisch kleinen Kristallwinzlingen bis zu tonnenschweren Kristallmonstern mit über zehn Metern Länge. Selbst die Minikristalle, die sich vielfach durch besondere Reinheit und exakte Form (Morphologie) auszeichnen, sind begehrte Objekte in der Zunft der Micro-Mounts-Sammler.

Farbursachen. Keinesfalls führt das leicht erkennbare Merkmal „Farbe" auf die sichere Identifikation eines unbekannten Minerals. Durch Fremdatome gefärbte Mineralien können auch farblos vorkommen. So treten Saphir, Turmalin, Granat oder Spinell gelegentlich als Leuko-Varietät auf, also als Albinos. Das hängt damit zusammen, daß den Mineralien die Spuren farbgebender Fremdatome fehlen. Ein „Rubin", dem die rotfärbende Spur Chrom fehlt, enthüllt sich schlicht als farbloser Korund (Schmirgel). Andere Mineralien haben eine typische Eigenfarbe. Hier sind die farbgebenden Bestandteile in der chemischen Verbindung des Minerals eingelagert. So färbt Mangan den Rhodochrosit rosa, indessen den Spessartin orange. Eingebautes Eisen gibt dem Olivin sein Olivgrün; Kupfer verleiht dem Azurit ein prächtiges Blau, taucht aber den Dioptas in ein sattes Grün; Chrom bestimmt das Gelbrot des Rotbleierzes Krokoit.

Eine andere Farbursache ist die natürliche Radioaktivität der Nebengesteine, die radioaktiven Grundwässer oder die kosmische Höhenstrahlung. Das Bombardement dieser energiereichen Strahlung zerstört das Kristallgitter. So wird farbloser Bergkristall durch die Höhenstrahlung braun bis tiefschwarz, also zum Rauchquarz – fälschlich aufwertend Rauchtopas genannt. Weiße Steinsalzkristalle verfärben sich blau, Diamant grün, wie das historische Unikat, der historische „Dresdener" von August dem Starken.

Lichtphänomene. Vereinzelt kristallisieren Mineralien prachtvoll sternförmig aus. Beispiel: Die Mine Corrego Fundo in Brasilien ist bekannt für ihre goldgelben Sterne aus Rutil im Bergkristall. Neben diesen „starren" Mineralsternen faszinieren sternförmige Lichtlinien (Asterismus), die bei einem halbrund geschliffenen Stein (Cabochon) über die Oberfläche hinweg huschen, wenn man den Stein bewegt und bei punktförmigem Licht betrachtet. Die Anzahl der Lichtbänder hängt mit der Kristallsymmetrie zusammen. Es gibt geradzahlig 4- bis 16strahlige Phänomenalsteine. Tritt nur ein einziger Lichtbalken auf, spricht man von einem Katzenaugeneffekt (Chatoyance).

Diese Lichterscheinungen beruhen auf derselben optischen Ursache, einem Streulichteffekt an orientiert eingelagerten, dünnfasrigen Einschlüssen oder feinen Hohlröhren – wie im Turmalin. Dabei sammelt der halbsphärisch geschliffene Stein das Streulicht zu einem oder mehreren Lichtstreifen, ähnlich dem Aussehen einer Katzenschlitzpupille. Chatoyance oder Asterismus beruhen also nicht, wie oft publiziert, auf Reflexion, sondern auf der Streuung des einfallenden Lichtes. Hochgeschätzt ist der Asterismus bei Sternrubinen und Sternsaphiren, verursacht durch feine Rutil- und Illment-Hämatit-Nadeln. Der wohl größte Sternrubin ist der Rosser Reeves Star Ruby im National Museum of Natural History der Smithsonian Institution in Washington. Das Prachtstück stammt aus Sri Lanka und wiegt 138 Karat.

Weitere rätselhafte Lichterscheinungen haben andere optische Ursachen. So kommt z.B. das sanftblaue Schimmern, die Andulareszenz des Mondsteins, an feinen Entmischungskristallen von Albit zustande. Andere Mineralien wie Scheelit und einige Diamanten zeigen im UV-Licht ein charakteristisches farbiges Eigenleuchten. Dieses Phänomen heißt Fluoreszenz.

Verwandlungskünstler. Mineralien neigen zum Zerfall, sie werden von den Naturkräften umgestaltet. Einmal an die Erdoberfläche gelangt, beginnen Wind und Wogen, Sonne und Säuren ihr zerstörerisches Werk. Bei der Verwitterung des Granits – man erinnere sich an seine Bestandteile „Feldspat, Quarz und Glimmer, die drei vergiß ich nimmer" – bleibt der resistente Quarz erhalten; er reichert sich zu Quarzsanden an und verfestigt sich schließlich zu Sandstein. Den größten Widerstand aller Mineralien gegen Verwitterung leistet der Diamant.

Die durch Erosionskräfte zertrümmerten und verfrachteten Mineralien können sich in Flußgeschieben, in sog. Seifen (mittelhochdeutsch silfe für Erzwäsche) anreichern. Das ist in Flußläufen an Orten mit starker Strömung oder an Meeresküsten in Brandungszonen zu beobachten. Die mahlende Gewalt des Wassers ließ an diesen Stellen nur das Anhäufen widerstandsfähiger Minerale zu, und zwar regelrecht sortiert nach der spezifischen Dichte, z.B. Gold, Granat, Diamant. Bedeutende Seifenlagerstätten waren das „Rheingold", die Goldseifen im Clondike am Yukon-River und die Diamantseifen bei Oranjemund in Südafrika.

Nomen est omen. Das Charakteristische eines Minerals drückt sich vielfach schon in seiner Namengebung aus. Aus der griechischen Sprachwurzel sind einige Mineralnamen entlehnt. Man denke an den Euklas (eu = gut, klasis = Spaltung), Graphit (graphein = schreiben). Beliebt sind auch Wortverbindungen mit it oder lith (lithos = Stein). Zahlreiche Wortschöpfungen gehen auf die deutsche Bergmannssprache zurück. Erinnert sei an die Begriffe Kupferkies, Pechblende oder an den Kalkspat mit seiner guten Spaltbarkeit (Spätigkeit). Namensbildend ist auch die chemische Zusammensetzung, z.B. Germanit für germaniumhaltiges Sulfid oder die physikalischen Eigenschaften, etwa der Magnetismus für Magnetkies. Einige Mineralien sind nach ihrem Fundort, z.B. Tansanit oder zu Ehren ihres Entdeckers benannt. Auch dafür gibt es Beispiele, etwa den Taaffeit nach Count Taaffe oder den radioaktiven Sammlerstein Ekanit, den D. Ekanyake 1953 in Ceylon fand.

Wie sagten doch die alten Griechen: panta rei. Die Mineralogie ist also im Fluß, denn jedes Jahr entdeckt man neue Mineralien oder Varietäten. Systematisch werden sie eingeordnet und den bisher etwa 3.000 wohldefinierten Mineralnamen zur Seite gestellt. Vielleicht gelingt dem einen oder anderen der geneigten Leser die Entdeckung eines neuen Minerals, das seinen Namen später trägt – ihm zu Ehren.

348

Edelsteine: Fälschungen und Betrugsmanöver

Jeder Edelstein ist ein einmaliger Informationsträger: Sein Inneres birgt eine verdichtete Nachricht aus der fernen Vergangenheit seiner Entstehung. Auf mikroskopisch kleinstem Raum finden sich die „Geburtsurkunden". Die Geheimsprache der Einschlüsse entlarvt auch Edelstein-Fälschungen als spezifische Corpus Delicti. Dazu muß man wissen, daß gezüchtete Edelsteine, sogenannte Synthesen, im wesentlichen zwar die gleichen Eigenschaften besitzen wie die Natur-Edelsteine, nicht aber identische Einschlußbilder. Syntheseprodukte wachsen zeitgerafft heran, da der Nachahmer nicht wie die Natur über beliebig viel Zeit verfügt.

Vom billigen Strass zur perfekten Diamant-Imitation. Zuerst die gute Story: Einschlußbilder erzählen spannende Geschichten. Gar nicht so selten kann ein Diamant, der härteste Bote aus der Erdtiefe, einen älteren Artgenossen als Kristall-Oktaeder-Einschluß eingekerkert haben, der Milliarden Jahre alt ist. Selten räumt der Diamant auch einem anderen Mineraleinschluß, etwa einem roten Granat ein Gastrecht ein. Sogar atomar kleine „Wassertanks" wurden in Hohlräumen der echten Diamanten entdeckt.

Dem Engländer Ravenskroft gelang es 1676 ein hochlichtbrechendes Bleiglas herzustellen, das der Wiener J. Strasser als Ausgangsprodukt für den ersten gelungenen Diamant-Ersatz benutzte. Dieser sog. Strass dient seither als Basis für Modeschmuck. Heute im Hightech-Zeitalter muß der Fachmann täglich mit neuen Fälschungen rechnen. So übergab mir 1997 ein Großhändler einen leicht grünlichen Diamanten zur Untersuchung. Nadelartige Einschlüsse erregten sofort meine Aufmerksamkeit, weil so ein Einschlußbild bei Diamanten nicht vorkommt. Ohne auf das Ergebnis der nachfolgenden aufwendigen Untersuchung einzugehen, sei gesagt, daß es sich um eine neue Diamant-Imitation handelte: die perfekteste überhaupt. In nahezu allen Eigenschaften wie Härte, Lichtbrechung – allerdings doppelbrechend – Dichte und Wärmeleitfähigkeit glich das Hightech-Produkt dem Diamanten. Später wurde dieses Halbleitermaterial Siliziumcarbit SiC unter dem Namen „synthetischer Moissanit" im Edelsteinhandel bekannt.

Bereits im Ursprungsland der Rohdiamanten gehört Betrug zum Tagesgeschäft. Als ich 2001 einen Geschäftsmann nach Sierra Leone als fachliches Gewissen in punkto Diamanten begleitete, wurde uns ein Rohdiamant angeboten, ein prächtiger Fünfkaräter in Oktaederform. So etwas ist gesucht, weil sich ein Oktaeder zum Schleifen besonders gut eignet. Dieses „Prachtexemplar" erregte mein Mißtrauen, weil die Oktaederwinkel nicht ganz „diamant-like" waren. Außerdem fühlte sich der Kristall in der Hand nicht wie kühlender Diamant an (Diamant ist der beste Wärmeleiter in der Natur). Gern hätte ich dieses Exemplar meinem Stein-Kabinett mit den gesammelten Fälschungen einverleibt, aber 3.000 US-D war ein happiger Betrag für ein Stück Quarz.

Vor Jahren gab es bei Christi's in New York eine Edelstein-Auktion. Star war ein rosafarbener 250.000 US-D teurer Diamant. Darauf hatte sich ein Ganoven-Pärchen bestens vorbereitet. Wie sie es trotz Videoüberwachung schafften, den hinter Panzerglas abgeschirmten Diamanten zu entwenden, ist eine andere Geschichte. Der simple Clou dabei: Der Zugriff blieb bis zum Auktionstag deswegen unentdeckt, weil sie den Diamanten mit der seltenen Naturfarbe gegen einen gleich großen, aber farblosen austauschten: Dieser „Blender" hatte allerdings einen aufgesprühten Überzug aus Nagellack von gleicher Farbe.

Eine „Abreibung" mit Wiener Kalk brachte Farbe ans Licht. Vor einiger Zeit wurde ich zu einem Juwelier gerufen, der Tausend Karat an russischer Melé-Ware, also kleine Besatzdiamanten gekauft hatte. Äußerst preiswert versteht sich und hochqualitativ, denn die Diamanten gehörten alle der besten Farbqualität an – Top Wesselton bis River. In der Tat schnitten alle Diamant-Brillanten zunächst mit den Referenzsteinen bestens ab. Und doch hatte ich ein komisches Gefühl. So verpaßte ich einem Teil der „Schönlinge" eine oberflächliche „Abreibung" mit Wiener Kalk und siehe da: die farblosen Diamanten zeigten plötzlich eine deutliche unerwünschte Gelbsättigung (light Yellow). Welche Manipulation steckte dahinter? Die Diamanten waren mit einer bestimmten hauchdünnen Schicht optisch vergütet, so wie man sie bei Ferngläsern kennt. Dazu muß man wissen, daß zwischen dem hochfeinen Weiß und dem leichten Gelb Welten liegen, was den Preis anbelangt.

Rubin: das Blut der Erde und seine Synthesen. Schon immer lag es im Bestreben des Menschen, Kostbarkeiten der Natur nachzuahmen. Um 1890 gelang es dem französischen Physiker A. Verneuil erstmals synthetische Rubine herzustellen. Sie glichen verblüffend den edlen Natursteinen. Unter dem Mikroskop allerdings zeigte diese Synthese unnatürliche Strukturmerkmale: gebogene Anwachsstreifen und Gasblasen. Einer der besten Synthesen für Rubin ist die nach dem Flußmittelverfahren hergestellte Ramaura-Synthese; sie ahmt das Innere eines echten Rubins erschreckend gut nach. Hier stößt das normale Equipment eines Edelsteinkundlers (Gemmologe) an seine Grenzen.

Lassen Sie sich in Urlaubsstimmung nicht bluffen. Mit einem weitverbreiteten Irrglauben bei Fernreisenden muß man aufräumen, nämlich daß es im Erzeugerland besonders günstige Edelstein-Angebote gäbe. Weit gefehlt, denn die Gefahr der Täuschung oder Manipulation ist sehr groß. Mit Bluffs, die Synthesen als echte Steine vorgaukeln, müssen Sie als Tourist rechnen. Folgendes Beispiel mag das demonstrieren: Da schlägt ein thailändischer Edelsteinhändler mit einem Hammer zunächst auf rotes Glas, das er theatralisch als Rubin-Synthese vorstellt – es zerbirst. Anschließend drischt er auf einen synthetischen Rubin ein, den er als echt ausgibt. Mit der Überzeugungskraft des Hammerschlags verkauft der Gaukler dann diese Rubin-Synthese als echten Rubin – preiswert für ein paar hundert Dollar, versteht sich. In Sri Lanka dürfen naive Touristen ihren eigenen „Rubin" im Minenschlamm finden. Meist sind diese Glückssteine bereits sogar schon geschliffen. Die zuvor ausgelegten Fundstücke haben nur einen Nachteil: es sind samt und sonders Synthesen.

Auch Großinvestoren können geleimt werden, so geschah es in Madagaskar. Aus einem Umkreis von 250 km trug man Rohsaphire aus vielen Minen zusammen und türmte diese riesige „Ausbeute" auf einem Schautisch, und zwar direkt neben einem einzigen Minen-Bohrloch. Die Interessenten waren beeindruckt von der „Tagesausbeute" und sie waren überzeugt, daß sie ihr Geld als Minen-Teilhaber bestens angelegt hätten.

Vorsicht bei farbschönen Saphiren. In den 90er Jahren konnte ich einen Betrugsskandal in Millionenhöhe mit angeblich natürlichen Saphiren aufdecken. Hier ging das Spiel so: farbblasse, weniger geschätzte Saphire aus Sri Lanka wurden in Hongkong in ihrer Farbe nach dem Diffusionsverfahren verbessert. Ohne näher auf das Verfahren einzugehen, sei aber gesagt, daß die Qualität der Saphire im wesentlichen nach dem Farboptimum bezahlt wird. Weder zu blaß noch zu dunkel dürfen sie sein. Das legendäre Kornblumenblau gilt als Qualitätsspitze. Nun, wenn man bläßlichen, billigen Natursaphiren eine schöne Farbe angedeihen läßt, sie also optisch und vor allem pekuniär um etwa den fünffachen Preis aufwertet, dann muß das im Handel eindeutig deklariert werden (heated, hitzebehandelt), sonst ist das Betrug. Im vorliegenden Betrugsfall geschah das nicht. Tausende von Karat waren bereits nicht deklariert in die Schmuckindustrie nach Pforzheim gewandert und in Schmuckstücken verarbeitet worden.

Afrika, das Dorado der Diamanten-Gaukler. Mancher Afrika-Reisende ließ sich am Strand von Kenia seine Urlaubskasse erleichtern, weil er glaubte, einen preiswerten Diamanten erstanden zu haben. Die sog. Ritzprobe des einheimischen Verkäufers überzeugte den Urlauber vollends. Der über eine Glasscheibe gestrichene vermeintliche Diamant, in Wirklichkeit ein Topas, schneidet selbstverständlich auch das weiche Glas wie Butter. Zwischen beiden Edelsteinen liegt nicht nur ein großer Härteunterschied (8 zu 10), sondern auch ein beträchtlicher Preisunterschied.

In Tansania gab es seinerzeit ein „Kreislaufabkommen" zwischen einem Edelsteinhändler und dem Zoll. Das Spiel ging so: Der unbedarfte Tourist erwarb preiswert einen bildschönen blauen Tansanit. Der Verkäufer informierte daraufhin den Zoll – der Export von Tansanit war streng verboten. Man wurde bei der Durchsuchung des Geprellten fündig und konfiszierte das Corpus Delicti. Der Tourist durfte eine hübsche Strafe zahlen und der Kreisläufer wurde erneut „eingespeist".

352

Farbstein-Irritationen und -Manipulationen. Der Turmalin besitzt eine ausgeprägte Richtungsabhängigkeit seiner Farbe, denn je nach Blickrichtung erscheint er hellgrün oder – senkrecht dazu – dunkelgrün. Seine Zweifarbigkeit ist so ausgeprägt, daß man ruhig sagen darf: ein Turmalin, der sich nicht so benimmt, entpuppt sich vielfach als Glasimitation. Übrigens ist der Turmalin der einzige kommerzielle Edelstein, den man bisher noch nicht synthetisieren konnte.

Wen wundert's, daß der Mensch schon immer bestrebt war, die teuerste Beryll-Varietät, den Smaragd, nachzuahmen. Er schuf Dubletten, deren Ober- und Unterteil aus farblosem billigem Beryll durch dunkelgrünes Kunstharz verkittet sind zu „Smaryll"; er überzog blasse, wertlose Berylle mit einer hauchdünnen synthetischen Smaragdschicht „Emerita". Schließlich schuf der Mensch den synthetischen Smaragd – verglichen mit dem erdgeborenen Smaragd eine „Spottgeburt aus Dreck und Feuer".

Nur wenige Topase sind naturblau. Pekuniäre Gründe trieb „Findige" dazu, farblosen Topasen durch einen nützlichen Besuch im Kernreaktor eine tiefe Bläue (Strahlungsverfärbung) zu verpassen und diese gar als Aquamarine auszugeben. So kamen in den 80er Jahren dunkelblaue Topase erstmals in den Handel, die als wertvolle Aquamarine wegen ihrer intensiven Blaufärbung angepriesen wurden. Als einer der ersten konnte ich diese „Strahlemänner" aus Brasilien identifizieren. Als Aquamarin-Imitation täuschten diese strahlenbehandelten Topase nicht nur den zehnfachen Wert vor: Collier- oder ringgefaßt, strahlten sie intensiver und ausdauernder – allerdings zellschädigend – als die Aquamarin-Beschenkte.

Das Kaleidoskop der Manipulationen auf dem Edelsteingebiet ist mannigfaltig. Die Begehrlichkeit, mit Fälschungen das große Geld zu machen, wächst in dem Maße wie Fälschungen perfektioniert werden und die Moral der Gesellschaft sinkt. Immerhin entsteht weltweit auf allen Gebieten der Fälscherkunst der Volkswirtschaft ein Schaden von jährlich 450 Milliarden Euro.

Hier können Sie in Deutschland Ihre Diamanten und Edelsteine auf ihre Echtheit untersuchen lassen:

Deutsche Gemmologische Gesellschaft
Schlossmacher Straße 1
55743 Idar-Oberstein
Tel. 06781 – 43011; Fax: 06781 – 41616

Diamant versus Währung: hart gegen weich

Erfahrungsgemäß ziehen in einer Rohstoffhausse zuerst die Basisme-
talle, dann die Edelmetalle und erst im letzten Drittel der Hype die
Preise für Diamanten an. Diese Eigentümlichkeit konnte man in den
70er Jahren bis zum Hoch 1980 beobachten. Ein feiner Einkaräter
schoß damals von 3.400 DM auf 63.000 DM in die Höhe. Das ist
Faktor 18, eine Performance, die sogar das Krisenmetall Gold (von
100 auf 850 US-D) deutlich übertraf.

Während es für Edelmetalle Preis-Charts gibt, lassen sich Preise für
Schmuck- oder Anlagediamanten nicht als Charts abbilden. Ihr Preis-
gefüge ist zu heterogen. Der Diamantenpreis ist sehr differenziert zu
betrachten, denn Diamant ist nicht wie Gold eine homogene, beliebig teilbare Handelsware. Ein Diamant gleicht keinem anderen exakt,
vielmehr gibt es gewaltige Preisunterschiede. Kleinere Diamanten
unter einem Karat sind sogar synchron mit dem Niedergang des Dollars im Preis kräftig gefallen, große Exemplare dagegen gewaltig im
Preis gestiegen.

Neben dem Diamanten als Schmuckobjekt, besitzt er als Rohstoff für
industrielle Anwendungen herausragende Eigenschaften. Industriediamanten werden als Zerspan- und Bohrwerkzeug genutzt, angefangen vom Erdölbohrkopf bis hin zum schärfsten Skalpell für die
Augenchirurgie. Das Kohlenstoffgebilde ist der beste Wärmeleiter,
besser noch als Silber. In der Halbleitertechnik dient polykristalliner
Diamant als Matrix für Chips, der bei Stromdurchgang entstehende
Wärme rasch ableitet. Diamant selbst leitet den elektrischen Strom
nicht, es ist ein guter Isolator.

Als Anlagediamant muß man den zeitlichen Anlagehorizont einkal-
kulieren. Damit steht es wie mit einer Immobilie, die man nicht gleich
wieder verkauft und wo man nicht ständig nach einem Käufer Ausschau hält. Ein prächtiger Diamant ist eine Langzeitanlage, ähnlich

354

wie ein guter Wein, der über Generationen reift und einen beachtlichen Wertanstieg zeitigt. Diamanten überdauern selbst konventionell geführte Kriege und Finanzanomalien, die sich bis zur Hyperinflation austoben. Der Investor fragt sich bald, wovon der Diamantenpreis abhängt. In erster Linie von der Größe, also vom Gewicht (Carat) des Steins und von den immer zitierten anderen C's: Farbe (Color), eigentlich ist damit die Farbsättigung gemeint, Reinheit (Clarity), Schliff (Cut) und wenn man so will, auch vom Certifikat, genauer gesagt, dem begleitenden, unverzichtbaren Gutachten. So kostet ein qualitativ gleichwertiger Zweikaräter nicht etwa das Doppelte eines Einkaräters, sondern womöglich das Vierfache. Der Preis steigt nicht linear, sondern exponentiell mit der Steingröße. Es gilt: je größer der Diamant, um so seltener kommt er vor und um so teurer ist er auch. Der exquisite Markt hat sich in den letzten Jahren eindeutig auf Diamanten über 2 ct kapriziert, dagegen sind kleine Diamanten deutlich unter einem Karat keine geeigneten Anlageobjekte.

Preisgestalter ist der Diamantenmonopolist De Beers. Als Syndikat beherrscht De Beers inzwischen nur etwa 70% (früher nahezu 100%) des Weltmarktes, indessen aber etwa 90% des Marktes an großen Spitzensteinen. Das ist fast ein konformes Abbild des Markttrends. De Beers sorgt schon aus Eigennutz für stabile, höhere Preise, zum Wohle aller Marktteilnehmer. Ganz im Gegensatz zum Gold, dem Fieberthermometer der Politik. Hier geht die Manipulation in umgekehrte Richtung. Gold wird von den „Gestaltern" eher im Preis nach unten gedrückt. Droht in einem bestimmten Segment der Rohdiamanten, etwa z.B. in der Kategorie der Viertelkaräter eine Preisschwäche, verknappt man sie künstlich. Wenn Sie so wollen, ist das eine künstlich erzeugte Seltenheit. Dabei gibt es eine graduierte Rangordnung der Seltenheit. Ein hochfeiner Diamant-Brillant von einem Karat mit bester Farbe D (River D) tritt weitaus seltener in der Natur auf als einer mit der unmittelbar nächsten Farbstufe E (River E). Dazwischen kann eine Preisdifferenz von über 2.000 Euro liegen. Ein Stein der unteren Farbklasse ist etwa 10mal häufiger zu finden. Kurioserweise fängt die Farbgraduierung erst mit D an und endet mit L bei Yellow. Man ließ sich nach oben hin Platz auf der Skala, denn es könnten ja noch bessere Diamanten gefunden werden, die sogar das hochfeine Weiß D übertrumpfen. Und in der Tat, De Beers bunkert in Johannesburg einige unverkäufliche Spitzenindividuen, die man als C- oder gar als B-Steine einstufen könnte.

Sündteure Spitzensteine verlassen lautlos den Markt und wandern z.B. in die Schatullen und Tresore der Großinvestoren. Die finden sich vermehrt in China, Japan, Indien, Indonesien, Rußland, den Golf- staaten und natürlich auch in den USA. Viele Riesenklunker zieren auch die schönen Frauen der Superreichen. Der Trend zeigt, daß die Klunker mit zunehmendem Alter der Diamantgeschmückten größer werden.

In Laienkreisen ist oft die Rede von lupenreinen Steinen, die das Nonplusultra wären. Was die Reinheit (Clarity) betrifft, natürlich ja. Der Letzte im Reigen der Reinheit ist ein hoch pikierter P3-Stein. So ein einschlußreicher Stein mindert die Brillanz ungemein – durch sein Innenleben „funkelt" er nur mäßig. Der Diamantenpreis folgt aber weiteren Qualitätskriterien. Hat z.B. ein lupenreiner Stein (Internal Flawless) eine starke Gelbsättigung, etwa Light Yellow, zudem einen mäßigen Schliff, dann purzelt sein Preis rasch auf ein Zehntel seines möglichen Maximalwertes. In der Praxis heißt das: ein Einkaräter kann zwischen 1.000 und 10.000 Euro kosten. Gehört dagegen der Stein sogar zum exklusiven Kreis der farbigen Diamanten (Fancy Co- loured Diamond), kann er leicht mehrere 100.000 oder gar Millionen Euro kosten.

Was die Schliffform anbetrifft, so ist der Diamant-Brillant der König unter den Geschliffenen. Dies bezeichnet einen kreisrund ge- schliffenen Diamant mit insgesamt 57 Facetten. Daraus abgeleitete Schliffformen sind z.B. das Pendeloque, die Navette oder das Herz. Diese Formen, mögen sie noch so perfekt sein, sind immer niedriger im Preis angesiedelt. Wenn man aus einem Rohstein statt eines best- bezahlten Brillanten eine andere Schliffform wählt – wählen muß –, so hat das seinen Grund. Da im Prinzip jeder Edelstein als Brillant geschliffen werden kann, spricht der Fachmann beim Diamanten genauer von einem Diamant-Brillanten. Oft wird die Frage gestellt, ob es sich lohnt einen sogenannten Altschliff-Diamanten in einen bestbezahlten Brillanten umzuschleifen. Prinzipiell ist das möglich, indes teilweise mit erheblichem Schleifverlust (Werteinbuße). Es gibt aber Fälle, wo sich das lohnt, z.b. wenn durch den Umschliff ein häßlicher Einschluß wegfällt, und damit der Diamant an Reinheit gewinnt. Da muß gerechnet und abgewogen werden, um ein Optimum zu erzielen.

Oft fragt der Anleger nach den Vor- und Nachteilen, den ein Diamant gegenüber dem Gold als Investment hat. Der größte Nachteil ist seine Individualität, die nur von Experten qualitativ bewertet werden kann. Hier ist das Gutachten eines Internationalen Instituts unerläßlich, etwa das des Gemmological Institute of America (GIA). Gold glaubt jeder zu kennen, selbst wenn er nur die „Beißprobe" beherrscht. Einzigartig ist die Anonymität des Diamanten. Im worst case können Sie das Prachtstück am Körper versteckten oder es notfalls incorporieren, ohne das diese Geldbombe überhaupt auffällt. Die hohe Wertkonzentration auf kleinstem Raum erlaubt maximale Mobilität. Mit einem Goldklotz am Bein wäre das unmöglich.

Im weltweit verbreiteten Werbeslogan in über 50 Sprachen wirbt De Beers mit der Unvergänglichkeit des Diamanten. Gewiß, die ältesten Diamanten auf Erden entstanden in der Morgendämmerung des Lebens, also vor über drei Milliarden Jahren. Aber bitte überprüfen Sie nicht die Standhaftigkeit der Werbeaussage. Das Methusalemleben eines Diamanten läßt sich beträchtlich verkürzen, denn er verflüchtigt sich (sublimiert) bei etwa 800°C, Diamant geht dann spontan in Kohlendioxid und oder in Graphit über. Leider ist dieser Vorgang nicht reversibel, denn unter Normalbedingungen kann man aus CO_2 keinen Diamant zurück zaubern.

Der weitsichtige Anleger erwartet vom Diamanten eine ähnliche gute Performance wie in den 70er Jahren. Diesmal wird sich der Markt aber nicht für Einkaräter, sondern für große, seltene Steine entscheiden. Die gibt's nicht wie Sand am Meer. Hier sind die Renditen geradezu traumhaft. Allerdings nur realisierbar für eine bestimmte Klientel. Es geht um das wirklich dicke Geld, das in Inflationszeiten aus windelweichen Währungen „diamantgehärtetes Kapital" macht. Aber wer kann sich schon einen „van Gogh als Diamanten" leisten?

Der Betuchte kann sogar einen „farbigen Picasso" erwerben, im übertragenen Sinne also einen unvergänglichen, naturfarbenen Diamanten. Für diese kostbaren Pretiosen werden weltweit Unsummen gezahlt. Sogenannten Fancy Coloured Diamonds sind schlechthin das Schwarze Loch des Kapitals. Selbst in miserablen Zeiten gibt es dafür immer eine elitäre Käuferschicht.

Neben erschwinglichen gelb- und braungetönten Diamanten gibt es z.B. auch hochseltene rotfarbene Diamanten und das absolut rare Blau. Bis in die 80er Jahren fand sich, wenig vom Anlegerpublikum beachtet, hin und wieder mal ein rotfarbener Diamant. Die erste Mine auf der Welt, die nachhaltig rosafarbene Diamanten förderte, war die Argyle Mine in Australien. Sie besteht seit 1987. Bei Christie's in New York wurde 1987 für den Sultan von Burnei z.B. ein 0,95karätiger purpurroter Diamant ersteigert für sage und schreibe 880.000 US-D. Übrigens beruht die Rotfärbung vermutlich auf eine Störung des Diamanten-Kristallgitters. So eine Geldbombe erwirbt man keinesfalls im Juwelen-Einzelhandel, mit Glück aber z.B. auf Auktionen in Genf. Neulich wurde hier ein blauer Diamant verauktioniert, der bequem auf einen Teelöffel paßt und 12 Millionen brachte. Interessant ist die Ursache der Blaufärbung. Das ist eine seltene Laune der Natur, eine Rarität sondergleichen. So ein blaues Wunder wird höchstens ein paar Mal im Jahr unter 150 Millionen Karat Rohdiamanten gefunden. Jedes Kohlenstoff-Atom im Diamantengitter hat seinen angestammten Platz. Ganz selten findet ein Bor-Atom bei der Diamantgenese in Erdtiefen von 180 km seinen Platz im Kristallgitter und verdrängt dabei ein C-Atom, weil es etwa den gleichen Atomradius hat. Auf eine Million C-Atome kommen vielleicht ein paar Bor-Atome als Kristallgast. Nach außen nimmt der Betrachter nur die schöne blaue Farbe des Diamanten wahr. Im Fachjargon spricht man von einer selektiven Absorption.

Daneben gibt es auch schwarze Diamanten. Sie haben aber im physikalischen Sinne keine Farbe. Natürliche Schwarzdiamanten (Carbonado) sind die Hardliner unter den Diamanten, deswegen werden sie als Besatz für Bohrwerkzeuge benutzt. Diese Hartgesottenen stammen vorwiegend aus Borneo. Tiffany hat seinerzeit dafür die Werbetrommel gerührt. Weil diese Klunker relativ billig waren, gab es vorübergehend einen Riesenmarkt. Das hatte zur Folge, daß man hochpikierte, also einschlußreiche kommerzielle Diamanten minderwertiger Qualität durch Neutronen-Bestrahlung schwarz färbte. Diese behandelten Steine waren preiswert herzustellen. Inzwischen sind diese billigen Klunker aus der Mode gekommen.

Dagegen sind farbige, besonders die blauen Diamanten, Museumsprunkstücke, aber auch die Geheimanlagen der Reichen. Einen historischen Farbdiamanten sollte man herausheben, der alle Juwelen an Schönheit und Wertschätzung übertrifft. Das Prachtstück, ein TypIIb-Diamant, liegt im Smithsonian Institution in Washington. Es ist der historische, intensiv blaue Hope mit 44,5 ct, der übrigens von der Golconda-Mine aus Indien stammt. Nicht nur seine einzigartige Schönheit ist außergewöhnlich. Der geheimnisumwitterte Hope wartet mit herausragenden Eigenschaften auf, denn er zeigt neben einer Fluoreszenz im UV-Licht auch eine Phosphoreszenz, also ein Nachleuchten. Wenn am Abend im Museum die UV-Lichter verlöschen, leuchtet er geheimnisvoll wie glühende Kohle nach. Kein anderer Diamant auf dieser Welt vermag das. Außerdem hat der Hope einen Halbleitercharakter. Meines Wissens ist der schicksalsträchtige Hope mit 100 Millionen Dollar versichert. Das sind fast 2,3 Millionen US-D für jedes Hope-Karat (0,2 Gramm). Das monetäre Goldäquivalent dazu müßte über fünf Tonnen auf die robuste Goldwaage bringen, also eine Baggerladung voll! Der letzte Besitzer Harry Winston, erwarb 1947 den historischen Hope für 180.000 US-D, ehe er ihn schließlich dem Smithsonian Institut vermachte. Eine utopische Wertsteigerung von 55.000%, wenn man den genannten Versicherungswert zugrunde legt.

Wo kauft man günstig und seriös Anlagesteine? Direkt bei den Diamantenschleifereien in Antwerpen, in Idar-Oberstein oder auf der angesprochenen Auktion in Genf, die mehrmals im Jahr stattfindet. Allgemein gilt: Je hochwertiger der Diamant, um so resistenter ist das Juwel gegen alle Unbilden des Marktes. Im Gegenteil, sein Wert steigt wie ein guter alter Wein der Spitzenklasse. Bedenken Sie die irrwitzige Relation: Da werden 30 Milliarden einer Weichwährung in das marode Finanzsystem gepumpt, um eine noch marodere Bank zu retten. Dagegen müßte man 30 Milliarden Karat Muttergestein Kimberlit durchsuchen, um darunter vielleicht einen einzigen Rohdiamanten zu finden, der geschliffen einen Spitzenbrillanten von 3 ct hervorbringt. Top-Diamanten vermehren sich also nicht hemmungslos wie Geld. Sie werden dramatisch immer rarer. Leicht einzusehen, daß diese kapitalen „Hartgeschosse" eine starke Depotbeimischung bedeuten; obendrein sind sie anonym, wertkonzentriert und leichtmobil. Mit dem Juwel als Hardware können Sie stolz Ihre Liebste schmücken. Nicht umsonst hat der Diamant Symbol-Charakter. Seine Unvergänglichkeit ist groß gegenüber dem Bestand der Liebe.

Diamanten versus Gold

Wehe, wenn Gold auf seinem beschwerlichen Weg zum Preisgipfel eine Verschnaufpause einlegt, dann brechen unruhige Zeiten für Spekulanten aus. Ungeduldig halten sie Ausschau nach anderen Assets auf den Rohstoffmärkten. Und sie werden fündig. Molybdän, Seltenerdmetalle, Mangan, Tantal heißen die neu erkorenen Lieblinge, und das mit einiger Berechtigung. Möchte sich aber der Umsichtige wappnen für den Fall, daß die Weltökonomie zusammenbricht, hilft nur eine Überlebensstrategie: das Horten des gelben Metalls, die „monochrome" Hartwährung in bitteren Zeiten. Der Clou dabei ist, daß Gold seit Jahrtausenden von den Menschen „begriffen" wird, Gold ist beliebig teilbar, fungibel, mobil, selten und deswegen wertgeschätzt, vor allem nicht beliebig vermehrbar wie alle Buntpapier-Währungen, die von Zeit zu Zeit gegen Null gehen.

Welches Element, noch dazu ein recht einfaches, könnte dem Gold Paroli bieten? Es ist der Kohlenstoff. Ein sehr häufig vorkommendes Element. Die Biomasse steckt voll davon, nämlich etwa 300 Milliarden Tonnen. Selbst unser eigener Körper hat 10,7% davon gebunkert. Zugegeben, meist ist das Element chemisch gebundenen, etwa als Calciumcarbonat, Kohlendioxid mit etwa 600 Milliarden Tonnen oder in preislich uninteressanter Elementarform wie Graphit.

Ein exklusiver Bruchteil des Kohlenstoffs auf unserer Erde hat sich in das Diamantgitter gezwängt. Hat die Menschheit bis heute einen „Goldwürfel" von 18 Metern Kantenlänge zusammengeklaubt, so dürften seit der Antike über 3,4 Milliarden Karat (1ct = 0,2 Gramm) oder 680 Tonnen Diamanten gefördert worden sein, vorstellbar als kompakter „Diamantwürfel" von 5,4 Meter.

Zur Zeit beträgt die Weltproduktion 120 Millionen Karat oder 25 t. Davon produziert allein das Syndikat De Beers 51 Millionen Karat Rohdiamanten. Erschrecken Sie nicht, denn nur etwa 10% aller Rohdiamanten eignen sich überhaupt als Schmuckdiamanten, und nur 10% davon sind qualitativ beachtenswert, und wieder nur 10% davon bringen in geschliffener Form 1 ct und mehr auf die Karatwaage. Als reine Wertsicherung kommen nur höchstens 1% aus dem Diamantenpool in Frage.

Freilich, Diamanten gibt es wie Sand am Meer, aber seit Jahrzehnten hortet und verknappt das Syndikat De Beers das kostbare Gut geschickt. Der Preis wird aus Eigennutz und zum Nutzen aller Marktteilnehmer positiv gestaltet. Das weltweit operierende Diamanten-Syndikat bedient sich einer effektiven Preispolitik, indem es die Qualität der „gesichteten" Rohdiamanten in London steuert. Sollte beispielsweise der Preis für eine bestimmte Steinsorte aufgrund einer gestiegenen Nachfrage zu sehr davonlaufen, werden in der nächsten „Sichtung" die vergebenen „Boxen" der Großeinkäufer anders gewichtet, z.B. die Melé-Ware (0,07 bis 0,15 ct). Man hat die vorgelegte Diamant-Mischung von Rohsteinen so zu akzeptieren, und zwar ohne Murren und Knurren. In dem genannten Fall sind dann wesentlich mehr Rohsteine enthalten, die nach dem Schleifen Besatzsteine eben dieser Sorte ergeben. Diese „Stellschraube" sorgt effektiv für eine gezielte Verwässerung oder auch Stärkung des Preises.

Ist eine homogene Ware leicht teilbar, ist sie gut handelbar. Im Prinzip ist das bei Gold möglich. Ein 1-kg-Barren läßt sich z.B. ohne Schwierigkeiten in zehn 100-Gramm-Barren umgießen. Durch die Arbeit des Umschmelzens ist sogar jeder Einzelbarren eine Idee teurer. Ganz anders beim Diamant. Selbst theoretisch lassen sich aus einem Zehnkaräter keine zehn Einkaräter gewinnen. Das wäre auch glatter Humbug. Abgesehen davon, daß jeder Schleifprozeß hohe Schleifkosten und -verluste verursacht, z.B. 45%, zerbröselt dabei förmlich der Wert. Anders ausgedrückt: zehn einkarätige Brillanten repräsentieren insgesamt nur einen Bruchteil des Wertes eines 10-ct-Brillanten gleicher Qualität. Der Diamantenpreis steigt nicht wie beim Gold linear mit dem Gewicht, sondern exponentiell. Die Ursache liegt darin, daß ein großer Stein wesentlich seltener vorkommt.

Es ist ein Leichtes, „Goldqualität" zu beurteilen, deshalb entsteht ein eindeutiger Preis. Obschon es eine internationale Graduierung beim Diamanten gibt, ist jeder Stein ein Individuum. Es existiert dafür kein Preis-Chart. Der Diamantenpreis ist emotional gefärbt und kann durchaus subjektiv unterschiedlich ausfallen, je nach Einkäufer und Fachkenntnisse. Ein unbedingtes Muß bei wertvollen Steinen ist das begleitende Zertifikat eines internationalen Hauses wie das von GIA oder HRD. Um unliebsame „Vertauschungen" nachweisen zu können, ist das Karatgewicht im internen Prüfprotokoll auf die dritte Stelle hinter dem Komma genau festgehalten.

Es gibt nicht den Diamantenpreis schlechthin. Da muß man schon differenzieren. Fest steht aber: Wohlproportionierte Steine bester Qualität über 2 ct haben sich in den letzten Jahren extrem gut entwickelt. Die Renditen sind einfach traumhaft. Diese Kleinodien können Sie mit einem Gemälde eins berühmten Künstlers vergleichen. Für einen Picasso zahlt man eben weitaus mehr, als für das Werk eines kleinen Unbekannten.

Faszinierend gegenüber Gold ist die extreme Wertkonzentration auf kleinstem Raum, die ein Spitzendiamant bietet.

Farbdiamanten und Rubine
In den nächsten Jahren bestehen gute Chancen, in bisher fast unbekannte, exotische Anlagesektoren zu investieren. Einer davon sind bestimmte Diamanten und Edelsteine. Eine ähnlich dramatische Performance wie es die Edelmetalle in den 70er Jahren erfuhren, erlebten die Diamantenpreise für Top-Einkaräter, die von 6.000 auf 64.000 DM eskalierten, angetrieben durch Inflationsängste, vor allem durch eloquente Telefonverkäufer. Diese dubiosen Anbieter empfahlen sogenannte Anlagediamanten mit aberwitzigen Renditenversprechungen. Es ist wahrscheinlich, daß sich wieder so eine Blase nach dem gleichen Muster ausbilden, vielleicht einen Tick anders.

Demnächst wird es nicht um Anlagediamanten gehen, zu tief sitzt heute noch bei gutgläubigen Vermögenden ihr erlittener Verlust in den Knochen, denn sie verloren bis zu 90% bei diesem Diamanten-deal. Was könnte trotzdem ein rechtzeitiges Engagement in Diamanten und Edelsteinen attraktiv machen? Das wäre die hohe anonyme Wertkonzentration.

Fancy Coloured Diamonds haben nichts mit normalen farblosen Diamanten zu tun. Diese Farbdiamanten sind wegen ihres fehlerhaften Kristallaufbaus die „Gestörten" unter den begehrten Kohlenstoff-Gebilden. Von dem Makel bemerkt der Betrachter nur eins: die prächtige Naturfarbe. Nur etwa 2 Karat (1 ct = 0,2 Gramm) auf einer Million Karat an Schmuckdiamanten gehören dazu. Ausschlaggebend für die Höhe des Preises ist die Farbe selbst, deren Intensität, wie auch die relative Reinheit des Diamanten. Auch die Steingröße bestimmt den Wert. Ein naturblauer Einkaräter kann z.B. 50.000 Euro kosten. Ein Dreikaräter gleicher Farbqualität kostet nicht etwa dreimal soviel, sondern vielleicht 500.000 Euro.

Damit Sie sich von der Seltenheit der Fancy Coloured Diamonds ein Bild machen, kurz ein Vergleich zu „normalen" Diamanten. Die jährliche Diamantenförderung beträgt etwa 120 Millionen Karat, eine gewaltige Menge von 25 Tonnen. An Diamanten der Spitzenklasse von über 1 Karat gibt es nur etwa 63.000 Karat pro Jahr. So relativiert sich die ursprünglich riesige Ausbeute. Demgegenüber werden farbige Diamanten nur im Promillebereich gefunden. Von hochseltenen, blauen Diamanten schürft man jährlich weltweit sogar nur einige Karat; für die natürliche Blaufärbung ist das Element Bor im Diamantenkristall verantwortlich.

Je seltener ein Diamant ist, um so besser eignet er sich als Anlageobjekt. Preisentscheidend ist die natürliche Seltenheit. Das Diamanten-Syndikat De Beers führt vielfach eine künstliche Seltenheit bei „normalen", kommerziellen Diamanten herbei, bei den hochseltenen Fancy Coloured Diamonds ist eine Preis-Manipulation ausgeschlossen. Hier entwickelt sich ein Preis ausschließlich durch Angebot und Nachfrage. In den zurückliegenden Baissejahren sind die Diamantenpreise wie auch das Gold stark gefallen, dagegen haben sich die Preise für Farbdiamanten stetig flott nach oben bewegt. Farbdiamanten sind Tropfen im Meer der weltweiten Diamantenproduktion. Die Schwierigkeit für den Anleger liegt im Beschaffen dieser seltenen Liebhaberobjekte; dafür gibt es keinen offenen Markt, also auch keine Referenzpreise. Die Natur hat die Nuancen der Farbpalette unterschiedlich selten verteilt. Gelb- und Brauntöne kommen relativ häufig vor; das sind etwa 95% aller naturfarbenen Diamanten. Dagegen ist ein blauer oder gar pinkfarbener oder roter Diamant eine Rarität sondergleichen. Die Preise, die man dafür auf Auktionen bereit ist zu zahlen, sind utopisch und steigen sichtlich von Jahr zu Jahr. Kürzlich wurde ein tropfenförmiger, blauer 15-ct-Diamant verauktioniert, der fünf Millionen Euro erbrachte. Das sind pro Karat über 270.000 Euro. Diese „Geldbombe" paßt bequem auf einen Teelöffel. Der äquivalente Geldwert in 500-Euro-Scheinen ist 5.000mal schwerer und paßt mit Not auf eine Schubkarre.

Von den weltweit vorkommenden 2.400 Edelsteinarten erfüllen nur einige die strengen Kriterien einer Wertsicherung. Nur wenige genießen als Werterhalter und Wertkonzentrat hohes Ansehen. Ein Kleinod, das in den letzten Jahren signifikant immer weniger in größeren Exemplaren und hohen Qualitätsstufen gefunden wurde ist, der Rubin, und zwar in sogenannter Burma-Qualität. Damit ist die Top-Farbe gemeint, die dem Rot des Taubenblutes nahe kommt. Als beständige, diskrete und vor allem leichtmobile Wertsicherung wird sich ein kluger Investor kaum Berge von Geldscheinen in den Tresor legen. Indes würde ein feiner Burma-Rubin von nicht einmal zwei Gramm genügen, um leicht das Wertäquivalent von 100 kg Gold zu stellen. Wahrlich eine inflationsfeste Geldbomben inkognito. Ein kluger Investor legt sich aber kaum einen Spitzen-Rubin ins Depot, der ihm im Einzelhandel unzertifiziert angeboten wird. Ein solches Investment wäre bereits mit großen Handelsspannen beaufschlagt. Einen „Burma" sollte man möglichst am Anfang der Handelskette preiswert erwerben. Größerer Steine von absoluter Spitzenqualität sind im internationalen Handel in Bangkok/Thailand oder in Genf/Schweiz an der „Quelle" zu bekommen, denn kaum eine Schleiferei würde eine millionenschwere „Geldbombe" über Jahre im Tresor halten.

Ob Sie es glauben oder nicht: Ein hochwertiger Rubin ist weitaus seltener als vergleichsweise ein kommerziell gehandelter Diamant. Warum? In den letzten Jahren zeigte sich, daß kaum noch neue Rubin-Fundstellen auf der Welt erschlossen werden. In den Lagerstätten in Mogog in Myanmar (früher Burma) macht sich eine gewisse Endzeitstimmung breit, denn der Rohstoff Rubin geht zur Neige. Neue Fundstellen in Mongschu im goldenen Dreieck liefern meist fleckige, kaum durchsichtige Rubine, die man samt und sonders in Thailand künstlich farbverbessert. So gehören große, hochwertige Exemplare von mehr als fünf Karat immer seltener zu den „Findlingen". Taucht wirklich mal ein großer prächtiger Rubin auf, dann ist es eher wahrscheinlich, daß diese „Altware" aus der Schmucktruhe eines Maharadschas stammt.

Der Wert eines Rubins ist im wesentlichen von seiner Farbe und seiner Größe also vom Gewicht abhängig. Der Preis steigt dabei überproportional zum Edelsteingewicht. Ein Einkaräter kann z.B. 4.000 Euro kosten. Bei gleicher Farbqualität kostet ein Dreikaräter vielleicht 25.000 Euro. Bringt der Stein eine gleichmäßige „Burma-Farbe" mit und ist sein Inneres ungetrübt, dann kann so ein Stein mehr als 40.000 Euro erzielen.

Die spannende Thematik rund um das heimliche Investment Rubin ist nicht nur etwas für betuchte Kenner oder fanatische Sammler. Sollten Sie in dieses faszinierende Gebiet der Rubine einsteigen, wären folgende Hinweise nützlich: Schrecken Sie nicht vor Rubinen mit Einschlüssen zurück. Im Gegenteil, denn oft sind es die lokaltypischen Einschlüsse, die sogar die Herkunft des Rubins verraten. Pathetisch ausgedrückt sind das Geburtsmale, die als Echtheitssiegel von Mutter Natur dem Rubin mitgegeben wurden. Vermeiden Sie es im übrigen in Urlaubslaune im Ausland Rubine zu kaufen, nur weil sie „preiswert" angeboten werden. Das mitgelieferte Kaufzertifikat ist völlig nutzlos. Ein Problem liegt in der Fälschungsmöglichkeit, denn es gibt auf der Welt mehr Fälschungsstätten als Edelstein-Fundstätten. Ein seriöser Edelsteinfachmann (Gemmologe) kann, ausgerüstet mit einem soliden Gerätepark, eine Fälschung (Synthese) nachweisen. Man muß es ansprechen: Selbst ein natürlicher Rubin kann in seiner Farbe künstlich „verbessert" werden. Darin liegt die Crux, denn auch durch diese Nachbehandlung läßt sich ein Rubin um ein Mehrfaches im Preis „anheben", vorausgesetzt, der Betrug bleibt unentdeckt.

Beim Kauf ist unbedingt das Echtheitsgutachten (Befundbericht) eines anerkannten Prüfinstitutes notwendig. Das Gutachten eines seriösen Instituts ist ein absolutes Muß, vor allem bei Farbdiamanten! Weltweit kommen dafür nur drei Institute in Betracht, die kompetent eine Aussage über den Farbcharakter des Diamanten machen können, nämlich:

- das Gemmological Institute of America (GIA),
- das Antwerpener Institut Hoge Raad,
- das Gemmologische Laboratorium Gübelin in Luzern.

Betrachten Sie Farbdiamanten und Burma-Rubine in Ihrem Depot als langfristige Anlage. Kein seriöser Kenner der Materie wird Ihnen sagen, mit welchen Renditen Sie rechnen können. Das ist wie bei einer Immobilie. Für hochwertige Edelsteine gibt es jederzeit einen Markt; zertifizierte Exemplare kann man per Internet oder bei entsprechenden Auktionen zum Verkauf anbieten. Sie bestimmen den Aufrufpreis. Eins steht fest: Als Edelsteinbesitzer zählen Sie heute schon zu einem begrenzten Liebhaberkreis, der sich von Jahr zu Jahr verbreitert. Was sicherlich nicht in diesem Maße steigt, ist das Angebot an Spitzensteinen. Dieser Tatsache ist sich der etablierte Interessentenkreis in Amerika und Asien längst bewußt.

Es gibt eine Reihe von Argumenten, warum jemand gerade in edle Steine investiert, vor allem ist es der wertsichernde Aspekt. Ein Staat kann sichtbares Privateigentum per Dekret enteignen. Als Ultima Ratio wäre es ratsam, wenn man einen Teil seines Vermögens in mobile, diskrete Sachwerte hält, um es vor staatlichem Zugriff zu schützen. Gold käme dafür auch in Betracht, aber Gold versteht selbst der Staat. So betrachtet, sind Farbdiamanten und Spitzen-Rubine unantastbar, ob man sie als wertsichernde Kleinodien hält, als farbige Naturgeschenke betrachtet oder mit dem prächtigen Juwel seine Liebste schmückt. Der normale Juwelen-Einzelhandel kann mit diesen Sondersteinen nicht aufwarten, auch aus Kostengründen und wegen mangelnder Fachkompetenz kommt der Einzelhandel nicht in Betracht.

Opal: phänomenale Farbensymphonie in Stein

Kein anderer Edelstein der Welt wartet mit einem so vollkommenen Farbenspiel auf wie der Opal aus Australien. Dazu ließ sich die Natur vor Jahrmillionen einen optischen Trick einfallen, dessen Ursache erst unter sehr starker mikroskopischer Vergrößerung sichtbar wird. Der Opal besteht nämlich aus einer Art Gel mit eingebetteten winzig kleinen Cristobalith-Kügelchen, die zu Paketen aufeinander gestapelt sind. Einfallendes Licht wird durch diese Struktur unterschiedlich stark an den Kügelchen gebeugt und in seine Regenbogenfarben zerlegt. Relativ große Kügelchen bewirken ein Farbenspiel im Rotbereich, relativ kleine ein Farbenspiel im Blaubereich. Beim Kippen eines feinen Opals können einzelne Bereiche ihre Regenbogenfarben wechseln.

Die eigentliche Körperfarbe des Opals ist nicht mit seinem Farbenspiel zu verwechseln. Aufgrund dieser Eigenfarbe und seiner Struktur unterscheidet man verschiedene Opalvarietäten: etwa den Weißopal, den Kristallopal (durchsichtig mit intensivem Farbenspiel) und die wertvollsten und seltensten Opalvarietäten Schwarzopal und Boulderopal.

Der Opal kann spannende Geschichten erzählen. „Opalus" wurde erstmals bei den Römern erwähnt und hochgeschätzt. So begehrte Markus Antonius für seine Geliebte Cleopatra als Geschenk einen wundervollen Opal, den er dem Besitzer Senator Nuntius unter Todesandrohung abzutrotzen versuchte. Nuntius zog es vor ins Exil zu gehen und sein Juwel zu behalten. So wie der Opal in allen Farben des Regenbogens aufflammt, so zahlreich waren auch die Vorstellungen und Mythen, die den Opal umrankten. Im Orient galt er als Ankerstein der Hoffnung und als Wunderstein, der vom Himmel fiel. Magische Kräfte maß man ihm im Mittelalter in Europa bei, wo er Augenleiden kurierte und sogar den Träger unsichtbar zu machen vermochte. Wen wundert es da, daß man überall nach dem kostbaren Stein in vielen Ländern forschend grub. Die historisch ältesten Vorkommen befanden sich in Ungarn und in der Slowakei; sie sind heute erschöpft. Diese, aber auch die viel später entdeckten Opalfelder in Mexiko, Brasilien, Peru und USA, stehen mit vulkanischem Gestein in Verbindung. Sie sind aber wirtschaftlich eher unbedeutend, denn über 96% aller kommerziell gehandelten sedimentären Opale kommen aus Australien.

Australien – Heimat der Opale in exquisiter Qualität

Der atemberaubend schöne König der Edelsteine wurde erst 1872 in Australien unter verbrannter Erde in karger Wüstenregion entdeckt. Man mutmaßt, daß die Geburtsstätte der Opalproduktion in Queensland lag. Die heute bekannten Opalminen liegen in den Bundesstaaten Neu-Südwales und Queensland. Weiße oder helle Opale stammen vorwiegend aus Coober Pedy (ab 1890) und Andamooka. Das prachtvoll durchscheinende Material aus Queensland (ab 1889) und Andamooka ist als Kristallopal bekannt. Die Heimat des Schwarzopals – auf dunklem Hintergrund strahlende Farben – liegt in Lightning Ridge. Boulder-Opale stammen meist aus Queensland.

Noch bis Mitte des 19ten Jahrhunderts war Ungarn die einzige Opalquelle der Welt. Dann kamen erstmals magisch-farbige Opale aus Australien nach Europa. Bis dahin hatte die Welt noch nie so aufsehenerregend schöne Steine gesehen. Anfangs hielten Edelsteinhändler diese natürlichen Edelsteine für Fälschungen, denn sie übertrafen bei weitem die milchigen Opale aus Ungarn in ihrer Farbenpracht. Damals gruben im Opalfeld von Kyabra die ersten Opalgräber. Einer von ihnen, Charlie Whitehead, schürfte am Breakfast Creek. Er war der erste, der 1889 Opale an den englischen Jungunternehmer Wollaston verkaufen konnte; 61 kleine Steine waren es für umgerechnet 30 Euro. Sein Zitat: „Ein kleines Zeug, aber sehr brillant und das tanzende Licht prickelte in meiner Hand auf ganz delikate Art".

Rücken Sie den Opal ins rechte Licht. Um seine sprühenden Farben, sein Opalisieren, in voller Pracht zu sehen, lassen Sie als Betrachter eines Opals das Licht über Ihre Schultern einfallen. Begutachten Sie einen Opal in einem Raum bei Tageslicht, stellen Sie sich am Besten mit dem Rücken zum Fenster. Im Freien beobachten Sie das gute Stück mit dem Rücken zur Sonne stehend. Drehen Sie sich um die eigene Achse und verändern Sie den Einfallswinkel des Lichtes. Sie werden erstaunt sein, wie sich Qualitätsmerkmale und Farben verändern. Übrigens: ein in Australien gekaufter Opal wirkt dort sprühender in den Farben – demnach teurer – als etwa in Deutschland. Das liegt am Sonnenlicht in Fernost, das durch den Einstrahlungswinkel eine geringfügig andere spektrale Zusammensetzung hat.

Umgang, Aberglauben und Mythen über Opale. Da heißt es, man solle Opale nie mit Öl oder Reinigungsmittel in Kontakt bringen, weil durch Penetration der Opal irreparablen Schaden nimmt. Diese Vorsicht ist bei soliden australischen Opalen unangebracht. Populär ist auch die Regel, daß man Opal von Zeit zu Zeit wässern sollte. Solider Opal ist kein Schwamm; er kann kein Wasser aufnehmen, auch verbessert sich damit nicht seine Qualität im geringsten. Kein Wassermolekül hat eine Chance, ins kompakte Gefüge des Opals einzudringen. Um das chemisch gebundene Wasser aus dem Stein zu holen, benötigt man Temperaturen von über 60°C. Bei 600°C allerdings verdampft alles Wasser aus dem Opal – er „stirbt". Damit verliert der Opal auch alle seine Farben. Dieser Vorgang ist nicht reversibel. Man kann also einem farblosen Stein nicht durch Wasserzufuhr seine Farbenpracht wieder „einflößen".

Der stabile Wert solider australischer Vollopale. Eine der wichtigsten Fragen, die Sie als Investor stellen können, ist die nach dem Wert eines Opals. Von keinem kommerziellen Edelstein kann man behaupten, daß er nach 1980 seinen Wert erhalten hat. Beispielsweise sind die Preise für Diamanten guter Qualität von 1980 bis 2005 um mehr als 80% gesunken. Dieses Desaster blieb Opalen erspart. Im Gegenteil, solide Opale unterlagen noch nie einer Wertminderung, sie stiegen sogar kontinuierlich im Preis. Das gilt ganz besonders für Schwarzopale und Boulderopale. Woran liegt das, welche Gründe gibt es dafür?

Warum ist Opal ein sicheres Investment? Die Opalfelder Australiens sind nahezu erschöpft. Auf keinem anderen Kontinent gab es derartige geologische Bildungskriterien. Also, aus der Traum, denn nirgendwo sonst auf der Welt sind sedimentäre Opale zu finden. Die

369

bestehenden Opalgebiete, namentlich in Neu-Südwales, sind bereits bestens erkundet. Neue Fundstellen können praktisch nicht mehr auftauchen. Man fördert jetzt mehr und mehr aus größeren Tiefen. Das ist „Qualitätsgift" für Opale, denn Opale aus der Tiefe sind nicht natürlich ausgehärtet, sie neigen zur Rißbildung. Mit anderen Worten: Die Chance, heute noch einen hochwertigen größeren Opal zu finden, schwindet mehr und mehr. Außerdem verursacht es immer größere Förderkosten, denn das schwere Abraumgerät schluckt eine Menge des immer teurer werdenden Diesels. Das erhöht die Produktionskosten. Vielerorts durchstöbert man alte Minen in der Hoffnung, noch auf einen Spitzenstein zu stoßen.

Der Opalmarkt wird inzwischen gänzlich von den Chinesen beherrscht. So muß Amerika seine Opale in China teuer einkaufen. Über Jahre haben die Chinesen Opale gehortet bis zum Tag x, der spätestens dann kommt, wenn alle Sachwerte mit dem Gold steigen. Kurios ist, daß heute trotz mangelndem Kaufinteresse und extremer Zurückhaltung der Verbraucher, die Opalhändler keineswegs bereit sind, einen Spitzenstein für einen geringeren Preis herzugeben. Auch sie warten ganz einfach ab. Eine Vervielfachung des Preises für feine australische Opale ist in den nächsten Jahren vorprogrammiert!

Preisbandsbreiten für verschiedene Opalvarietäten. Damit Sie einen groben Anhaltspunkt haben: Edelopal (Weißopal, Kristallopal) gibt es ab 300 Euro/ct, Schwarzopal ab 2.000 Euro/ct. Boulderopal werden als Einzelstein abgerechnet, der zwischen etwa 1.000 und mehr als 100.000 Euro kosten kann. Opalisierte Muscheln liegen zwischen 1.500 bis 2.000 Euro/ct. Während sich vielfach Farbedelsteine kaum in ihrem Habitus unterscheiden, ist der Opal der Individualist unter den Edelsteinen. Kein Opal gleicht dem anderen, kein Farbmuster findet sich identisch wieder. Wer einmal das unverkennbare, kontrastreiche Farbenspiel eines Schwarzopals aus Lightning Ridge erlebt hat, ist für immer verzaubert. Gerade das Farbmuster mit seiner rhythmischen Farbverteilung bestimmt maßgeblich den Wert des Opals. Für das Farbmuster erfand man eigene Namen, etwa für den am teuersten gehandelten Opal-Harlekin mit schachbrettartiger Farbverteilung; der Pfauenschwanz, ein grün-blau-goldener Stein;

das Floralmuster, das ein weites Spektrum von Farben abdeckt; die chinesische Schrift, ein grün-gold-Muster, das an chinesische Schriftzeichen erinnert oder auch das hochseltene Windmühlenmuster; es steht bei Sammlern hoch im Kurs.

Opale, die für ein Investment ungeeignet sind. Zehntelmillimeter dicke Opalschichten, die aus vollem Opal gesägt und zu Dubletten oder Tripletten verarbeitet werden, sind keine Anlagesteine. Auch gewisse „Opalsynthesen", z.B. Gilson-Opale (ab 1970), die eine auffällige Wabenstruktur zeigen, sind auszuschließen. Nur feine Naturopale – chemisch gesehen, Siliziumdioxid plus etwa 6% chemisch gebundenes Wasser – erzielen als einzigartige Juwelen zum Teil astronomische Preise, die selbst die Preise für Diamanten in den Schatten stellen können.

Wo kaufen Sie günstig Opale ein? Keineswegs im Einzelhandel, sondern direkt bei einer angesehenen Opalschleiferei. Schließlich wollen Sie als Investor die Handelsspannen bis zum Einzelhandel nicht mitbezahlen. Schon ein einziger Boulderopal der ausgefallenen Spitzenqualität kann einen Geldwert von 50.000 Euro und mehr darstellen. Die Preisspanne guter Qualitäten kann bei dieser Größe zwischen 500 und 5.000 Euro liegen. Ein Opal der Spitzenklasse steht einem Diamanten im Preisvergleich in nichts nach. Während mittlere Qualitäten in den letzten 10 Jahren im Preis etwa konstant blieben, ist Spitzenware um das 2- bis 3-fache gestiegen. Das war bei Diamanten keineswegs Fall. Bei einem Investment in Opal geht es wie mit allen Sachwerten: Der Kauf feiner Qualität lohnt sich, dagegen sollte man auf den Erwerb schlechter Ware verzichten. Ein Opalkauf mit der Absicht, diesen gleich wieder zu verkaufen, ist nicht sinnvoll.

Ein einziger, prachtvoller Schwarzopal oder Boulderopal ist nicht nur eine Geldbombe auf kleinstem Raum, vielmehr ist er ein ästhetischer Genuß, ein fürstliches Geschenk, vor allem aber ein sicherlich lohnendes Investment mit bester Wertsteigerung.

Was ist beim Sammeln von Münzen zu beachten?
Eines möchte ich vorausschicken: Verwechseln Sie bitte Anlagemünzen nicht mit Sammlermünzen! Anlagemünzen sind „geprägte

Barren", die man in großer Stückzahl produziert, um Silber und Gold zu verkaufen. Sammlermünzen sind zumeist ehemalige Zahlungsmittel, also umlaufendes Geld, deren Alter und Seltenheit ihnen einen Wert verleiht, der den des Materials deutlich übersteigt.

Verschleudern Sie Ihre Münzschätze nicht aus Unkenntnis. Damit dem Neusammler von Münzen einige unliebsame Überraschungen erspart bleiben, möchte ich Ihnen hier einige grundsätzliche Aspekte der Numismatik erläutert. Eines vorab: Gedenkmünzen (Medaillen) sind als Sammlerobjekte nicht zu empfehlen. Um Ihnen die Problematik näher zu bringen, möchte ich Ihnen eine kleine Geschichte erzählen, wie sie sich wahrscheinlich in Deutschland pro Jahr viele Male abspielt.

Zu Lebzeiten war Großvater ein eifriger Münzsammler. Seine Münzen verpackte er einzeln säuberlich in Papierbriefchen. Lieblingsenkel Fritz erhielt Opas Münzsammlung als Erbe. Lange Zeit hielt Fritz das Andenken in Ehren. Gelegentlich kramte er in der Schatulle und entfernte die lästigen Papierbriefchen, denn er wollte die Münzen ja direkt betrachten und auch anfassen. Bei dem Stöbern gerieten einige Gold- und Silbermünzen in Dauerkontakt. Eines Tages verlor Enkel Fritz überraschend seinen vermeintlich sicheren Job. Er erinnerte sich wieder an Opas Münzschatulle – das war sein Rettungsanker. Er öffnete wieder den hinterlassenen Münzschatz. Einige Münzen zeigten rötliche Flecken – eben jene Gold- und Silbermünzen, die er seinerzeit beim Kramen unbeabsichtigt zusammengelegt hatte. Diese unschönen Male waren entstanden, weil sich, wie eine Batterie, ein elektrochemisches Spannungselement zwischen Gold und Silber gebildet hatte (Elektrokorrosion). Überhaupt sahen einige Münzen matt und unansehnlich aus.

Lieblingsenkel Fritz beschloß, das Optimum beim Verkauf heraus zu holen und polierte die Münzen mit einem Silbertuch auf Hochglanz. Schließlich wollte er möglichst schnell viel Geld bei seiner Bank dafür erzielen. Damit begann Fritz einen weiteren Kardinalfehler. Opa würde sich im Grab umdrehen, hätte er es gewußt: Denn Münzen verlieren durch derartige Reinigungsvergewaltigung brutal an Wert, oft mehr als die Hälfte auf den möglich erzielbaren Preis. Mit dem

372

„schnell zu Geld kommen" war es auch nichts, denn seine Bank bat sich zwei Wochen „Bedenkzeit" aus, man müsse erst einmal in Frankfurt in der Goldkasse alles auf Echtheit prüfen. Endlich kam es zu einer Aussage. Die Bank bot ihm für alles 50.000 Euro. Ein hübsches Sümmchen zum Überleben, dachte Fritz, doch er war clever. Bei einem An- und Verkäufer am Bahnhof holte er sicherheitshalber ein weiteres Angebot ein. Das Gebot lag bei mageren 42.000 Euro, angereichert mit der Erklärung, daß er sich im Grunde nur um Einschmelzware handle, also galt: aktueller Goldwert nach Londoner Fixing minus Schmelzkosten. Damit schloß sich der Kreis. Reumütig ging Enkel Fritz zu seiner Bank zurück und verkaufte seinen Erbschatz schließlich für nur 49.000 Euro. Man erklärte ihm, daß ja inzwischen der Goldpreis wieder gefallen sei.

Und so funktioniert das lukrative Münz-Recycling: Nun, wie erklärt sich die Diskrepanz zwischen dem Bankpreis und dem Händlerpreis? Der Ankäufer wird zu seinem Nutzen bewußt keine Bewertung durchführen, vielfach fehlt es ihm einfach an numismatischem Sachverstand; für ihn ist nur der reine Goldwert entscheidend. Und, freiwillig zahlt ein Kreditinstitut keinen Euro mehr. Die einstigen Bankangestellten mit numismatischen Kenntnissen sind längst „entsorgt", so wie man sich auch aus diesem kostenaufwendigen Spezialgebiet zurückgezogen hat. Einzige Ansprechpartner der Banken in Sachen Numismatik sind einige Münzgroßhändler, die für ein paar Euro mehr das numismatische Münzgut der Banken im großen Stil „abfischen" wie heißhungrige Piranhas. Diese Ankäufer der Szene leiten das Münzgut teils mit unvorstellbaren Gewinnmargen in die USA an Auktionshäuser weiter. Einem unbedarften Verkäufer wäre also anzuraten, sich in einer internationalen Münzbörse in München, Berlin oder Dortmund kundig zu machen und seine guten Stücke dann in eine Auktion zu geben.

Die Story von Großvaters Schatulle wäre nur unvollständig erzählt, ohne die Erwähnung jenes merkwürdigen Gebildes: Es glich kaum einer Münze, eher einem verbogenen Goldnugget. In der Numismatik ist das Prachtstück als Stater bekannt. Sein Sammlerwert entspricht dem Mehrfachen seines Feingoldgewichtes. Diese auch als

Regenbogentropfen bekannten Goldklumpen waren Kultsymbole der Kelten, einem Volk, das sich einer exzellenten Gold- und Waffenschmiedekunst rühmen konnte. Das aus Isar und Donau geschöpfte Gold schmolzen und prägten sie in Schüsselform. Übrigens wurde seinerzeit im Allgäu ein ganzes Konglomerat an Statern und Goldmünzen ausgegraben. Die Römer, mit denen die Kelten Handel trieben, sahen in diesen Kultgegenständen lediglich den monetären Geldwert, der nur zum Einschmelzen taugte – genau wie die Spanier im Mittelalter mit dem Inkaschatz verfuhren oder die heutigen dümmlichen Kulturbanausen, die wertvolles Kulturgut einschmelzen.

Seltenheit und Erhaltungszustand bestimmen den Wert. Nicht das Münzmetall, wie Gold, Silber oder Kupfer, prägt den Wert einer Münze, vielmehr sind es die Seltenheit und der Erhaltungszustand die den Wert bestimmen. Eine altrömische bronzene Sesterze, bedeckt von feiner Alterspatina, kann durchaus 10.000 Euro erbringen. Selbst neuzeitliche Umlaufmünzen wie das 5-DM-Stück mit geringer Auflage von 1958 J (Münze Hamburg) -bester Erhaltungszustand vorausgesetzt – erzielen aufgrund der Seltenheit Preise von 2.500 Euro. Die Blaue Mauritius unter den Münzen ist das legendäre 20-Dollar-Stück von 1933. Eine einzige „geschmuggelte" Münze ist von der ursprünglichen Auflage übrig geblieben und gelangte in den Besitz des Scheichs von Katar. Das Unikat wurde für etwa 7 Millionen Dollar versteigert. Bei einem Feingewicht der Münze von 30 Gramm erbrachte damit die Auktion das 22.000-fache ihres Goldwertes. Durch „Verprägungen" einiger Münzen aus einer hohen Auflage, kann eine ungewollte Seltenheit entstehen. Beispiel: ein bestimmtes 50-Pfenning-Stück, wofür man heute in gutem Erhaltungszustand 450 Euro zahlt. Für die berüchtigten Schinderlinge des Mittelalters (Billon-Münzen) ist ihre heutige Seltenheit ausschlaggebend, auch wenn sie zum damaligen Zeitpunkt glatter Betrug waren. Mit minderwertigen Münzlegierungen (mehr Kupfer, weniger Gold) betrogen die Landesfürsten ihr Volk skrupellos.

Durch einen schlechten Erhaltungszustand kann eine Münze dramatisch im Preis verlieren. Dazu zählen sogenannte gehenkelte Münzen. Ebenso Münzen, deren Randstruktur durch das Fassen beschädigt ist, wie auch Münzen mit Gebrauchsspuren oder Manipulationsmerkmalen aller Art. Beschädigungen, die durch das Herstellungsverfahren verursacht sind, toleriert man, etwa „Hitzepickel" oder die durch das „Justieren" bedingten Feilspuren.

Vorsicht vor Münzfälschungen. Klar, ein derartiges Wertkonzentrat als Anlagemedium weckte allzeit Begehrlichkeiten. Ein Kenner der Materie hat einen 7. Sinn für Ungereimtheiten entwickelt. Ob eine Münze gegossen oder gewalzt ist, verrät ihm der Klang beim Antippen mit dem Finger. Merkmale des sogenannten Doppelschlags, die Farbe, bestimmte Walzstrukturen und Abnutzungserscheinungen verraten dem Experten Echtheit und Vita der Münze.

Auch Nachprägungen können wertvoll sein. Beispiel: Die offiziellen Nachprägungen des österreichischen 4-Dukaten-Stücks von 1915. In den 50er Jahren prägte ein Privatmann, ein Zahnarzt, die Münze des Kaiserreich nach. Im strengen Sinn war das eine Fälschung, aber aufgrund der Seltenheit ist man selbst dafür bereit, heute einen beachtlichen Sammlerwert zu akzeptieren.

Die augenblickliche Marktsituation – Münzen aus China und Polen sind gefragt. Durch die Öffnung Chinas ist seit fünf Jahren ein Nachfrageboom nach chinesischen Münzen entstanden. Man könnte von einem Neuen Markt sprechen, auch mit den temporären Überbewertungen. Ähnliches gab und gibt es bei Münzen aus den Ostblockstaaten und den Neuen Ländern. Die Nachfrage, vor allem nach polnischen Münzen in New York ist gierig, da sie selten und deshalb teuer sind. Silbermünzen aus Polen erzielen hier nicht selten Preise von über 5.000 Dollar.

Der numismatisch interessierte Neuling sollte sich zunächst durch das Studium einschlägiger Literatur, durch Münzkataloge und durch Besuche von Münzbörsen im Trockenkurs kundig machen. Irgendwann entwickelt er ein gewisses Gespür für die Materie und entdeckt sein spezielles Sammlergebiet. Auf dem Wege dahin lernt er, daß etwa ein Krügerrand nicht gleich einem Krügerrand ist. Für einen Krüger von 1968 (20.000 Stück Auflage) sind Sammler bereit, 20% Aufschlag zu zahlen.

Selbst durch wohlfeile Lockangebote dubioser Münzkontore darf sich der Sammler nicht in die Irre führen lassen. Diese privaten Unternehmen geben sich einen seriösen, staatlichen Anstrich; sie pflegen eine aggressive Werbung mit extremen Versprechen an Preissteigerungsraten der Münzen. Durch Zertifikate auf Hochglanzpapier erweckt man durch zweideutige Begriffe wie 24-karätige Feingoldauflage den Eindruck, daß eine Silbermünze zur Goldmünze mutiert wäre. Diese schwarzen Schafe wollen nur eines: zunächst ihre Adresse und anschließend dann Ihr Bestes – nämlich Ihr Geld.

Konfliktstoff 3: Die marode Weltsituation

Gold gegen den globalen Finanz-Tsunami
Einmal kleidete ich meine Gold-Visionen vorsichtig in die Metapher „Der Goldzug fährt nach Nirgendwo". Darin erschien die Goldentwicklung als Fahrplan im Dezennium; „ob tatsächlich alles so eintrifft, bleibt abzuwarten", hieß es da. Meine damalige Prognose brauche ich in den wesentlichen Daten nicht zurückzunehmen. Die zukünftige Kursentwicklung der Aktien- und Edelmetalle reizt viele Auguren und Propheten zu skurrilen Spekulationen. Keiner aber von ihnen weiß, was uns in einigen Jahren wirklich erwartet, auch der Autor nicht. Ich befürchte aber, wir steuern auf eine Endzeit zu, die 2011/12 ihren dramatischen Höhepunkt findet. In den nächsten fünf Jahren wird sich mehr verändern, als in den 50 Jahren zuvor. Erlauben Sie mir zur Einstimmung aus meiner Metapher „Goldzug" zu zitieren:

„...man schreibt das Jahr 2010. Nach einem gewaltigen Erdbeben, das weltweit fast alle Finanztempel in Schutt und Asche legt, bringen die Menschen ihre Habseligkeiten in Sicherheit. Goldhasen und Silberfüchse reisen die finale Strecke weiter in eine bewegte, trügerische Zukunft, dies im komfortablen Goldexpress. Auf holpriger Piste müssen die Reisenden bange Minuten überstehen. Der Zug fährt bei Kilometer **1200** (Goldpreis 1.200 US-D) in einen Tunnel. Pechschwarze Dunkelheit umhüllt die Reisenden. Wohlige Müdigkeit lastet wie Blei auf allen Gliedern. Plötzlich tastet grelles Scheinwerferlicht suchend die einzelnen Abteile ab. Der Goldexpress kommt zum Stehen. Beamte der Goldzollfahndung durchforsten jeden Winkel nach Gold. Eigens ausgebildete Golden Retriever schnüffeln nach versteckten Goldatomen. Man munkelt, daß diese staatliche Filzkampagne von langer Hand geplant war. Gewiefte Gold-Oldies werfen vorsorglich ihre Goldsäcke an Reißleinen aus dem Fenster. Jetzt bewahrheiten sich die schlimmsten Befürchtungen. Viele der ersparten Krügerrand und Goldbarren werden erbarmungslos konfisziert. Die gefilzten Goldbugs erhalten windige Quittungen für ihr eingezogenes Gold. Davon verschont bleiben dicke Silberknubbel.

...und zum Finale der heißen Goldepoche: Im Jahre **2012** findet ein Suchtrupp die ausgebleichten Skelette der Reisenden am Meilenstein **5.300**. Warum die Unverwüstlichen so tragisch enden mußten, bleibt der Nachwelt für immer ein Geheimnis. Eine Pyramide, errichtet aus **5.300** Goldbarren; eine zweite, geschaffen aus **10.000** Silberbarren (100 US-D/Unze), gemahnt an die heiße Rohstoffperiode des Dezenniums. In goldenen Lettern eingraviert, orakelt die Inschrift:

> **In memoriam an die Dekade 1980 und 2010**
> Dow & Gold trafen sich bei 1 zu 1 (heute 19,8:1)
> Das Geheimnis des Zyklik-Einmaleins
> Silber zu Beginn ein Micker-Zwerg
> Übertraf der Erden höchsten Berg
> Am Gipfel lockt wohlverdient der Mühe Lohn
> Gold und Silber: jetzt paßt die Relation".

Soweit meine Goldzug-Metapher. Diese finale Vision erscheint weiterhin utopisch. Gewisse Drückerkolonnen schüttelten am 16. August 2007 das Papiergoldvölkchen (Gold-Derivate, -Aktien) kräftig von den Bäumen. Es gab blutige Goldnasen. Wie eine Pandemie übertrug sich die Subprime- und Kreditkrise auch auf andere Vermögenswerte. Der kräftige Strom des Goldpreises verkam in 1,5 Jahren zu einem Rinnsal. Auf dem Weg in die chaotische Zukunft werden Sie noch vielen Ängsten und Anomalien begegnen. So kann es sein, daß zeitweise die Banken schließen, daß Sie Ihr „Eingemachtes" nicht zur Gänze abheben können. Statt dessen wird man Ihr Erspartes in Häppchen täglich nur mit einem 500-Euro-Schein herausrücken. Zaudern Sie nicht, kaufen Sie monochromes Geld, ehe es zu spät ist; nicht USgrün sollte es sein, sondern Au-gelb. Warten Sie nicht auf einen günstigen Einstieg: der Goldpreis wird 2009 nicht noch günstiger. Bis Anfang 2009 erwarte ich, daß der Goldexpress an Fahrt gewinnt und den Meilenstein **1000** passiert; übertragen gilt das gleiche für Silber, dem die Akteure des Silberkartells im August einen Dämpfer verpaßten.

Als Gastgeber wollten die Chinesen 2008 zur Olympiade keinesfalls ihr asiatisches Gesicht verlieren. Möglich, daß sie den weltweit schwelenden „Finanz-Bushbrand" noch ein paar Monate mit stabilisieren und sie pseudo-brav Dollarströme absorbieren. Dagegen sind die Speichellecker-Staaten der USA eh gezwungen, den Dollar zu halten, solange Uncle Sam es beliebt. Großmächte wie China und Rußland marschieren stramm auf eigenen Wegen. Dann geht's rasant weiter: US-Bonds aus dem Chinesenlager überfluten die Märkte, andere Zentralbanken versuchen gegenzusteuern. Es kommt zu einem Tsunami der Liquidität. Der Sündenfall des Dollars nimmt deutlich häßliche Konturen an. Das schicke Schlagwort für die kommende weltweite Währungsreform – das Unwort des Jahres – wird Weltwährungsharmonisierung heißen. Überall galoppierende Preise, die Inflation macht sich sichtbar breit: Dow & Dax steigen 2009 mit wachsender Inflation exorbitant, in Wirklichkeit fallen die Börsenwerte inflationsbereinigt gewaltig. Erst nach 2010, im Finale, beginnen Gold und Silber exponentiell zu steigen. Für den Privatmann gibt es dann nichts mehr von beiden Metallen zu kaufen; andere haben's weggeschnappt. Der Markt ist leergefegt. Immobilien verfallen dagegen im Preis. Das weltweite Chaos beginnt. Wenn es Ihnen jetzt nach einem Auto der Oberklasse gelüstet, wuchten Sie dafür einen 1.000-Unzen-Silberknubbel auf den Tisch des Autohauses. Steht Ihnen der Sinn nach einem Bauernhof, opfern Sie einige Krügerrand-Münzen. Was Sie nicht hergeben, bunkern Sie, bis die Krise überstanden ist. Es besteht alarmierende Kriegsgefahr!

Dieses chaotische Szenario ist erfahrungsgemäß der optimale Zeitpunkt, das US-Volk kriegsreif zu manipulieren – wie zuvor im Falle Irak und damals Pearl Harbor – um gegen den „öl-bösen" Iran einzuschreiten. 2009 verlassen die US-Truppen vorübergehend den Irak.

Schließlich haben Bush und sein Vize Cheney im letzten Amtsjahr noch nicht all ihre aufgetragenen Hausaufgaben gemacht. Das am 9. Mai 2007 von Bush erlassene Ermächtigungsgesetz (so etwas kennen wir ja), das faktisch die US-Verfassung außer Kraft setzen kann, erlaubt weiteren Spielraum über die Amtsperiode hinaus. Trügerische Ruhe herrscht vor dem Ausbruch eines neuen Krieges zwischen Palästina und Israel, der sich 2011 wie ein Flächenbrand bis in die Nachbarländer ausbreitet. Die Zeit drängt! Auch China muß die Gunst der Stunde nutzen und post-olympisch Taiwan heim ins Reich der Mitte führen. Vergessen Sie Freiheit und Demokratie, ab jetzt wird mit Notverordnungen hart am Kriegsrecht regiert. Allgegenwärtig greift unser Staat durch, mit Bundes-Trojanern und Trompeten, selbstverständlich nur zum Schutz gegen die Terroristen, um Recht und Ordnung aufrecht zu erhalten. Rechnen Sie mit Rationierungen, selbst wenn der Krieg erst an die Haustür pocht. Benzin und Heizöl gibt es nur noch auf Bezugsschein. Aus Unruhen entstehen bürgerkriegsähnliche Zustände, vor allem in Großstädten mit hohem Ausländeranteil. Das wirtschaftliche Leben erlahmt. In den waffennärrischen USA kämpft jeder gegen jeden; neu dabei ist: die Staaten der Westküste kämpfen gegen die Staaten der Ostküste. Wir Deutschen haben keine Logenplätze auf der Weltbühne, wir sitzen mitten drin im Schlamassel.

Heute, vier Jahre vor dem Gau, sind die USA mit über 50 Billionen US-D immens überschuldet. Wesentlicher Grund ist das rasch wachsende Handelsbilanzdefizit. Betrug das Defizit 1990 noch 100 Milliarden US-D, beschleunigte sich das Minus ab 2003 in der Handelsbilanz nochmals und eskalierte z.B. 2006 auf 764 Milliarden US-D. Das heißt, im Jahr 2006 hat die Volkswirtschaft der USA insgesamt 764 Milliarden US-D mehr konsumiert, als sie exportierte. Die Wirtschaft der USA basiert auf Pump und erhält tagtäglich eine Dollarinfusion von 2,4 Milliarden aus dem Ausland – im wesentlichen von China und Japan – und das gegen US-Staatsanleihen („Treasuries") mit wachsendem Zinssatz. Die „Lösung" der amerikanischen Notenbank ist die Flucht in die Geldentwertung, in die Inflation. Die Dollar-Druckmaschinen glühen. Zwischen März 1959 und Juni 2002 ver-28-fachte sich die Geldmenge M3, nämlich von 290 Milliarden auf 8,2

Billionen US-D. Im gleichen Zeitraum stieg das Bruttosozialprodukt nur um Faktor 4. Den Inflationsindikator, die Geldmenge M3 (z. Zt. geschätzte 12 Billionen US-D), veröffentlicht die FED nicht mehr; M3 ist zum Staatsgeheimnis avanciert.

Längst hat die USA auf Kriegswirtschaft umgerüstet. Für das Kapital sind Kriege immer ein gewinnträchtiges Geschäft, selbst nach deren Ende. Kriegsschäden bescheren der US-Industrie wie Halliburton Wiederaufbauaufträge von 17,27 Milliarden US-D seit 2003. Lockheed Martin profitierte klotzig am Irak-Krieg mit 105,7 Mrd. US-D seit 2002. Das US-Establishment gönnt sich so viel der weltweiten Ölreserven wie irgend möglich. Öl ist gleichsam Treibstoff des Kapitalismus und des Hightech-Krieges. Der US-Militärapparat verbraucht mehr Öl als unsere gesamte Volkswirtschaft, Beispiel: allein ein einziger 60-Tonnen-Kampfpanzer der insgesamt über 5.500 Kettenmonster, schluckt über 1.200 Liter Sprit auf 100 km.

Ein Angriff der USA auf den Iran hätte verheerende Auswirkungen auf die Menschen in der Region und schließlich auf die gesamte Welt. Überhaupt, die Destabilisierung des Nahen Ostens könnte sich zu einem Dritten Weltkrieg auswachsen, und wieder wäre Deutschland auf Seiten der Aggressoren tätig. Die Vereinigten Staaten provozieren einen Wirtschaftsgau und ziehen die ganze Welt mit ins Chaos.

Lug und Trug, Diebstahl, Korruption und arglistige Täuschung beherrschen das nationale und globale Finanzsystem und die Politik. Hinter der Worttriade Federal Reserve Bank der USA, kurz FED, steckt weder der Bund noch gibt es da irgendwelche Reserven, noch ist es eine Bank. Eher eine rein private Institution, eine undurchsichtig verwobene Clique von Großbankern und Privatpersonen wie die Rothschilds, Rockefellers, Morgans – die eigentlichen Drahtzieher der globalen Macht. Dieses Kartell der Hochfinanz ist global vernetzt und dirigiert die gesamte Finanz- und Medienindustrie. So wie die meisten Zentralbanken der Welt, erschafft die FED Geld aus dem Nichts, das durch keine realen Güter gedeckt ist. Den Auftakt dazu inszenierte R. Nixon, als er 1971 endgültig den Dollar vom Goldstandard abkoppelte. Statt dessen wurde als Geldstandard der nach Belieben aufblasbare „Dollargötze" kreiert. Seitdem ist der Dollar zu einem fast wertlosen Papierfetzen verkommen, der seinen 5%-Restwert aus einer Illusion bezieht. Das Ganze ist ein gigantischer Betrug, denn „Frischgelder" sind nur Zahlen in einem Computersystem. Was heißt hier Gelddrucken? Wenn das Bankensystem den Geldmarkt mit Milliarden überfluten will, gibt man schlicht eine neunstellige Zahl in den Computer ein, und siehe da, neues Geld ist wie durch einen Zauber geschöpft, basta. Diese Geldkreation aus der Luft (fiat money) mit den dazugehörigen Zinsen und Zinseszinsen funktioniert nur bei einem ständig expandierenden, inflationären Geldmengensystem.

Der aufgedeckte Multi-Zaubertrick des Finanz-Giftmüll-Skandals (subprime) funktioniert so: Gebündelte Schulden werden mit anderen Anleihen gemixt, erneut bis zur Unkenntlichkeit gebündelt und als hochrentierende Finanzprodukte angeboten. Ab geht der Finanzschrott in alle Welt. Keiner – selbst die Häckselmeister wissen nicht über den genauen Inhalt Bescheid. Daneben gibt es noch den Urtrick: die Banken zahlen für Kundeneinlagen lächerlich geringe Zinsen, sie verleihen dieses Kapital als Kredit etwa in 40-facher Einlagenhöhe weiter, angereichert mit saftig hohen Zinsen. Ein garstiges Geschäft, ein monströses Perpetuum mobile, das noch durch Staatsgarantien und gegenseitige Aushilfe durch andere Banken abgesichert ist. Die Akteure des globalen Spielkasinos müssen sich immer neue, noch absurdere, noch spekulativere Konstrukte ausdenken, etwa irrwitzige Derivate, um die Roulettekugel in Bewegung zu halten. Das gelingt fabelhaft mit gehebelten Finanzprodukten. Unvorstellbar, allein das Derivate-Volumen schätzt man auf 500 Billionen US-D. Nichts kann sich endlos ausweiten. Alle Ressourcen der Welt sind begrenzt. Irgendwann kollabiert das Ganze. Das Ende des größten Finanzschwindels in der Menschheitsgeschichte, der Untergang des Schuldenimperiums steht bevor.

Wie können wir einfachen Bürger uns vor dem geschilderten wirtschaftlichen Desaster schützen? Nicht mehr durch Immobilienkäufe, diese Zeiten sind passé. Jetzt ist eher ein Edelmetall-Investment zielführend. Stellen Sie sich vor, alle 80 Millionen Bundesbürger hätten gleichzeitig die Idee, die jährliche Weltförderung von 2.500 Tonnen

Gold unter sich aufzuteilen. Der einzelne Goldhappen betrüge 31,25 Gramm oder gerade Mal eine Unze. Der Effekt: der Goldpreis würde ins Unermeßliche hochschießen! Wie knapp das Gut ist, läßt sich ermessen, wenn man es auf die ganze Weltbevölkerung aufteilt. Auf jeden Weltbürger entfielen nur 0,39 Gramm Gold, gerade so viel, um damit ein Butterbrot in Blattgold einzuwickeln. Nicht auszudenken, wenn sich Goldbespickte – das sind nur 1,5% der deutschen Bevölkerung – plötzlich zu einer Goldfangemeinschaft von 100% erweiterten. Das wäre ein denkbares Szenario in ernsten Krisenzeiten; da möchte ein jeder in den sicheren Goldhafen flüchten. Sie sollten zu denjenigen gehören, die sich das „Ticket" zur Hafeneinfahrt rechtzeitig besorgt haben.

Der Wert des Papiergeldes ist, wie gesagt, eine Illusion; einer noch größeren erliegt der vermeintlich gewiefte Anleger, wenn er sich sicher wähnt, die Goldpreisentwicklung berechnen zu können; noch naiver, wenn er glaubt, der Goldpreis würde einzig und allein vom Angebot und der Nachfrage abhängen. Der gebotene Datenkranz aus Entwicklung des Rohölpreises, der Zinsen und des Dollars, HUI- und XAU-Index, Lease-Rates, Verhalten der Commercials, Chartanalyse, Sentiment, saisonale Zyklik und der Fundamentals sind nur gelegentlich hilfreich. Merkwürdig, die Elliott-Wave-Strategen prognostizieren zwar oft unwesentliche Mikrobewegungen des Marktes punktgenau, indes sehen sie gravierende Marktveränderungen kaum voraus. All diese Techniken und Parameter versagen, denn die einzig dominierende Kraft im Räderwerk ist die Goldpreismanipulation. Wer Jahrzehnte die Goldszene ausleuchtet, kennt das Spiel hinter den Kulissen. Das ist die wichtigste Erkenntnis! Der Goldpreis muß gedrückt bleiben, solange es nur irgend geht; stiege er nämlich extrem, würde der Bürger die allzeit versteckte und getrickste Inflation zu früh erkennen und in Panik sein Geld in Gold ummünzen. Das wird subtil verhindert, denn das ängstlich zitternde Kapital soll in den vermeintlich sicheren Hafen der Bondmärkte flüchten. Dazu leisten die zentral gesteuerten Medien als stromlinienförmige Meinungsmacher flankierende Hilfe. Gewisse Kreise sprechen von der „Homogenisierung der öffentlichen Wahrnehmung".

Achten Sie 2009 darauf: wenn ein optisch glattes Preisziel, z.B. die 1.000-Dollar-Marke bei Gold in greifbare Nähe rückt, tönt das Medienkonzert und bläst lautstark zum Kauf. Vor allem die Derivate-Spekulanten erleben ihr Verdun, denn der Goldpreis stürzt, oh Graus, unerwartet südwärts. Auslöser ist u.a. ein paralysierender Paukenschlag: Die Presse verbreitet, wieder einmal habe eine europäische Zentralbank tonnenweise Gold verkauft. Eigentümlich, denn haben Sie je gehört, wer das ganze Gold gekauft hat, oder je erfahren, daß der weltgrößte Schuldner USA seinen satten 8.400-Tonnen-Goldhort auch nur antastet?

Eine andere wichtige Frage ist: Was tat sich Wesentliches seit dem letzten Goldhoch von 1980? In der Tat wuchs seitdem die Weltbevölkerung um fast zwei Milliarden Menschen; das sind zwei Milliarden potentielle Goldkäufer mehr. Die Goldförderung wurde immer aufwendiger, also kostspieliger. Derivate entwickelten sich zu einer Pandemie und Computernetze umschlingen seitdem die ganze Welt. Die Anomalie in der Finanzwelt, etwa die Verschuldung, nahm gigantische Ausmaße an. Konstant bleiben die Urängste, aber auch die Dummheit der Menschen.

Schenken Sie dem Silber besondere Beachtung. Es übernimmt im Gegensatz zum Gold eine duale Funktion. In Krisenzeiten wirkt Silber monetär wie Gold, ist aber zudem ein begehrtes Industriemetall, das noch lange nicht seine ganze Anwendungsbandbreite ausgespielt hat. Da wird es durch neue Applikationen ab 2010 noch ungeahnte Überraschungen geben, die Silber in luftige Sphären, also über 100 US-D pro Unze tragen. Außerdem ist z. Zt. (Stand 2008) der Silberpreis relativ zum Goldpreis stark unterbewertet: 70 Silberunzen muß man hergeben für eine einzige Goldunze. Das Verhältnis von 70:1 sollte auf 17:1 zurückkommen. Da hat Silber ein vierfaches Nachholpotential. Statt 11,50 US-D (Anfang September 2008), müßte eine Unze Silber zum heutigen Zeitpunkt über 40 US-D kosten. Ganz zu schweigen von einer extremen Preissteigerung in Zukunft.

Welches dieser Metalle soll ich physisch ordern, werden Sie abwägend fragen. Das hängt in erster Linie von Ihrer Anlegermentalität ab, vom Kapitaleinsatz und der Lagermöglichkeit. Jemand, der jetzt einsteigt, dem rate ich zu einer Proportion von 40% Gold und 60% Silber. Bei größerem Kapitaleinsatz wird man zu 1- oder 5-kg-Goldbarren greifen, diese aber mit Goldmünzen ergänzen. 5-kg-Silberbarren sollte man handlich mit Münzen (1 Unze und/oder 1kg) anreichern. Vergessen Sie nicht: im Erstfall brauchen sie genügend „Kleingold" um Dienstleistungen und Waren in barer Münze zu begleichen. In besonders heiklen Fällen, wo es auf größtmögliche Mobilität, Anonymität und Wertkonzentration ankommt, sind bestimmte Diamanten optimale Wertspeicher.

Lassen Sie sich nicht täuschen, gegen alle Vernunft könnten die Börsen 2008/9 einen noch nie gesehenen letzten Aufschwung erleben. Nicht auszudenken, wenn der Dow sogar noch 16.000 Indexpunkte anstrebt, aber dann brutal kollabiert. Friede, Freude, Eierkuchen herrschen nur kurze Zeit. Über Nacht kommt es dann zu einer konzertierten Aktion der Hochfinanz. Die Welt danach wird anders aussehen. Das Börsenkasino gleicht dann einem Schlachthof. Selbst wenn es nicht so bedrohlich kommt, schützen Sie sich und Ihre Familie gegen Verlust und Notstand. Die nächsten fünf Schicksalsjahre bringen mehr schmerzliche Einschnitte, als es die 50 Jahre zuvor vermochten: Bleiben Sie wachsam, realistisch und flexibel gegenüber gravierenden Veränderungen.

Die Weltschulden

Würde man die gesamten Schulden der USA in Höhe von 38 Billionen US-D im Sekundentakt Dollar für Dollar durchzählen, dann hätten bereits die frühen Hominiden vor einer Million Jahren mit der Zählprozedur beginnen müssen. Man stelle sich bloß vor, daß ein Dollar einem Liter Wasser entspräche, dann könnte man mit dieser gigantischen Liquidität den 51 Kubikkilometer fassenden Bodensee zu 70% in seinem Wasservolumen nachbilden.

Die derzeitige offizielle Gesamtverschuldung in Deutschland von rund 1,5 Billionen Euro entspricht 67% unseres Bruttoinlandsproduktes. Damit Sie sich einen Begriff machen von der Ungeheuerlichkeit der Schulden, stellen wir diese mit 500-Euro-Scheinen dar. Die einzelne Note wiegt 1,182 Gramm und hat eine Papierstärke von 0,12 mm. Gedanklich übereinander gestapelt, entstünde eine 354 km hohe

Papiersäule, die 40mal höher wäre als der Mount Everest; ihr Gewicht von 3.447 Tonnen entspräche etwa dem „ausgelagerten" deutschen Staatsgold von 3.439 Tonnen. Mehr als 80% aller Staatseinnahmen gehen für Zinsen und Sozialleistungen drauf. Das kann auf Dauer nicht gut gehen.

Alptraum: das entfesselte Wachstum

Erinnern Sie sich an die mächtigen Landesfürsten im Mittelalter? Sie betrogen ihre Bürger mit Schinderlingen, also mit Silbermünzen, denen sie immer mehr unedle Metalle zusetzten. Das war noch guter alter hausbackener Betrug. Die Fälscher von einst sind uns erhalten geblieben. Heute geschieht die „Wertfestsetzung" nebst allen Tricks und Betrugsmanövern subtiler und gerissener aus der Clique der Hochfinanz im großen Stil. Dieses nebulöse Netzwerk ermöglicht der selbsternannten Finanzelite astronomische Gewinne, während „man" von oben die Verluste über die Politik gerecht auf alle Steuerzahler verteilt. Und schon bald schallen die Hufe der apokalyptischen Pferde einer galoppierenden Inflation! Das gigantische Umverteilen von arm zu reich ist voll im Fluß, während die Investmentbanken und Hedge-Fonds sich vergnüglich die Taschen vollstopfen.

Da gibt es nur noch ein menschliches Problem: Die meisten Bücher über Wirtschaft und Finanzen sind redundanter Informationsmüll. Gleichwohl ist die Informationsfülle durch neu erscheinende Bücher milliardenfach größer als die Änderungsrate unserer biologisch festgelegten DNS. Während wir zwangsläufig immer fehlinformierter werden, schleppen wir unsere Ur-Instinkte und Aggressionen der Höhlenmenschen immer noch mit uns herum.

In dem Maße wie die Menschheit ihr Wissen vergrößerte, wuchs seit 200 Jahren auch deutlich die Weltbevölkerung – alle 40 Jahre eine Verdoppelung. Das moderate Wachstum über Jahrtausende hat sich zu einem Alptraum ausgewachsen. Die zweibeinige „Biomasse" Mensch ist exponentiell auf über 6,7 Milliarden angeschwollen. Das kann sich nicht ungebremst fortsetzen, sonst würde es auf dem Erdball in 600 Jahren nur noch Stehplätze geben und unser Energieverbrauch die Erde zum Glühen bringen. Wir sind natürlichen Wachstumsprozessen mit Exponential-Charakter hilflos ausgeliefert. Die

Gefahr der Eskalation erkennen wir nicht rechtzeitig. Anfangs ignorieren wir derartige Wachstumsmonster.

Der Zinseszinseffekt ist in der Tat eine selbstgewählte Geißel der Menschheit. Wir sind ungeduldig und sind in unserem Dasein in Raum und Zeit begrenzt. Dieses Bewußtsein führt zu sehnsüchtigen Spekulationen. Damit wir uns Dinge der Zukunft schon jetzt leisten können, zahlen wir einen hohen Tribut: eben den Zins mit Zinseszins. Genau das ist auch der Pferdefuß aller verschuldeten Staaten, die über ihre wirtschaftlichen Verhältnisse leben. Wir unterschätzen den Zinseszins-Effekt als Wachstumsmonster, weil wir für die ins Gigantische laufende Funktion keinen Sensus entwickeln konnten.

Hier ein bekanntes Beispiel für die positive Seite des Zinseszinsmonsters, das unser Kapital als Guthaben anwachsen läßt. Nehmen wir an, Jesus hätte einen Cent bei seiner Bank auf die hohe Kante gelegt, und zwar mit einer 3%igen Verzinsung. Gehen wir davon aus, daß seit gut 2.000 Jahren diese Bank nicht Pleite gegangen wäre, dann wäre heute dieser Jesus-Cent auf ein Kapital in Quadrillionenhöhe angeschwollen. Sämtliche Notenbanken der Welt könnten nie und nimmer das fällige Kapital auszahlen. Schon die heutigen Summen sind nie und nimmer mehr rückzahlbar. Allein das zeigt: von Zeit zu Zeit müssen einfach Crashs, Währungsschnitte und Inflationen her – wie ein ehernes Naturgesetz. Diese Einschnitte sorgen für das Zurückschneiden des Wildwuchses an Zinskapital auf Null und damit für eine Tabula rasa am Kapitalmarkt.

Ein gefährlicheres Experiment mit desaströsem Ausgang geht gerade mit dem Papiergeld in die Schlußrunde. Es ist das von der Realwirtschaft abgekoppelte Monstrum, das durch den Zinseszinseffekt in galaktischen Höhen schwebt. Gemeint sind die aufgestauten Weltschulden. Gerade befinden wir uns auf dem steilen Funktionsast, der uns zwangsläufig ins Finanzchaos stürzt. Die Blase der Weltschulden steht vor dem Platzen. Nach dem angenommenen Zusammenbruch um 2011 gibt es nur ein Mittel, den singulären Punkt zu überwinden: das gelbe Metall. Der philosophische Leitgedanke Descartes „Cogito ergo sum – Ich denke, also bin ich" verkommt im Rausch unserer Spekulation zu „Ich spekuliere, also bin ich". Das bewußte Ausspähen des Kapitals nach gewinnbringenden Gelegenheiten besteht seit Anbeginn der Menschheit, ja es gehört geradezu zur Strategie der Überlebenskunst.

Weitere Finanzmonster wie die Pensionsfonds drohen schon in diesem Jahr zusammenzubrechen. Die kapitalfinanzierte Rente stößt viele Menschen in den sozialen Abgrund. Milliardenschwere Dollarspritzen der US-Zentralbank sind wirkungslos verpufft. Während die Erträge der Pensionsfonds einbrechen, drängen zudem geburtenstarke Jahrgänge in den Ruhestand. Die Einkünfte gehen drastisch zurück. Doch die Zahl der Einzahlenden nimmt ab, die Zahl der Auszahlungsberechtigten nimmt zu. Zusätzlich bricht die Wertsteigerung aus den Anlagevehikeln ein. Die Schlagworte 2008 heißen Bankeninsolvenz und Kapitalvernichtung. Das Lauffeuer der Crashs an den weltweiten Börsen zündelt Riesenlöcher ins Kapital der Pleitegeier-Pensionsfonds. Die aktuelle Finanzkrise wird daher massiv die Rentenansprüche schmälern. Zum Beispiel erwirtschaften US-Pensionsfonds 64% ihrer Einkünfte mit Erträgen aus Kapitalanlagen; die verbleibenden 36% übernehmen die Versicherten und ihre Arbeitgeber. Das üble Gebräu aus schrumpfender Wirtschaft und steigenden Preisen, also die Stagflation, macht sich in den USA breit. Der US-Realwirtschaft droht der Kollaps.

Die wurmstichig gewordene Mickymaus-Währung erhöht das Risiko, daß Israelis und Amerikaner den iranischen Nuklearanlagen einen atom/bombigen Besuch abstatten. Das wäre ein taktisches Ablenkungsmanöver für das bellizistische Tandem Bush-Cheney, während daheim die Wirtschaft zusammenbricht. Durch Kampfhandlungen im Iran wäre eine Blockade der Schiffahrtsstraße von Hormus nicht auszuschließen. Wenige Schiffswracks der US-Navy würden genügen, um das Nadelöhr für große Öltanker unpassierbar zu machen. Die prompte Kettenreaktion wäre: ein Minderangebot auf dem Öl-Spotmarkt und damit ein explodierender Ölpreise auf weit über 200 Dollar/Barrel, rapider Verfall des US-Dollars und ein exorbitant hochschnellender Goldpreis! Auch eine Offensive der Taliban im Süden von Afghanistan ist nicht auszuschließen. Müssen denn unbedingt an vorderster Front die Deutschen mit-micheln, gleich neben dem Pulverfaß zum benachbarten Pakistan? Genügt es nicht, daß wir unser Land am Hindukusch verteidigen? Soll jetzt auch das gesegnete Land einbezogen werden – entsprechend einer merkelwürdigen Rede vor der Knesseth?

Nicht zu vergessen das armreiche Kosovo. Haben Sie sich schon einmal gefragt, warum dieser bitterarme Balkanzipfel so umschwärmt ist? In Wirklichkeit geht es nicht um altruistische Nächstenliebe, sondern um die Raffgier der Großen nach Rohstoffen im Kosovo. Im Nordkosovo lagern allein 35% der Weltvorräte an Chrom. Die Vorräte an Zinn und Zink werden auf 42 Millionen Tonnen, die Nickel- und Kobaltvorräte auf 13 Millionen Tonnen, die in Bauxit auf 2 Millionen Tonnen und in Magnesit auf 5 Millionen Tonnen geschätzt. Außerdem finden sich im Kosovo große Mengen Silber, Eisen und Kobalt. Vor allem Gold, Platin und Kupfer warten sehnsüchtig auf den Raubabbau. Damit bezahlen die Kosovaren ihre Unabhängigkeit. Das ist doch ein Anreiz, um das Helfersyndrom zu belohnen.

Kennen Sie eigentlich den Unterschied zwischen dem Denkmal des Weltkulturerbes der Menschheit und der größten Subkultur-Kapitalblase nach der letzten Dot.com-Blase? Nun, vom Gewicht her sind beide fast gleich schwer: Der Kölner Dom mit 300.000 Tonnen Steingewicht ist sogar etwas leichter als das dabei weltweit vernichtete Kapital von 4,5 Billionen USD – gewichtet in Eindollarnoten. Darauf entfallen allein bei den 30 größten Banken 1,1 Billionen US-D, die in Rauch aufgingen. Und der lodernde Verbrennungsprozeß schwelt weiter. Während der Kölner Dom eine in Stein gemeißelte Kulturepoche verkörpert, verbergen sich hinter dem vernichteten Kapital in Billionenhöhe Leiden und Alpträume von Millionen betrogenen Bürgern.

Würde man jeden Quadratmeter unserer Erdoberfläche mit einer spinatgrünen 1-US-D-Note verunstalten, ergäbe das eine wahrhaft gigantische Geldmenge von 510 Billionen Dollar. Aber nicht gewaltig genug, um das weltweit vorhandene Derivatevolumen von 613 Billionen Dollar darzustellen.

Wie groß wäre aber dagegen die Fläche, die sich mit allem Silber dieser Welt bedecken ließe? Das Ergebnis ist erschreckend gering. Von dem jemals auf der Welt geförderten Silber sind nur noch knapp 10% erhalten. Der Silbervorrat der ganzen Welt beträgt 150.000 Tonnen. Stellen wir uns diese Silbermenge ausgewalzt als Blattsilber vor. Nicht einmal Schottland mit seinen 78.772 Quadratkilometer könnte man damit überziehen. Aber eine gute Nachricht für Silberfans gibt's doch. Bis 2012 ist ein Dow/Silber-Verhältnis von kurzfristig unter 100 denkbar, z.B. Dow 5950: Silber 350 = 17. Diese Aussage ist spektakulär, aber nicht unmöglich.

Und was ist mit dem Gold der USA? Das in Ford Knox gehortete US-Staatsgold von 8.132 Tonnen übertrumpft im Gewicht sogar die Stahlkonstruktion des Eiffelturm mit 7.300 Tonnen. Selbst mit diesem gewaltigen Goldschatz im Werte von z. Zt. 2,5 Billionen USD ließe sich der 50-Billionen-USD-Schuldenberg nur am Gipfel abstauben.

Weltweit überfluten die Notenbanken das globale Finanzsystem mit Liquidität. Allein die US-Geldmenge M1 schießt aktuell mit 26% p. a. durch die Finanzdecke. Selbst 1980, als die Inflationsrate bei 15% lag, stieg das globale Geldwachstum nicht so rasant. Die Hyperinflation in spe ist stramm unterwegs. Gerüchten zufolge arbeitet insgeheim die Noch-Bush-Regierung kräftig an einem Währungsverbund mit Kanada und Mexiko; später soll auch Südamerika dazu gehören. Den AMERO, die neue Währungseinheit, will man aus dem Hut zaubern. So dürfte der US-Bürger den 100.000-Dollarschein mit dem Konterfei des Präsidenten Woodrow Wilson – ein z. Zt. nicht umlaufendes, aber legales Zahlungsmittel – in die taufrische 100-Amero-Note (Abwertung 1000:1) tauschen. Beabsichtigt ist weiterhin eine Fusion von Amero und Euro zu einer neuen Leitwährung. Das würde einen Währungsschnitt bedeuten und einen extremen Verlust für alle Bürger, die der „alten" Währung bis zum bitteren Ende vertrauen. Ein neues Weltwährungssystems hätte glasklar zwei Gewinner und Kaufkrafterhalter. Das sind die Ur-Währungen Gold und vor allem Silber, die von diesem Szenario profitieren.

Das US-Militär will die Kontrolle über Mexiko. Präsident Bush führte „nützliche" bilaterale Gespräche mit dem US-Vasall, dem mexikanischen Ex-Präsidenten Vicente Fox. Unter dem militärischen Bündnis NORTHCOM hat die USA die Kontrolle über den gesamten Luftraum, die Landmasse und die Küstengewässer von der Halbinsel Yucatán in Südmexiko bis hoch zur kanadischen Arktis. Damit wird die amerikanische Hegemonie auf weitere Länder und Gebiete ausgedehnt. Zudem will man auf dem gesamten nordamerikanischen Kontinent eine Freihandelszone, die FTAA etablieren. In Südamerika soll Kolumbien als Trojaner dienen gegen das aufmüpfige Venezuela, aber auch gegen Bolivien und Ecuador. Bei einer provozierten Selbstzerfleischung der Südamerikaner ließe sich die Störgröße Hugo Chávez elegant beseitigen. Das selbstlose Amerika käme bei einem militärischen Konflikt Kolumbien zur Hilfe – wie bevorstehend Israel im Falle Iran. Nicht auszudenken, wenn in Kürze in Südamerika ein zweites Nahost entstünde. Welcher Hintergedanke steckt aber in der neuen Währungseinheit Amero? Nun, die USA könnten sich mit einem Schlag in Multi-Billionen-Höhe entschulden. Sämtliche Antik-Währungen wie US-D und Euro fahren dann in den Orkus. Spätestens dann feiern das aufgesparte Gold und Silber in den Privatschatullen der vorsorgenden Bürger Auferstehung und Hochzeit.

Die vorgestellten Alptraumphasen waren: die raffgierige Finanzelite, das ungeheure Wachstum der Papiergeldmonster mit seinen Entartungen, die salonfähig gemachten Nuklearwaffen, der taufrische Amero in spe, die ratlose Hegemonialmacht – aber auch der Traum vom Rettungsanker Gold!

Wahrlich, das ist kein Anachronismus, vielmehr die unwirkliche Wirklichkeit!

Die Schulden-Bergpredigt
Aus heutiger Sicht waren die Staatsschulden Peanuts, die 1968 F. J. Strauß in seiner legendären Rede so trefflich ins Bild setzte. Es ging um 35,5 Milliarden DM. In 100-DM-Scheinen ausgedrückt, so Strauß, ist das ein Papierberg von 3.500 m Höhe mit einem Gewicht von 28.000 Tonnen. Strauß war übrigens der letzte Bundesfinanzminister, der noch einen ausgeglichenen Haushalt vorlegen konnte. Die Manie zum Schuldenmachen besteht bei allen Politikern. Seit den 70er Jahren gelingt es dem Bund in keinem Jahre mehr,

einen ausgeglichenen Haushalt vorzulegen, egal welche Regierung gerade an der Macht ist.

Heute im globalen Papiergeldzeitalter mit den Zentralbanken als Geldzauber-Anstalten, entziehen sich die Papiergeldmonster unserer Vorstellungskraft. Um sich ein Bild von unserer jetzigen offiziellen Gesamtverschuldung von 1,5 Billionen Euro zu machen – ein Zahlenkoloß mit 12 Stellen hinter dem Komma – greifen wir zur größten Geldeinheit, dem 500-Euro-Schein mit 160 x 82 mm als Baustein. Hintereinander gelegt, ergeben diese Scheine eine gedachte extraterrestrische Strecke von 472.000 km; diese reicht weit über den Mond hinaus. Selbst dieses Bild kann die Schuldenfalle, in der sich unser Staat selbst gefangen hält, nicht begreiflich machen. Sachwerte als Bezugsgröße vermögen das eher. So entspricht der deutschen Staatsschuld als Aktiva rund 59 Millionen VW Golf im Wert von jeweils 25.000 Euro. Hintereinander gereiht, reicht diese fiktive Autoschlange gut 7mal um den Erdball.

Die Schuldentilgung: selbst über Jahrhunderte ein unlösbares Problem. Zur Historie der Pro-Kopf-Verschuldung: Im Jahre 1970 lag sie erst bei 1.292 Euro, 1990 waren es schon 7.380 Euro. Mittlerweile wird jeder Neugeborene mit einer aufgebürdeten Schuldenlast von 17.500 Euro vom Vater Staat begrüßt. Realistischer ist es, wenn man die Gesamtverschuldung nur auf die Anzahl der Erwerbstätigen von 38,86 Millionen bezöge. Das ergibt rund 38.000 Euro pro Kopf. Jeder Haushalt müßte im statistischen Mittel also auf ein komplettes Jahreseinkommen verzichten, um den Schuldenberg abzutragen. Die Steuereinnahmen betragen rund 460 Milliarden Euro. Die Gesamtverschuldung des Staates macht demnach 320% seiner Steuereinnahmen aus, d.h. mehr als drei Jahre müßte der Staat auf sämtliche Ausgaben verzichten, um den Schuldenberg zu beseitigen. Das ist einfach unrealistisch. Wirklichkeitsnäher wäre es, wenn der Staat aus seinen Steuereinnahmen eine jährliche Tilgungsrate von 0,5% für den Schuldenabbau verwendet. Dafür würde unser Staat sage und schreibe 650 Jahre benötigen.

Ein happiger, negativer Stundenlohn sind die Zinsen auf die Staatsschulden, die uns stündlich acht Millionen Euro abverlangen. Bleibt es auf Dauer bei dieser Belastung? Nein, denn mit schrumpfender Bevölkerung und steigender Lebenserwartung wird der Schuldenabbau völlig unmöglich. Selbst ein Jahrtausend würde zur Entschuldung nicht ausreichen. Im übrigen werden die Zinsen in Zukunft eher anziehen. Mit normalen Mitteln der Sparsamkeit läßt sich das Schuldengebirge nicht abtragen.

Wie konnte sich das Schuldengebirge so gigantisch auffalten? Der Schuldenstand steigerte sich von 1950 bis 1970 zuerst moderat auf 2,7 Milliarden Euro Neuverschuldung pro Jahr, steiler verlief die Kurve zwischen 1971 bis 1989 mit einer Verschuldungsgeschwindigkeit von 21,6 Milliarden Euro, also um Faktor 9. Zwischen 1990 und 2004 stieg die Jahresneuverschuldung exponentiell um 61,5 Milliarden Euro (Faktor 20). Mehr als 75% der Staatsschulden sind seit 1950 durch Geldentwertung, sprich Inflation, „finanziert" worden. Jetzt übertrifft unsere Realverschuldung den kritischen Reichsmark-Schuldenstand von 1948 um 40%, der damals zu einer Währungsreform, zur Enteignung der Bürger geführt hatte! Damals wurden aus 100 Reichsmark 6,50 D-Mark.

Verdeckte Schulden unterhalb der Sichtgrenze. Der staatliche Schuldenberg verhält sich so wie ein Eisberg: Man lamentiert über die sichtbare Spitze des Eisbergs, ignoriert aber verdeckte Probleme, die unter der Wasserlinie harren. So wuchs das Beamtenheer Ende der 50er Jahre von 1,2 Millionen auf zuletzt 2,23 Millionen. Neben den offiziell ausgewiesenen Schulden gibt es nämlich Verpflichtungen der öffentlichen Hand zur Zahlung der Ruhestandsbezüge pensionierter Beamte und die Zuzahlungen für Rentenversicherung. Außerdem bestehen nicht ausgewiesene Verpflichtungen für Kriegsschulden, für die Wiedervereinigung und Zahlungsversprechen an internationale Organisationen. Insgesamt verbraucht der Bund zwei Drittel seines Haushalts allein für die tatsächlichen Gesamtschulden. Das führt auf eine geschätzte Horrorzahl, die zwischen 3 bis 5 Billionen Euro liegt.

Die demografische Entwicklung und die rauher werdende Soziallandschaft vereiteln den Schuldenabbau. Wurden 1964 noch 1,357 Millionen Menschen bei uns geboren, so waren es im Jahre

2003 nur noch 700.000. Ein 60-jähriger Mann hat heute eine „Lebensrestlaufzeit" von fast 20 Jahren, eine Frau sogar fast 24 Jahren. Als Folge dieser Überalterung wird Deutschland ab 2025 nur noch ein Wirtschaftswachstum von 0,5% generieren. Für einen glücklichen Zwischenboom besteht kaum eine Chance. Die zunehmende Belastung der Erwerbstätigen sinkt selbst dann nicht, wenn die Einwanderungsquote steigt. Die meisten Zuwanderer drängen nicht auf den Arbeitsmarkt, sondern belasten unser Sozialsystem: die Verarmung in der Bevölkerung nimmt zu. Geringeres Volkseinkommen bedeutet aber geringere Steuereinnahmen. Für Sparmaßnahmen des Staates ist damit kein Platz. Das Finanzieren der Staatsausgaben über Kredite wird auch in Zukunft weitergehen. Damit steigt der Schuldenstand immer stärker an. Das Ende naht, wenn kein Bürger mehr bereit ist, dem Staat Kredit zu gewähren. Die staatlichen Krakenarme erdrosseln die Eigenverantwortung und Eigenvorsorge der Bevölkerung, die Abhängigkeit vom Kollektiv nimmt zu. So werden sich die Lebensbedingungen der Bevölkerung, die zwischen 2010 und 2030 lebt, dramatisch ändern. Zur Schuldensenkung wird das staatliche Sozialsystem zwangsweise abgebaut, die politische Landschaft wird sich radikalisieren, revolutionäre Veränderungen drohen. Eine Verschärfung der Besteuerung des Privatvermögens (2004: 4,1 Bio. Euro) ist mit Sicherheit zu erwarten.

Elegante ad hoc-Entschuldung durch Inflation. Die Inflation zehrt: bei 10% Inflation sinkt in 10 Jahren ein Schuldenbetrag von z.B. 100.000 Euro auf unter 29.000 Euro: Wer 1950 Geld in den Sparstrumpf stopfte, kann sich heute infolge der permanenten Inflation nicht einmal 25% des Warenwertes wie damals dafür kaufen. Dem Staat bietet aber die Inflation ein elegantes und zugleich zweimal erprobtes Entschuldungsszenario, das mit schleichender Enteignung seiner Gläubiger einher geht. Dieser Wohlstand auf Pump durch Verschuldung würde im normalen Geschäftsleben strafrechtlich verfolgt. Doch davor sind Politiker grundsätzlich durch den staatlichen Führungsauftrag und ihre Immunität geschützt.

Wie ungeheuer der deutsche Staat von der Geldentwertung profitierte, zeigen die 164 Milliarden Mark Kriegsschulden des 1. Weltkriegs, die sich durch die Währungsumstellung (1 Bio. : 1) am 15. November 1923 auf gerade einmal 16,4 Pfennig der neuen Rentenmark verringerte Im übertragenen Sinne würde ein Supermikroskop mit einer Vergrößerung von 1 zu 1 Billion den bisher tiefsten Blick in die kleinsten Bausteine der Materie erlauben. Eine Währungsreform – also eine Enteignung der Bürger – ist ein radikaler Befreiungsschlag von der Schuldenlast. Das rigorose Abschaffen der Altschulden wäre ein deutlicher Schritt aus der nicht bewältigten Vergangenheit hin in eine „bereinigte" Zukunft mit wirtschaftlichem Kahlschlag. Die Wahrscheinlichkeit für eine bevorstehende Währungsreform liegt im Jahr 2010 bei 30%; sie steigt bis 2020 auf fast 90%. Wahrscheinlich wird das singuläre Ereignis zwischen 2010 und 2020 eintreten. Unternimmt die Bevölkerung rechtzeitig etwas gegen die drohende Gefahr, etwa durch Umschichten der Werte, ist sogar wesentlich früher mit einem Kollaps zu rechnen.

Verschuldungsweltmeister USA und das weltweite Schulden-Szenario. Die Gesamtschulden der USA in Höhe von 36 Billionen US-D sind höher als das gesamte Welt-Sozialprodukt von 32 Billionen US-D. Eine weitere unfaßbare Zahl: die US-Neuverschuldung frißt 70% der Weltersparnisse auf. Von 1995 bis Ende 2002 stieg die Gesamtverschuldung der USA von 10,28 auf insgesamt 38 Billionen US-D. Das ist Faktor 4 des Sozialprodukts (BIP). Für eine Billion Dollar Neuverschuldung benötigte die US-Volkswirtschaft im Jahre 2003 gerade mal 17 Wochen; das ist das Fünffache des Sozialprodukts. Um also einen Dollar mehr Sozialprodukt zu erzeugen, machen die USA sechs Dollar neue Schulden. Durch die Liquiditätsschwemme sind die Sachwerte enorm inflationiert und damit überbewertet, sowohl die Aktienmärkte als auch die Immobilien. Das in Jahrtausenden geförderte Gold der Menschheit hat einen Gesamtwert von rund 40 Billionen US-D. Der oberste Finanzgaukler Ben Bernanke wird für die Erzeugung der gleich hohen Schein- und Kreditgeldsumme nicht einmal zehn Jahre brauchen. Die physische Weltgeldmenge wurde in nur drei Jahren über 90% ausgeweitet! Das globale Derivate-Volumen liegt bei 300 Billionen US-D: das 27-fache des jährlichen BIP der USA. Für dieses Geld könnte man jedem der 6,7 Milliarden Weltbürger ein Mittelklasseauto schenken.

Gegen das fiat money (Geld aus dem Nichts) ist kein Kraut gewachsen. Wir, die wir uns sorgen um unsere Zukunft, können uns auf eine „Währungsharmonisierung" vorbereiten, indem wir rechtzeitig aus Geldanlagen aussteigen und in Sachanlagen umschichten. Der Staat wie auch die Banken wissen genau, daß mit gutgläubigen Naivlingen, die bis zum bitteren Ende vertrauen, die größten Enteignungsgeschäfte zu machen sind. Die Anleger von Staatsanleihen zahlen ihre Zinsen indirekt selbst – nämlich als Steuerbürger; obendrein müssen sie noch Zinsertragssteuer abführen. Letztlich führen permanente Inflation, endlose Aufschuldung, zunehmende Wachstumsschwäche und anhaltender Kapitalverzehr zum finalen Bankrott im Sozialsystem. Die Abhängigkeit der Bürger vom Staat steigt, die Bürokratie wuchert in der Umverteilungsgesellschaft. Wenn „der Staat" Bankrott macht, verlieren wir unser Vermögen; <u>wir</u> haften, nicht der Staat. Der eigentliche Betrug der Staaten heißt fiat money: das aus dem Nichts geklonte Geld ohne echte Wertschöpfung. Die Crux ist ohne Zweifel das staatliche Geldmonopol. Dieses Falschgeld wird per Edikt als „gesetzliches Zahlungsmittel" erklärt. Nicht der schlechteste Lösungsansatz wäre es, wenn es der Bürger der staatlichen Kontrolle entzöge, um es als Privatgeld den privaten, konkurrierenden Marktkräften zu überlassen. Nur privates Gold als ehrliches Geld und strenger Eigentumsschutz böten einen dauerhaften Bann vor Inflation. Ein radikaler Systemwechsel wäre dazu vonnöten, denn der eingeschlagene Weg führt in die Irre, führt ins Chaos. Der Staat würde sich selbst ad absurdum führen, wenn er diesen ketzerischen Gedanken zuließe und es in der Tat freie, eigenverantwortliche Bürger gäbe. Fehler und Sünden der Vergangenheit werden aber fleißig fortgesetzt. Wie sagte schon Mephisto im Faust

So erben sich Gesetz' und Rechte (hier die Schulden) *wie eine ewige Krankheit fort/ sie schleppen von Geschlecht sich zu Geschlechte* (Regierungen) *und rücken sacht von Ort zu Ort/ Vernunft* (Sparsamkeit) *wird Unsinn, Wohltat* (Sozialstaat) *Plage/ weh dir, daß du ein Enkel* (Bürger) *bist! Vom Rechte, das mit uns geboren ist, von dem ist leider! nie die Frage.*

Fazit: Die „ordentliche Entsorgung" des Schuldengebirges wäre eine Illusion. Schminken Sie sich das soziale Schlaraffenland Deutschland ab. Die Politik des leichten Geldes (Liquiditätsschwemme durch Manipulationen der Papiergeldsysteme) führte weltweit zu einer ausweglosen Schieflage auf der Titanic. Die billionenschwere US-Immobilien- und Derivate-Blase ist inzwischen geplatzt. Amerika wird in eine Stagflation von noch nie gesehenem Ausmaß fallen. Dramatisch werden die Zinsen steigen. Man wird weiterhin hemmungslos Geld drucken, Steuern erhöhen, letztendlich militärische Abenteuer um die Ölquellen als Ausrede für das Desaster suchen. Handeln Sie lieber Leser, packen Sie Sachwerte „beim goldenen Schopf"! In einigen Jahren wird der Goldpreis Stammtischgespräch sein – wie einst der Neue Markt, dann ist es zu spät. Machen Sie das Beste aus meinem Fingerzeig.

Der dornige Weg in die globale Endzeit
Seit dem dramatischen Börsenkrach mit darauf folgender Weltwirtschaftskrise 1929 vergingen 80 Jahre. Danach hätte entsprechend dem 60jährigen Zyklus der wirtschaftliche Kondratieff-Winter längst Einzug halten müssen. Daß der Wirtschaftswinter verzögert, aber dann um so strenger ausbricht, verdanken wir den Tricks und Lügen einer mißratenen Politik: gefälschter Warenkorb, getürkte Kerninflationsrate, Geldmengen- und Kreditausweitung sowie der Schönheits-Chirurgie finanzrelevanter Statistiken. Auch durch eingeschaltete Kriege wurde der Winter künstlich ausgedehnt. Jetzt heißt es überbewertete Anlageklassen meiden. Heben Sie sich den „goldenen Schuß" mit physischer Ware für die Endphase im Winterschlußverkauf auf. Gehen Sie erst dann mit Gold und Silber auf Einkaufstour. Sie werden erstaunt sein, was man für ein paar Krügerrand so alles bekommt. Lauter unbewegliche Dinge wie z.B. Immobilien. Bei den folgenden Betrachtungen zu den wirtschaftlichen Aussichten in naher Zukunft bleiben bewußt politische Einflußgrößen unberücksichtigt.

Vor uns liegt kein Jakobsweg der inneren Einkehr und Bescheidenheit. Was wir bisher erlebten, wird sich zum Grotesken steigern: Kaufkraftverluste, „Betriebsunfälle" von Großbanken, exzessive weitere Blasenbildungen, soziale Unruhen gepaart mit gewaltigen Umwälzungen. Noch in diesem Jahr beginnt eine schwere Rezession mit harter Landung. Immobilien und Anleihen verlieren dramatisch an Wert. Die Insolvenzraten nehmen zu. Die Geldentwertung verfällt alsbald in den scharfen Galopp der Inflation. Lebensversicherungen, festverzinsliche Wertpapiere, Pensionsansprüche, Schulden von Großkonzernen werden durch Bankrotte null und nichtig. Das Bankensystem bricht endgültig zusammen, Angst breitet sich aus. Der Anleihen- und Immobilienmarkt steht kurz vor einem lang anhaltenden Niedergang. Die globalen Aktienindizes treten ab 2009 nachhaltig den Weg nach Süden an. Der „Winter" wird wesentlich frostiger ausfallen! Der Förderpeak bei Erdöl (max. Förderkapazität) ist bei vielen Ölfeldern bereits überschritten. Damit setzt ein erbitterter Kampf um die letzten Energie-Ressourcen auf der Erde ein. Auch der internationale Terrorismus breitet sich in dem Maße aus, wie die sozialen Spannungen und Ungleichgewichte in der Welt zunehmen.

Der Kondratieff-Zyklus wirkt wie ein Naturgesetz, er beruht keineswegs auf dem Prinzip des Zufalls. Gegen Ende des Zyklus, etwa alle zwei Generationen, kommt es zu einem endgültigen Kollaps der Wirtschaft und Finanzen: die internationale Verschuldung ist dann so angeschwollen, daß sie nicht mehr zu steigern ist. Der Zinseszinseffekt führt sich selbst ad absurdum, denn das Kapital und sein Spießgeselle, die Schulden, können in einer endlichen Welt nicht ins Unendliche wachsen.

Was geschieht zur Zeit? Hemmungslos vermehrt man das Papiergeld, genauer gesagt die Geldmenge M3. Diesem „Werte-Nichts" steht in der Realwirtschaft nur ein Bruchteil an substantiellen Gütern oder Dienstleistungen gegenüber. Alles wächst sich aus zur Hyperinflation. Hier lauert versteckt der erste Pferdefuß, der uns hinterlistig tritt: Der Zentralbankrat der Federal Reserve veröffentlicht seit dem 23. März 2006 nicht mehr das M3-Geldaggregat. M3 verkommt zum Finanz-Zombie. Staaten und Bankenkartelle sind Großmeister im Manipulieren, Fälschen und Verheimlichen von Wirtschaftsdaten, eigentlich schon Nobelpreis-verdächtig. Ach ja, die letzten Nobelpreise für Wirtschaft gingen ja bereits an die Gaukler der US-Wirtschaft. Die breite Öffentlichkeit muß mit dem Lügengespinst so lange wie möglich in die Irre geführt werden. Die ersten, die den ausgelegten, vergifteten Köder geschickt umgehen, sind die Reichen unserer Gesellschaft. Bei den Supermilliardären setzt längst die rasante Flucht in die Sachwerte ein. Sie kaufen sich ein in Substanzwerte, denn sie riechen rechtzeitig die drohende Hyperinflation, wesentlich eher als der „kleine" Privatanleger. Übrigens gibt es weltweit an die 946 Milliardäre mit einem geschätzten Gesamtvermögen von 3 Billionen Euro. Auch im großen Stil pumpen Ölförderländer und Staatsfonds Milliardenbeträge in Sachwerte. Klar, denn ihre maroden Dollarberge mit eingebautem Kaufkraftschwund wären sonst der Inflation total ausgeliefert. Warum nicht zuvor für lumpiges Grünpapier die halbe Welt kaufen!

Die wichtigsten Größen, die in den Fälscher-Zauberwerkstätten gepflegt werden, sind die Inflationsindikatoren; Beispiele sind Warenkorb und Kerninflationsrate. Ungeschminkt beträgt der jährliche reale Kaufkraftverlust in Europa 12% und in den USA 17%. Alle Regierungen vermeiden eine ehrliche Auskunft, denn wer von uns Bürgern würde da noch Lebensversicherungen abschließen und auf die großartige Idee kommen, Anleihen oder Rentenfonds zu kaufen. Diese gelten doch als die sicheren Häfen. Aber bitte nicht das Gold, das ja keine Zinsen bringt; diese Gebetsmühle der Banken ist inzwischen verstummt. Daß unser Geldartefakt, der Euro, an Kaufkraft verliert, merken Sie, wenn Sie Ihre Lebenshaltungskosten betrachten. Ein wichtiger Frühindikator der drohenden Inflation ist der Goldpreis. 2001, am Beginn seiner Hausse, lag das Tief bei 253 US-D je Feinunze. Seitdem stieg der Goldpreis jährlich um durchschnittlich über 27%, im Jahre 2007 sogar um 31,1%. Das ergibt einen bisherigen Wertzuwachs von über 240%. Steigt Gold 2008 um diesen Durchschnittswert, kommt es heuer zu einem Goldpreis von 1.060 US-D. Noch etwas wird sich bald korrigieren. Bekam man in den letzten 35 Jahren für eine Unze Gold im Schnitt 17 bis 18 Faß Rohöl, so sind es heute nur noch halb so viele.

Die realen Inflationszahlen erreichten in dieser Phase schon Werte von über 10% pro Jahr. Da die offiziell verkündeten Zahlen jedoch auf beruhigend niedrigem Niveau bei unter 3% liegen, befürchtet die breite Öffentlichkeit kein Ungemach. Allmählich gewinnt aber das Thema Inflation in Gazetten zunehmend an Umfang und Bedeutung. Genau das sollte uns argwöhnisch machen.

Das Teuflische ist aber, daß deflationäre und inflationäre Tendenzen aufeinander treffen und miteinander verwoben sind. Beide verlaufen nicht gleichmäßig, sonder in Schüben. Es gibt keine Reinrassigkeit im zeitlichen Ablauf, genau das ist das Vertrackte. Im Schmusejahr mit der US-Wahl und den Olympischen Spiele gibt es noch eine Reihe deflationärer Effekte wie stark fallende Preise der Vermögensklassen, Insolvenzen, Arbeitsplatzverluste und einen steigenden Wert von Schulden, kollabierende US-Immobilienpreise, einbrechenden US-Konsum, dramatisch fallende Quote der Auto-Zulassungen in Deutschland und: große Reden über die Rezession in den USA.

Eine Rezession in den USA würde dem gesamten Wachstum der Weltwirtschaft einen Dämpfer verpassen. Da gibt es einen Circulus vitiosus. Ist Ihnen z.B. in letzter Zeit beim Dollar nicht eine gewisse Eigentümlichkeit aufgefallen? Obwohl weitere, massive Zinssenkungen im Finanzkartenhaus anstehen, hält sich der Greenback zum Euro. Eine Rezession in den USA würde zwangsläufig das Wirtschaftswachstum in Asien schwächen. Betrachten Sie in diesem Zusammenhang die starken Kursrücksetzer im Hang Seng. Verlassen da womöglich US-Großinvestoren die bedrohlich schwankende chinesische Dschunke; sie verkaufen asiatische Aktien in Renminbi oder Yuan und kaufen damit den Dollar zurück: Trotz massiver Aussichten auf Zinssenkung steigt der Dollar wie von Geisterhand geführt. Die Rohstoffpreise werden von zwei Seiten in die Zange genommen. Die zeitnahen Inflationsindikatoren könnten sogar zurückfallen. Ein schwaches Wirtschaftswachstum im Verein mit einer deflationären Entwicklung gibt der FED die Luft die sie braucht, um die Zinsen weiter massiv zu senken. Das laute Rezessionspalaver kann also den Dollar nur stärken und zu einem vorläufigen Stocken der Rohstoffrallye führen und damit zu einer sinkenden US-Inflationsrate. Das wiederum ermöglicht der FED, weitere Zinssenkungen vorzunehmen. Die US-Wirtschaft bekäme damit ein Gipskorsett. Im Wahljahr können die USA auf keinen Fall einen Supergau am Aktienmarkt nach dem Einbruch des Immobilienmarktes riskieren. Die Finanz-Kernschmelze kommt später. Mit allen Tricks werden sie „probate Lösungen" aus dem Hut zaubern, um das zu verhindern. Schauen Sie, was Helikopter-Ben als Kassandra-Nachfolger eines gewissen Mr. Greenspan voraussagt: „Die Inflationsraten, aber auch die Energie- und Rohstoffpreise werden 2008 sinken". Glänzend! Ja, dann könnte es nach einer Seitwärts-Abwärtsbewegung im Sommer zur der von mir vorgestellten Endrallye kommen. Sie würde den Vorzeige-Dow doch noch in die Nähe der 16.000-Marke liften. Vor dem großen Weltkollaps treiben dann alle Aktienmärkte mit aufgequollenen Bäuchen durch das Lügenmeer.

Vor allem ist in 2009 mit weiter anziehenden Geldmengen zu rechnen. Am Höhepunkt, so um die Jahrzehntwende, dürfte die US-Notenbank das Finanzsystem kräftig fluten, so daß sämtliche Dämme endgültig brechen. Erst in der letzten Phase zeigt die Hyperinflation ihre häßliche Fratze. Macht es da Sinn, sich bereits jetzt massiv mit dem Kauf von Immobilien zu verschulden, da ja die Schulden in einer Hyperinflation nahezu verfallen? Nein, denn der inflationäre Prozeß läuft, wie oben gesagt, nicht linear ab, und geht zeitweise einher mit einer intermittierenden Deflation. In dieser Phase gewinnen Schulden eher an Wert. Immobilien, Blue Chips und Anleihen verfallen erst dramatisch in der Hyperinflation an Wert. Gedulden Sie sich bis nach 2011, dann wird Ihr Traumhaus – bezogen auf den heutigen Euro-Wert – auf einige Tausend Euro verkommen. Erst danach können Sie sich nach Herzenslust verschulden.

Die Wachstumsraten der Geldmengen in der Hyperinflation sind dann vergleichbar mit denen im Jahr 1923 zur Weimarer Republik. Damals im November 1923 kostete ein Dollar 4 Billionen Mark. In der bevorstehenden Phase ab 2011 dürfte die breite Masse schmerzlich aufwachen. Jeder versucht dann mit Geschick sein täglich wertloser werdendes Geld freundlich weiter zu reichen. Die Unze dürfte dann schon Tausende von US-D kosten, die Schwarzmarktpreise könnten sogar deutlich höher liegen. Jeder giert nach Gold, indes: der freie Markt ist leergefegt. Hinzu kommt, daß zu diesem Zeitpunkt in den USA und Europa bestimmt ein Goldverbot besteht. Auch dafür hat der Staat eine brillant dümmliche Lüge parat „Terroristen nutzen Gold als Geldwäsche". Aber das Industriemetall Silber wird der Staat kaum verbieten können. In dieser „umtriebigen" Zeit überstürzen sich die Ereignisse. Staatsbankrotte, Währungsreformen, Krieg im Nahen Osten mit einer kompletten „Neuordnung" der dortigen Region, Verteilungskämpfe um die Rohstoffe, soziale Unruhen und bürgerkriegsähnliche Zustände in der übrigen Welt. Auch bei uns.

Ähnlich wie die Situation nach 1930, steht für die kommenden Jahre eine Weltwirtschaftskrise ins Haus, genauer eine hyperinflationäre Depression. Gewiß, keine erbaulichen Aussichten. Gold ist dabei der Rettungsanker. Schon jetzt verknappt und verteuert sich die Goldförderung. Der Musterförderknabe Südafrika holt signifikant immer weniger Gold zu immer höheren Produktionskosten aus dem Boden. Längst ist der Au-Förderpeak überschritten. Gold wird erst noch richtig rar und teuer. Laufen Sie nicht weg, denn nirgends auf Erden gibt es das Paradies. Vereinfachen Sie Ihr Leben, machen Sie es überschaubar. Bleiben Sie bescheiden und wappnen Sie sich rechtzeitig mit Edelmetallen: Ihre Gold/Silber-Rüstung schützt Sie vor Raubrittern, Gauklern und Wegelagerern aller Art.

Schuldenmonster und Betrugsmanöver

Der unaufhaltsame Marsch ins globale finanzielle und menschliche Chaos hat begonnen. Seien wir Realist. Hüten wir uns, heute den Kopf in den Sand zu stecken, sonst knirschen wir morgen kräftig mit den Zähnen. Wir? Das sind jene Rohstoff-Investoren, die erkennen, daß sich weltweit die wichtigsten Währungen in einer Zwangsspirale der Abwertung befinden. Der Zwang nach Zinssenkung hat begonnen, die wunderbare Geldvermehrung aus dem Nichts hätte selbst den Wundern Jesus Konkurrenz geboten. Über den Jordan wandert die Weltwirtschaft aber erst ab 2009. Dafür hält die Hochfinanz den Masterplan einer hyperinflationären Weltwirtschaftskrise bereit. Die weichen Weltwährungen, angeführt vom siechen Dollarzombie, führen sich selbst ad absurdum. Die negative Realverzinsung (Nominalzins minus Inflationsrate) bringt einen stetigen Kaufkraftverlust. In dem Maße steigt unaufhaltsam die Referenz-Ur-Währung: das

Gold. Tagtäglich werden weltweit unzählige Berge von Papiergeld-müll ins Finanzsystem gekippt. Krebsartig wächst die rattendurch-seuchte Schrotthalde und stinkt zum Finanzhimmel. Völlig unerheblich ist, ob der Dollar gegenüber dem Euro temporär fällt oder steigt. Die Korrelation des Goldes zum Dollar ist aufgehoben. Unter den großen Währungen wie Bernanke-Peso, Euro, Yen, Yuan ist Gold die beständigste. Und was ist mit dem Schweizer Franken? In Zeiten wirtschaftlicher Anomalie hat er als Fluchtwährung eine lange Tradition, seit es Ganoven, Oligarchen und Despoten gibt, die ihr mühsam erschwindeltes Geld sicher ins Land der Lila-Kuh verlagern.

Allein in den USA sind offiziell die Schulden aller inländischen Sektoren in den letzen zehn Jahren auf mehr als 26.000 Milliarden US-D angeschwollen. Bei einem unterstellten, moderaten Lügenfaktor von 2 wären das 52 Billionen US-D. Während das Papiergeld durch bloßen Computertastendruck kreiert wird, steckt in jeder Goldmünze schweißtreibende Arbeitskraft. Die Förderkosten für jede Unze in Südafrika liegen bei 500 US-D. Das bedeutet: 40 Arbeitsstunden, 5.000 Liter Wasser, Elektrizität, mit der man einen Haushalt 14 Tage lang versorgen könnte, bis zu 200 Kubikmeter Luft unter hohem Druck, mehrere Kilogramm Sprengstoff und eine Unmenge von Chemikalien wie Zyanid.

In den nächsten Jahren wird Gold dem Papiersystem Mores lehren. Man schätzt, daß es noch 92.000 Tonnen Gold an Weltreserven in der Erde gibt, und die sind in 17 Jahren gehoben. Bisher förderte die Menschheit an die 130.000 Tonnen des gelben Metalls. Leiten Sie selbst daraus die Perspektiven für eine neue anfangs disziplinierte Finanzpolitik nach dem Währungsverfall 20011/12 ab. Diese wird, wenn auch nur zur Vertrauensbildung der Bürger, kurzfristig auf der grundehrlichen Naturgröße Aurum fußen.

Weitere bedrohliche Potentiale verunsichern die Weltbürger. Unsicherheit und Ängste vor der Zukunft wachsen. Einige Beispiele des menschlichen Wahnsinns:

- Würde sich ein Mensch am Ufer der radioaktiv verseuchten Karat-schai-See in Tscheljabinsk eine Stunde der radioaktiven Strahlung aussetzen, wäre seine Lebenszeit drastisch verkürzt.
- Glutnester in Chinas Erden sorgen dafür, daß jährlich 20 Millionen Tonnen Kohle nutzlos in Schwefelrauch aufgehen, angefacht durch illegalen Abbau. Der Kohleklau verhilft 250.000 Chinesen, ihre Lungenfunktion ernsthaft zu testen.
- Brasilien entfernt unproduktive Amazonas-Regenwälder; bis jetzt sind etwa 20% der Fläche abgeholzt. Das lästigste Urwaldgebiet der Erde wird durch fachgerechtes Roden entfernt, um Pflanzen für umweltfreundlichen Ökotreibstoff anzubauen. Zwischen 1990 und 2000 fielen in Brasilien pro Jahr etwa 22.000 Quadrat-kilometer Wald den Motorsägen zum Opfer – fast die Fläche Großbritanniens. Auch Papua holzt 20 Millionen Hektar unpro-duktiven Urwald für ökologischen Biodiesel ab.
- Skrupellos rauben wir Europäer die dritte Welt aus. Die eigenen Fischfanggründe im Nordatlantik leergeräumt, schicken wir jetzt unsere Fischfangflotte wie selbstverständlich bis in die Gewässer vor Ghana. Alles zum Nulltarif. Mit modernsten Sonargeräten be-waffnet, schnappen wir den Einheimischen die letzten Fische vor ihrer Küste tonnenweise weg; diese Menschen benötigen sie ja bloß dringend zum Überleben.
- Täglich verbraucht man weltweit 84 Millionen Barrel Rohöl: ein gedachter Öl-Kubus von 2,3 km Kantenlänge.
- eine der größten Geißeln der Menschheit sind die weltweit 150 Millionen versteckten Landminen, die auf Menschenopfer lauern. Jährlich werden dadurch 250.000 Menschen getötet oder zum Krüppel gebombt. Eine Anti-Personenmine ist preiswert, etwa drei US-D, ihre Vernichtung aber kostspielig und gefährlich (bis zu 1.000 US-D).
- Stündlich zahlen die USA 55 Millionen US-D allein für Zinsen. Das entspricht einem täglichen Kapital für 22.000 Mercedes-Mittelklassewagen.
- Die vier größten US-Banken halten allein ein Derivate-Volumen von über 300 Billionen US-D. Hinter diesen Papierfetzen und Luft-buchungen stecken keine äquivalenten Sach- oder Dienst-

404

leistungen. Offensichtlich stört die FED nicht einmal eine kräftig sprudelnde, kriminelle Klondollarspritze aus Nordkorea. So spart sich Helikopter-Ben die eigenen Druckkosten. „Fiat money", also das aus dem Nichts erschaffene Geld und Falschgeld aus Korea: ein reinrassiger Betrug im Doppelpack.

- 350 Milliardäre beziehen 55% des gesamten Welteinkommens. Allein in der Duma sitzen 30 der 101 russischen Milliardäre, ein ähnlich repräsentativer Bevölkerungsquerschnitt wie die 10-fach höhere jüdische Mitgliederzahl an Parlamentariern im US-Senat.

Die großartige Renaissance des Goldes hat im starken Maße etwas mit der Sehnsucht des Menschen nach persönlicher Freiheit zu tun, vor allem dann, wenn diese in Gefahr gerät. Genau diese Privatsphäre wird z.B. durch das weltweite Überwachungssystem Echelon bedroht – eine Einrichtung des US-Geheimdienstes NSA. Selbst große deutsche Unternehmen werden belauscht und Firmengeheimnisse der US-Konkurrenz zugespielt, sicher geglaubte Großaufträge weggeschnappt (Stichworte: Airbus – Boeing, Eon).

Allein in Deutschland beträgt der jährlich geschätzte wirtschaftliche Spionageschaden durch Echelon 4 Milliarden US-D. Starten Sie mal eine Anfrage an die Bundesregierung zu diesem US-Lauschposten, sie bekommen „einen Satz heißer Ohren". Echelon überwacht und kontrolliert den gesamten internationalen über Satellit geleiteten Kommunikationsverkehr auf Schlüsselwörter und „Stimmabdrücke", ebenso regionale Kommunikationssatelliten, zapft Untersee-Nachrichtenkabel an und belauscht Mikrowellentürme. Nebenbei wird das Abhörsystem auch vom israelischen Mossad-Geheimdienst genutzt.

Die Parole des Dritten Reichs „Feind hört mit" bekommt im heutigen Hightech-Zeitalter eine neue, makabere Qualität. Der moderne Informationsklau geschieht elegant über Satellit, frei Haus direkt ins Pentagon geliefert. Hier wertet ein Heer von Spezialisten die riesige Informationsmenge selektiv aus, täglich allein über drei Milliarden Telefonate. Unerbittlich steuern wir in eine Weltkrise, die vor dem Individuum keinen Respekt hat.

Ist Ihnen der enge Radius unserer Freiheit bewußt? Die bundesdeutsche Politik hat sich weiterhin wie ein Lakai nach US-Vorgaben auszurichten. Dazu schrieb am 7. Oktober 2002 die US-amerikanische American Free Press: „Ironischerweise ist Deutschland keine souveräne Nation, ohne Friedensvertrag und mit über 70.000 US amerikanischer Besatzungstruppen". Genau genommen ist jeder Bundesdeutsche staatenlos. Weitere peinliche Fragen: Warum ist Deutschland von den USA besetzt, warum hat Deutschland keinen Friedensvertrag, warum steht Deutschland noch immer unter mittelbarem Kriegsrecht, warum sind Bundeswehrsoldaten Söldner und keine Soldaten im Sinne des Völkerrechts?

Und jetzt inhalieren Sie mal den Duft der großen weiten Finanzwelt, hören Sie die zynischen Worte eines David Rockefeller, einer der mächtigsten Männer der Hochfinanz. 1991 erkühnte sich dieser feine Herr in der Bilderberg-Konferenz in Baden Baden zu den Worten: „Wir stehen am Rande einer weltweiten Umbildung. Alles was wir brauchen, ist die richtige, allumfassende Krise, und die Nationen werden in die „neue Weltordnung" einwilligen. Die Frage ist, wie weit wir noch von dieser Weltkrise entfernt sind".

Sie sehen, Gold ist nicht als monolithische Größe zu betrachten, sondern im Kontext mit dem Weltgeschehen, das zunehmend aus dem Ruder läuft. Die marode Finanzpolitik kann nicht gleichzeitig alle Bälle in der Luft halten, Zug um Zug gehen ihr eben diese inzwischen sichtbar aus.

Über die Finanzbetrügereien hinaus hat sich heute ein amoralisches Verhalten wie eine Seuche als Gesellschaftssport ausgebreitet. Ähnlich könnten die letzten Tage des dekadenten Rom ausgesehen haben. Weltweit ist die Korruption und Selbstbedienung bis in die obersten Firmenetagen, in Parteien und Ämtern als harmlose Selbstverständlichkeit zu Gast. Unglaubliche Betrugsmanöver riesigen Ausmaßes waren und sind Markenzeichen gewisser renommierter Firmen.

Kennen Sie z.B. Aaron Lebowitsch? Nein? Aber vielleicht unter dem Namen Ron Sommer? Seines Zeichens Ex-Vorstandsvorsitzender der Dt. Telekom. 1996 kam der Börsengang, mit einem gigantischen

Werbeaufwand, um den Kleinanleger die Volksaktien schmackhaft zu machen. Der Krug ging so lange, bis er brach, Sommer folgte. Bei der noblen Blackstone-Gruppe unter Vorsitz des Biedermanns Stephen Schwarzman schlüpfte er als Berater unter. Das Motto: wir handeln global, brutal, aber niemals sozial. Als Kenner filetiert Sommer jetzt die Telekom von außen. Da darf man sich nach 50 Millionen Abschiedsgeld ruhig etwas Spaß gönnen. Im April 2006 verkaufte unser Finanzminister Steinbrück an Mr. Schwarzman 4,6% der Telekom. Übrigens, Angela und Peer schauen gelegentlich bei Freund Schwarzmann in New York rein, wenn sie jenseits des großen Teichs weilen. Dort treffen sich Politik und Wirtschaft. Unter Ron Sommer wird jetzt die technologische Zusammenarbeit mit unseren Freunden aus Israel forciert und ausgebaut.

Richtungsweisend für unsere nachwachsende Tätergenerationen, machte Erstbundeskanzler Konrad Adenauer am 27. September 1951 folgende Aussage „Es ist die vornehmste Pflicht des deutschen Volkes, im Verhältnis zum Staat Israel und zum jüdischen Volk den Geist wahrer Menschlichkeit wieder lebendig und fruchtbar werden zu lassen." Allein seit dem Amtsantritt der Regierung Schröder/Fischer hat Israel rund 70 Rüstungswünsche an die Bundesrepublik gerichtet. Der Wunschzettel an Geld und Spenden reißt nicht ab. Das Wunscharsenal unserer gern beschenkten Freunde reicht von Patriot-Batterien für Raketenabwehr bis hin zu zwei hochmodernen Brennstoffzellen-Unterseebooten mit großen Ausstoßrohren für Nuklearsprengköpfe.

Im Zusammenhang mit unseren semitischen Dauerfreunden halte ich gewisse Zahlen über Menschenopfer für ein Mysterium. Diese Zahlen divergieren je nach Quelle zwischen 80.000 und 10 Millionen Opfern. Ein anderes Beispiel, und hier darf ich ausführlicher werden: Der Terrorangriff auf Dresden forderte am 13./14. Februar 1945 rund 275.000 Bombenopfer, seitdem ist die genannte Anzahl der Opfer in den Medien immer mehr geschrumpft. Der immer gut unterrichtete Spiegel (Ausgabe vom 13.1.03) nennt 40.000 Opfer; in Ausgabe vom 10.2.2005 sprach er von nur höchstens 35.000 Toten. Das fragt man sich: Sind diese Angaben der Todeszahlen gewissen Interessens-strömungen unterworfen?

Offensichtlich müssen die Amerikaner in den beiden Golfkriegen nach gerade aktueller Zählung 73.846 Gefallene, 704.669 Verwundete und dauerhaft verkrüppelte Soldaten beklagen. Dabei wird jeder verwundete Soldat, den man vor seinem nahen Tod noch in einen Hubschrauber zerrt, nicht in die Statistik aufgenommen.

Jede veröffentlichte US-Zahl ist fragwürdig. Nehmen wir z.B. die US-Kriegskosten. Die größten amerikanischen Außenposten befinden sich in Afghanistan und im Irak, und sie werden vom Militärhaushalt noch nicht einmal erfaßt. Die Haushaltsabteilung des Kongreß geht heute davon aus, daß der Irak-Krieg 1,7 Billionen Dollar kosten wird. Das National Bureau of Economic Research rechnet mit 2,2 Billionen US-D und das Congressional Joint Economic Committee geht von 3,5 Billionen US-D aus. Mit Militärausgaben ist Präsident Bush nie zimperlich umgegangen. Kürzlich legte er den letzten und höchsten Etatvorschlag seiner Regierungszeit vor, dies mit geplanten 400 Milliarden US-D neuen Schulden. Allein für den Militärhaushalt sollen die US-Bürger 515 Milliarden US-D springen lassen. Es sei daran erinnert, daß der amerikanische Militärhaushalt die Hälfte der weltweiten Militärausgaben ausmacht und 80% des Anstiegs der Militärausgaben weltweit seit 2005. Man hat den Eindruck, Bush wäre am Schöpfungsakt der Menschwerdung vorbei geschrammt. Nicht nur, weil er wiederholt betont, Atombomben seien umweltfreundlich, denn schließlich laufen die Explosionen ja CO_2-neutral ab. Als erste Sparmaßnahme ließ er den Etatentwurf der Regierung an die Medien und Kongreßmitglieder per E-Mail verschicken. Ein gewaltiges Sparpaket, denn Tausende Kopien des Haushaltsplans brauchen nicht gedruckt und zugestellt werden. Das prächtige Schuldendokument wurde statt dessen ins Internet gestellt.

Und was gibt es alles für merkwürdige Zufallsoperationen! An jenem denkwürdigen 11. September kollabierten wie perfekt gesprengt drei Wolkenkratzer, obschon nur zwei WTC-Gebäude von den Flugzeugen getroffen wurden. Und neulich wurden nahezu zeitgleich an vier unterschiedlichen Orten im Meer Internetkabel durchtrennt. Vier

408

unterarmdicke Seekabel zerreißen weder durch einen Schleppanker noch durch einen Haibiß, dazu noch gleichzeitig. Ein Schelm, wer da an Sabotage der Informationskanäle der neu eröffneten iranischen Ölbörse denkt, an der Öl nicht mehr in US-Dollar, sondern in anderen Währungen gehandelt wird. In Wirklichkeit war nicht nur der Iran vom Internet-Verkehr abgeschnitten, sondern der ganze Nahe Osten. In Teheran kam es zu einem 100% Datenverlust, Israel und Irak beklagten auf wundersame Weise keinerlei Datenausfall. Als damals Saddam seine Ölbörse auf Nichtdollarbasis stellen wollte, gehörte der Irak schlagartig zur Achse des Bösen. Das war für die USA ein Kriegsgrund. Die jüngste Isolation der arabischen Länder im Internet läßt auf außergewöhnliche kriegerische Aktivitäten schließen. Die braucht der US-Präsident, um im Amt zu bleiben (Stand 2008). Marionetten-Bush ist bestens eingeführt von der Dunkelwelt der Skull & Bones, Freimaurer, Illuminaties und Bilderberger. Nur mal so eine Schnapsidee: Planen die hinter Bush agierenden Dunkelmächte als Auslöser etwa einen Satellitenangriff auf Jerusalem im nahen Zeitbereich? Die aufmüpfigen Saudis – Speichellecker der USA – lehnten es erstmals ab, ihre Zinsen gemeinsam synchron mit der FED zu senken. Auch andere Länder im Mittleren Osten verlassen in wilder Flucht die US-Währung. Da droht Ungemach.

Glauben Sie ja nicht, daß die wie immer gut unterrichteten Medien über diese oder andere schillernde Facetten und Winkelzüge der Politik unabhängig und frei berichten. Jede Zeitungsbude beweist scheinbar eine mediale Vielfalt. Oder ist diese Vielfalt tatsächlich nur gut getarnte Gleichschaltung? Tatsächlich werden die Massenmedien kontrolliert von den großen Medienriesen AOL, Time Warner, Viacom, NBC Universal, Bertelsmann und Murdoch/News Corp. Ein wesentlicher Taktgeber ist die Nachrichtenagentur Reuters. Die bestimmt, was über mehr als Tausend Zeitungen weltweit zu publizieren ist. Das von diesen Medienmonopolisten weiter gereichte Weltbild steht nicht etwa in inhaltlicher Konkurrenz zueinander. Vielmehr ist es ein politischer Gleichschritt, den gewisse Dunkelmächte kontrollieren. Informationen, die nicht ins System passen, verschwinden in den Orkus.

Was für ein Wandel! Im zweiten Weltkrieg weigerten sich 85% aller Soldaten, auf ihre Gegner mit Tötungsabsicht zu zielen. Damals gab es auch noch kein Fernsehen und Kino. Heute hat ein zehnjähriges amerikanisches Kind durchschnittlich bereits 16.000 Morde im Fernsehen gesehen und im Gehirnkasten. Oft hat es kaum weniger „böse" Menschen als Held in Videospielen „gekillt". Das Fernziel: der perfekte Soldat, ein Massenmörder, der keine Frage stellt, nicht nachdenkt und hemmungslos ist, seine Waffe auf den Gegner richtet.

Neben all diesen Manipulationen, Betrügereien und Frevel am Volk bleibt die Spekulation das Menetekel der Menschheit. Der Mensch ist eben von Natur aus ein homo speculans. Das liegt in der Natur seiner Überlebensstrategie. Sicherlich wird es auch nach uns „dumme" Einzeller auf Erden geben. Vielleicht sieht die unendlich wirkende Natur in Abermillionen Jahren einen zweiten Schöpfungsakt vor, der aus der Urzelle etwas Besseres und Klügeres als „uns" hervorbringt. Bis sich der „überlegene" homo sapiens womöglich ausgelöscht hat, heißt es zunächst noch: Willkommen in der harten Realität!

High-Noon, Du großartiges Amerika
Schlitzäugige Schnäppchenjäger und turbangeschmückte Scheichs gehen forschend auf Einkaufstour im grandiosen Amerika. „Amerika, Du hast es besser" – mitnichten, Amerika ist krank, todkrank an Leib und Seele. In Geisterstädten kleben an leeren, verwahrlosten Häusern erbärmlich bunte Schilder „for sale". Weitere 1,4 Millionen Zwangsversteigerungen drohen. Indes, auf Bretterbuden haben es die dollarbespickten Fremdgänger nicht abgesehen. Sie kaufen sich die besten Filetstücke dahinsiechender Industrien und Banken, die einstigen Prachtstücke der Nation: einer Nation, die es einst geschickt verstand, an Weltkriegen wirtschaftlich zu gesunden und vom Schuldner- in den Gläubigerstatus aufzusteigen.

Mehr noch, mit dem Know-How einer besiegten Nation legte Onkel Sam den Grundstein für seinen Way of life. Tausende Patente und ganze Hundertschaften an Wissenschaftlern wurden einst großzügig über den Großen Teich begleitet. Auch unser Deutsches Staatsgold von mehr als 3.000 Tonnen fand hier eine neue, sichere Heimat. Bis

410

heute hütet Onkel Sam unseren Schatz; allein, die windigen Banken-keller in Frankfurt wären ja zu unsicher. Niemand weiß aber, wieviel physisches Gold die Zauberanstalten bisher in schmucke Goldpapiere verwandelten. Warum weiß das eigentlich niemand so genau? Fragen Sie mal in Berlin nach. Wir Deutschen sind geborene Verschenk-Onkel, nicht nur mit unserem Staatsgold, auch mit Kriegsspielzeugen. Unseren semitischen Dauerfreunden überließen wir zwei atomwaffentaugliche U-Boote umsonst – und zwei weitere mit großzügigem Sonderrabatt. Kleine Geschenke erhalten eben die Freundschaft. Was übrigens die US-Kleptomanen betrifft, so haben diese eine lange Tradition. Die Gründerväter des großartigen Amerika okkupierten ganz einfach das angestammte Land der Ureinwohner, ohne Gegenleistung.

Im US-Zweistromland der Finanzkrise wird der Geldstrom, zum einen von der Immobilienkrise, zum anderen von den Ausfällen der risikoreichen Hypothekenkredite gespeist. Einstige Flaggschiffe der US-Automobilindustrie drohen im Schuldenmeer zu versinken. Dem maroden Automobilkonzern General Motors griff inzwischen der russische Oligarch Deripaska mit 5% unter die Arme. Bei Ford will man 46.000 arbeitslose „Leichtmatrosen" in 16 sanierungsbedürftigen Werken über Bord werfen. Retter in der Not ist hier der indische Oligarch Ratan Tata mit Tata Motors, dies über die Traditionsmarke Jaguar/Land Rover. Wehe, wenn etwa über GM der Pleitegeier kreist, dann könnte sich der Aasgeruch an den internationalen Finanzmärkten ausbreiten, denn olfaktorisch eingebunden sind viele Investmentbanken mit Großkrediten bei den Automobilkonzernen. Stand 2008: Auch US-Großbanken wie Citibank und Morgan Stanley tragen bereits ein arabisches und chinesisches Stützkorsett. Nur kein Neid, auch unsere DAX-Unternehmen sind bereits zu 53% im Besitz ausländischer Investoren, also davon abhängig.

Das auto-mobile Finanzsystem in Amerika bietet eine Ventilsteuerung für die Geldmengen und eine Drosselklappe für den Leitzins. Beide Stellschrauben verlieren dramatisch an Zauberkraft. Es entwickelt sich eine Rezession, die sich durch weitere Zinssenkungen kaum verhindern läßt. Das Aufplustern der Geldmengen treibt weltweit die Inflation an. Davon ist in erster Linie das Epizentrum des Finanzbebens in New York betroffen, aber auch die Exportnationen China und Japan. Noch steckt die Krise der Immobilienkredite in den Knochen der Verbraucher, da fegt die Schuldenkrise der Unternehmen durch die Lande. Massiv nagt die aktuelle Rezession an den Erträgen der Unternehmen. Die Banken sind schwach auf ihrer Liquiditätsbrust, und die Verbraucher zunehmend überschuldet. Der Lebensstandard der Mittelschicht wird mehr und mehr herunter gezogen: Vermögenswerte von Hunderten Milliarden US-D der Investoren und Banken verdampfen in der Hitze der chaotischen Finanzwüste.

Die US-Unternehmen stecken in der Zwickmühle zwischen den Kredit-Häckslern (credit crunch) und dem stark nachlassenden Konsum der Privatverbraucher. Vielfach sind diese inzwischen insolvent. Es ist eine Frage der nahen Zeit, wann der Markt für Credit Default Swaps (CDS) zusammenbricht. Die Rezession wird nicht nur die Unternehmensgewinne schmälern, sondern auch die stark eingesetzten Finanzderivate mitreißen, eben die Credit Default Swaps. Hier geht es um Aberbillionen von US-Dollar. Dieses korpulente Finanzvehikel könnte seine Bonität Zug um Zug verlieren, ähnlich den verbrieften Hypothekenkrediten (CDOs). Allerdings werden die Auswirkungen noch gravierender sein, da der weltweite CDS-Markt weitaus stärker ausgeprägt ist. Rückblickend wäre das Platzen der Subprime-Hypotheken-Blase gegenüber der drohenden CDS-Spekulationsblase bloß ein laues Lüftchen.

Das von Präsident Bush geschnürte nationale Care-Paket bringt der Mittelklasse keine Steuerentlastung. Übrigens zahlen die Armen im großartigen Amerika sowieso fast keine Steuern. Wo steckt denn das soziale Problem? Der aufgeplusterte Scheinreichtum des letzten Jahrzehnts ist kreditfinanziert, gestützt auf den tönernen Füßen der Immobilien und Aktien. Brechen beide Standbeine der Altersversorgung ein und nehmen die Arbeitslosenzahlen zu, gibt es erhebliche Liquiditätsengpässe bei den Privathaushalten. In der Tat verlieren diese Vermögenswerte sichtlich an Werthaltigkeit. Immer mehr pseudowohlhabende Privathaushalte der Mittelklasse sitzen gefangen wie die Mäuse in der Schuldenfalle.

Im Münchhausen-Land der Großmannssucht und Gaukler hat man sich im wesentlichen von der arbeitsintensiven Realwirtschaft (Produktion von Waren und Dienstleistungen) verabschiedet und kräftig globalisiert, also Arbeit ausgelagert, um sich voll auf das schlüpfrige Parkett der Finanzwirtschaft zu kaprizieren. Hier schafft Geld schlicht Geld, multiplikativ aus dem Nichts heraus, ohne Arbeit, ohne Fleiß. Welch paradiesische Zustände für Trickser und Betrüger, in deren Stammhirn sich raffgierige Spuren genetisch eingruben. Apropos genetisch: Ist doch äußerst gerissen, da verkaufen Giganten der Agrarindustrie unter David Rockefeller genmanipulierten, patentierten Mais an die Landwirte. Weltweit. Dieser Einmal-Mais ist schon einzigartig, denn er keimt nur einmal und bringt kein neues Saatgut hervor. Die Farmer sind also gezwungen, in der nächsten Ernteperiode erneut das „kastrierte Saatgut" bei den Monopolisten zu kaufen, diesmal allerdings bedeutend teurer. Mais, eine monetäre Feldfrucht mit garantiert eingebauter Rendite. Dieses Perpetuum mobile ist ein Glücksbringer für die zwangstreue Stammkundenbindung.

Darf, moralisch gesehen, eine an allen Kriegen des letzten Jahrhunderts beteiligte Nation irren Terroristen mit Sprengstoffgürtel nachjagen? Ein Land, das selbst mit dem Hundertfachen an Vernichtungspotential des 2. Weltkriegs den ganzen Erdgürtel umschifft und bedroht? Dies in schwimmenden Monsterfestungen von Milliarden Dollar teuren Flugzeugträgern. Darf ein selbsternannter Weltmilitarist millionenfaches Leid über die Völker auskippen und dabei kaltschnäuzig putzig kleine Depleted Uranium-Geschosse im Kosovo und im Irak verballern? Die dabei entstehenden alphastrahlenden, nanogroßen Nuklearpartikel verbreiten sich um den ganzen Erdball und verursachen ein Anwachsen der Krebsrate.

Ja, Amerika ist technisch hochspezialisiert. Auf Krieg. Damit sind aber die USA auch angreifbar. Nehmen Sie das satellitengestütze GPS-Navigationssystem. Kriegsrelevante Handlungen, selbst die hinterlistigsten, funktionieren nicht ohne GPS: die G. I. finden ohne GPS kaum ihren Donnerbalken im Wüstensand. Noch wichtiger: sogenannte Präzisionsbomben finden über GPS sicher das Ziel.

Krieg bildet – vor allem im Fach Geographie. Die Soldaten der Superinsel lernen neben dem Bombardieren Land und Leute kennen. Eben ein Learning by Bombing! Was wäre aber, wenn die GPS-Satelliten von einer feindseligen Macht gesteuert, plötzlich ihren Geist aufgäben? Nun, das großartige Amerika wäre mit einem Schlag handlungs- und bewegungsunfähig. Der taumelnde Wirtschaftsriese im martialischen Kriegsgewand hätte seinen Orientierungssinn plötzlich komplett verloren.

Im Land der unbegrenzten Unglaublichkeiten, wo ständig mehr als drei Millionen Häftlinge einsitzen, bietet man der Wahrhaftigkeit und der Ehrlichkeit keinen Platz. Was soll man z.B. der hochbezahlten US-Finanzlügenelite glauben? In erster Näherung: Nichts. Aussagen von Bankvorständen und wohlfeile Bankbilanzen sind Makulatur, schlicht Müll, genau wie viele ihrer gemixten Finanzprodukte.

Ja, es gab mutige Männer, die etwas im System verändern wollten. Das bezahlten sie mit ihrer urplötzlich herunter gesetzten Körpertemperatur. J. F. Kennedy wollte gegen die Machenschaften der FED vorgehen, Martin Luther King trat für eine Versöhnung zwischen Schwarzen und Weißen ein. Alle hatten sie einen Traum. Er entartete zum Alptraum.

Bald ist die vom Staat subventionierte Forschung der sogenannten RFID-Chip-Technologie (Radio Frequency Identification) ausgereift, zunächst für den weltweit milliardenfachen Einsatz bei Waren aller Art. Diese nicht wieder verwertbaren RFIDs auf Silberbasis sollen als Mikrofunkchips für Strichcodes zur Preisangabe der US-Waren eingeführt werden. Das Gesetz dafür hat den Senat bereits passiert. Das wäre ein erster Schritt. In einem gravierenden zweiten Schritt gäbe es allerdings den implantierten Menschenchip zur umfassenden Rundum-Kontrolle. Genial, wenn dieser zudem GPS-tauglich wäre. Überwachtes Menschlein, wo steckst Du! Orwell läßt wieder herzlich grüßen. Begrüßen würden wir als Edelmetallfreunde dieses Wunder der Technik insofern, daß es ohne Silber nicht auskommt. Pro Chip braucht man nur 10 Milligramm an reinem Silber. Winken Sie nicht ab. Wäre es utopisch, wenn in ein paar Jahren weltweit täglich sagen wir 50 Milliarden dieser Strichcodler im Waren- und Güterverkehr

Verwendung fänden? Gigantisch: 500 Tonnen Silber pro Tag, 187.000 Tonnen pro Jahr, das neunfache der Weltjahresproduktion. Ein grandioser Silberstreif am Horizont. Da kann ich Ihnen nur raten: Verschaffen Sie sich ein sanftes Ruhekissen aus Silber.

Was geschieht demnächst in China, wenn der Einbahnstraßen-Handelspartner USA seinen satten Konsum auf Diät umstellen muß und damit 300 Millionen Konsumenten ausfallen? Dann werden mehr als 100 Millionen Chinesen arbeitslos. 300 Millionen Freß-neulinge, besser gesagt, Konsumenten kann man in einem Neuen Markt nicht so rasch herbeizaubern, auch nicht innerhalb der Chine-sischen Mauer. Für diesen worst case haben die Politiker immer ein probates Mittel zur Hand. Der Hebel wird, wie die Geschichte immer wieder zeigte, auf Kriegswirtschaft umgeworfen. Statt Stoffpuppen gibt es dann Kampfpanzer, schließlich will man ja den Weltfrieden mit stabilisieren. Dabei sein ist alles im Jahr der Olympiade. Und die Ungeheuer aus Stahl wollen ja auch sportlich bewegt werden. Aber erst nach 2009. Womit sich der Teufelskreis der dramatischen Welt-geschichte schließt.

Fassen wir zusammen: Dollar-Höllensturz – Platzen der Immobilien-blase – Herandonnernde Rezession – Sinkender Lebensstandard der Mittelschicht – Scheitern im Irak – Steigende Energiekosten und Nah-rungsmittelpreise – Handels- und Rohstoffkonflikt mit China – Sta-gnierende Wirtschaft – Steigende Inflationsrate – Ausufernde Verlo-genheit – Skandalöse Betrugsmanöver – Bankenpleiten im großen Stil. Alles bedrohliche Schlagzeilen eines scheiternden Volkes, das sich maßlos überschätzt.

Wir werden am Ende Zeitzeugen eines zweiten dekadenten Rom sein. Ein Rom von Heute, das durch seine Großmannssucht, Arroganz und Verlogenheit mit Mann und Maus untergeht. Hier läßt mahnend das Bild der Titanic aus der Tiefe grüßen. Was können wir selbst im positiven Sinne in unserem Umfeld bewirken? Ganz einfach: unsere Mitmenschen und die Natur achten. Die Anomalie Mensch wird frü-her oder später vergehen. Auch ohne uns rollt der Erdball durchs Universum. Vielleicht in nicht allzu ferner Zukunft mit einer spirituel-len Crew, die sich auf moralische Werte besinnen mußte.

Mickriger Dollar gegen wertvolle Rohstoffe

Blicken wir hinter die Kulissen des dominierenden Dollarsystems, das mit einem aufgezwungenen Volumen von fast 80% an Währungsreserven die Weltfinanzmärkte beherrscht. Wie eine Pandemie breitete sich die Macht des US-Finanzkartells über die ganze Welt zu einem riesigen legalen Betrugsmanöver aus. Die von ihnen kontrollierten Rohstoffmärkte mußten ihre Sachwerte wie etwa Öl gegen schwindsüchtige Dollars verkaufen. De facto bekommen die Erzeugerländer für ihre Rohstoffe immer weniger „Gegenwert". Auch die Zentralbanken in aller Welt wurden gezwungen, den Dollar als Währungsreserve zu unterlegen. In einem weiteren Schlag nötigte man die Nationalbanken, ihre Goldvorräte gegen den marode Dollars einzutauschen. Warum es den USA gelingt, die ganze Rohstoffwelt zusammen zu kaufen, ist mit der inflationären Vermehrung, also mit der unbegrenzten Liquidität des Dollars zu erklären. Durch die Dollar-Unterlegung als Devisenreserve sind die Zentralbanken in Japan, China und Europa gleichsam Helfershelfer und Sklaven der Verursacher. Der Großschuldner USA hat es damit in der Hand, wie stark er durch Dollarabwertung seine Gläubiger entreichert und sich selbst entschulden will.

Trotz dieses Riesenschwindels haben die privaten Dollarbesitzer in der Welt nach wie vor ein naives Vertrauen in die Illusionsnummer „Dollarwert". Wüßten die Bürger, daß der gedruckte Wert auf irgendeiner Geldnote eine wahre Lüge ist, würde das Vertrauen in den Geldwert zusammenbrechen. Was ist das Ziel? Die Geldmenge so lange auszuweiten und zu entwerten, bis damit alle existentiellen Sachwerte der Welt aufgekauft und monopolisiert sind. Dabei soll die schleichende Inflation lange versteckt bleiben, damit das Vertrauen der Weltbürger nicht gestört wird. Der springende Punkt dabei: Die US-Hochfinanz kann mit dem faulen Dollar in Ruhe in Sachwerte umschichten, ehe eine Weltwährungsreform losbricht. Die Rothschild-Gruppe hat bereits in vielen Marktsegmenten ein Weltmonopol – z.B. bei Uran – ergaunert. Sie kann mehr und mehr die Preise nach Belieben festsetzen und einen „Zins" darauf erheben, eine Art Welt-Mehrwertsteuer. Der Masterplan des US-Establishments: die US-Hochfinanz (Rothschild, Rockefeller) steuert und vermehrt ungehemmt über die FED den Dollar und beeinflußt negativ andere Währungen. Mit gezielter Geldmengenausweitung verliert der Dollar sukzessive an Wert.

Damit können die Monopolisten nach dem fälligen Finanzkollaps die Preise für die Güter beliebig festlegen und die gesamte Welt zu „Sonderabgaben" beim Rückkauf zwingen. Der nützliche Nebeneffekt: Der allseits beklagte US-Schuldenberg löst sich zu Lasten der Weltbürger in Wohlgefallen auf; die US-Administration entschuldet sich. Es kommt zu einem Dominoeffekt, zu einer weltweiten Währungsreform. Wer nach dem Kollaps die Weltreserven an Öl, Gold, Wasser, ferner Saatgut und bestimmte Immobilien besitzt, ist alleiniger Weltherrscher. Die Hochfinanz wird aber den Aberglauben an das Papiergeld möglichst lange schüren und die Inflation lange genug kaschieren.

Diese Geldpolitik ist die zwangsläufige Folge des maroden Finanzsystems, das auf dem Zinseszinseffekt beruht. Das US-Finanzsystem wird kollabieren mit dem Platzen der gigantischen Schulden- und Derivatenblase. Die Kernschmelze der US-Wirtschaft führt dann zum katastrophalen Gau in anderen Teilen der Welt. Zuvor verschlingt der taumelnde Wirtschaftsriese Amerika noch Unmengen an Geld. Dieses aus dem Nichts geklonte Geld (Fiat money) ist keine echte Wertschöpfung. Dahinter stecken weder Arbeit noch Dienstleistung. Gleichzeitig wächst das geopolitische Konfliktpotential zwischen China und Amerika dramatisch zu Lasten vieler armer Staaten.

Die CIA – der geheime Überstaat im Staate

Die Central Intelligence Agency, die größte Spionageorganisation der Welt, mit Hauquartier in Langley in der Nähe von Washington, hat die Lizenz zum Massenmord. Keine Regierung der Welt kann ihre Bürger vor dem Zugriff der CIA schützen. Nicht einmal das Weiße Haus weiß, was die Geheimmacht hinter den Kulissen ausbrütet, dies, ohne je darüber Rechenschaft ablegen zu müssen. Direkt nach dem Fall des World Trade Centers am 11. September 2001 erfand Präsident Bush die CIA neu; er erteilte ihr einen Freibrief, der in keinem anderen demokratischen Land möglich wäre. Die von ihm genehmigte Behandlung von Gefangenen hinsichtlich Inhaftierung,

Befragungs- und Tötungsmethoden, tritt die Menschenrechte mit Füßen. Bereits Bush Senior hatte eine Affinität zur CIA. Schließlich war er von 1976 bis 1977 Chef dieses größten von insgesamt 15 US-Geheimdiensten, um danach 1989 die US-Präsidentschaft anzutreten. Zwar ist es unmöglich zu erfahren, wer und wieviel Menschen für die CIA arbeiten, aber bekannt ist, daß Saddam Hussein und Osama bin Laden jahrelang auf der Gehaltsliste der CIA standen.

Eine Vielzahl Verbrechen könnte man der CIA zur Last legen. Der Internationale Gerichtshof in Den Haag für Kriegsverbrechen bleibt indessen untätig, die Weltöffentlichkeit ist machtlos. Hauptziel der CIA ist es nicht, feindliche Staaten auszuhorchen und Intrigen zu spinnen, sondern auch den amerikanischen Bürger zu „scannen". Der CIA verfügt über die Software Carnivore (Fleischfresser); sie ist in der Lage zeitgleich bis zu fünf Millionen Telefonate, E-Mails und Chatrooms nach Schlüsselbegriffen wie Bush, 11. September, Attentat usw. zu durchforsten. Akkumulieren sich diese Suchbegriffe etwa in einem Telefonat, werden die Urheber weltweit beäugt und verhaftet. Ich warne ausdrücklich vor so einem Selbsttest. Merkwürdig, in einem Vorort des CIA-Hauptquartiers sitzt das Internet-Weltunternehmen AOL, vormals „America Online". Dieser „kommerzielle Nachrichtendienst" betreut weltweit über 30 Millionen Kunden. Eine weitere zufällige Anomalie: Ex-CIA-Präsident Georg Tent war von 1997 bis 2004 Vorstandsmitglied bei AOL. Es ist naheliegend, daß die CIA aus nachbarlicher Freundschaft ihre Suchmaschine bei AOL und anderen internationalen Internet-Providern installiert, um Daten und sogar Profile von Kunden abzugreifen.

Die USA giert danach, die arabischen Ölfelder total unter ihre Kontrolle zu bekommen, demnächst auch die des Iran. Hier leistet im Vorfeld die CIA die notwendige Schmutzarbeit. Das ist strategisch hochbrisant, denn damit gelänge es, China im Krisenfall von bedeutenden Erdöllieferungen abzuschneiden. Dazu sagte ein für Fernost zuständiger CIA-Agent in amerikanisch rüder Manier: „Falls die Chinesen einen feuchten Supermachttraum haben, haben wir sie an den Eiern".

Kollateralschäden des Finanz-Tsunami

Der US-Finanz-Tsunami wütet. Die dadurch ausgelösten Schockwellen laufen um den Globus. Noch ist die weltweite Finanzkrise nicht vorbei. Sie wurde nur für kurze Zeit ausgesetzt – eingesetzt hat allerdings die globale Rezession. Diese Krise sucht in der Historie ihres Gleichen, sie wird sich beschleunigen und zu ungeahnten wirtschaftlichen, sozialen und politischen Spannungen führen. Rasant bürgten die Staaten 2008 mit dick geschnürten Rettungspaketen für die Zocker und Finanzgauner: Rasch standen insgesamt eine Billion in US-D und Euro Gewehr bei Fuß. Marktwirtschaft adieu – das kapitalistische Amerika rumpelt mit Volldampf in die Planwirtschaft. Um das Bankensystem weltweit zu retten, wurden schlechte Kredite sozialisiert, der Aufkauf von US-Kreditgiftmüll war angesagt.

Noch einmal darf sich das Finanzgetriebe um einen Zahn weiter drehen. Wäre das im privaten Bereich möglich? Ein hochverschuldeter Habenichts, der sich gönnerhaft als Bürge aufspielt? Ein Kontrastprogramm im globalen Panoptikum, das im kommenden G8-Gipfel eine neue Währungsbombe zündet! Um aber den Hunger in der Dritten Welt zu stillen, stellten wohlhabende Staaten jährlich ein Rettungspaket von einer mickrigen Milliarde US-D bereit – das sind 0,7% des Bruttosozialprodukts. Bis 2009 wächst das Heer der Hungernden in der Welt um 50 Millionen Kreaturen. Das Verhältnis der Rettungspakete Finanzkrise zur Hungerkrise liegt bei 1000 zu 1. Bankenrettung ist opportun, Lebensrettung der Hungernden keineswegs. Erstaunlich, jene bürgenden Staaten können nicht einmal die eigenen Zinsen aufbringen, um ihr Schuldengebirge zu bedienen. Das ist schlicht schizophren.

2005 bezifferte das Statistische Bundesamt in Wiesbaden die gesamte Staatsverschuldung auf 7,5 Billionen Euro. Das ist ein Vielfaches der damals gezeigten 1,5 Billionen Euro, der Spitze des Schuldeneisbergs. Im Fiskaljahr 2008 wuchs die gesamte US-Verschuldung von 9.007.000.000.000 US-D auf 10.025.000.000.000 US-D an. Das entspricht einer jährlichen Wachstumsrate von über 11%. Bereits 16 Tage nach Ende des letzten Fiskaljahres stieg die Staatsverschuldung um atemberaubende 331 Milliarden US-D; das entspricht einer jährli-

419

chen Wachstumsrate von 75%. Allein das US-Rettungspaket erhöhte die Schuldenlast für jeden amerikanischen Bürger um 17.000 US-D.

Eine weitere Unwirklichkeit: Deutschland gibt am Hindukusch für das Militär viermal mehr aus als für den Wiederaufbau der Infrastruktur dieses Landes. Unbeeindruckt davon blüht dort der Drogenhandel der Opiumbarone, die ungezügelt 80% des Welthandels bedienen. Welch ein Wahnsinn. Deutsche Soldaten sterben im dümmsten und schmutzigsten Krieg für ein teuer bezahltes Nichts. Und: US-Veteranen bringen sich daheim völlig kriegstraumatisiert um. Ihre Zahl ist größer als jene, die auf den Schlachtfeldern der US-Außenstellen starben.

Das kollabierende Finanzsystem wird wie ein Zombie nochmals wiederbelebt. Neue Finanzblasen wie die Kreditkartenblase werden sich entwickeln. Die verschleppte Krise wird alsbald wieder aufbrechen und weit größere Dimensionen erreichen. Weltweit hat sich das Volumen der Derivate innerhalb der zurückliegenden sechs Jahre auf 500 Billionen US-D aufgebläht. Es macht das Zehnfache des globalen Bruttoinlandproduktes aus. Die größte aller Blasen, die Derivaten-Blase lauert noch auf ihr Debüt. Die massiven Liquiditätsspritzen legen den Keim zu einer neuen Spekulationsblase. Das sind die Rohstoff- und Edelmetallmärkte, die seit Jahren im Aufwärtstrend liegen. Diese erfahren gerade eine noch nie zuvor gesehene scharfe Rasur. Rohstoffe und Edelmetalle können erst nach den Rettungsaktionen zur Liquiditätsbeschaffung frei einatmen für den nächsten dynamischen Anstieg Anfang 2009. Nur eine Währungsreform kann letztlich mit Zwang die monströse Staatsverschuldung minimieren – ohne diesen bewährten Griff in die Trickkiste läßt sich real selbst über 600 Jahren nichts mehr zurückzahlen. Die Kapitalisierung der Weltbörsen fiel seit Oktober 2007 von 63 Billionen US-D bis jetzt im Oktober 2008 auf unter 30 Billionen US-D. Eine riesige Kapitalvernichtung im Zeitraffer.

Ein Großteil des Welthandels kann erlahmen. 90% des weltweiten Warenverkehrs werden per Schiff abgewickelt. Mit den sogenannten Letters of Credits werden die Containerladungen finanziert. Damit garantieren große Banken dem Verkäufer, daß er auch sein Geld kriegt. Diese Stütze des weltumspannenden Handels droht zusammenzubrechen. Die Krise breitet sich rasant aus. Alle Güter sind davon betroffen, sowohl Rohstoffe wie auch Lebensmittel. Wenn die Schiffe aber keine Waren mehr transportieren, droht den Reedern schnell der Bankrott. Zudem sind die meisten Schiffe selbst kreditfinanziert. Werden auch Schiffsbeteiligungen ins Wanken kommen? Gehen aber die Reeder Pleite, droht der vollständige Kollaps auf den Weltmeeren. Eine „Anomalie" im Persischen Golf träfe den weltweiten Güterverkehr erst recht empfindlich.

Deswegen: Beginnen Sie jetzt damit, haltbare Lebensmittelvorräte Zug um Zug aufzubauen! Nudeln, und zwar ohne Ei-Substanz, Weizen und Zucker halten sich sehr lange. Keimlinge sind auch haltbar und sorgen für genügend Spurenelemente. Auch einen ausreichenden Vorrat an Trinkwasser, versetzt mit Silberionen sollten Sie bunkern. Denken Sie an einen Campingkocher oder Kanonenofen zum Erwärmen der Nahrung. Lassen Sie Ihre eigene Speisekammer, ihre Zähne zuvor sanieren, kaufen Sie benötigte Medikamente auf Vorrat. Halten Sie gute Nachbarschaft, denn die Krise kommt bestimmt. Ab 2009 könnte es in Deutschland zu bedrohlichen Versorgungsengpässen kommen. Warten Sie nicht ab. Handeln Sie jetzt! Auch das gehört zur Vorsorge: Tauschen Sie einen Teil Ihres Euro-Bargeld in 10-Euro-Silbermünzen. Als offizielles Zahlungsmittel enthalten diese Münzen jeweils etwa eine halbe Unze Silber.

Große Finanzkrisen führen immer zu gewaltigen Umverteilungen des Vermögens: von der breiten Masse zum aktuellen Machtkartell. Werfen wir einen Blick zurück in die Goldenen Zwanziger. Da blähte die Hochfinanz den Aktienmarkt zunächst mit billigem Geld massiv auf. Wie jetzt! Die US-Notenbank nahm nicht nur die Zinssätze drastisch zurück, sondern weitete auch die Geldmenge gewaltig aus. Wie jetzt! Die Folge: Immer mehr Kleinanleger stiegen massiv in Aktien ein. Dann hob die FED plötzlich die Zinsen stark an. Der Aktienmarkt brach zusammen. Es kam zum Finanzkollaps. Wie schon bald! Im Zuge der Weltwirtschaftskrise verarmten viele Bürger. Gewinner war und ist die Clique der Hochfinanz, sie profitierte sowohl vom Aktienboom als auch vom darauf folgenden Zusammenbruch. Das sind keine Zufälle, denn diese Gutmenschen erzeugen Krisen systematisch. Die US-Notenbank kontrolliert die Geldversorgung und die Zinssätze. Deswegen gelingt es ihr, die gesamte Wirtschaft wie auch die Rohstoffmärkte zu manipulieren. Subtil und gerissen wechselt die Zentralbank zwischen Inflation und Deflation. Damit wird der Wohlstand der Bevölkerung Stück um Stück minimiert.

Die derzeitigen jährlichen Geldwachstumsraten: Europa 15%; China 20%; Indien über 22%. Geldvermehrung bedeutet Inflation. Sie ist eine Steuer mit Tarnkappe – ohne Papiergeld wäre diese Steuer unmöglich, und sie ist heimtückisch und trifft alle Bürger. In einem Umfeld, in dem die weltweiten Notenbanken die Geldmenge inflationieren, hält das Goldangebot mit der Nachfrage nicht mit. Verlieren aber die Bürger endgültig das Vertrauen in die staatlich aufgezwungenen Papierwährungen, werden sie die unzerstörbare Gelb-Währung bevorzugen. Wie sagte schon der Vater von Warren Buffett: „Der Goldstandard wirkte als stiller Wächter, um unbegrenzten öffentlichen Ausgaben vorzubeugen."

Zur Zeit wird Geld geflutet, was das Zeug hält! 2008 kam es zu auffälligen Veränderungen bei den Wachstumsraten der Geldmengen. Die US-Geldmenge M1 blähte sich auf; die 52-Wochen-Rate stieg in einem Monat von 0,6% auf 11%. Auch in Europa leistet man sich gigantische Liquiditätsspritzen und plustert die Geldmenge riesig auf. Am Vorabend der gigantischen Inflation versucht das US-Establishment mit brachialer Gewalt die Anleger aus allen Gold- und Silberanlagen heraus zu ekeln. Die Hochfinanz weiß sehr genau, daß nach einer Tabula rasa nur Gold Vertrauen gibt. Gerade jetzt, wo das gelbe Metall in den Keller rauscht, wird sich diese Mischpoche klammheimlich und gezielt mit Minengold eindecken, um am Tag X goldgedeckt dazustehen. Dabei kann der innere Wert des Goldpreises dauerhaft niemals auf Null fallen, denn eine produzierte Unze kostet inzwischen rund 500 US-D. Diese Trapper und Fallensteller sind unterwegs auf Shopping-Tour und klauben ausgebombte Minenwerte wie Peanuts auf.

Inzwischen gibt es zwei Parallelwelten, wie Ende der 60er Jahre: das Goldpapieruniversum und das reale Golduniversum. Bis zu 50% Aufgeld und mehr muß man Mitte Oktober 2008 zahlen, um überhaupt etwa Silbermünzen zu ergattern. Während bei den Produzenten noch genügend Rohmaterial in Form von Granulat vorhanden ist, haben die Prägeanstalten Mühe, die steigende Nachfrage nach geformtem Edelmetall, z.B. Münzen zu liefern. Dieser Engpaß wird uns noch eine Weile begleiten. Es bedarf keiner großen Phantasie, um sich eine Preisexplosion vorzustellen – nachdem die Drückerkolonnen abgezogen sind. Diese haben die Industrieweißmetalle Platin und Palladium sogar unter ihren Gestehungskosten befördert. Wann hat es je diese Unmöglichkeit gegeben: der Kassapreis für eine Unze Platin liegt 400 Euro unter den Herstellungskosten, und Platin kostet fast soviel wie Gold!

Im Jahr 2000 bedurfte es etwa 40 Unzen Gold, um einmal den Dow-Jones-Index zu kaufen, heute sind dazu nur etwa 12 Unzen Gold nötig. Der Dow hat also im Vergleich zu Gold etwa 70% an Wert verloren. In ein paar Jahren stehen Dow und Gold auf gleicher Augenhöhe, d.h. bei 1:1. Im Oktober 2008 liegt der Goldpreis beim 80-fachen des Silberpreises. Da es weltweit etwa fünfmal mehr Gold als frei verfügbares Silber gibt (5 Mrd. Unzen Au zu 1 Mrd. Unzen Ag), liegt der Gesamtwert der weltweiten Goldbestände um das 400-fache höher als der Gesamtwert der Silberbestände. Der Wert des gesamten Goldes beträgt 4.000 Milliarden US-D, der des Silbers liegt bei nur 10 Milliarden US-D.

Das Ausweiten der Geldmengen im Verein mit den Staatsgarantien bedeutet eine noch größere Verschuldung; das ist Wasser auf die Goldmühlen. Aktuell deutet alles darauf hin, daß die globale Hyperinflation schon bald einsetzten könnte. Zuvor könnte die Währungs-Mischpoche kurzfristig den Euro zum Dollar herunter stoßen; denkbar ist auch, daß der Dollar zum Euro verkommt. In den kommenden Monaten könnten sogar die Notierungen an den Weltbörsen anziehen. Die gewaltige Inflationierung der Notenbanken ist die versteckte Antriebsfeder der neuen Aufwärtsbewegung am Aktienmarkt. Eine zuvor eingeschaltete Deflationsphase verschleiert die Inflation. Lassen Sie sich nicht täuschen: Die augenblickliche Pseudostärke des Dollar zum Euro kommt dadurch zustande, weil viele Investoren und Fondsgesellschaften massiv Anlagen außerhalb der USA verkaufen müssen und das erhaltene Geld in Dollar tauschen, um im Heimatmarkt liquide zu bleiben. Dadurch entstand eine erhebliche Nachfrage nach der grünen Krätze. Womöglich kommt es an den Aktienmärkten zu einer Scheinhausse – inflationsbereinigt wäre indes der Anstieg deutlich geringer.

Simbabwe ist mit 231 Millionen Prozent ein Vorreiter der kommenden globalen Hyperinflation. Für einen Einkauf auf dem Markt muß man dort rund 20 kg an Papiergeldbündeln hinkarren. Der Kaufpreis wird nicht abgezählt, sondern abgewogen. Nach der bevorstehenden Hyperinflation um 2012, wird man ein neues Finanzsystem installieren. Es wird genau so konstruiert sein und weiterhin auf den Zinseszinseffekt beruhen und deswegen in einigen Jahrzehnten wieder untergehen. Anfangs wird es auf einer Golddeckung beruhen, um dem Volk Vertrauen einzuflößen. Aber jedes auf Zins fußende System kann nur für einen gewissen Zeitraum funktionieren. In der Spätphase des Zinssystems wirkt sich der exponentielle Anstieg des Zinseszinseffekts dramatisch auf die Gesamtschulden aus. Real kann die Verschuldung nicht mit der Zinseszinskurve ins Unendliche wachsen, denn zuvor kollabiert das System.

Bedenken Sie die Folgen, wenn die Finanzwelt implodiert. Schon bald bricht die Realwirtschaft ein. Der Kollaps der US-Realwirtschaft führt unvermeidlich in den Staatsbankrott. Die US-Bürger haben so gut wie nichts gespart; und wenn sie in einen Rentensparplan einzahlen, dann verweht dessen Wert im Börsenkrach. Die Immobilienpreise fallen weiter: mit jedem Tag werden die Hausbesitzer ärmer, die sich daran gewöhnt hatten, ihren Lebensstandard mit Krediten auf die Wertzuwächse ihres Immobilienbesitzes zu finanzieren. Nicht mehr lange, und die Autobauer in USA wie GM sind Pleite – die Pensionskassen sind leergefegt. Die Arbeitslosigkeit wird ansteigen. Hunger, auch der Hunger nach weiteren Krediten, macht sich dann breit, tumultartige Szenen werden sich ausweiten. Die Arbeitslosigkeit wird virulent um sich greifen. Ein ungewohntes Bild im Land der Tausend Unmöglichkeiten. Selbst ein Bürgerkrieg ist nicht auszuschließen. Den großen Krieg schalten die Politiker gern vor dem totalen Desaster – als Erklärungsmodell, warum alles so schlecht wurde.

Die Finanzkrise hat uns verunsichert, aber sie kann umweltschonend durchgeführt werden. Warum sollte man nach der Währungsreform altbackene Geldscheine im neuen Gewand verteilen? Warum ganze

Wälder abschlachten für neue bunte Scheine? Mit der modernen Elektronik läßt sich die gute alte Kreditkarte aufpeppen und gleich mehrfach nutzen. Dumm ist nur, daß sich diese Karten von nichtstaatlichen Ganoven manipulieren lassen. Die Datenträger sollten aber vor allem todsicher sein. Ach ja, schadlos haben bereits unsere geliebten Haustiere ihren Chipausweis implantiert bekommen – genau davon träumt die Machtclique auch bei den Menschen. Und man könnte diese Chip-Implantate sogar mehrfach nutzen, sie mit medizinischen Überwachungsfunktionen anreichern. Denkbar wären auch Minitanks im Chip, die gewisse Substanzen in den Körper entlassen. Auf Knopfdruck, versteht sich, zur drastischen Senkung der Körpertemperatur – natürlich nur, um gezielt Terroristen per GPS-Signal „abzuschalten". Achtung: die Finanzkrise läßt nicht nur Ihr sauer verdientes Geld verdunsten, sie raubt auch Ihre Freiheit! Rasant wird sich eine flächendeckende Überwachung durch schleichende Entdemokratisierung ausweiten und zum Aufbau einer Militärdiktatur führen.

Die Zeit wird knapp. Sorgen wir vor. Wir sollten bewußter leben und uns nichts für spezielle Gelegenheiten aufheben, genießen wir jeden Tag, den wir erleben, als ein besonderes Geschenk. Streichen wir die Ausreden wie „später, irgendwann, nicht jetzt" aus unseren Reden. Bleiben wir Mensch.

Die Zukunft als Weltpanorama

Mit den oben skizzierten Vorgaben läßt sich ein mögliches Zukunfts-szenario entwickeln, das gewiß manch garstige Züge trägt und zum Nachdenken anregt. Ähnlichkeiten dieses fiktiven Bildes mit der „tat-sächlichen Zukunft" wären rein zufällig. Lassen wir den erflehten Geist in *Faust* abgewandelt sprechen:

So schaff ich am sausenden Webstuhl der Zeit
Und wirke der „Zukunft" lebendiges Kleid.

Fiktive Meilensteine der Zukunft
Im Jahre **2009** verschaffen sich die zunehmende Steuerbelastung und das Gängeln der Bürger erstmals Luft in Demonstrationen und Protesten gegen Staat und Großunternehmen.

2009/10 Ganz Europa heizt sich nicht allein durch eine extreme Hit-zewelle auf. Vor allem die Lage durch den Ansturm einer herüber-schwappenden Einwanderungswelle des Nahen Osten, sowie aus der Türkei und aus Afrika. Verzweifelt fliehen Menschen vor Hunger, Krankheit und Krieg. Über weite Teile des Schwarzen Kontinents verbreitet sich eine Dürre von biblischem Ausmaß. In Afrika wird erstmals in der Menschheitsgeschichte ein langer erbitterter Krieg nicht um Landbesitz, sondern um das Süßwasser geführt.

2009 erleben die Amerikaner im Irak das Ende ihrer Neuauflage des Vietnam-Krieges. Mit Schimpf und Schande verlassen sie den Iran, ohne nur einen Hauch von Frieden gestiftet zu haben. Sie hinterlassen einen im Chaos versinkenden Irak in Schutt und Asche und verursachten dabei Tod, Leid und Verzweiflung. Hier fällt mir das Wort von Albert Einstein ein: „Zwei Sachen sind unendlich: das Universum und die Dummheit des Menschen". Erneut marschieren die Amerikaner um 2013 in den Irak ein; erst dann stabilisiert sich der Irak von innen. Es kommt nicht darauf an, ob der nächste amerikanische Präsident der „friedliche" Obama oder der „alte Krieger" McCain ist, denn jeder Präsident wird die „Achse des Bösen" mit Waffengewalt angehen. Rambo läßt grüßen, ein „was wäre wenn" wird zur nutzlosen Überlegung. In jenen Jahren kann es zu militärischen Kampfhandlungen im Iran kommen, später auch in Nordkorea. Zuerst werden die Amerikaner die Atomforschungsanlagen aus der Luft zerbomben, dann mit zwei Divisionen in Nordkorea einmarschieren. Auf beiden Seiten kommt es zu verheerenden Verlusten.

In den Jahren bis **2010** zeigt sich in den Metropolen und Urlaubsgebieten der Europäischen Union wieder die scheußliche Fratze des Terrors. Viele Menschen werden die Massaker nicht überleben. Trügerische Ruhe herrscht vor dem Ausbruch eines neuen Krieges zwischen Palästina und Israel, der sich **2011** wie ein Flächenbrand bis in die Nachbarländer ausbreitet. Auch Europa wird davon in Mitleidenschaft gezogen: Lebensmittel und Rohstoffe verteuern sich dramatisch. Die Staaten des geschundenen Kontinents Afrika werden sich kontinuierlich besser entwickeln, jedenfalls besser als Südamerika, das mit großen Umweltproblemen zu kämpfen hat, aber von Kriegen verschont bleibt. In dieser Zeitspanne kann es zu gewaltigen Vulkanausbrüchen kommen, sowohl in Italien als auch in Indonesien. Vor allem an den Giftgasen werden viele Menschen sterben.

2010/14 sind die Schicksalsjahre des Jahrtausends.

Es ist das Finale und die Krönung menschlicher Arroganz und Dummheit. Die Börsenwerte wie Dow und Co werden zusammenbrechen und sich erst nach Jahren wieder erholen. Vorsorgliche Bürger haben sich in den unsicheren Jahren zuvor einen Goldschatz angelegt. Während fast alle Währungen erschreckend rasch an Wert verlieren, zahlt man für Gold utopische Preise. Die Zeit der staatlichen Goldsucher nach privatem – jetzt verbotenem – Edelmetall ist gekommen. Im Volksmund wird man sie „Schatullenschnüffler" schimp-fen. Auch der Ölpreis wird exorbitant steigen. Viele Bürger müssen auf ihr Lieblingskind, auf ihr Auto verzichten. Aber erst nach 2030 versiegen die Ölquellen. Schon zuvor macht man sich eine neue Energie zunutze.

Bis 2012 erlebt die USA die größte Wirtschaftskrise seit 1929. Die Hegemonie des Dollars wird zu Grabe getragen. Mehr noch: das gesamte Finanz- und Wirtschaftssystem bricht zusammen. Viele US-Banken schließen, Großkonzerne entlassen zu Tausenden ihre Mitar-beiter. Ganz Amerika versinkt im Chaos. In den Großstätten geht der bewaffnete Mob um, es kommt zu Plünderungen, Mord und Tot-schlag. Selbst der Einsatz des Militärs kann dem Bürgerkrieg nicht mehr Einhalt gebieten. Verstärkung erbittet die US-Regierung aus Kanada. Als Gegenleistung wird ein Vertrag ratifiziert, der die Was-serrechte Kanadas an den kanadisch-amerikanischen Seen (Hudson, Erie, Ontario) garantiert und die rigorose Wasserentnahme der Ame-rikaner beschränkt. Die Unruhen weiten sich aus bis in die Jahre 2016/17. Auch Europa wird davon begrenzt erfaßt, besonders auf dem Balkan toben Kampfhandlungen. Das schicke Schlagwort für die weltweite Währungsreform – das Unwort des Jahres 2011 – wird Weltwährungsharmonisierung heißen.

Haben Sie noch die selten dämliche Phrase im Ohr „Deutschland wird am Hindukusch verteidigt". Diese plakative Aussage bekommt 2010 einen blutigen Anstrich. Viele deutsche Soldaten werden sterben. Bis 2012 ziehen sämtliche Truppen sang- und klanglos aus Afghanistan ab. Das scheinheilige US-Friedensexperiment, das in Wirklichkeit nach Rohstoffen und deren Transportwege gierte, scheitert auch hier. Im Jahre 2013 sterben in Japan Hunderttausende Menschen durch ein starkes Erdbebens. Um 2014 erleben San Fransisco und Los Angeles verheerende Erdbeben. Wieder wird ein fürchterlicher Tsunami die indonesischen und indischen Küstengebiete heimsu-chen. Viele Inseln der Malediven wird das Meer nach diesem Tsuna-mi verschlucken.

Während man mit viel Aufwand am Mittelmeer die Strände immer wieder von überwuchernden Algen befreien muß, passiert in Alaska wieder eine apokalyptische Umweltkatastrophe mit einem riesigen, einwandigen Tankschiff, das auf einen Eisberg läuft.

Die Jahre bis **2015** sind gekennzeichnet durch Waffenaufrüstung. In vorderster Front steht Amerika, aber auch China, Nordkorea und Rußland rüsten eifrig auf.

2017/18 schlägt die gedemütigte Natur brutal zurück. Das Weltklima gerät zunehmend aus den Fugen. Der Sündenfall der aasenden Generationen gegen die Natur wirkt sich aus. Der ausgelaugte Globus, die Kahlschläge der Urwälder wie auch die Verschmutzung unserer Lufthülle führen zu einem nachhaltigen Klimawandel. Verheerende Dürren machen sich breit, Wüstengebiete dehnen sich aus, Überschwemmungen weiter Küstenabschnitte bis in die Jahre 2030 hinein gehören zur Tageschronik. Durch den gigantischen Ausbruch des Yellowstone-Vulkans werden Millionen von Tonnen Asche für ein Jahrzehnt in die obere Atmosphäre verfrachtet. Die globalen Auswirkungen auf das Klima gewinnen ein apokalyptisches Ausmaß.

In den Jahren um **2020** sind viele Staaten zu totalen Überwachungsstaaten mutiert. Orwell läßt herzlich grüßen. Der Bürger ist jetzt transparent.

2025/50. Etwa ab Mitte des zweiten Jahrzehnts wird die Weltübervölkerung selbst zu einem riesigen Problem. Über neun Milliarden Erdenbürger bevölkern die Erde. Fauna und Flora sind weitgehend „ausgedünnt". Die einstmals riesigen Fischbestände der Ozeane sind dezimiert und ungenießbar geworden. Totalitäre Regime und einflußreiche Kreise der USA setzen heimtückisch eine Waffe ein – chemisch oder biologisch – die gezielt bestimmte Bevölkerungsgruppen „ausdünnt". Lange Zeit glaubt man dann, dies sei eine neue, aber natürliche Seuche. Etwa zum gleichen Zeitpunkt sorgt eine eingeschleppte, tödliche Seuche (natürlichen Ursprungs) aus Afrika für einen dramatischen Rückgang der Bevölkerung in Europa und USA. Andererseits wird man ein Serum entwickeln, das direkt in den Tumor gespritzt, die Krebsgeschwulst abheilen läßt. Erst um 2025 findet man ein Mittel gegen Aids. Noch etwas Positives gibt es zu vermelden: Eine neue

Energieform, das Resultat aus der Quantenforschung, revolutioniert die marode Weltwirtschaft.

Der erste Mensch hinterläßt, wesentlich später als ursprünglich geplant, seinen Fußabdruck auf unserem Nachbarplaneten Mars, nämlich erst um **2048**. Zu sehr ist die sich auflösende oder zerfallende Gesellschaft mit ihren existentiellen Problemen befaßt. Vielleicht führt diese epochale Energieform und eine Art Katharsis der Weltgemeinde sanft in ein friedliches Zeitalter. Dies mag erst um **2050** geschehen. Zum Aufblühen einer neuen, umsichtigen Gesellschaft wird auch die endgültige Befreiung von der Zinsknechtschaft beitragen. Nur wenige Leser dürfen sich glücklich schätzen, diese Epoche noch zu erleben. Beschämt werden die Zeitzeugen ihren Enkeln Zeugnis davon ablegen, wie ihre Generation einst von Gier und Gottlosigkeit getrieben war.

Jenseits von Zeit und Raum
Den technischen Fortschritt in einigen hundert oder gar tausend Jahren vorherzusehen, ist abenteuerlich, ja unmöglich. Wird es eines fernen Tages per Knopfdruck möglich sein, uns an einen fernen Ort oder in eine andere Zeit zu versetzen? Ein Menschheitstraum ginge in Erfüllung, könnten wir uns aus der Zwangsjacke von Raum und Zeit mit Teleportern und Zeitmaschinen befreien. Unser massebehafteter Körper ist es, der uns daran hindert, das Raum-Zeit-Gefängnis zu verlassen. Selbst Beschleunigungskräfte, die nur annähernd an die Lichtgeschwindigkeit heranführen, würden uns zerreißen. Titanische Antriebskräfte müßte unser Raumschiff freisetzen. Ganz abgesehen von den unüberwindlichen, auch psychischen Problemen, die unsere Zeitreise mitbrächte. Allein eine mitreisende Mücke würde vom Gewicht her zu einem Riesenelefanten ausarten. Indessen ist etwas von uns völlig masselos. Das ist unsere unsterbliche Seele – sofern man an sie glaubt! Als eine Art Fluidum wäre allein sie imstande, im Kosmos Zeit und Raum zeitlos zu durchmessen. Der sehnsüchtige Gedanke der Seelenwanderung findet damit ansatzweise seine Erklärung. Daß Zeitreisen von höchst intelligenten Wesen möglicherweise unternommen wurden, dafür könnten etwa die Rishis, die Besucher aus der Zukunft, ein mysteriöses Beispiel sein.

Fazit

Offensichtlich verbirgt sich jenseits unserer Erfahrungswelt Unergründliches im kosmischen Geschehen. Vielleicht in einer anderen Dimension, in einem für uns verschlossenen Zweit-Universum. Vieles wird die Wissenschaft nie aufklären können. Bleiben wir allzeit offen für Gott und die Natur. Lernen wir von der tiefgründigen Natur. Die Geschichte beweist: Durch intolerantes Sperren und Verteufeln des scheinbar Absurden geriet der technische Fortschritt immer ins Hintertreffen. Neue Gedanken und Erfahrungen müssen zulässig sein. Nichts gefährdet die Dummheit mehr als das Nachdenken. Seien wir allzeit bereit, von der Natur zu lernen, denn wir sind ein Teil ihrer selbst. Gehen wir unvoreingenommen an die Dinge heran, damit wir eines fernen Tages erfahren, was die kleine wie auch die große Welt im Innersten zusammenhält – jetzt und in Zukunft.

Und 10.000 Jahre n.d.M - nach der Menschheit - auf unserem Planeten? Sämtliche Monumente sind zerbröselt: Ein sanfter Biohügel in der Rheinebene erinnert an den Kölner Dom. Erosionskräfte überführten die Golden Gate Bridge in ihre Urform: zu Eisenoxidpulver. Sämtliche Zeugnisse menschlicher Kultur - auf Papier, Zelluloid oder DVD gebannt - sind ausgelöscht. Mikroorganismen hielten gründlich Hausputz auf dem Planeten. Die Natur atmet wieder in vollen Zügen; sie hat die kurze Episode „Menschheit" vergessen. Länder und Weltmeere sind wieder reich an wunderbaren Geschöpfen. Nur wenige Hinterlassenschaften haben die Anomalie „Mensch" überdauert - eine davon ist die Goldene Totenmaske Tutanchamuns.

Literatur-Auswahl

Allein mit den Themen über Gott und die Welt sind ganze Bibliotheken gefüllt. Die hier gebotene, magere Auswahl gibt dem interessierten Laien das Rüstzeug, sich im Einzelnen über die Entwicklungen genauer zu informieren.

Attenborough, Davit; *Das geheime Leben der Pflanzen*, Wien 1995.
Blüchel, Kurt G., Malik, Fredmund; *Faszination Bionik*, Gütersloh 2006.
Bryson, Bill; *Eine kurze Geschichte von fast allem*, München 2005.
Bublath, Joachim; *Chaos im Universum*, München, 2001.
Emoto, Masaru; *Wasserkristalle*, Burgrain 2001.
Engdahl, William F.; *Mit der Ölwaffe zur Weltmacht*, Wiesbaden 1992.
Farkas, Viktor; *Schatten der Macht*, Rottenburg 2003.
Green, Brian; *Der Stoff, aus dem der Kosmos ist*, München 2006.
Green, Brian; *Das elegante Universum*, Berlin 2002.
Hartenbach, Walter; *Die Cholesterin-Lüge*, München, 2003.
Hawking, Stephen; *Das Universum in der Nußschale*, Hamburg 2001.
Hawking, Stephen; *Eine kurze Geschichte der Zeit,* Hamburg 1991.
Hessmann-Kosaris, Anita; *Die Blutgruppen-Diät*, München 2000.
Keller Hans-Ullrich; *Astrowissen*, Stuttgart 2000.
Klockmann, Fredrich; *Lehrbuch der Mineralogie*, Stuttgart 1980.
Laszlo, Ervin; *HOLOS die Welt der neuen Wissenschaften*, Petersburg 2002.

May-Ropers, Christiane; *Nie wieder sauer*, München 2007.
Müllenmeister, Hans-Jörg: *Faszination Edelstein*, Kehlheim 2000.
Ogger, Günter; *Der Börsenschwindel*, München 2001.
Ravnskov, Uffe, Pollmer, Udo; *Mythos Cholesterin*, Stuttgart, 2002.
Rees, Martin; *Von dem Anfang, Eine Geschichte des Universums*, Frankfurt a. M. 1998.
Pilcher, Peter; *Gottes geheime Formel*, München 1999.
Rees, Martin; *Das Rätsel unseres Universums*, München 2006.
Todd, Emmanuel; *Weltmacht USA, ein Nachruf*, München 2003.
Paturi Felix R.; *Die letzten Rätsel der Wissenschaft*, Frankfurt a. M. 2007.
Zunneck, Karl-Heinz; *Countdown zum 3. Weltkrieg*; Rottenburg 2003. Wheeler, John A.; *Gravitation und Raumzeit. Die vierdimensionale Ereigniswelt der Relativität*, Heidelberg 1992.
Winkler, Michael; *Die Spirituelle Welt*, Gelnhausen 2008.

Zeitschriften
Geo; P.M.; Spektrum der Wissenschaft Welt des Wissens; Welt der Wunder.

Internet
www.goldseiten.de
www.proaurum.de
www.rohstoff-spiegel.de
www.rutherford.de
www.seilnacht.com
www.wikipedia.de

Die spirituelle Welt

Michael Winkler

Die spirituelle Welt

Stellen Sie sich bitte einmal vor, Sie würden jetzt, in diesem Augenblick, sterben. Gut, gefallen wird es Ihnen wahrscheinlich nicht und Sie müßten sich erst einmal an diesen Gedanken gewöhnen. Nicht nur jetzt, sondern auch dann, wenn es tatsächlich passiert ist. Ja, denn es dürfte Sie zunächst überraschen, daß Sie dann immer noch denken können und irgendwie doch noch leben. Nur Ihr Körper hat ausgedient, von ein paar Teilen abgesehen, auf die Schwerkranke bereits warten.

Für Sie geht es weiter, das hat man Ihnen bestimmt schon im Religionsunterricht gesagt. Allerdings... Nun ja, das war die die werbepsychologisch aufbereitete Kurzfassung. Deutlich mehr steht in den „Totenbüchern", dem ägyptischen, dem tibetanischen, dem germanischen...

Oder Sie lesen es hier. Dieses Buch ist deutlich dünner, lebendiger geschrieben und viel besser zu verstehen. Aber Sie müssen diese Bücher nicht lesen, nicht einmal dieses. Sie werden sowieso alles erfahren, wenn das Sich-Totstellen kein Spiel mehr ist, ob nun in fünf Jahren oder fünfzig.

Aber vielleicht ziehen Sie es doch vor, sich darauf vorzubereiten, damit Sie wissen, was auf Sie zukommen wird. Noch haben Sie Ihr Leben in der Hand...

NOCH!

ISBN 978-3-940845-00-9

Das EKV-Prinzip oder
Der gefesselte Elefant

Haben Sie auch manchmal das Gefühl, in Ihnen steckt mehr, als das, was sie so tagtäglich abliefern? Fühlen Sie sich durch Zwänge, an Ihrem wirklichen persönlichen Erfolg gehindert.

In unserer Gesellschaft werden uns vielerorts Grenzen gesteckt, die eine freie Entfaltung unseres Selbst verhindern. Gerhard A. Jantzen zeigt in seinem brisanten Buch, wie wir durch Konditionierungen (sei es durch unsere Erziehung, durch die Religion oder durch gut gemeinte, jedoch falsche Ratschläge) fügsam gemacht werden; wie uns langsam, mithilfe geringer Dosen und „aus Gründen der Vernunft" eine angebliche Wahrheit übergestülpt wird, die uns immer mehr zum Gefängnis wird. Eine voll entwickelte Persönlichkeit besitzt jedoch die Fähigkeit, eigene Wertmaßstäbe zu setzen, sich eigene Ziele zu stecken, sich selbst zu motivieren und Selbstblockaden auf kreative Weise zu umgehen. So kann die eigene Lebensfreude und Produktivität gesteigert und führt zu Quantensprüngen in der persönlichen Entwicklung. Das Ergebnis ist ein erfolgreicherer, zufriedenerer Mensch, der sein eigener Herr ist, der stark genug ist, sich selbst ehrlich zu hinterfragen und sich aus der „kollektiven Hypnose" zu befreien. In jedem von uns steckt ein schlafender Riese, es kommt nur darauf an, ihn (und damit uns selbst) zu wecken und kraftvoll durchs Leben zu schreiten. Ein Leben, in dem jeder Tag neu gestaltet werden möchte.

Als Symbol für ein Wesen, das stark genug ist, um selbstständig durch die Welt zu gehen, das aber aus irgendwelchen Gründen gehemmt ist und bei der Herde (den schwächeren Menschen) bleibt, wählt Gerhard A. Jantzen den domestizierten indischen Elefanten: „Er ist gesellig, überall ist er sowohl beliebt als auch gefürchtet. Er ist grau und fällt nur durch seine Masse auf. Er trinkt gern und viel, aber er ist nicht essbar. Er kann gut arbeiten. Die meiste Zeit des Tages ist er angebunden… Warum läuft der Elefant nicht weg?" fragt der Autor dieses Buches, das uns Wege aufzeigt, wie wir dem Schicksal des grauen, gutmütigen, aber in einer hilflosen Passivität gefangenen Riesen entkommen können.

ISBN 978-3-940845-93-9

Das Deutschland Protokoll

Die Bundesrepublik Deutschland ist ein souveräner Staat und das Grundgesetz ist unsere Verfassung. So wird es uns seit 1990 hypnotisch eingetrichtert und beinahe jedermann glaubt es. Aber stimmt das wirklich so? Oder wird im angeblich *freiesten Staat Deutscher Geschichte* nur Augenwischerei betrieben? Wenn Sie an Tatsachen und nicht an Märchen interessiert sind, sollten Sie weiter lesen. Wenn Sie aber weiterhin den gleichgeschalteten Massenmedien unter US-Hoheit Glauben schenken möchten, dann legen Sie es besser wieder weg, denn die Fakten könnten Sie vielleicht überfordern! Dieses Buch offenbart Ihnen erstmals, daß die BRD kein souveräner Staat, sondern ein weiterhin fortbestehendes besatzungsrechtliches Mittel der Alliierten ist; warum sich die bundesdeutsche Politik weiterhin nach US-Vorgaben auszurichten hat oder warum seit 1990 keine gesamtdeutschen Wahlen stattfinden!

Sie finden hier erstmals alle Beweise und Fakten die es Ihnen selbst ermöglichen, die in diesem Buch vorgetragenen Behauptungen selbst zu überprüfen. Das Traurige an diesem Buch ist die Wahrheit darin. Sie sind vielleicht der Meinung, das sei alles weit hergeholt?

Wissen Sie, weshalb Sie einen *Personalausweis* und keinen *Personenausweis* besitzen? Wessen Personal sind Sie? Vielleicht sind Sie sich auch wirklich ganz sicher, das Deutschland mit dem *2plus4-Vertrag* von 1990 einen Friedensvertrag hat. Selbstverständlich ist auch das *Grundgesetz für die Bundesrepublik Deutschland* unsere Verfassung - auch das wird sogar in Schulen so gelehrt. Sie können hoffentlich mit diesen und mehr Enttäuschungen umgehen, denn genau dies wird dieses Buch mit Ihnen tun: Es wird Sie *enttäuschen* und Ihnen ungeschminkt die verschwiegenen Fakten präsentieren, vor denen sich die Bundespolitiker aller Fraktionen so sehr fürchten!

Die US-amerikanische *American Free Press* schrieb am 7. Oktober 2002: „Ironischerweise ist Deutschland keine souveräne Nation, ohne Friedensvertrag und mit über 70.000 US-amerikanischer Besatzungstruppen noch immer auf seinem Boden: Die USA und Großbritannien könnten die Bundestagswahl annullieren unter Deutschlands *tatsächlicher* Verfassung, dem Londoner Abkommen vom *8. August 1945*."

Dies ist nur ein kleiner Vorgeschmack auf weitere Enthüllungen und Fakten dieses Buches. Unter anderem erfahren Sie: Warum die BRD keine Rechtsgrundlage für ihr Handeln besitzt; warum die bundesdeutschen Regierungen und alle Wahlen seit 1990 illegal sind; weshalb Berlin kein Bundesland der BRD sein kann; weshalb jeder Bundesdeutsche staatenlos ist; wieso es keine Staatsangehörigkeit „Deutsch" gibt; wofür und für wen Sie hohe Steuern zahlen; warum Deutschland weiterhin von den USA besetzt ist; was das Grundgesetz *für* die Bundesrepublik Deutschland wirklich ist; warum Deutschland keinen Friedensvertrag hat, warum Deutschland noch immer unter mittelbarem Kriegsrecht steht; weshalb der Euro keine legale Banknote ist und keinen Bestand haben wird; warum Bundeswehrsoldaten Söldner und Freischärler und keine Soldaten im Sinne des Völkerrechts sind; warum sich die BRD nicht an das Völkerrecht hält - und vieles mehr!

Vergessen Sie die *freie Presse*! Vergessen Sie die *freien Medien*!
Vergessen Sie die *frei gewählten Politiker*! Vergessen Sie alles, was man Ihnen bisher erzählte und prüfen Sie den Inhalt des Buches auf seinen Tatsachengehalt selbst nach!
Aber Vorsicht: Sie werden künftig die Welt mit ganz anderen Augen sehen!

ISBN 978-3-940845-88-7

Noch brisanter als Teil I!

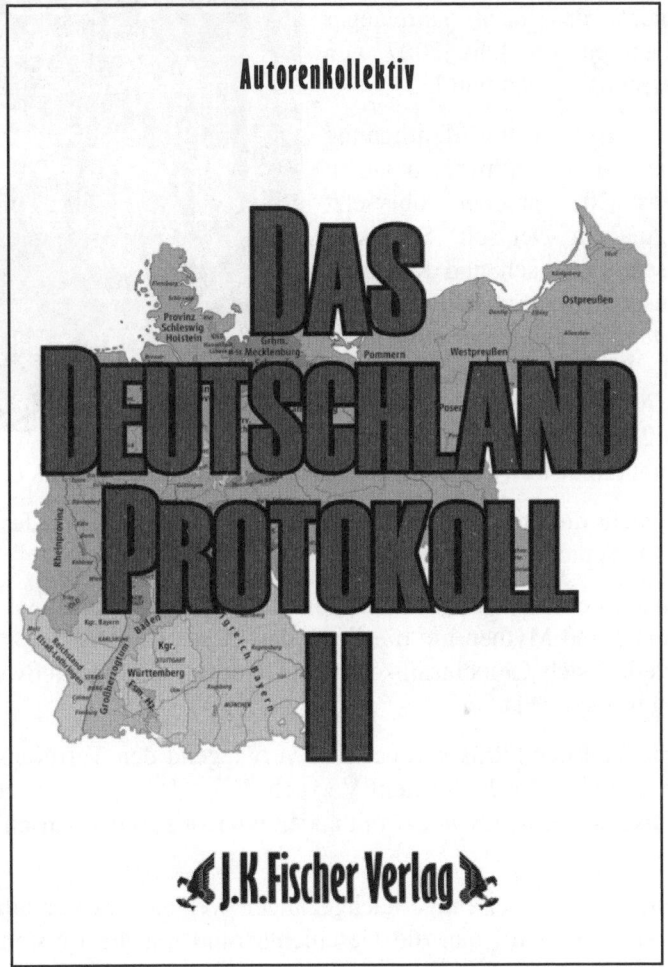

Die wirtschaftliche Vernichtung Deutschlands!

Erscheint Ende 2008

ISBN 978-3-940845-90-0

Zeitgeist – Der Film

Zeitgeist ist ein nonkommerzielles Film-Projekt, das nach jahrelanger Recherchearbeit im Jahr 2007 von Peter Joseph umgesetzt wurde.

Seit der englischen Veröffentlichung Mitte 2007 ist der Film bis heute in mindestens 20 Sprachen übersetzt worden, u.a. in Deutsch, Spanisch, Französisch, Japanisch und Russisch. Nach konservativen Schätzungen wird der Film täglich allein über die Video-Streaming Plattform „Google Video" mehr als 70.000 mal gesehen, das sind mehr als 2 Millionen pro Monat. Der Film nimmt damit weltweit hohe Positionen in den Video-Charts ein.

Der Film stellt die provokante Frage welche Gemeinsamkeiten Jesus Christus, der 11. September und die Federal Reserve Bank haben.

Dabei wird im ersten Teil des Films ausführlich auf die astrotheologischen Hintergründe und Mythen um die Figur des „Jesus Christus" eingegangen und es stellen sich Gemeinsamkeiten mit Göttern anderer, teilweise viel älterer Kulturen heraus.

Der zweite Teil des Films widmet sich vorwiegend den Terroranschlägen des 11. September 2001, mit dem Versuch dieses Ereignis kritisch zu betrachten und es in einen Kontext mit anderen terroristischen Anschlägen zu bringen.

Im dritten Teil wird der Frage nachgegangen wer die Männer hinter dem Vorhang sind. So wird u.a. die Geschichte rund um die Entstehung des Zentralbankensystems der USA beleuchtet und es wird ein kritischer Blick auf wirtschaftliche und kriegerische Ereignisse des 20. Jahrhunderts geworfen. Der Film schließt mit der Entlarvung des vorherrschenden Zeitgeistes als gänzlich auf Angst basiert.

122 min, mit deutscher Tonspur von *infokrieg.tv*.

ISBN 978-3-940845-64-1

Police State 3 - Die totale Versklavung

Alex Jones' letzter Teil der Dokumen-
tarfilmreihe über das Gefängnis, das
weltweit um uns herum unter dem
Vorwand der Terrorbekämpfung errichtet wird.

Erfahren Sie, wie die Völker der Welt
durch verdeckte Kriegsführung, An-
schläge unter falscher Flagge, sowie
Marionettenregierungen auf nationaler
und internationaler Ebene in ein globales, diktatorisches Regime getrieben
werden.

Alle unsere Bewegungen sollen durch modernste Technologien lückenlos
überwacht und besteuert werden. Mit neuen Gesetzen können Regierungen
jeden mißliebigen Bürger zum Terroristen erklären. Im Fernsehen wird
inzwischen offen die Folterung von Kindern befürwortet.

Es wird Zeit, daß Sie den Wahnsinn durchschauen!

160 min, mit deutscher Tonspur von *infokrieg.tv*.

ISBN 978-3-940845-66-5

DDR 2.0

Bis 1989 war alles ganz übersichtlich. Da gab es die „Bundesrepublik Deutschland" (BRD) und die „Deutsche Demokratische Republik" (DDR). Da wußte jeder, wo rechts und links ist, wo gut und wo böse.

1990 wurden diese beiden Staaten vereinigt. Das Geld der BRD galt jetzt auch in der DDR, von der Hauptstadt der BRD wurde die DDR durch die Parteien der BRD regiert. Offiziell heißt der Gesamtstaat immer noch BRD, oder ganz korrekt: „Bundesrepublik des vereinigten Deutschlands" (BRdvD).

Die BRD hat gewonnen, die DDR ist verschwunden, sagt man uns. Wer jedoch in der BRD aufgewachsen ist, merkt, wie sehr sich der Staat verändert hat. Die „Errungenschaften" der BRD, Freiheit und Demokratie, gehen heute mehr und mehr verloren, ebenso die einstigen Errungenschaften des Sozialismus', das alle umfassende Sozialsystem.

Die BRdvD wird dabei mehr und mehr zu dem, was mir vor 35 Jahren in der Schule als Negativbild der DDR dargestellt worden ist. Was wir heute erleben, ist ein Staat, welcher die schlechten Eigenschaften seiner Vorgänger in sich vereinigt. Eine Nicht-mehr-BRD, voller sozialer Kälte, die in der Staatsführung immer mehr zur neuen DDR wird. Oder, wie es im Computerzeitalter genannt wird: zur DDR 2.0.

Erscheint Herbst/Winter 2008

ISBN 978-3-940845-23-8

Das deutsche Jahrhundert - Staatskonzepte der Zukunft

Dies ist (k)ein Buch für die Schublade...

Wir bewegen uns unaufhaltsam auf Veränderungen zu, die so bedeutend sind, wie jene in den Jahren von 1910 bis 1960. Nur wird das, was damals fünfzig Jahre gedauert hat, in gerade einmal fünf Jahren stattfinden.

Wir leben in den letzten Tagen des uns vertrauten Staates, in den letzten Tagen trügerischer Ruhe und Sicherheit. So, wie 1910 bereits der Keim zu zwei Weltkriegen und dem Ende des Kolonialzeitalters gelegt gewesen war, so ist auch heute schon die Zerstörung dessen absehbar, was uns heute noch unerschütterlich stabil erscheint.

Wenn wir nicht aus den Fehlern der Gegenwart lernen, sind wir verdammt, diese Fehler fortzusetzen. Es ist zu spät, die alte Bundesrepublik zu retten. Die Politiker, die diesen Staat an sich gerissen haben, wissen nicht mehr weiter. Es geht ihnen um den Erhalt von Pfründen und Privilegien, nicht um das Wohl unseres Landes.

Das jetzige System läßt uns vor seinem Zusammenbruch noch die Zeit, ein Konzept für eine bessere Zukunft zu entwickeln – ein Konzept, wie Deutschland im Jahr 2020 aussehen soll.

Wenn der Staat sich auflöst, in der kommenden Stunde Null, ist es zu spät, neue Konzepte zu entwickeln. Wenn dann nichts in der Schublade bereit liegt, wird improvisiert, zusammengestückelt und der Not folgend auf die Schnelle organisiert, was wohldurchdacht aufgebaut werden sollte.

Dieses Buch ist eine Anleitung für den Aufbau eines besseren Staates, der die Fehler der Vergangenheit meidet. Deshalb sollte es für den Fall der Fälle griffbereit in der Schublade liegen.

ISBN 978-3-940845-22-1

Weitere Neuerscheinungen des J.K.Fischer-Verlags:

Harald Fäth:
1945 – Thüringens Manhattan Project

Auf Spurensuche nach der verlorenen
V-Waffen-Fabrik in Deutschlands Untergrund.

ISBN 978-3-940845-01-6

Harald Fäth:
Hitlers Atomwaffen

Fakt oder Fiktion?

ISBN 978-3-940845-02-3

Harald Fäth:
Bunker, Basen & Relikte

Jahrzehntelang war Deutschland potentieller Initi-
alzünder eines weltweiten thermonuklearen Krieges. Der wahrscheinlichste Weg angreifender Ost-
Truppen führte durch Hessen, durch das sogenannten Fulda-Gap.

ISBN 978-3-940845-04-7

Harald Fäth:
Geheimkommando S III – Jonastal

Die V-Waffen-Produktion in Thüringen

ISBN 978-3-940845-03-0

Erscheinungstermin aller 4 Bücher: Frühjahr 2009

SOS Abendland

In diesem Buch lesen Sie, was die Islamisten gerne vor Ihnen verborgen hätten. Es ist die wohl erschreckendste Chronologie über die Ausbreitung des Islam in Europa.

Hier lesen Sie aber auch, was Ihnen die deutschen Massenmedien verschweigen. Fakten, die Ihnen den Atem stocken lassen – in einer Fülle, die erdrückend ist. Was schon lange prophezeit wurde, scheint nun finstere Realität zu werden:

Der Untergang des Abendlands!

Über den Autor:

Udo Ulfkotte, Jahrgang 1960, hat Rechtswissenschaften, Politik und Islamkunde studiert. Er hat lange Jahre als Redakteur bei der FAZ gearbeitet; seine Spezialgebiete sind Afrika und Naher Osten sowie die Politik der Geheimdienste. Der Autor war Fellow des Marshall Memorial Fund der Vereinigten Staaten, lehrt an der Universität Lüneburg Spionageabwehr und bereiste mehr als sechzig vorwiegend nahöstliche und afrikanische Staaten, in denen er auch auf die Hintermänner der islamistischen Terrorgruppen traf. Mit engagierten Büchern wie »Krisenherd Nahost«, »Verschlusssache BND«, »Marktplatz der Diebe«, »So lügen Journalisten«, »Propheten des Terrors« sowie zuletzt »Krieg in unseren Städten« hat er sich als Bestsellerautor einen Namen gemacht. 2003 erhielt er den Annette-Barthelt-Preis für seine jahrelangen Recherchen über Terror und Islamisten.

Dieses Buch können Sie beim J.K.Fischer-Verlag bestellen.

Unternehmen Patentenraub 1945

Dieses Buch beschreibt ausführlich Vorbereitung, Durchführung und Folgen des größten **Patentenklaus** der Geschichte.

Der Sieg der Alliierten über Deutschland 1945 und die Besetzung des Reichsgebietes hatten auch die Folge, daß vor allem die USA anschließend Hunderttausende deutscher Patente, Erfindungen und Gebrauchsmuster beschlagnahmten und entschädigungslos enteigneten. Unter Leitung und ausdrücklicher Anordnung von US-Präsident Truman kam es nach Kriegsende zum größten Technologieraub aller Zeiten. Höch-

ste amerikanische Gremien aus Industrie und Wissenschaft hatten vorher die Operation zur Ausbeutung der deutschen Wirtschaft und Technik von langer Hand gemeinsam generalstabsmäßig geplant und durchgesetzt. Denn man hatte erkannt, daß das Deutsche Reich dem Rest der Welt in der Grundlagenforschung und in der Entwicklung neuer Ideen auf nahezu allen Gebieten der modernen Wissenschaften und Technikbereichen um Jahre, wenn nicht gar Jahrzehnte, voraus war und eine unglaubliche Fülle neuer Forschungsergebnisse und Verfahrensweisen zu bieten hatte.

Bis heute wird weltweit verschwiegen, daß die USA ihren steilen Aufstieg vom technisch weitgehend veralteten Massenhersteller, der keine Grundlagenforschung betrieben hatte, zur **einzigen Weltmacht** nach 1945 dem aus dem besetzten Deutschland gewaltsam geraubten geistigen Eigentum und jahrelanger Zwangsarbeit deutscher Wissenschaftler und Techniker verdanken.

Das **Unternehmen Patentenraub** war so erfolgreich, daß das moderne Leben in den USA - von den Halbleitern über Fernsehen, Computer, Container bis zum Raumflug - ohne die aus Deutschland mitgenommene Technik gar nicht denkbar wäre. Dasselbe gilt für die militärischen Neuerungen wie Radar, Raketen, Düsenjäger, U-Boote und Nuklearwaffen. Trotz aller Vertuschungsversuche ist es in dem vorliegenden Buch gelungen, den Versuch einer Bilanz dieses größten Wissensraubes aller Zeiten zu ziehen.

Dieses Buch können Sie beim J.K.Fischer-Verlag bestellen!

5,-